Übersichtskarte über die Wege der Angehörigen der Familien Ter

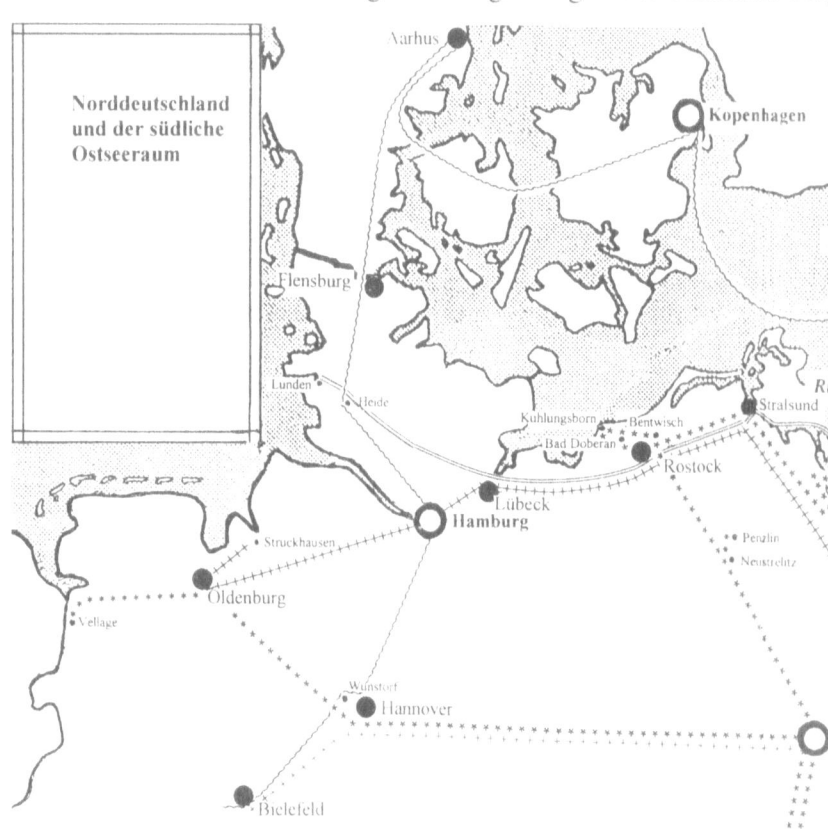

rmann, Hüttemann, Kucharski und Schnabel

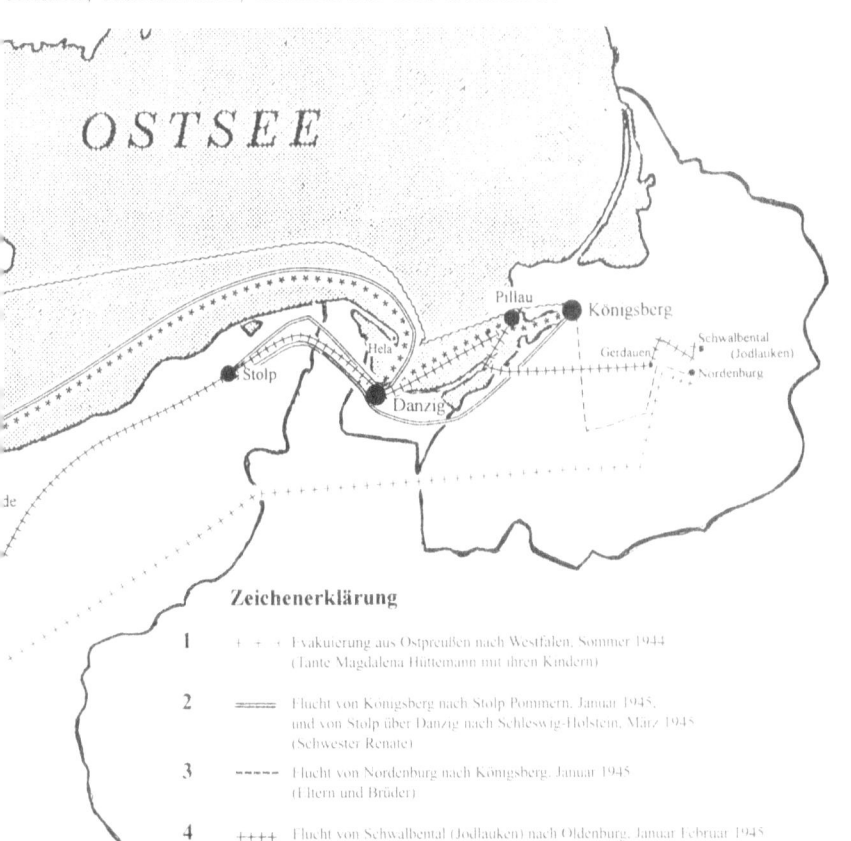

Zeichenerklärung

1. ++++ Evakuierung aus Ostpreußen nach Westfalen, Sommer 1944
(Tante Magdalena Hüttemann mit ihren Kindern)

2. ===== Flucht von Königsberg nach Stolp Pommern, Januar 1945,
und von Stolp über Danzig nach Schleswig-Holstein, März 1945
(Schwester Renate)

3. ----- Flucht von Nordenburg nach Königsberg, Januar 1945
(Eltern und Brüder)

4. ++++ Flucht von Schwalbental (Jodlauken) nach Oldenburg, Januar-Februar 1945
(Tante Maria und Onkel Ernst Kucharski)

5. ***** Flucht von Königsberg nach Mecklenburg, Februar-März 1945
(Eltern und Brüder mit Großeltern Federmann, Onkel Martin Federmann
und Tante Brigitte Schnabel)

6. ----- Verwundetentransport von Königsberg nach Aarhus Dänemark – Weg als Kriegsgefangener bis zur Entlassung, April–August 1945
(Werner Terpitz)

Terpitz · Wege aus dem Osten

Biographische Quellen
zur Zeitgeschichte

Herausgegeben im Auftrag
des Instituts für Zeitgeschichte von
Werner Röder und Udo Wengst

Band 18

R. Oldenbourg Verlag München 1997

Werner Terpitz
Wege aus dem Osten
Flucht und Vertreibung einer ostpreußischen Pfarrersfamilie

Bearbeitet von
Michael Schwartz

R. Oldenbourg Verlag München 1997

Die Deutsche Bibliothek - CIP-Einheitsaufnahme

Terpitz, Werner:
Wege aus dem Osten : Flucht und Vertreibung einer
ostpreussischen Pfarrersfamilie / Werner Terpitz. Bearb. von
Michael Schwartz. - München : Oldenbourg, 1997
  (Biographische Quellen zur Zeitgeschichte ; Bd. 18)
  ISBN 3-486-56235-5
NE: Schwartz, Michael [Bearb.]; GT

© 1997 R. Oldenbourg Verlag GmbH, München
Rosenheimer Str. 145, D-81671 München
Telefon: (089) 45051-0, Internet: http://www.oldenbourg.de

Das Werk einschließlich aller Abbildungen ist urheberrechtlich geschützt. Jede Verwertung außerhalb der Grenzen des Urheberrechtsgesetzes ist ohne Zustimmung des Verlages unzulässig und strafbar. Das gilt insbesondere für Vervielfältigungen, Übersetzungen, Mikroverfilmungen und die Einspeicherung und Bearbeitung in elektronischen Systemen.

Umschlaggestaltung: Dieter Vollendorf
Umschlagfoto: Deutscher Flüchtlingstreck über das Eis bei Pillau in Ostpreußen im Dezember 1944, Bundesarchiv Koblenz, R 77 440.

Gedruckt auf säure- und chlorfreiem, alterungsbeständigem Papier
Gesamtherstellung: R. Oldenbourg Graphische Betriebe GmbH, München

ISBN 3-486-56235-5

Inhalt

Einleitung	7
Werner Terpitz, Wege aus dem Osten	21
Vorwort	23
Vorboten: Der Krieg erreicht Ostpreußen	25
Januar 1945: Die Sowjets vor Königsberg	40
Der letzte Zug nach Königsberg: Flucht aus Nordenburg	51
Im Ford davon: Flucht aus Schwalbental / Jodlauken	61
In der „Festung": Das belagerte Königsberg als Fluchtburg	65
In Hitlers letztem Aufgebot: Soldat mit Sechzehn	71
Pillau, Danzig, Swinemünde: Flucht nach Kühlungsborn	79
Stolp, Danzig, Lunden: Die Flucht der Schwester nach Schleswig-Holstein	90
Verwundeter in beinah heiler Welt: Kriegsende in Dänemark	94
Wer Tuberkulose hat, wird abgeholt: Kriegsende in Mecklenburg	129
Zarathustra im Lazarett: Interniert in Aarhus	157
Flüchtlinge in der SBZ: Vaters Pfarrstelle, Mutters Tod	174
Vom Kriegsveteran zum Schüler: Ein „heimatloser Heimkehrer" in Bielefeld	190
Flüchtlinge in der britischen Zone: Die Schwester in Lunden	194
Von der Senne ins Schülerheim: Neuanfang in Bethel	197
Trauer in Kühlungsborn: Großvaters Tod	201
Trennung in der SBZ: Einige gehen nach Westen	203
Neuanfang im Emsland: Die Familie findet sich wieder	215
Literaturverzeichnis	219
Personenregister	225
Die verwandtschaftlichen Beziehungen von Werner Terpitz	228

Einleitung

Das hier edierte Manuskript von Werner Terpitz beschreibt den vielschichtigen Prozeß von Flucht und Vertreibung der deutschen Bevölkerung Ostpreußens im Jahre 1945 sowie die Phase der unmittelbaren Ankunft und provisorischen Versorgung der Flüchtlinge und Vertriebenen in der Aufnahmegesellschaft der vier Besatzungszonen des verbliebenen Deutschland. Mit dem Bericht über die von ihm und seinen engsten Angehörigen erfahrenen „Wege aus dem Osten" leistet der Verfasser einen sehr persönlichen Beitrag, sich einem lange ausgeblendeten, vernachlässigten Thema erneut oder – für viele – erstmals zu nähern.

Diese Annäherung erleichtern Terpitz' Erinnerungen dadurch, daß sie das Geschehen quasi „von unten" erzählen: Als Geschichte der Erfahrungen einer einzelnen ostpreußischen Familie – genauer: einer kleinstädtischen Honoratioren-, einer evangelischen Pfarrersfamilie –, die 1945 in das Inferno von Flucht und Vertreibung geriet; im Mittelpunkt die Erinnerungen eines Jugendlichen, eines sechzehnjährigen Jungen, der kurz vor Kriegsende noch Soldat wurde und als Verwundeter dem ostpreußischen Zusammenbruch, dem möglichen „Heldentod" oder langjähriger sowjetischer Kriegsgefangenschaft mit knapper Not entging; hinzu kommen die entsprechenden Schicksale der engsten Verwandten, deren Schilderung dazu beiträgt, die so unterschiedlichen Verlaufsformen von Flucht und Vertreibung anschaulich werden zu lassen. Obgleich die Schicksale dieser Familie längst nicht alle möglichen Facetten des Geschehens widerspiegeln, wird doch deutlich genug: „Vertreibung" war keineswegs eine einheitliche Erfahrung, sondern bestand aus höchst unterschiedlichen biographischen Verläufen, an deren Ende jedoch – im Falle des Überlebens – der allen gemeinsame Besitz- und Heimatverlust stand.

Daß „Vertreibung" schon allein zeitlich aus diversen Phasen mit unterschiedlichen Verlaufsformen bestand, kann das Schicksal einer konkreten Personengruppe zwangsläufig nur begrenzt veranschaulichen. Die Forschung unterscheidet zusammenfassend zwischen Phasen der „Flucht" (bis Kriegsende), der ungeordneten „Zwangsausweisung" durch die angrenzenden Nationen – insbesondere Polen und die CSR – im Sommer 1945 und schließlich der halbwegs geordneten „Umsiedlung", wie sie von den alliierten Siegermächten auf der Potsdamer Konferenz im August 1945 beschlossen, im November 1945 über den Umsiedlungsplan des Alliierten Kontrollrats konkretisiert und ab 1946 schließlich auch realisiert wurde.[1] Bis 1950 wurden über 12 Millionen Vertriebene aus Ostdeutschland und Osteuropa in den beiden deutschen Nach-

---

[1] Vgl. Christoph Kleßmann, Die doppelte Staatsgründung. Deutsche Geschichte 1945–1955, Göttingen [4]1989, 40f.; Boris Meissner, „Die deutschen Ostgebiete auf den Kriegs- und Nachkriegskonferenzen der Alliierten", in: ders., Die Sowjetunion und Deutschland von Jalta bis zur Wiedervereinigung. Ausgewählte Beiträge, Köln 1995, 72–96.

kriegsstaaten aufgenommen. Wenig überraschend kam insbesondere während der beiden ersten Phasen der Flucht und chaotischen Zwangsausweisung des Jahres 1945 dem Gebiet der sowjetischen Besatzungszone (SBZ) eine zentrale Funktion als Erstaufnahme- und Durchgangsgebiet zu: Jedenfalls schätzte die von der Sowjetischen Militäradministration (SMAD) im Spätsommer 1945 eingerichtete deutsche Sonderverwaltung für Flüchtlinge und Vertriebene in der SBZ – die sogenannte „Zentralverwaltung für deutsche Umsiedler" (ZVU)[2] – im Dezember 1945, daß sich damals mindestens 4,5 Millionen erfaßte „Umsiedler aller Qualifikationen" auf dem Gebiet der SBZ befänden, so daß die Bevölkerungszahl der sowjetischen Zone und Berlins gegenüber 1939 trotz aller Kriegsverluste um fast drei Millionen Menschen gestiegen war.[3] Wenig später – im Februar 1946 – konkretisierte die ZVU ihre grobe Schätzung dahingehend, daß nach Abzug von innerzonalen Flüchtlingen und Evakuierten sowie der Evakuierten aus den Westzonen knappe 3,2 Millionen Menschen als wirkliche „Ost-Umsiedler" anzusehen seien, von denen sich ein knappes Drittel allein im Lande Mecklenburg befand.[4] Die Zahlen über Flüchtlinge und Vertriebene in der SBZ unterlagen jedoch „dauernden Veränderungen", nicht nur weil sich allmählich die Statistik verfeinerte und besser absicherte, sondern auch wegen der fortlaufenden Bevölkerungsmigration. Neben ständiger weiterer Zuwanderung kam es hier andererseits durch den zwischen Sowjets und Westalliierten vereinbarten Ost-West-Austausch von Bevölkerungsgruppen auch zu nennenswerter Abwanderung. Besonders wichtig war, daß auch die in die SBZ gelangten Flüchtlinge und Vertriebenen an diesem Austausch in die Westzonen partizipieren konnten.[5] Zu diesen Abgängen gehörten auch Angehörige der Familie von Werner Terpitz, die während der unmittelbaren Fluchtphase vor Kriegsende in die spätere SBZ gelangt waren und gegen Ende 1945 dann in die britische Besatzungszone weiterwandern konnten. Doch trotz all dieser Wanderungsbewegungen blieb die SBZ die Besatzungszone mit dem höchsten Vertriebenenanteil: Im April 1947 befanden sich dort immer noch knapp 3,9 Millionen Vertriebene und stellten damit ein knappes Viertel der Bevölkerung, während in der britischen Zone 3,2 Millionen und in der amerikanischen Zone 2,9 Millionen Vertriebene Zuflucht gefunden hatten.[6]

---

[2] Vgl. hierzu mit weiterführender Literatur: Michael Schwartz, „Zwischen Zusammenbruch und Stalinisierung. Zur Ortsbestimmung der Zentralverwaltung für deutsche Umsiedler (ZVU) im politisch-administrativen System der SBZ", in: Von der SBZ zur DDR. Studien zum Herrschaftssystem in der Sowjetischen Besatzungszone Deutschlands und in der Deutschen Demokratischen Republik, hgg. v. Hartmut Mehringer, München 1995, 43–96.
[3] Vgl. Rechenschaftsbericht ZVU vom 23.12.1945, in: Bundesarchiv Potsdam (BAP), DO 1-10 Nr. 11, Bl. 157 ff., insb. Bl. 161.
[4] Vgl. Statistischer Bericht Nr. 7 der ZVU vom 15.2.1946, in: BAP, DO 1-10 Nr. 15, Bl. 129 ff., insb. 135.
[5] Vgl. ebd., Bl. 132.
[6] Zit. nach: Kleßmann, Staatsgründung, a.a.O., 355.

Auch mit der Einschränkung, daß die Verlaufsformen der Heimatvertreibung der Familie Terpitz sämtlich der Kriegs- und damit der Fluchtphase dieses umfassenderen Vertreibungsgeschehens zuzuordnen sind und insofern über die anders gelagerten Formen der Zwangsausweisung und der Zwangsumsiedlung keinerlei Auskunft zu geben vermögen,[7] waren die am Beispiel der Familie Terpitz aufweisbaren Fluchtverläufe unterschiedlich genug. Mancher floh überhaupt nicht – meist alte Menschen, die zu schwach für die sich abzeichnenden Strapazen waren oder gegen Ende ihres Lebens ihren angestammten Wohnort einfach nicht mehr verlassen wollten. So auch die Großtante des Verfassers, die im belagerten und dann sowjetisch besetzten Königsberg verblieb und dort unter unbekannten Umständen noch 1945 verstarb.[8] Doch die meisten suchten zu fliehen, dem drohenden Unbekannten, der Gnade oder Ungnade des „bolschewistischen" Feindes zu entkommen. Auch hier ist zu unterscheiden, etwa zwischen Evakuierung und Flucht: Die vor dem alliierten Bombenkrieg aus Westfalen nach Ostpreußen evakuierte Familie einer Tante wurde noch im Sommer 1944 – als zum ersten Mal der sowjetische Einmarsch in Ostpreußen drohte – zurück nach Westfalen evakuiert. Von einem derart geordneten Abtransport konnten die Flüchtlinge des Winters 1944/45 – im NS-Behördendeutsch waren auch sie „Evakuierte" – nur träumen. Die erste Fluchtetappe der engeren Familie des Verfassers – vom Wohnort Nordenburg in die ostpreußische Hauptstadt Königsberg zu den Großeltern – verlief im Januar 1945 noch vergleichsweise glimpflich. Durch die Einberufung des Verfassers zur Wehrmacht sonderte sich sein Lebenslauf sodann von dem der anderen; im April 1945 wurde er mit einem Verwundetentransport auf dem Seewege in das deutsch besetzte Dänemark geschafft, wo er das Kriegsende im Lazarett erlebte. Das Ehepaar Kucharski – Onkel und Tante – floh bereits im Januar/Februar 1945 von Ostpreußen nach Oldenburg. Die Großeltern, Eltern, zwei Brüder, eine weitere Tante und ein weiterer Onkel gelangten Februar/

---

[7] Einen Erinnerungsbericht, der sich mit der besonderen Form der Zwangsumsiedlung aus der ČSR im Frühjahr 1946 und der vorherigen längerfristigen Lagerinternierung beschäftigt, bietet: Ursula Hübler, Meine Vertreibung aus Prag. Erinnerungen an den Prager Aufstand 1945 und seine Folgen, hgg. von Juliane Wetzel (Biographische Quellen zur deutschen Geschichte nach 1945 Bd. 11), München 1991.

[8] Bekannt ist, daß die Lebensumstände für die Königsberger Restbevölkerung nach der Kapitulation im April 1945 allgemein katastrophal gewesen sein müssen; dem Königsberger Zeitzeugen Michael Wieck zufolge kamen bis 1948 mindestens 80 % der verbliebenen etwa 130 000 Königsberger Zivilisten zu Tode: „Es gab keine Verpflegung, und jeder mußte selber sehen, wie er sich ernährte. Entweder man arbeitete für die Russen, dann bekam man für den Arbeitstag vierhundert Gramm Brot, mehr nicht, oder man suchte sich etwas aus den Trümmern, tauschte, klaute, ergaunerte etwas – oder man verhungerte. [...] Für ältere Menschen gab es unter solchen Bedingungen kaum eine Überlebenschance, aber auch die Jüngeren schafften es nur, wenn sie besonderes Geschick entwickeln konnten, sonst starben sie schnell an Typhus oder den Folgeerscheinungen des Hungers." Vgl. Michael Wieck, Zeugnis vom Untergang Königsbergs. Ein „Geltungsjude" berichtet, Heidelberg ³1989, 264 f.

März 1945 nach Mecklenburg, wo sie von der sowjetischen Front überrollt wurden und einstweilen verblieben; die Mutter und der Großvater des Verfassers starben dort an den Fluchtstrapazen noch im Laufe des Jahres 1945, der mitgeflüchtete behinderte Onkel erlitt dort Anfang 1946 ein gleiches Schicksal. Die Schwester des Verfassers schließlich gelangte – von der restlichen Familie getrennt – noch im Januar 1945 von Königsberg nach Stolp in Pommern, um von dort aus im März in östlicher Richtung zurück nach Danzig zu flüchten und über den Seeweg schließlich Schleswig-Holstein zu erreichen. Das Kaleidoskop der Schicksale ist damit breit genug: Evakuierte; zurückbleibende alte Menschen; Flüchtlinge im Verband der Großfamilie, flüchtende Ehepaare, von allen Verwandten durch die Umstände getrennte, mit befreundeten Familien oder allein flüchtende Jugendliche. Und schließlich: Von ihren Familien durch den Dienst in Hitlers Wehrmacht getrennte Männer und Jugendliche, die in Kriegsgefangenschaft gerieten und nach ihrer Entlassung zu „heimatlosen Heimkehrern" wurden – zu Kriegsheimkehrern also, die gar nicht mehr heimkehren konnten, da ihre Heimat nicht mehr zugänglich war. Auch so wurde man „Vertriebener".

Diese Geschichte der alltäglichen Erfahrungen „von unten" und „von damals" hat Werner Terpitz in spezifischer Weise zu ergänzen versucht. Er hat zum einen Briefe und Aufzeichnungen seiner Familie aus dem Jahre 1945 herangezogen; er hat zum anderen die noch lebenden Mitglieder seiner Familie dazu bewegen können, ihre eigenen Erinnerungen miteinfließen zu lassen und damit die subjektive Erinnerung eines Einzelnen hinter sich gelassen. Er hat ferner versucht, bestimmte sachliche Details durch eigene Literatur- oder Archivrecherchen abzusichern.[9] Er hat schließlich die Rekonstruktion der damaligen Ereignisse mit knappen Reflexionen konfrontiert, die sich aus der heutigen Erfahrungs- und Wahrnehmungsperspektive des Autors ergeben, und insofern eine punktuelle Infragestellung der jeweiligen zeit- und entwicklungsbedingten, stets subjektiven Positionen geleistet.

Der zeitliche Rahmen von Terpitz' Schilderung kann dabei auf fruchtbare Weise mit neueren Diskussionen der Forschung in Zusammenhang gebracht werden. Beinahe das allererste Wort dieses Buches heißt „Stalingrad". Die Katastrophe der deutschen Invasionsarmeen in dieser Stadt an der Wolga Anfang 1943 war für viele mitlebende Deutsche ein tiefer Einschnitt[10] – der Anfang vom Ende der Siegeshoffnungen und der Beginn der Furcht vor den Folgen der sich allmählich abzeichnenden Niederlage; zugleich das langsam einsetzen-

---

[9] Einige dieser Hinweise sind in kommentierende Anmerkungen zum Text eingeflossen; für die hierbei erwiesene Kooperation und den anregenden Austausch möchte der Bearbeiter Herrn Werner Terpitz an dieser Stelle noch einmal herzlich danken.
[10] Vgl. diesbezüglich den wegweisenden, die Zäsur des Jahres 1945 zugunsten eines längerfristigen, mit Stalingrad 1943 einsetzenden Umbruchprozesses deutlich relativierenden Sammelband: Von Stalingrad zur Währungsreform. Zur Sozialgeschichte des Umbruchs in Deutschland, hgg. v. Martin Broszat, Klaus-Dietmar Henke und Hans Woller, München ³1990.

de Ende der mit „Verführung und Gewalt"[11] und nunmehr auch mit der Parole vom „totalen Krieg" zusammengehaltenen „Volksgemeinschaft" und damit der noch ferne, doch schon vernehmbare Vorbote jener „Zusammenbruchsgesellschaft",[12] die – neben anderem – nicht zuletzt durch eine sukzessive Individualisierung innerhalb und trotz einer „mit gnadenlosem Durchhalte-Terrorismus überzogenen deutschen Gesellschaft" gekennzeichnet war: „Niemand wollte mit in den Untergang des Regimes gerissen werden, jeder besann sich jetzt auf sein ureigenes Interesse." Dies führte, von einer durch den wachsenden Kontrollverlust der Zentrale bedingten administrativen „Verinselung" begleitet und begünstigt, zu zunehmender Selbstbestimmung der Einzelnen. Äußerst pointiert ist das tendenzielle Ergebnis dieser Entwicklung darin gesehen worden, daß sich „die deutsche Gesellschaft [...] nicht nur der Ideologie, sondern auch dem Regime des Nationalsozialismus schon weitgehend wieder entzogen" hatte, „als mit der bedingungslosen Kapitulation am 8. Mai 1945 dessen Bankrott ratifiziert" wurde.[13]

Mit seiner knappen Bezugnahme auf die Zäsur von Stalingrad negiert der Verfasser der hier vorgelegten Fluchterinnerungen allerdings den gravierenden Charakter der Zäsur des Jahres 1945 in keiner Weise; in einem Bericht, der von Flucht und Vertreibung aus Ostpreußen und damit von Brüchen einschneidendster Art handelt, wäre dies auch kaum vorstellbar. Beim ostpreußischen Jugendlichen, der der Verfasser damals war, wirkte sich Stalingrad ohnehin eher als Bezugspunkt heroisierender NS-Durchhaltepropaganda aus denn als Menetekel. Die persönliche Erlebnisebene weicht hier von der Summe historiographischer Rekonstruktion etwas ab, was weniger zu Widersprüchen als zu wechselseitigen Ergänzungen führen dürfte. Denn daß nicht erst mit dem Zusammenbruch des NS-Staates im Frühjahr 1945, sondern bereits lange zuvor – „spätestens" mit Stalingrad – „die innere Abkehr weiter Teile der deutschen Bevölkerung von der Ideologie des Nationalsozialismus und schließlich auch von dem einst vergötterten ‚Führer' ihre entscheidende Beschleunigung" erfuhren und „noch im Krieg [...] Erosion und Mobilisierung überkommener Gesellschaftsstrukturen in Gang" kamen[14] – diesen wissenschaftlichen Befund vermag auch der Text von Werner Terpitz auf seine Weise immer wieder punktuell zu erhärten. So hatte auch jene „gewaltige Völkerwanderung im Zuge von Flucht und Vertreibung, die die ganze deutsche Gesellschaft durcheinanderschüttelte", bereits ihre erkennbaren Vorboten in den massenhaften Evakuierungen der letzten Kriegsjahre.[15]

---

[11] Vgl. diese auch für andere Diktaturen treffende Formulierung bei Hans-Ulrich Thamer, Verführung und Gewalt. Deutschland 1933–1945, Berlin 1986.
[12] Vgl. Kleßmann, Staatsgründung, a. a. O., 37.
[13] Vgl. Klaus-Dietmar Henke, Die amerikanische Besetzung Deutschlands, München 1995, 29 f.
[14] Vgl. Martin Broszat / Klaus-Dietmar Henke / Hans Woller, „Einleitung", in: Von Stalingrad zur Währungsreform, a. a. O., XXV–XLIX, insb. XXV.
[15] Vgl. ebd.

Neben Stalingrad besitzt die Fluchterzählung von Terpitz quasi eine kleine zweite Vorgeschichte – den Sommer 1944. Auch dies versteht sich im Grunde von selbst, das heißt: aus den spezifischen ostpreußischen Erfahrungen jener Zeit, führte doch der sowjetische Durchbruch an der Ostfront im Juni 1944 erstmals zur akuten Bedrohung dieser Region während des Zweiten Weltkrieges, eine Bedrohung zu Lande, die noch durch den zeitgleichen Beginn des bislang so fernen Bombenkrieges verschärft wurde, dem Königsberg bereits im August 1944 fast zur Hälfte zum Opfer fiel. Auch hier sind die Erinnerungen des damaligen Jugendlichen bemerkenswert (und doch wieder typisch?) selektiv; die Bombardierung Königsbergs durch die Westalliierten spielt eine Rolle, während die andernorts so greifbaren wachsenden Ängste der Erwachsenen vor der nahenden sowjetischen Front für diesen Zeitraum noch nicht zum Ausdruck kommen. Die Erinnerungen vieler Älterer hingegen wanderten damals zurück zum August 1914, der ebenfalls eine russische Bedrohung Ostpreußens gebracht hatte, die jedoch mit dem so sehr verklärten deutschen Sieg bei Tannenberg schon nach kürzester Zeit hatte abgewendet werden können. 1914 wurde die gefürchtete „russische Dampfwalze" dauerhaft gestoppt und alsbald weit zurückgeworfen. Was aber würde 1944 geschehen? Distanziertere Beobachter mit Sinn für Historie mochten es als „eine grausame Ironie des Schicksals" begreifen, daß nach exakt dreißig Jahren „die Russen Ostpreußen gegenüber genau da stehen, wo sie am 1.8.14 standen", um die berechtigte Frage zu stellen: „Wer soll ihnen heute noch ein Tannenberg bereiten?"[16] In der Tat: Die schwere Zerstörung Königsbergs durch westalliierte Bomber im August 1944, der kurzfristige sowjetische Einmarsch in ostpreußische Grenzgebiete in Verbindung mit jenen Greueltaten, die im Namen des ostpreußischen Dorfes Nemmersdorf gebündelt sind[17] – diese Ereignisse konn-

---

[16] Vgl. hier Victor Klemperer, Ich will Zeugnis ablegen bis zum letzten. Tagebücher 1933–1945, 2 Bde., hgg. v. Walter Nowojski unter Mitarbeit von Hadwig Klemperer, Berlin ⁴1995, insb. Bd. 2, 555.
[17] Interessanterweise erwähnt Terpitz das Stichwort Nemmersdorf gar nicht; dieses im Oktober 1944 kurzfristig sowjetisch besetzte und dann von deutschen Truppen zurückeroberte ostpreußische Dorf wurde zum Symbol sowjetischer Verbrechen an der deutschen Zivilbevölkerung; der deutsche Volkssturm fand bei der Rückeroberung über 70 bestialisch ermordete Zivilisten vor, fast ausnahmslos Frauen und Kinder; vgl. hierzu den klassischen Bericht in: Die Vertreibung der deutschen Bevölkerung, Dokumentation der Vertreibung der Deutschen aus Ost-Mitteleuropa. Hgg., von Bundesministerium für Vertriebene, bearb. von Theodor Schieder, Bd. 1–5, München 1989 (unveränderter Nachdruck der Ausgabe von 1954); Bd. 1, Die Vertreibung der deutschen Bevölkerung aus den Gebieten östlich der Oder-Neiße, 7 f.; entsprechend wirkte die Entdeckung von sowjetischen Mordopfern im Februar 1945 kurzfristig zurückeroberten Königsberger Vorort Metgethen; vgl. Wieck, a. a. O., 175 f.; selbstverständlich nutzte das NS-Regime, das zur selben Zeit z. B. mit den Massendeportationen der ungarischen Juden in die Vernichtungslager beschäftigt war, solche sowjetischen Verbrechen zu einer gezielten Durchhaltekampagne; vgl. etwa Die Tagebücher von Joseph Goebbels. Im Auftrage des Instituts für Zeitgeschichte und mit Unterstützung des Staatlichen Archivdienstes Rußlands hgg. v. Elke Fröhlich, Teil II: Diktate 1941–1945,

ten bereits vielen signalisieren, das Schlimmes und mit 1914 Unvergleichbares bevorstand.[18]

Die eigentliche Katastrophe brach gleichwohl erst im Januar 1945 über die Region und ihre Menschen herein. Dennoch, und das macht Terpitz' Bezugnahme auf die Vorgeschichte seit Sommer 1944 wiederum deutlich, kam sie nicht aus heiterem Himmel. Sie war das Ergebnis eines langjährigen Krieges, den Deutschland ausgelöst und – wie der Verfasser ausdrücklich reflektiert – gerade in Osteuropa und auf dem Boden der Sowjetunion mit äußerster Brutalität geführt hatte; in einem Krieg, der ab Sommer 1944 quasi als „Bumerang" auf „unser eigenes Volk" zurückschlug[19] und insbesondere Ostdeutschland als besonderen Teil der „Konkursmasse gescheiterter Welteroberer" dem Untergang anheimgab: „Deshalb – und nur deshalb – rückte jetzt die Rote Armee auf Ostpreußen vor, mußte ein zur Welteroberung ausgeschwärmtes Volk zur Raison gebracht werden", so der Königsberger Zeitzeuge Michael Wieck, der – damals knapp siebzehnjährig und somit im gleichen Alter wie Werner Terpitz – zunächst als „Halbjude", sodann als „Deutscher" zum Opfer beider europäischen Totalitarismen werden sollte. Wieck zufolge war jedenfalls seit dem Sommer 1944 in Ostpreußen alles anders: „Schlimme Vorahnungen bemächtigten sich vieler, und die Gerüchteküche sorgte für zusätzliche Beunruhigung."[20]

In eben diesem Sommer 1944 begann jenes „Entscheidungsjahr deutscher Geschichte" (K.-D. Henke), in dem sich „1944/45 das Finale des Weltanschauungskrieges abspielte" und das „zwischen dem Beginn der akuten Existenzkrise des Dritten Reiches im August 1944 und der allmählichen Konsolidierung der [...] Besatzungsverwaltung nach der Konferenz von Potsdam im August 1945" ange-

---

Bd. 14, Oktober-Dezember 1944, bearbeitet von Jana Richter und Hermann Graml, München / New Providence / London / Paris 1996, 165 und 192 f.

[18] Diese unterschiedlichen Bedrohungen führten zu einer höchst wechselvollen Geschichte Königsbergs als „Frontstadt": Nach den Luftangriffen des August 1944 verließen „auch die meisten der nicht betroffenen Einwohner [...] fluchtartig die Stadt, um in der näheren oder weiteren Umgebung ein meist recht primitives Unterkommen zu finden"; „viele Königsberger waren durch die Angriffe so verschreckt, daß sie nicht nur die Stadt, sondern auch das Land [i.e. die Region Ostpreußen] verließen"; vgl. Wieck, a.a.O., 154 f.; ab Herbst 1944 und insbesondere ab Januar 1945 wandelte sich das Bild dann schlagartig: die infolge der Bombenangriffe kurzfristig von Teilen ihrer Bevölkerung geflohene Stadt wurde nun – angesichts der primären sowjetischen Bedrohung zu Lande – zur völlig überfüllten „Fluchtburg".

[19] So formulierte es treffend der SED-Politiker Paul Merker im Jahre 1947 in der von ihm verfaßten offiziellen Broschüre des SED-Zentralsekretariats zum Vertriebenenproblem; vgl. Paul Merker, Die nächsten Schritte zu Lösung des Umsiedlugsproblems, Hrsg. vom Zentralsekretariat der Sozialistischen Einheitspartei Deutschlands, Berlin (Ost) 1947, 6.

[20] Vgl. Wieck, a.a.O., 158 und 164; diese Erinnerung wird durch die Lageberichte der Geheimpolizei des NS-Regimes aus dem Sommer 1944 bestätigt: Vgl. Meldungen aus dem Reich. Die geheimen Lageberichte des Sicherheitsdienstes der SS 1938-1945, 17 Bde., hgg. v. Heinz Boberach, Herrsching 1984, insb. Bd. 17, 6617f.

siedelt worden ist.[21] Im Unterschied zu jüngsten wissenschaftlichen Datierungsvorschlägen dieses „Epochenjahres", die von der Perspektive der amerikanischen Besetzung Deutschlands ausgehend gemacht wurden, verschieben sich für den Zeitzeugen Werner Terpitz zwangsläufig die Koordinaten. Für einen Ostpreußen mußte – trotz der Vorzeichen von Stalingrad und der Bombardierung Königsbergs – der eigentliche, tiefe Einschnitt im Januar 1945 liegen. Dessen ungeachtet relativieren auch Terpitz' Erinnerungen die herkömmliche Zäsur des Mai 1945 erheblich. Und es erstaunt schon, daß die von Historikern ex post gewählte Form des zwölfmonatigen Zeitabschnittes des Zusammenbruchs etwas zeitversetzt, ansonsten jedoch fast identisch auch in den Erinnerungen dieses Zeitzeugen wiederkehrt. Der sowjetische Durchbruch Mitte Januar 1945 ist der eigentliche Beginn der ostpreußischen Katastrophe; die Wahrnehmung der Betroffenen reduzierte sich in deren Verlauf wesentlich auf enge Familienangehörige und Bekannte. Es verwundert daher nicht, daß weniger das Kriegsende als die Familienzusammenführung für den Verfasser den Schlußpunkt seiner Erinnerungen bildet. Sie erfolgte in der Weihnachtszeit 1945 im Westen Deutschlands, ein knappes Jahr nach Beginn der Geschehnisse.

Auffällig und wahrhaft typisch für die Entwicklung in dieser frühen „Zusammenbruchsgesellschaft" ist der weitgehende Verlust weiträumiger Orientierung und die damit einhergehende Beschränkung auf das Private und Lokale. Der konkrete Rückzug auf die Familie etwa war zum Teil sicher selbst gewollt, indem man sich damit den immer wirklichkeitsferneren und drückenderen Zumutungen des Regimes zu entziehen suchte; sie war zum größeren Teil jedoch durch die Eigendynamik des Zusammenbruchs und der Flucht aufgezwungen, quasi instinkthafte Reaktion. Erst recht erzwungen war die parallele Erfahrung des zunehmenden individuellen Raumverlustes. Etwa ab März/April 1945 sahen sich die Menschen auf engste Lebensräume beschränkt, deren Grenzen schon verkehrstechnisch nur noch schwer zu überwinden waren; auch die modernen Kommunikationsmittel – Rundfunk, Presse, Post und Telefon – brachen weitgehend zusammen, was verschärfend dazu beitrug, daß für eine gewisse Zeit lokale (und lokalpolitische) Räume zu den primären Erfahrungs- und Gestaltungsräumen der Menschen in der unmittelbaren Zusammenbruchssituation des Jahres 1945 wurden. Zurecht hat man hier davon gesprochen, daß sich „die SBZ unmittelbar nach Kriegsende als ein Flickenteppich von ‚*Dorf- und Stadtrepubliken*'" dargestellt habe, „der von den noch relativ kraftlosen Länder- und Provinzialverwaltungen mehr schlecht als recht zusammengehalten wurde".[22] In dieser Phase der zusammenbruchsbedingten Parzellierung der Handlungs- und Erfahrungsräume erlebten die Angehörigen der vertriebenen Familie Terpitz das Nachkriegsdeutschland des Jahres 1945.

---

[21] Vgl. Henke, a. a. O., 27.
[22] Vgl. Henning Mielke, Die Auflösung der Länder in der SBZ/DDR: Von der deutschen Selbstverwaltung zum sozialistisch-zentralistischen Modell 1945–1952, Stuttgart 1995, 38.

Gleichwohl vermag Terpitz' sorgfältige Schilderung immer auch deutlich zu machen, daß diese weitgehende Reduktion niemals total war. Gewiß, maßgeblich, im wahrsten Sinne des Wortes essentiell blieben 1945 die kleinen Einheiten, also Familie, Freunde und gute Bekannte sowie die über sie zu organisierende Selbsthilfe. Die tragfähigsten Netze der damaligen Zeit waren aus informellen, persönlichen Beziehungen geknüpft. Selbst für Flüchtlinge und Vertriebene – oder doch zumindest für einen Teil von ihnen – gab es solche Netze: Ihnen näherstehende Menschen, die in den vier Besatzungszonen des verbliebenen Deutschland lebten, die nolens volens Anlaufstellen bildeten und auf deren Hilfe man zurückgreifen konnte. Aber es wird auch deutlich, daß sich die schwer angeschlagene Nachkriegsgesellschaft nicht in diesen Netzen erschöpfte; hier kommen insbesondere die Kirchen in den Blick. Welche Bedeutung den beiden christlichen Großkirchen im Jahre 1945 als einzige intakt gebliebene gesellschaftliche Großorganisationen zufiel, ist häufig betont worden und kann schwerlich überschätzt werden. Sie waren – weit über ihren eigentlichen „Vereinszweck" hinaus – regelrechte Ersatzinstitutionen, als alles andere fehlte, sie trieben nicht nur Seelsorge, sondern auch rudimentäre Wohlfahrts- und Sozialpolitik, ja eine Zeitlang sogar Innen- und ein wenig Außenpolitik. Je mehr sich freilich die von den alliierten Besatzungsmächten tolerierten politisch-administrativen Nachkriegssysteme in den Besatzungszonen konsolidierten, desto stärker nahmen diese Ersatzfunktionen der Kirchen ab. 1945 waren sie jedoch nicht zu übersehen.[23] Abgesehen von solch allgemeiner Relevanz, die mit dem Eindruck einer weltanschaulich-mentalen „Rechristianisierung" der desorientierten Gesellschaft einhergehen konnte, war für die hier im Mittelpunkt stehende Pfarrersfamilie Terpitz die ganz konkrete Nutzung des weiterhin intakten institutionellen kirchlichen Netzwerkes für das eigene Überleben ebenso selbstverständlich wie von erheblicher Bedeutung; ein geflohener, vertriebener Pfarrer konnte auf provisorische Hilfe rechnen, bei fremden Amtsbrüdern, selbst bei fremden Landeskirchen und nicht zuletzt bei vielen Menschen, denen er begegnete, die ihn nicht kannten und als Fremden vielleicht nur zu rasch abgelehnt hätten, jedoch über sein Amt schnell Vertrauen faßten und Hilfe leisteten – eben weil sie den Fremden auf diese Weise einordnen konnten.[24]

Terpitz' Bericht zeigt des weiteren, daß selbst für den staatlich-administrativen Bereich von „Zusammenbruch" nur unter Einschränkungen gesprochen werden kann. Immer wieder klingt das Erstaunen an, wie gut trotz aller kriegsbedingten Ausfälle die deutsche Verwaltungsmaschinerie fast bis zuletzt noch

---

[23] Vgl. hierzu Christentum und politische Verantwortung. Kirchen im Nachkriegsdeutschland, hgg. v. Jochen-Christoph Kaiser und Anselm Doering-Manteuffel, Stuttgart e. a. 1990.
[24] Man hat auch bei anderen Berufsgruppen – Ärzte, Handwerker, Landwirte – eine ähnliche interne Gruppensolidarität beobachten können; auch hier dürfte das Moment der gelingenden Einordnung des „Fremden" – der auf diese Weise zum „Amtsbruder", zum „Kollegen", zum Zunftgenossen etc. wurde – bestimmend gewesen sein.

funktionierte. Zum weitestgehenden Zusammenbruch kam es demnach erst im Laufe des April 1945, als wirklich fast gar nichts mehr „ging", doch bereits im Mai/Juni 1945 setzte zumindest auf lokaler Ebene schon wieder neues Verwaltungshandeln ein. Daß dies zunächst chaotisch und fragmentarisch genug blieb, wird nicht verwundern. Bemerkenswert ist vielmehr, daß in der Alltagserfahrung der Protagonisten zumindest die lokale Verwaltungsebene, aber auch die Kommunikationsstränge Bahn und Post die längste Zeit dieses „Schicksalsjahres" zwar stark angeschlagen, aber grundsätzlich dennoch intakt blieben und von den Menschen genutzt werden konnten. Allerdings wird man hinzufügen, daß sich diese Sicht – auch bei Terpitz – wohl eher der rückschauenden, nüchternen Beurteilung erschließt, während für die meisten Menschen des Jahres 1945 – bedingt durch den konkreten Vergleich mit der sehr viel besseren Situation der vorangegangenen Kriegsjahre – vermutlich die subjektive Erfahrung weitgehenden Zusammenbruchs bestimmend gewesen sein dürfte.

Die Erinnerungen von Werner Terpitz an die „Wege aus dem Osten", die seine Angehörigen und er selbst im Jahre 1945 gehen mußten, sind primär ein Bericht über die Erfahrungen einiger Menschen auf einer Flucht, die zur dauerhaften Vertreibung wurde. Sie rufen dadurch nicht nur die lange verdrängten Geschehnisse von Flucht und Vertreibung selbst wieder in ein erinnerndes kollektives Bewußtsein, sondern auch jene Region „Ostdeutschland", die im Strudel der damaligen Ereignisse unwiederbringlich versank. Vielleicht helfen daher dieses Buch (und ein wenig auch die erläuternden Annotationen), jene vielfältigen Bezüge und Verflechtungen der gesamten Ostseeregion zwischen Mecklenburg bis zum Baltikum in Erinnerung zu rufen, die damals ganz selbstverständliche Lebens- und Gedankenwelt der Menschen waren. Daß Musiker oder Gelehrte zwischen Greifswald, Königsberg und Riga pendelten, daß die Geschichte etlicher „deutscher" Ortsnamen im Osten, die nun nicht mehr „deutsch" sind, eher von den vielfältigen Verschränkungen etlicher Nationalitäten künden als von der empirischen Haltbarkeit auch nur irgendeines zwanghaften nationalistischen Dünkels – all dies gilt es für viele erst einmal wieder in Erinnerung zu rufen.

Darüber hinaus bietet der Zufall, daß viele Angehörige der Familie Terpitz zumindest ihre vorläufigen Fluchtstationen im Bereich der sowjetischen Besatzungszone Deutschlands – konkret: im damaligen Hauptaufnahmegebiet Mecklenburg – fanden, weitere interessante Aufschlüsse und Annäherungen. Nicht nur, daß wir es hier generell mit einer zeitlichen Periode zu tun haben, in der die Aktenüberlieferung der staatlichen Ebenen zwangsläufig aus dem Takt geriet und Brüche aufweisen muß, was solche Zeitzeugenberichte – die ohnehin ergänzende Gegenproben bieten können – umso wertvoller macht. Durch das Schicksal einer Familie gerät hier zudem in räumlicher Dimension nicht nur der Untergang des historischen Ostdeutschland, sondern auch der konkrete Übergang vom NS-Regime zur Besatzungsherrschaft im damaligen Mitteldeutschland in den Blick, das zur sowjetischen Besatzungszone (SBZ) wurde. Bekanntlich ist die Geschichte der SBZ im allgemeinen ein vergleichsweise noch unerschlossenes Gelände; im besonderen gilt dies auch für die Geschichte der Vertriebenen-Aufnahme und Integration in der SBZ/DDR. Insofern bieten die vorliegenden Erinnerungen gute punktuelle Einblicke in die Umbruchsituation jener scheinbaren „Stunde Null", also gerade der ersten Monate sowjetischer Besatzungsherrschaft, über die wir besonders wenig wissen. Dabei fällt erneut die kleinräumige Alltagsperspektive der Menschen ins Auge: In dieser lokal und personell so begrenzten Wahrnehmung vernimmt man fast nichts von jenen bedeutenden strukturellen Transformationsprozessen, die die Sowjets unter tatkräftiger Mitwirkung ihres „Pilotfisches" KPD bereits 1945 in die Wege leiteten und die zwangsläufig die meisten Historiker am meisten interessieren: Die „Entnazifizierung" als gezielte „Säuberung" und beginnende „Gleichschaltung" der Verwaltungen; die „Bodenreform" als gezielte soziale „Enthauptung" der ländlichen Gesellschaftspyramide und zugleich als Klientelbildungsversuch zwischen kommunistischen Landverteilern und den vielen von ihnen Begünstigten, darunter nicht wenigen Vertriebenen; und schließlich die „Sequestrierung" in der Industrie als vergleichbarer Prozeß der partiellen Ausschaltung alter Eliten und zugleich der Etablierung eines neuen Kontroll- und Herrschaftsgefüges an der Schnittstelle von Politik und Ökonomie. All dies war im Jahre 1945 für eine geflüchtete ostpreußische Pfarrersfamilie auf dem mecklenburgischen Lande nahezu bedeutungslos. Einprägsam wurde ganz anderes: Die Furcht vor den „Russen", vor Vergewaltigung oder sonstiger Willkür; alsbald auch erste positive Alltagserfahrungen mit den Besatzern; ganz besonders das Organisieren von Lebensmitteln und Lebensmittelkarten, das Überleben schlechthin; schließlich die Mühseligkeit der alltäglichen Fortbewegung, die Suche nach Angehörigen, die Frage nach dem familiären Wohin...

Über solche Themenschwerpunkte hinaus lädt das vorliegende Buch ein zu einem umfassenderen historischen Verstehen, zum Erkennen von Zusammenhängen. An dieser Stelle empfiehlt sich ein Hinweis auf den relativ umfangreichen Anmerkungsapparat, der ebenfalls diesen Zielen verpflichtet ist. Dem interessierten Leser bieten die vom Bearbeiter erstellten Anmerkungen diverse Arten von Information. Der Großteil dient wie üblich schlicht dem Ziel knapper Begriffserläuterungen, ergänzender (Literatur-)Hinweise oder Verweise. Daneben stehen jedoch einige Anmerkungen, die das im Text geschilderte Vertreibungsgeschehen aus anderen, zusätzlichen Perspektiven zu beleuchten suchen; hier geht es folglich um die Ergänzung einer subjektiven Wahrnehmung durch andere, um gerade durch die gezielte Konfrontation solcher Positionen weiterführende Fragen anzuregen. Zum einen sind dies Perspektiven der Herrschaftsebene, die den Betroffenen meist verborgen blieb; so wird für den Zeitraum bis April 1945 auf die offiziösen Tagebücher von Joseph Goebbels zurückgegriffen, aber auch auf Berichte sicherheitspolizeilicher Stellen des NS-Regimes. Der Zeitraum nach Kriegsende wiederum wird vereinzelt durch Material der von den Sowjets eingerichteten deutschen Verwaltungen der SBZ oder darauf basierenden Forschungsergebnissen angereichert. Neben diesen

Perspektiven wechselnder Herrschaft wurde der erinnernden Zeitzeugenperspektive des Verfassers und seiner Angehörigen eine zusätzliche, jedoch anders geartete Zeitzeugenperspektive an die Seite gestellt: Über die Erinnerungen des in Königsberg lebenden, NS-verfolgten „Geltungsjuden" Michael Wieck[25] sowie über das jüngst erschienene Tagebuch seines Dresdner Schicksalsgenossen Victor Klemperer[26] wird auch die Perspektive der NS-Verfolgten ansatzweise einbezogen, ohne die eine Einordnung und Gewichtung der Vertriebenenperspektive nicht angemessen erfolgen könnte. Der enge, untrennbare Zusammenhang jenes „Zweierlei Untergang",[27] wonach die Beendigung des Untergangs der europäischen Juden durch deutsches Morden nur durch den Untergang des NS-Regimes – und damit faktisch um den Preis des Untergangs Ostdeutschlands einschließlich des millionenfachen Leidens der dort lebenden Menschen – zu erreichen war, kennzeichnet das vielleicht tragisch zu nennende Dilemma, durch das sich der noch im April 1945 vom NS-Regime hingerichtete Widerstandskämpfer Dietrich Bonhoeffer zu der schmerzlichen, keineswegs leichthin auszusprechenden Erklärung gedrängt sah: „Ich bete für die Niederlage meines Vaterlandes."[28] Die ganze Tragik dieser Zusammenhänge beschreibt der Königsberger Michael Wieck aufgrund seines biographischen „Sonderweges" – als NS-verfolgter Jude und als von den Sowjets vertriebener Ostpreuße zugleich – mit besonderer Eindringlichkeit: „Ich entging gerade noch der „Endlösung", um dann, nach der Eroberung Königsbergs durch die Rote Armee, in Stalins Hände zu fallen. In dreijähriger russischer Gefangenschaft teilte ich die Not und Entbehrungen, die die verbliebene Königsberger Bevölkerung um 80 Prozent dezimierten, fast völlig auslöschten. Erst ließ Hitler die Juden, dann Stalin die Ostpreußen vernichten."[29]

Mit einer letzten Gruppe von Anmerkungen – und ihren sehr begrenzten Möglichkeiten – wird versucht, für den Leser bestimmte historische Tiefendimensionen zumindest anzudeuten. Hier gibt es diverse historische Schneisen – etwa zur Geschichte bestimmter ostdeutscher Regionen, zur Geschichte der deutsch-polnischen Grenzen, aber auch zur Entwicklung im besetzten Dänemark, zur Kirchengeschichte der betroffenen Regionen und dergleichen mehr. Zentral erschien dem Bearbeiter in diesem Zusammenhang die Einbe-

---

[25] Vgl. Wieck, a.a.O.
[26] Vgl. Klemperer, a.a.O.
[27] Vgl. hierzu Andreas Hillgruber, Zweierlei Untergang. Die Zerschlagung des Deutschen Reiches und das Ende des europäischen Judentums, Berlin 1986; die Identifizierung Hillgrubers – als Historiker und Betroffener zugleich – mit den an der zusammenbrechenden Ostfront 1944/45 kämpfenden deutschen Truppen, da diese mit ihrem Durchhalten der Zivilbevölkerung die rettende Flucht ermöglicht hätten, brachte Hillgruber in die Konfliktzonen des sogenannten „Historikerstreits" von 1986.
[28] Zit. nach: Horst Möller, „Widerstand in der politischen Kultur der Bundesrepublik Deutschland und der DDR", in: Der 20. Juli 1944 – Widerstand und Grundgesetz, hgg. von der Konrad-Adenauer-Stiftung, St. Augustin 1994, 13–32, insb. 20.
[29] Vgl. Wieck, a.a.O., 23f.

ziehung der Geschichte des ostdeutschen Raumes, denn durch den epochalen Umbruch von 1989/90 haben sich beileibe nicht nur die deutschen Geschichtsbilder gewandelt und geweitet, sondern auch die europäischen: Osteuropa ist für viele Westeuropäer erstmals wieder zum mentalen Bestandteil einer gemeinsamen Geschichte geworden, die über die antagonistische „Gemeinsamkeit" im Ost-West-Konflikt weit hinausgeht. In diesem Zusammenhang ist denn auch die 1945 weitestgehend vergangene und zwischenzeitlich lange nicht nur hinter dem „Eisernen Vorhang", sondern auch hinter eigenen deutschen Strategien der Ausblendung und Verdrängung verborgene deutsche Geschichte im Osten wieder in das historische Bewußtsein getreten. Der Text von Werner Terpitz und die ihn begleitenden Anmerkungen können damit auf bestimmte historische Zusammenhänge aufmerksam machen, welche die 1945 erzwungenen deutschen „Wege aus dem Osten" beeinflußten. Diese haben – zusammen mit ihren Ursachen und ihren Folgewirkungen – für unsere Selbstvergewisserung immer noch Bedeutung; eine Bedeutung, die angesichts der sich abzeichnenden gesamt-europäischen Zukunft noch zunehmen dürfte. Werner Terpitz' Erinnerungsarbeit bietet für solche Vergewisserung einen inhalts- und erkenntnisreichen Einstieg.

Abschließend ist noch darauf hinzuweisen, daß für die Kapitelüberschriften der Bearbeiter verantwortlich zeichnet.

Berlin, im Juli 1996   Michael Schwartz

*Abb. 1: Die
Nordenburger Kirche*

*Abb. 2: Das Pfarrhaus in
Nordenburg
(Mitte der 30er Jahre)*

Abb. 3: Paßbild des Vaters Paul Terpitz (1943)

Abb. 4: Familienfoto (1943): neben Werner Terpitz die Mutter Elisabeth Terpitz und die Geschwister Georg, Renate und Wolfgang

Abbb. 5: Dorfkirche von Jodlauken (Schwalbental)

Abbb. 6: Onkel Ernst Kucharski

Abb. 7: Tante Dr. Maria Kucharski

Abb. 8: Familienfeier im Sommer 1943
Von links nach rechts: In der vorderen Reihe mein Vetter Peter und meine Cousine Heidrun Hüttemann neben Tante Brigitte Schnabel, dann Großmutter, Großvater mit Cousine Viola Hüttemann, Tante Maria Kucharski und – daneben stehend – meine Brüder Georg und Wolfgang. In der hinteren Reihe ich neben meinen Eltern, Tante Magdalena Hüttemann, meine Schwester Renate und Onkel Martin Federmann.

Abb. 9: Brigitte Schnabel (1944)

Abb. 10: Großeltern Federmann (1944/45)

Abb. 11: Onkel Heinz und Tante Magdalena Hüttemann mit ihren Kindern (Nachkriegsfoto)

Abb. 12: Werner Terpitz am Tag der Konfirmation (19.3.1944) vor dem Gabentisch

Abb. 13: Paßbild von Werner Terpitz (1945)

Abb. 14: Ortslazarett des deutschen Barackenlagers in Aarhus (Dänemark)

Abb. 15: Werner Terpitz in Uniform am Zaun des Ortslazaretts in Aarhus

Abb. 16: „Haus Seeblick" in Kühlungsborn
(Foto von 1988)

Abb. 17: Krankenhaus in Penzlin/
Mecklenburg. Hier starb die Mutter
im Juli 1945

Abb. 18: Besuch von Terpitz' Großvater bei Großmutter Federmann und Tante Brigitte in Kühlungsborn (1947)

Werner Terpitz

Wege aus dem Osten

Vorwort

Noch in Ostpreußen, in der Schlußphase des 2. Weltkriegs, nahm ich mir vor, das dort Erlebte eines Tages aufzuschreiben, sollte ich das Inferno überstehen. Die ersten Versuche unmittelbar nach dem Krieg scheiterten dann jedoch kläglich. Was immer ich auch zu Papier brachte, es kam mir unausgereift und fade vor. Ich war noch jung, hatte nicht genügend Abstand und war, weil ich auch viele Fakten nicht kannte, außerstande, wichtige Zusammenhänge zu überblikken. Je mehr ich mich schließlich in die in den ersten Nachkriegsjahrzehnten in großer Zahl publizierten Berichte über die Schlußkämpfe in unserer Provinz, über die Vertreibung und die zum Teil so erschütternden Fluchtschicksale vertiefte, und je mehr ich über das jahrelange große Sterben in Königsberg las, desto weniger erschien mir das eigene Erleben sowie das unserer Familie überhaupt noch erwähnenswert.

Vielleicht mußte ich älter werden, um zu erkennen, wie sehr das Bild jener Zeit verzerrt wird, wenn sich darin nur die schlimmsten Vorgänge widerspiegeln, nicht aber auch das, was damals plötzlich zur Normalität geworden war. Bei der Vertreibung aus dem früheren Ostdeutschland starben, wie bei fast allen Vertreibungen, nicht nur viele Menschen auf der Flucht, weil sie umgebracht wurden, verhungerten, erfroren oder ertranken, sondern etliche auch ganz unauffällig danach, weil sie die Strapazen nicht ausgehalten hatten. Auch an sie sollte man denken.

Die Kriegsereignisse, die wir, die jüngsten Soldaten – im Sprachgebrauch eigentlich noch „große Kinder" – erlebten, verliefen nach den damaligen Maßstäben ebenfalls meist ziemlich undramatisch, bis hin zum normal gewordenen Soldatentod. Der viel zu sehr gelobte Film von Bernard Wicki „Die Brücke" (1960) hat leider schon früh den Blick für diese filmferne Normalität verstellt. Von meinen sechzehnjährigen Schicksalsgenossen habe ich niemanden als fanatischen Kämpfer erlebt. Dennoch habe ich bis heute von keinem mehr etwas gehört.

In dem 1994 nun endlich geschriebenen Bericht werden die verschiedenen Wege eines größeren Familienverbandes aus Ostpreußen synoptisch nachgezeichnet. Nur der kleinere Teil betrifft mich selbst und hat damit autobiographischen Charakter. Im übrigen schildere ich aus Quellen das Erleben der anderen. Zeitlich am Anfang stehen die aus Bielefeld in den Osten Evakuierten. Sie wurden schon im Sommer 1944 zurückgeschickt. Im Januar 1945 flohen zwei Familien aus der Mitte Ostpreußens, die eine nach Königsberg, die andere über das Eis des Haffs nach Pillau. Ein weiterer Fluchtweg führte erst nach Stolp in Pommern, dann nach Danzig. Schließlich floh die größte Gruppe aus Königsberg. Alle, die flohen, gelangten über die Ostsee in den Westen.

Die von mir beschriebenen Vorgänge zeigen nur einen kleinen Ausschnitt aus dem Geschehen des 2. Weltkriegs und dies auch nur aus dem Blickwinkel einer Familie, der die grauenhaftesten Erlebnisse erspart blieben. Es ist ein Bericht aus ostpreußischer und damit notwendig aus deutscher Perspektive, der aber mit dieser zwangsläufigen thematischen Verengung das Leid, das anderen Menschen in diesem Krieg zugefügt wurde, nicht schmälern will und es auch gar nicht kann. Wir stehen vor dem Phänomen, daß die Kriege der Neuzeit zu systematischen Kriegen gegen die Zivilbevölkerung geworden sind und dabei kaum einer nach der persönlichen Schuld der Betroffenen fragt. Nach meiner Überzeugung ist das gefühlsorientierte und daher bequeme Denken in kollektiven Kategorien die eigentliche Ursache dafür. Sonst könnten solche kollektiven Bestrafungen nicht geschehen. Denn wenn man aus der bloßen Zugehörigkeit zu einem Volk, einer Rasse oder Religion Mitschuld ableitet, die kein Mitleid verdient, kann man am Ende guten Gewissens die Todesmaschinerie in Gang setzen. In diesem Denken waren sich im 2. Weltkrieg viele der verantwortlichen Staatsmänner sehr unterschiedlicher Staaten in verblüffender Weise einig. In seiner scheinbar völlig harmlosen, sich ethisch gebenden Version zeigt es sich heute auch dann, wenn nachgeborene Staatsführer stellvertretend kollektive Schuldbekenntnisse abgeben oder – noch schlimmer – solche Bekenntnisse bedenkenlos von Politikern anderer Staaten einfordern. Man erkennt diese absurde Gedankenwelt aber auch, wenn Literaten oder Wissenschaftler ungeniert Völkern bestimmte Charaktere zuordnen. Meine Generation ist in diesem Denken großgeworden. Es waren vor allem die Kriegserlebnisse, die es mir in den fünfziger Jahren erleichterten, mich nach und nach davon zu trennen.

Ich habe versucht, die beschriebenen Abläufe möglichst authentisch darzustellen. Meine eigenen Erinnerungen konnte ich anhand stichwortartiger Eintragungen und früh angelegter Notizen überprüfen. Die Aussagen über die Fluchtwege der Familienangehörigen und nahen Verwandten basieren auf deren Kalendereintragungen, Briefen, autobiographischen Notizen sowie auf sonstigen privaten und amtlichen Dokumenten, ferner auf allgemein zugänglichen zeitgeschichtlichen Dokumentationen und Berichten. Mit Hilfe der umfangreichen Bestände des Bundesarchivs in Koblenz über Schiffe und Schiffsbewegungen bei der Rettungsaktion über die Ostsee konnte ich Unklarheiten beseitigen. Bei nicht gezählten Anfragen erhielt ich weiterführende Auskünfte vor allem von ehemaligen Bewohnern Nordenburgs und Swinemündes sowie von Kennern der Ereignisse bei Kriegsschluß im Ostseebad Kühlungsborn und in Dänemark. Ihnen und allen denen, die mir bei der kritischen Durchsicht des Manuskripts geholfen haben, sage ich Dank. Besonders aber danke ich meiner Schwester, Renate Günzler, für die Schilderung ihrer eigenen Fluchterlebnisse und meinen Brüdern, Dr. Wolfgang Terpitz und Georg Terpitz, daß sie, die damals als Kinder keine eigenen Aufzeichnungen machten, die von mir zutage geförderten Vorgänge durch farbige Situationsbeschreibungen an vielen Stellen mit Leben versehen haben.

Dem Institut für Zeitgeschichte danke ich für die Aufnahme des Berichts in seine Reihe „Biographische Quellen zur Zeitgeschichte". Mein ganz besonderer Dank gebührt Herrn Dr. Michael Schwartz für die sorgfältigen zeitgeschichtlichen Zuordnungen und Erläuterungen und für viele anregende Gespräche.

Vorboten: Der Krieg erreicht Ostpreußen

Als Stalingrad fiel,[1] war ich vierzehn und empfand Trauer. Ich hatte die Gelbsucht, lag im Hause meiner Königsberger Pensionseltern schwach, fiebrig und fahlgelb in meinem Bett und schrieb ein Gedicht über die deutschen Helden in jener geschundenen Stadt. Nachdem ich es beendet hatte, verdrängte mein Stolz die Trauer ein wenig; denn ich fand meine Verse gelungen. Da reimte sich „Heldenmut" auf „tapferes Blut", „Soldaten" auf „Heldentaten" und „zur Wehre" auf „Deutschlands Ehre". Die letzte Zeile lautete: „Denn ihnen stand Deutschlands Ehre viel höher noch als der Tod". Das entsprach der herrschenden Propaganda. Genauso sollte es sein![2]

---

[1] Stalingrad (bis 1925: Zarizyn, ab 1961: Volgograd), südrussisches Industrie- und Verkehrszentrum an der Wolga; zwischen November 1942 und Februar 1943 erfolgte dort die deutsch-sowjetische Schlacht um die Stadt, deren Ausgang – die Kapitulation der eingeschlossenen deutschen Truppen am 31. Januar und 2. Februar 1943 – zum Symbol für die Wende im Zweiten Weltkrieg und die sich abzeichnende Niederlage Deutschlands werden sollte; zu den Auswirkungen auf die Stimmungslage der deutschen Bevölkerung berichteten die geheimen Lageberichte des „Sicherheitsdienstes" (SD) der SS schon am 28. Januar 1943: „Unter dem Eindruck, daß das Schicksal der 6. Armee in Stalingrad bereits besiegelt sei und in der Sorge um die weitere Entwicklung der Kriegslage ist *das ganze Volk z. Zt. bis ins Tiefste aufgewühlt.* [...] In der Befürchtung, daß ein ungünstiger Ausgang des Krieges in den Bereich des Möglichen gerückt sei, *befassen sich die Volksgenossen ernsthaft mit den Folgen einer Niederlage.* [...] Die überwiegende Mehrheit [ist] von der Überzeugung durchdrungen, daß ein Verlust des Krieges dem Untergang gleichkomme. Wenn dieses beängstigende Bewußtsein einerseits auch den Willen, bis zum Letzten durchzuhalten, stärkt, führt es ander[er]seits aber auch dazu, daß Viele bereits über die Möglichkeiten eines Ausweges für den äußersten Fall nachdenken und von der letzten Kugel reden, die einem immer noch übrig bleibe, wenn alles zu Ende sei." Vgl. Meldungen aus dem Reich. Die geheimen Lageberichte des Sicherheitsdienstes der SS 1938–1945, hgg. v. Heinz Boberach, Bd. 12, Herrsching 1984, 4720; Reichspropagandaminister Joseph Goebbels (1897–1945), der sich soeben anschickte, in der ominösen Berliner Sportpalast-Kundgebung vom 18. Februar 1943 den „totalen Krieg" zu proklamieren, kommentierte in seinem offiziösen Tagebuch am 31. Januar 1943 die depressive Bevölkerungsstimmung zynisch: „Es ist ganz gut, wenn jeder sich im Volke über die Folgen einer Niederlage im klaren ist; dann weiß auch jeder, was er zu tun hat." Vgl. Die Tagebücher von Joseph Goebbels. Im Auftrage des Instituts für Zeitgeschichte und mit Unterstützung des Staatlichen Archivdienstes Rußlands hgg. v. Elke Fröhlich, Teil II: Diktate 1941–1945, Bd. 7: Januar bis März 1943, bearbeitet von Elke Fröhlich, München / New Providence / London / Paris 1993, 228; zur Bevölkerungsstimmung nach Stalingrad ferner: Heinz Boberach, „Stimmungsumschwung in der deutschen Bevölkerung", in: Stalingrad. Mythos und Wirklichkeit einer Schlacht, hgg. v. Wolfram Wette und Gerd R. Ueberschär, Frankfurt/M. 1992, 61–66. 278–279; Marlis G. Steinert, „Stalingrad und die deutsche Gesellschaft", in: Stalingrad. Ereignis – Wirkung – Symbol, hgg. v. Jürgen Förster, München / Zürich 1992, 171–185.

[2] Reichsmarschall Hermann Göring (1893–1946) hatte in seiner Rede zum 30. Januar 1943 – dem 10. Jahrestag der NS-„Machtergreifung" – die noch kämpfenden deut-

Meine Eltern hatten mir dieses Denken nicht beigebracht. Meine Pensionseltern auch nicht. Der Zeitgeist hatte es getan. Das allgemeine nationalistische und militärgläubige Denken in Deutschland war der Grund, weshalb allenthalben die nationalsozialistische Ideologie nicht durchweg falsch erschien und weshalb die Kritiker des Systems meist nur über deren pathetische Übertreibungen, deren Borniertheit und Maßlosigkeit spotteten. Als in Stalingrad die Kämpfe tobten, habe ich niemanden getroffen, der die Hände über dem Kopf zusammengeschlagen und das Schicksal der russischen Zivilisten in dieser vom Grauen erfaßten Stadt beklagt hätte. Auf einen solchen Gedanken kam man einfach nicht. Wir alle dachten jetzt nur an unsere Soldaten. Die Nichtsoldaten, die Zivilisten, spielten nur eine Nebenrolle. Das war in Europa immer schon so. Darüber gab es auch noch im 2. Weltkrieg zwischen den beteiligten Staaten einen historisch gewachsenen, ungeschriebenen Konsens. Dazu kam diese sonderbare nationalistische Ethik, nach der es nicht ganz so schlimm ist, wenn Angehörige fremder Nationen sterben. Sie wurde verstärkt durch den im europäischen Denken bis heute vorhandenen, versteckten Rassismus. Dessen deutsche Version hielt außer den Juden vor allem Slawen für minderwertig. Es schien also wirklich kein Aufschrei nötig, wenn die Bewohner von Stalingrad litten.

Im März 1944, also ein Jahr nach Stalingrad, wurde ich gemeinsam mit Renate, meiner um ein Jahr älteren Schwester, in Nordenburg konfirmiert. Zwar hatten wir beide in Königsberg, in der Tragheimer Gemeinde,[3] den Katechumenen- und Konfirmandenunterricht besucht. Aber in Nordenburg lag unser Elternhaus. Das war in dieser ziemlich unbedeutenden Kleinstadt[4] ein auffallendes Gebäude neben der Kirche, das Pfarrhaus. Vater hielt den Konfirmati-

---

schen Truppen in Stalingrad heroisierend mit den antiken Thermopylenkämpfern verglichen, also jenen Spartanern um ihren König Leonidas, die den Thermopylen-Engpaß 480 v. Chr. bis zum letzten Mann gegen die überwältigende Übermacht der persischen Angreifer verteidigt und dadurch zur letztendlichen Rettung ihrer Heimat beigetragen hatten; vgl. Meldungen aus dem Reich, Bd. 12, a. a. O., 4732; als der deutsche Oberbefehlshaber in Stalingrad, Generalfeldmarschall Friedrich Paulus (1890–1957) kapitulierte und – statt sich zu töten – sich auch noch in sowjetische Kriegsgefangenschaft begab, war der vom NS-Regime inszenierte Thermopylen-Mythos im Grunde gescheitert, da der deutsche „Leonidas" seiner Rollenzuschreibung nicht folgen wollte; Chefpropagandist Goebbels empfand diese Entwicklung denn auch als „deprimierende Nachricht": „Die Sowjets geben sich alle Mühe, den deutschen Soldaten und auch dem deutschen Volke klarzumachen, daß die Generalität sich in Gefangenschaft begeben habe, während die Soldaten sterben mußten. Das ist natürlich für uns eine sehr unangenehme und wenig erfreuliche Parole, der wir unbedingt entgegentreten müssen." Die Tagebücher, a. a. O., Bd. 7, 239 und 247 f.

[3] In der 1733 errichteten Tragheimer Kirche wurde 1836 der Komponist Richard Wagner (1813–1883) mit seiner ersten Gattin Minna Planer (1809–1866) getraut, der damals als Musikdirektor in Königsberg und von 1837–39 in der baltischen (damals russischen) Metropole Riga wirkte.

[4] Nordenburg – 1405 vom Deutschen Orden gegründet – besaß 1939 3 200 Einwohner.

onsgottesdienst. Renate trug ein weißes Kleid, ich einen dunkelblauen Anzug, den Schneidermeister Onusseit noch gerade rechtzeitig fertiggestellt hatte. Mein Gabentisch war ein Abbild der Zeit. Da man im fünften Kriegsjahr nicht mehr viel kaufen konnte, trennten sich die Menschen von Dingen, die ihnen lieb waren oder die sie übrig hatten. Ich bekam Persönliches, Frommes und Nationales. Zu den persönlichen Dingen gehörten das von Mutter verfaßte Tagebuch und das Photoalbum über meine Kindheit, aber auch die Manschettenknöpfe aus dem Besitz eines Onkels, der ein Jahr zuvor ganz jung gefallen war. Dinge der Frömmigkeit waren Bibel und Gesangbuch, sowie der fremdartige Stahlstich mit dem Lutherkopf. Unpassend fand ich damals schon ein Bronzerelief des alten Hindenburg,[5] eine Massenproduktion im Geschmack der Zeit. Für Menschen, die Hitler nicht mochten, war der tote Hindenburg Symbol des Deutschen, des Christlichen und des Anständigen. Die meisten Buchtitel sind auf dem blassen Foto des Geschenktisches nicht mehr erkennbar. Auf jeden Fall war Paul de Lagardes „An die Deutschen" dabei.[6] Ein Geschenk einer Lehrerfamilie. Zur Konfirmation wahrlich ein Mißgriff. Das, ausgerechnet, las ich.

Wir feierten das letzte Familienfest gemeinsam mit Mutters Eltern und Geschwistern und mit einigen befreundeten Nordenburgern. Vaters Angehörige lebten nicht mehr. Aber bei den Familienfotos im Klavierzimmer wurde die Konfirmationsgesellschaft in Gruppen so plaziert, daß die Bilder von Vaters Eltern den Hintergrund bildeten.

Immer wieder klang bei den Tischreden und den Gesprächen die Freude durch, daß es noch einmal möglich geworden war, in dieser düsteren Zeit im größeren Familienkreise zusammenzusein. Mehrere waren von Krankheit gezeichnet. Mir gibt diese letzte Zusammenkunft Anlaß, die Hauptpersonen meines Berichtes vorzustellen. Sie zeigen eine seltsam einschichtige Verwandtschaft. Lauter Pfarrer, Musiker, Lehrer, wobei mancher mehrere Funktionen in seiner Person vereinigte.[7]

Da war Großvater Heinrich Federmann. Der hatte eigentlich Musiker, am liebsten Dirigent werden wollen, dann aber Theologie studiert. Er war schlagender Korporierter gewesen, hatte im ersten Weltkrieg eine glühend nationa-

---

[5] Paul von Benneckendorf und von Hindenburg (1847–1934), 1914 als Oberkommandierender in Ostpreußen propagandistisch verklärter „Sieger von Tannenberg" und Generalfeldmarschall, 1916–18 Chef der Obersten Heeresleitung; 1925–34 Reichspräsident, der im Januar 1933 Adolf Hitler zum Reichskanzler ernannte; nach seinem Tode im August 1934 im ostpreußischen Tannenbergdenkmal beigesetzt; das Amt des Reichspräsidenten übernahm Hitler zusätzlich selbst; 1945 wurde Hindenburgs Sarg angesichts des sowjetischen Vormarsches und der damit verbundenen Sprengung des Denkmals evakuiert und schließlich in der Marburger Elisabethkirche beigesetzt.
[6] Paul Anton de Lagarde, eigentlich Paul Anton Bötticher (1827–1891), Orientalist, erhebliche publizistische Wirkung als nationalistisch-antisemitischer Kulturphilosoph.
[7] Vgl. zu biographischen Daten und Verwandschaftsverhältnissen auch den Stammbaum der Familien Federmann und Terpitz im Anhang dieses Bandes.

listische Schrift verfaßt,[8] wurde später aber als Insterburger Superintendent[9] zu einem wichtigen Vertreter der ostpreußischen Bekennenden Kirche.[10] 1937 hatte er im Gefängnis gesessen und danach als Pensionär immer noch im kirchlichen Widerstand in illegalen Veranstaltungen mitgewirkt. Jahrzehnte später hat Graf Lehndorff in seinem Büchlein über die „Insterburger Jahre" darüber berichtet.[11] Jetzt plagte den 73jährigen die Anämie.

Großmutter Martha Federmann war damals erst 67 Jahre alt. In meiner Erinnerung bleibt sie immer die resolute, kleine, aber kugelrunde Frau Superintendent. Sie war gelernte Pianistin, tätige Organistin, dann Pfarrfrau mit sechs Kindern, schließlich ausgestattet mit Funktionen im evangelischen Arbeiterinnenverein und in der ostpreußischen Frauenhilfe,[12] wo sie in ihrer einfachen Sprache ab und zu Vorträge hielt. Ausgerechnet in Nordenburg wurde sie einmal nach einer solchen Veranstaltung von pflichteifrigen Frauen wegen vermeintlich staatsfeindlicher Äußerungen angezeigt.[13] Trotzdem trug sie gele-

---

[8] Vgl. Heinrich Federmann, „Der Krieg und die deutsche Volksseele", in: Volksschriften zum großen Krieg Nr. 48/49, Berlin 1915.

[9] In der evangelischen Kirche Leiter (übersetzt: „Oberaufseher") eines mehrere Kirchengemeinden umfassenden Kirchenkreises.

[10] Nationalismus und Engagement in der Bekennenden Kirche schlossen einander keineswegs aus; zum evangelischen Kirchenkampf in Ostpreußen: Hugo Linck, Der Kirchenkampf in Ostpreußen 1933–1945, München 1968; Geschichte der Bekennenden Kirche in Ostpreußen 1933–1945. Allein das Wort hat's getan, hgg. v. Manfred Koschorke, Göttingen 1976; Der Kirchenkampf im deutschen Osten und in den deutschsprachigen Kirchen Osteuropas, hgg. v. Peter Maser, Göttingen 1992; ferner die regionale Entwicklungen ausgiebig berücksichtigende Gesamtdarstellung von Kurt Meier, Der evangelische Kirchenkampf, 3 Bde., Göttingen 1984.

[11] Vgl. Hans Graf von Lehndorff, Die Insterburger Jahre. Mein Weg zur Bekennenden Kirche, München 1992.

[12] Zur Problematik der evangelischen Frauenverbände im „Dritten Reich": Jochen-Christoph Kaiser, „Das Frauenwerk der Deutschen Evangelischen Kirche. Zum Problem des Verbandsprotestantismus im Dritten Reich", in: Hans Dollinger u. a. (Hrsg.), Weltpolitik – Europagedanke – Regionalismus. FS Gollwitzer. Münster 1982, 483–508; ders., Frauen in der Kirche. Evangelische Frauenverbände im Spannungsfeld von Kirche und Gesellschaft, 1890–1945. Quellen und Materialien, hgg. v. Annette Kuhn, Düsseldorf 1985.

[13] Damit erlebte die Großmutter des Verfassers am eigenen Leibe, wie sehr der Verfolgungs- und Kontrollapparat des NS-Regimes auf die „Mitteilsamkeit" aus der Bevölkerung angewiesen war, ohne die er nicht hätte funktionieren können; vgl. Robert Gellately, Die Gestapo und die deutsche Gesellschaft. Die Durchsetzung der Rassenpolitik 1933–1945, Paderborn u. a. ²1994; Die Gestapo – Mythos und Realität, hgg. v. Gerhard Paul und Klaus-Michael Mallmann, Darmstadt 1995; als Frau eines Superintendenten zählte Martha Federmann zur lokalen Honoratiorenschicht, welche – neben sozialen Randgruppen – eine überdurchschnittlich betroffene Opfergruppe solcher Denunziationen war; Denunziation im NS-Staat war insofern auch ein neuartiges Mittel zur Führung gesellschaftlicher Konflikte: Sie „traf entweder die, die nicht dazugehörten, oder [...] jene, gegen deren Herrschaft sich die ‚Schwächeren' nur durch eine Anzeige zur Wehr setzen zu können glaubten"; vgl. Rudolf Schlögl, „Die ‚Volksgemeinschaft' zwischen Anpassung und Widerstand. Zur Soziographie der Delinquenz vor den Sondergerichten Dortmund und Bielefeld 1933–1945", in: Zwischen

gentlich das „Mutterehrenkreuz" mit dem Naziemblem.[14] Einer ihrer Brüder unterschrieb sogar Privatbriefe mit „Heil Hitler", sagte Ohm statt Onkel und Tunke statt Sauce. So gingen damals die Risse durch die Personen und die Familien.

Die Großeltern wohnten seit 1938 in Königsberg[15] in einer kleinen modernen Wohnung. Jahrelang sind wir älteren Kinder Sonntag für Sonntag zum Nachmittagskaffee dorthin gewandert und mit der Elektrischen Nr. 4 oder Nr. 7 zum Nordbahnhof zurückgefahren. Inzwischen haben die Russen die Bevölkerung ausgetauscht und Kaliningrad sozialistisch neu gebaut. Aber die 4 fährt immer noch beharrlich auf der alten Strecke.

Meine Mutter hatte fünf Geschwister. Eine der Schwestern starb früh. Mutters einziger Bruder, Onkel Martin, war seit seiner Geburt behindert und lebte bei seinen Eltern. Er übernahm einfache Pflichten und beschäftigte sich hingebungsvoll mit Operette und Film. So ist also noch über drei Schwestern, drei Musikerinnen zu berichten.

Tante Maria, die älteste Schwester der Federmann-Töchter, war uns, als wir Kinder waren, ein wenig entrückt, später pflegten wir ein inniges Freundschaftsverhältnis. Sie wurde die Vizegroßmutter meiner Kinder. Nach Abitur und Lehrerexamen vertrieb sie sich als Hauslehrerin auf vornehmen ostpreußischen Gütern jahrelang die Zeit mit Gesellschaften, Malen und Reiten, studierte dann aber nicht Kunst, sondern Kirchenmusik, machte in Königsberg das große Examen und promovierte dort mit den Nebenfächern Kunst und Biologie als eine der ersten Frauen über ein musikhistorisches Thema.[16] Nach

---

Loyalität und Resistenz. Soziale Konflikte und politische Repression während der NS-Herrschaft in Westfalen, hgg. v. Rudolf Schlögl und Hans-Ulrich Thamer, Münster 1996, 126–157, insb. 156.

[14] Das „Mutterehrenkreuz", umgangssprachlich auch „Mutterkreuz", war ein 1938 gestiftetes Ehrenzeichen des NS-Staates für („arische" und „erbgesunde") Mütter von vier und mehr Kindern in drei Rangstufen und damit ein symbolisches Instrument der NS-Bevölkerungspolitik; vgl. Irmgard Weyrather, Muttertag und Mutterkreuz. Der Kult um die „deutsche Mutter" im Nationalsozialismus, Frankfurt/M. 1993.

[15] Königsberg (1939: 372000 Einwohner) war die größte Stadt der deutschen Region Ostpreußen; 1255 gegründet und nach König Ottokar II. von Böhmen (reg. 1253–1278) benannt, der dem Deutschen Orden militärische Hilfe geleistet hatte, wurde Königsberg 1457 Sitz des Hochmeisters des Deutschen Ordens; nach der 1525 erfolgten Umwandlung des Ordensgebietes in den ersten evangelischen Staat Europas war es Hauptstadt dieses Herzogtums Preußen sowie – nach dessen Erhebung zum Königreich 1701 – auch dessen Krönungsstadt; da Preußen jedoch bereits seit 1618 in Personalunion mit dem Kurfürstentum Brandenburg regiert wurde, war und blieb dessen Hauptstadt Berlin faktischer Regierungssitz der preußischen Könige, während Königsberg als regionales Zentrum (1815–1945 auch formell) preußische Provinzhauptstadt war und blieb; 1944/45 schwer zerstört, April 1945 sowjetisch besetzt, wurde es Hauptstadt des Sowjetunion bzw. nunmehr zur russischen Republik gehörigen Nordteiles des früheren Ostpreußen und erhielt 1946 den Namen Kaliningrad – zu Ehren Michail Kalinins (1875–1946), des langjährigen Vorsitzenden des Obersten Sowjets der UdSSR.

[16] Maria Federmann, Musik und Musikpflege zur Zeit Herzog Albrechts, Kassel 1932.

einigen Berufsjahren aber, als unter den Nationalsozialisten die politischen Verhältnisse in der Stadt schwierig geworden waren, warf sie alles hin und heiratete den schon älteren Landpfarrer Ernst Kucharski, der viele Jahre vergeblich um ihre Hand angehalten hatte. Dort in Jodlauken, dem späteren Schwalbental, ganz in unserer Nähe, übernahm sie Orgel und Dorfschule, machte als einzige Frau der Verwandtschaft den Führerschein und lebte kinderlos für Gatten, Garten und Getier.

Tante Magdalena war jünger als meine Mutter, hatte Gesang und Schulmusik studiert. Ihr zweites Lehrfach ist mir nicht mehr erinnerlich. Sie heiratete ihren Studienkollegen Heinz Hüttemann und zog mit ihm nach Bielefeld, so daß wir sie seltener sahen. Beide waren uns Kindern damals die Repräsentanten des weltläufigen, kultivierten Westens, so wie wir ihn uns vorstellten, wo die Menschen wußten, was Mode ist, und wo das Leben ganz anders pulsierte. Vom Bombenkrieg als Evakuierte in den Osten vertrieben, lebte Tante Magdalena mit ihren beiden kleinen Töchtern jetzt bei uns im Pfarrhaus, während ihr Ältester, Peter, auswärts die Schule besuchte.[17] Sie hatte seit einigen Jahren Tuberkulose, weshalb sie auf den Gesang verzichten mußte, und sorgte sich zudem um ihren Mann, der Soldat war.

Bleibt also noch Tante Brigitte. Ebenso wie Tante Maria war sie meine Patentante, doch deutlich jünger. Sie verkörperte in unserer Umgebung Schwung, Sportlichkeit und Modernität. Nachdem sie einige Königsberger Semester hinter sich gebracht hatte, änderten sich die Verhältnisse an den Universitäten. Das Frauenstudium wurde eingeschränkt, die Berufsaussichten waren schlecht, wenn man nicht Parteimitglied werden wollte.[18] So brach sie ihr Studium ab und kam zu uns in das unauffällige Nordenburg und wurde Klavierlehrerin. Sie unterrichtete erst im Pfarrhaus, später in einer eigenen Wohnung. Immer wieder brachte sie Freunde und Leben in unsere Familie und war, wenn die Eltern verreisten oder wenn Mutter im Sanatorium lag, unsere Ersatzmutter. Als der Krieg begann und Frauen wieder gefragt waren, beendete sie ihr Studium mit den Fächern Musik und Französisch, wurde nach der zweiten Staatsprüfung Assessorin an der Hufenschule und heiratete 1943 ihren Kollegen Paul

---

[17] Im Zuge der Evakuierung luftkriegsgefährdeter Bevölkerungsteile erfolgte zwischen 1939 und 1944 eine massive Bevölkerungsverschiebung von West nach Ost; für März 1944 ist von cirka 825 000 Luftkriegsevakuierten in den deutschen Ostgebieten auszugehen, wovon etwa 200 000 auf Ostpreußen entfielen; bis zum Sommer 1944 war die Provinz Ostpreußen eines der sichersten, von direkter Kriegseinwirkung unberührtesten Gebiete des Deutschen Reiches; dies änderte sich ab August 1944 schlagartig und veranlaßte die partielle Rückführung der Evakuierten gen Westen; vgl. Die Vertreibung der deutschen Bevölkerung aus den Gebieten östlich der Oder-Neiße, hgg. vom ehemaligen Bundesministerium für Vertriebene, Flüchtlinge und Kriegsgeschädigte, Bd. 1, Augsburg 1993, 5Ef.

[18] Vgl. zur Situation der Frauen im NS-Staat allgemein: Dorothee Klinksiek, Die Frau im NS-Staat, Stuttgart 1982; zum Frauenstudium im NS-Staat: Jacques R. Pauwels, Women, Nazis, and Universities. Female University Students in the Third Reich, Westport/Conn. 1984.

Schnabel. Der war als begabter Geiger und Konzertmeister vom Kriegsdienst freigestellt, mußte aber kurz danach, als die Befreiungen aufgehoben wurden, Soldat werden. Wenn ich mich nicht irre, zeigten sich bei Tante Brigitte, die damals gerade 31 Jahre alt war, bald schon die ersten Symptome der Multiplen Sklerose.

Mein Vater, der in diese temperamentvolle Federmann-Familie hineingeheiratet hatte, war ein eher stiller Mensch. Als Halbwaise und ohne Geschwister war er bei seinem Vater aufgewachsen, der, vielseitig interessiert aber verarmt, hatte hart arbeiten müssen, ehe er Rechnungsrat bei der Reichsbahn wurde, und der immer Witwer blieb. Vater, der erste Theologe in seiner Familie, hatte glücklicherweise keine Veranlagung zu pastörlichem oder nationalistischem Pathos. Er gehörte, wie sein Schwiegervater und sein Schwager Ernst, der Bekennenden Kirche an. Aber in unserer abgelegenen Kleinstadt hielten sich die Konflikte mit dem Staat und der staatlich gelenkten Kirchenleitung in Grenzen. Vaters Klavierspiel reichte für den Alltagsgebrauch. Beim mehrstimmigen Gesang galt er als nicht verwendbar. Aber er verfaßte Gelegenheitsgedichte und liebte die Spielformen der Poesie. Jetzt war er 54 Jahre alt.

Mutter war fünfzehn Jahre jünger als Vater. Mit ihrem größeren Temperament glich sie den Altersunterschied aus. Als einzige im Kreise ihrer Schwestern hatte sie nicht studiert, sondern zur Vorbereitung auf einen „Frauenberuf" ein Kindergärtnerinnenseminar und eine Art Frauenfachschule besucht. Nach kurzer Tätigkeit als Hauslehrerin heiratete sie. Zwei Kinder brachte sie im heute polnischen Mohrungen[19] zur Welt, zwei im jetzt russischen Nordenburg. Sie war mit Hingebung Pfarrfrau, was damals noch als Beruf verstanden wurde, und Erzieherin ihrer Kinder. Im 1. Weltkrieg hatte sie als Kind Not und schlimmen Hunger erlebt und uns deshalb immer wieder ein so schreckliches Bild des Krieges gemalt, daß wir hofften, dies nie zu erleben. Als der 2. Weltkrieg ausbrach, hatten wir daher große Angst, bis uns die Siege der Hitlerarmee die Angst vergessen ließen. Mutter war schon lange kränklich. Kurz vor Ausbruch des Krieges diagnostizierten die Ärzte Lungentuberkulose. Es war eine Spätfolge der Hungerzeit.

Übrigens nannten wir Mutter „Mütterchen" und Vater „Väterchen". Das klang auch bei uns im Osten fremdartig.

Und wir Geschwister? Renate und ich waren 1940 zum Schulbesuch nach Königsberg gekommen, Wolfgang drei Jahre später. Wir wohnten als „Pensionäre" am Wallring bei Pastor Wohlgemuth, der als freikirchlicher, altlutherischer Pfarrer[20] nicht die Privilegien der Beamtenbesoldung genoß und zur Auf-

---
[19] Ostpreußische Kreisstadt am Schertingsee, 1939 ca. 8000 Einwohner, Geburtsort des klassischen Schriftstellers und Philosophen Johann Gottfried (von) Herder (1744–1803).
[20] Die „Altlutheraner" widersetzten sich der 1817 in Preußen aus lutherischen und reformierten Kirchen gebildeten „Evangelischen Kirche der Preußischen Union"; dabei setzten die „Altlutheraner" – schwerpunktmäßig in Schlesien, aber auch in Pommern – gegen den preußischen Staat schließlich ihre Anerkennung als „Freikirche" durch;

besserung des Gehalts Schüler in Pension nahm. Georg, der die Volksschule besuchte, lebte noch bei den Eltern.

Im Sommer 1944 überstürzten sich die Ereignisse. Ende Juni starb Paul Schnabel in Italien den Soldatentod, noch ehe wir diesen neuen Onkel so richtig kennengelernt hatten. Tante Brigitte war nach gerade einem Ehejahr Witwe. Ich fand das so schlimm, daß ich keine Worte fand, ihr zu kondolieren. Und als sie mich traurig fragte, ob ich ihr denn gar nichts Tröstliches sagen könne, begann ich zu stottern.

Im Juni mußten die Bielefelder Verwandten mit allen Evakuierten Ostpreußen[21] verlassen, weil die Frontlage hier bedrohlich wurde.[22] Sie fuhren ordentlich mit Personenzügen und aufgegebenem Gepäck in eine ungewisse Zukunft. Im Gästebuch dankten sie bewegt und hofften, uns möge ein gleiches Schicksal erspart bleiben. Wir Königsberger Kinder verbrachten die Sommerferien zu Hause. Wochenlang sammelte ich viele Stunden lang im Wald Brombeerblätter und trocknete sie auf dem Dachboden, bis ein großer Jutesack gefüllt war. Daraus sollten Extrakte für Medikamente gewonnen werden. Jeder ältere

---

außerpreußische Zentren waren Sachsen, Hannover und Franken, zudem besaßen die „Altlutheraner" erheblichen Einfluß auf die mecklenburgische Landeskirche; vgl. hierzu Friedrich Wilhelm Kantzenbach / Joachim Mehlhausen, „Neuluthertum", in: Theologische Realenzyklopädie, Bd. 24, Berlin / New York 1994, 327–341.

[21] Der Name „Preußen" ging auf die pruzzische Urbevölkerung des Gebietes zurück, die im 13. Jahrhundert vom Deutschen Orden unterworfen worden war; als dessen Hochmeister Albrecht Markgraf von Brandenburg-Ansbach (1490–1568) den preußischen Teil des Ordensstaates – hierin einem Rat Martin Luthers folgend – 1525 in ein weltliches (und evangelisches) Erbherzogtum umwandelte, wurde „Preußen" zum offiziellen Namen dieses Staates, während andere Teile des alten Ordensstaates zeitweilig (Livland bis 1561) oder sogar langfristig (Mergentheim bis 1809) erhalten blieben; durch die Thronfolge der verwandten kurfürstlich-brandenburgischen Linie der Hohenzollern 1618 wurde Preußen in Personalunion mit Brandenburg verbunden; mit der Ablösung der jahrhundertelangen polnischen Oberhoheit 1657/60 *souverän* geworden und 1701 zum Königreich erhoben, wurde der Staat Preußen gegenüber Brandenburg formal *höherrangig* und aufgrunddessen im Laufe des 18. Jahrhunderts *Namensgeber des Gesamtstaates* der Hohenzollern; das eigentliche Kern-Königreich schrumpfte auf diese Weise begrifflich zu *Ost*preußen.

[22] Am 22. Juni 1944 – bewußt am 3. Jahrestag des deutschen Überfalls auf die Sowjetunion – hatte die sowjetische Sommeroffensive an der Ostfront begonnen, die innerhalb weniger Wochen erhebliche Raumgewinne zwischen Dnjepr und Weichsel erzielte und Anfang August die ostpreußische Grenze erreichte; in seinem geheimen Lagebericht vom 28. Juni 1944 stellte der SD dazu fest: „Vielfach äußert man, daß seit der Preisgabe Stalingrads [Februar 1943] kein OKW-Bericht [i.e. Oberkommando der Wehrmacht] mehr so deprimierend gewirkt habe [...]. In den letzten Tagen hat sich die Aufmerksamkeit der gesamten Bevölkerung, besonders aber der an der östlichen Grenzgebiete, den Vorgängen an der Ostfront zugewandt. Die Nachrichten [...] von gelungenen feindlichen Einbrüchen in unsere Verteidigungslinien verstärken die Befürchtungen, daß es den Sowjets gelingen kann, nach Ostpreußen vorzustoßen. Weiterhin haben die Pressemeldungen über die Landung amerikanischer Bombengeschwader in Poltawa und Mirgorod starke Beunruhigung ausgelöst." Vgl. Die geheimen Lageberichte des Sicherheitsdienstes der SS 1938–1945, a. a. O., Bd. 17, 6617f.

Schüler hatte damals irgendeine als kriegswichtig verstandene Pflicht zu übernehmen. In der letzten Woche kam mein Feriengast und Königsberger Freund Gerhard.[23]

Als wir dann wieder in Königsberg waren, erlebten wir gerade noch die Vierhundertjahrfeier der Universität, der ersten evangelisch gegründeten Hochschule im östlichen Europa, der seinerzeit Kaiser und Papst die Anerkennung versagten, und die nur deshalb Bestand hatte, weil der katholische polnische König, der tolerante Oberlehnsherr des jungen Herzogtums Preußen, die Universität unter seinen Schutz nahm und sie Krakau gleichstellte.[24] Es gab wohl nur wenige Universitäten, die so eng mit der Bevölkerung verbunden waren wie diese. Zum Abitur, das Jahr für Jahr ein öffentliches Ereignis war, trugen die stolzen Absolventen verzierte Studentenmützen, sogenannte „Stürmer", und ließen sich mit einer Vielzahl goldglänzender Alberten schmücken, das waren Abzeichen mit dem Bild des ersten Herzogs und Universitätsgründers, die sie vorzeitig als „Cives" und damit als Angehörige der Albertus-Universität auswiesen.

Vierzehn Tage später war alles zerstört. Die gesamte Innenstadt mit Schloß, Dom, allen alten Kirchen und allen Museen bestand nur noch aus Ruinen.[25]

---

[23] Der damals jugendliche Verfasser blieb damit offensichtlich von der um sich greifenden Furcht der ostpreußischen Bevölkerung vor einer unmittelbar bevorstehenden sowjetischen Invasion ziemlich verschont; doch meldete der SD-Abschnitt Nordostdeutschland am 14. Juli 1944 dem Reichssicherheitshauptamt: „Der Bevölkerung der gesamten Provinz hat sich eine tiefe Unruhe über das Schicksal Ostpreußens bemächtigt. [...] Vor allem wird ein so plötzlicher Einbruch der Russen nach dem Beispiel der letzten Wochen befürchtet, daß es für irgendwelche Räumungsmaßnahmen, vor allen Dingen von Frauen und Kindern, zu spät sei." Demnach wurde die militärische Lage erst in der zweiten Augustwoche 1944 – nach eingetretener tatsächlicher Stabilisierung – „wieder etwas zuversichtlicher angesehen", wobei der SD „bei der noch immer unheilwitternden Bevölkerung" gleichwohl weiterhin „größte Zurückhaltung" beobachtete: „Ein neuerliches Anschwellen der sowjetischen Angriffe wird vorerst noch immer für wahrscheinlich angesehen." Vgl. Meldungen aus dem Reich, a. a. O., Bd. 17, 6646 und 6703.

[24] Gemeint ist der letzte polnische König aus der Dynastie der Jagiellonen, Zygmunt II. August (reg. 1548–1572), der im Gegensatz zu seinem reformationsfeindlichen Vater Zygmunt I. (reg. 1506–1548) religiöse Toleranz praktizierte; als Lehnsherr des evangelischen Herzogtums Preußen – zwischen 1466 und 1660 besaßen die polnischen Könige Lehnshoheit über Preußen – sicherte Zygmunt August mit dieser Politik auch den Bestand der 1544 von Herzog Albrecht gegründeten evangelischen Universität in Königsberg ab, die zu einem Zentrum der gesamten osteuropäischen Reformationsbewegung wurde und deshalb vom Kaiser, vom Papst und auch vom streng katholischen Zygmunt I. nicht anerkannt wurde; vgl. hierzu auch Jörg K. Hoensch, Geschichte Polens, Stuttgart ²1990, 103; die nach ihrem herzoglichen Gründer benannte Albertus-Universität (Albertina) feierte entsprechend im Jahre 1944 ihr 400jähriges Bestehen.

[25] In den Nächten vom 26./27. und insbesondere vom 29./30. August 1944 erfolgten schwere alliierte Luftangriffe auf Königsberg, die 43 % der Stadt zerstörten; vgl. Edgar Günther Lass, Die Flucht. Ostpreußen 1944/45, Bad Nauheim 1964, 20; allgemeiner unter Verwendung von Bilddokumenten: Norbert Matern, Ostpreußen als die Bomben fielen, Düsseldorf 1985; wertvolle Hinweise ferner bei Michael Wieck, Zeug-

Die klassizistische Neue Universität war ausgebrannt, die Alte Universität, in der Kant[26] gelehrt hatte, vernichtet, wie auch die meisten Institute. Einige tausend Menschen waren umgekommen, weit mehr noch verletzt. Es war die Tat vieler Hunderter britischer Bomberpiloten unter dem Kommando jenes Herrn Harris,[27] dem man in seiner Heimat noch ein halbes Jahrhundert nach seinen fragwürdigen Erfolgen mit königlichen Ehren ein Denkmal gesetzt hat. Hätten die Deutschen den Krieg gewonnen, dann gäbe es ganz bestimmt auch bei uns solche erstaunlichen Ehrungen.

Es ist schlimm, wenn man nachts durch Sirenengeheul aus dem Tiefschlaf gerissen wird. Aufgeregt und gleichzeitig verschlafen weckt jeder jeden. Man treibt sich gegenseitig zur Eile. Kinder zittern beim Anziehen vor Aufregung, klappern mit den Zähnen, frieren. Vorsicht, Licht aus, bevor ihr die Tür öffnet! Dann geht es im Eilschritt zum Bunker. Jeder trägt nur das nötigste Handgepäck. Scheinwerfer tasten den Himmel ab. Wenn die Flak[28] zu schießen beginnt, laufen alle. Männer stehen am Eingang des Bunkers. Sobald die ersten Bomben fallen, werden die Stahltüren geschlossen.

Früher, als man bei uns allenfalls mit leichteren Angriffen rechnete, gingen wir in den durch Holzständer gestützten Hauskeller und standen, wenn nicht gerade Bomben fielen, ab und zu neugierig im Hauseingang. Jetzt mußten wir in den Wrangelturm, einen der beiden nördlichen Eckpfosten der erst im 19. Jahrhundert gebauten Befestigungsanlage. Dort kannte ich mich gut aus. In diesem Gemäuer gab es eine städtische Wohnung. Da wohnten Gerhards Eltern. Der Turm, er steht heute noch, ist ein massiver, gedrungener Ring. Den ebenfalls ringförmigen, in Räume aufgeteilten Keller hatte man zum Bunker gemacht. Trotz der gewaltigen Ziegelgewölbe ließen die Explosionen der Sprengbomben den Festungsturm wie bei einem starken Erdbeben schaukeln. Sobald dies geschah, erhoben sich die Leute von ihren Bänken und drängten sich wie eine verängstigte Herde in der Mitte ihres Raumes zusammen.

Der erste Angriff, am 27. August, kurz nach Mitternacht, hatte vor allem einige nördliche Stadtviertel niedergelegt. Als wir danach den Wallring entlang nach Hause gingen, flackerte der Himmel glühend rot. In unserer Straße waren

---

nis vom Untergang Königsbergs. Ein „Geltungsjude" berichtet, Heidelberg ³1989, 148–154, und Hans-Dietrich Nicolaisen, Die Flakhelfer. Luftwaffen- und Marinehelfer im Zweiten Weltkrieg, Berlin / Frankfurt/M. / Wien 1981, 203 ff.; demnach starben mindestens 3 500 Menschen bei den Angriffen, die weitere etwa 150 000 Königsberger obdachlos machten.

[26] Der Philosoph Immanuel Kant (1724–1804) war – in Königsberg geboren und verstorben (sein Grab existiert noch heute in Kaliningrad) – der berühmteste Lehrer der Königsberger Universität und einer der hervorragenden Vertreter der Aufklärungsphilosophie.

[27] (Sir) Arthur T. Harris (1892–1984), ab 1942 Chef des Bomber Command der britischen Luftwaffe und damit verantwortlich für den flächendeckenden Bomberkrieg gegen die Zivilbevölkerung; 1946 zum britischen Luftmarschall befördert und in den fünfziger Jahren geadelt.

[28] „Flak" war die übliche militärische Abkürzung für „Flugabwehrkanone".

vom Luftdruck viele Fenster zerstört und Dächer teilweise abgedeckt. Die Straße lag voller Schutt. Die Häuser waren jedenfalls nicht abgebrannt. Auch Wohlgemuths Haus stand noch. Aber wir mußten Schmutz und Glasschutt aus den Zimmern beseitigen und die vorsorglich in den Keller gestellten Doppelfenster gegen die kaputten austauschen. Am Tag danach kletterte ich durch eine Mansarde auf das modisch spitze Giebeldach, schob Dachpfannen zur Seite, bis ich an den Schornstein kam, und band mich dort mit der besten Wäscheleine meiner Pensionsmutter fest. Dann reparierte ich das Dach, während Wolfgang die Gegend um das Haus nach noch brauchbaren Pfannen absuchte, die mir der Herr Pastor durch das Mansardenfenster zureichte. Am Ende war fast das ganze Dach wieder geschlossen. Frau Wohlgemuth aber beklagte den Verlust ihrer Wäscheleine, die zwischen Schornstein und First eingeklemmt blieb.

Vater war gekommen, um nach seinen Kindern zu sehen. Er wird einen Schrecken bekommen haben, als er seinen Ältesten hoch auf dem steilen Dach sah. Merkwürdigerweise mischte sich in meinen Dachdeckerstolz ein schlechtes Gewissen. Aber er sagte nichts.

In der Nacht zum 30. August ging es erneut los. Noch mehr Flugzeuge, noch mehr Bomben. Sie kamen über das neutrale Schweden. Die ganze Innenstadt verwandelte sich in weniger als einer Stunde in ein Flammenmeer. Jetzt war auch unsere Gegend betroffen.

Es hatte noch längst nicht Entwarnung gegeben, da riefen die Luftschutzleute am Eingang: „Alle Männer raus! Löschen!". Ich stand vor der schwierigen Frage: Bin ich ein Mann oder nicht? Renate wollte mich zurückhalten. Ich wollte ein Mann sein. Heute fragt man sich, warum Gefahren Männersache waren. Damals fußte die Ideologie auf der Tradition und wollte, solange noch Männer da waren, die schwache Frau.

Ich lief nicht die brennende Straße entlang, sondern machte den kleinen Umweg durch die Parkanlagen hinter dem Wallgraben. Wohlgemuths Haus und die im rechten Winkel angebaute Christuskirche standen nahezu unberührt. Aber ringsum sah man nur Feuer. Die große Messehalle[29] gegenüber stand in Flammen. Es wütete ein unvorstellbarer heißer Sturm. Es knallte, prasselte und heulte. Vom Dachfenster her blickte ich auf das Schauspiel der hoch aufschießenden Flammen. Alles erschien mir unwirklich, wie ein faszinierender Traum. Ich kam mir vor wie in einer menschenleeren Hölle. Die Fenster standen weit offen. Gardinen wehten heraus, als lechzten sie nach dem Feuer. Ich stürmte von Zimmer zu Zimmer, riß sie ab. Wieder auf dem Dach-

---

[29] 1925 im Stil der „neuen Sachlichkeit" errichtet, wurde sie von den Nationalsozialisten in „Schlageterhalle" umbenannt – zu Ehren des von den französischen Besatzern des Ruhrgebietes hingerichteten nationalistischen deutschen Widerstandskämpfers und Ex-Offiziers Albert Leo Schlageter (1894–1923), den später das NS-Regime für sich vereinnahmte; ein Mitkämpfer Schlageters war der spätere NSDAP-Gauleiter Ostpreußens Erich Koch.

boden, bemerkte ich auf der Innenseite der Holzverschalung rote Glut. Das Feuer fraß sich von außen nach innen durch. Ich schaffte in Eimern Wasser herauf, erreichte aber nicht den Brandherd. Man hätte von außen löschen müssen. Aber das ging nicht. Dann entdeckte ich durch eine Luke, daß die Giebelspitze des Kirchendaches lichterloh brannte. Sie war über die Straße hinweg vom Feuer der Messehalle entzündet worden. Jetzt ließ sich mit Wassereimern nichts mehr retten. Ich begann, das Haus auszuräumen. Bald kamen die anderen. Jeder packte an und trug heraus, was ihm gerade in den Sinn kam. Ich ging mehrfach durch die Kirche, um dem Feuersturm auszuweichen. Kaum aber zeigten sich dort die ersten Feuerzungen an der großen, flachen Holzdecke, ging alles schneller, als ich vermutete: Unter gewaltigem Krachen und in einer Wolke von Funken stürzte hinter mir die Decke ein.

Auf der Brücke über dem Wallgraben, in respektvollem Abstand vom Feuer, saßen wir auf Wohlgemuths Polstermöbeln und sahen dem Spiel der Flammen zu, bis alles zu Ende war und wir im Morgengrauen zu frösteln begannen. An vielen Sammelstellen weit außerhalb der Stadt gab es Ausweise für Fliegergeschädigte und warmes Essen. Fast alles war abgebrannt, die meisten unserer Sachen, unsere Schulen, unsere Tragheimer Kirche, meine Geige beim Geigenbauer, das Haus der Geigenlehrerin. Auch der Jutesack mit den Brombeerblättern, den mir ein Lehrer so herablassend abgenommen hatte, meine ganze Ferienarbeit, war nun nichts als Asche.

Renate und Wolfgang fuhren noch am selben Tag nach Nordenburg. Die besorgten Eltern hatten nachts über eine Distanz von fast hundert Kilometern den glutroten Himmel gesehen und waren erleichtert, als sie kamen. Ich übernachtete bei den Großeltern. Die gepflegten Wohnviertel im Westen der Stadt waren nahezu unzerstört geblieben. Ich wollte am nächsten Tag die Strecke mit dem Fahrrad bewältigen. Unterwegs aber hielt ein Lastwagen und nahm mich mit. Es war die Nordenburger Freiwillige Feuerwehr, die unverrichteter Dinge abzog. Auch Tante Brigitte kam wieder zu uns.

In Nordenburg wurde unsere Hilfe jetzt dringend gebraucht. Der ganze Haushalt stand Kopf. Zeitweise sah es aus wie vor einem Umzug. Alles mußte geteilt werden in Sachen, die verschickt werden und solche, die dableiben sollten. Aber wohin sollten die Sachen gehen? Der Osten war bedroht. Im Westen tobte der permanente Bombenkrieg. Wir kannten ja nicht überall Menschen, an die man vertrauensvoll Pakete und Kisten senden konnte. Man wußte auch nicht, wie weit die Kriegshandlungen gehen würden. Die Oder lag von uns aus auf halbem Wege zum Rhein. Da begann damals die Mitte des Deutschen Reiches. Wir schickten deshalb vieles nach Danzig, manches nach Strausberg nahe der Oder und erst später einiges nach Sachsen. Dienlich waren uns dabei unsere großen Umzugskisten, mit denen wir früher vor den Sommerferien Hausrat und Betten nach Cranz oder Neuhäuser an die Ostsee geschickt hatten.

Das Schulgebäude wurde Feldlazarett. Auch sonst wimmelte der Ort von Soldaten. Eines Tages kam zu uns ein Gefreiter, hatte unter buschigen Augenbrauen freundlich stechende Augen. Der stellte sich als Organist vor und bat um den Orgelschlüssel. Als Mutter, die wie gewohnt im Garten ihre Liegekur machte, die Orgelklänge hörte, wurde sie neugierig. Tante Brigitte bestätigte es: An der Orgel saß ein außergewöhnlicher Musiker. Es war Ludwig Doormann, Kirchenmusikdirektor in Göttingen.[30] Schnell entwickelte sich ein freundschaftliches Verhältnis, in das bald auch Tante Maria einbezogen wurde, und das in den späteren Jahren anhielt. Plötzlich begann aus diesem unauffälligen Nordenburg ein Ort der Kirchenmusik zu werden. Unsere Organistin, Fräulein Stessun – man nannte damals unverheiratete Frauen noch „Fräulein", und ich will deshalb hier bei dieser Bezeichnung bleiben –, übergab dem Meister gern den in den Männerstimmen geschrumpften Kirchenchor. Doormann holte singfreudige Kameraden dazu. Und in kürzester Zeit war dieser Kriegschor in der Lage, selbst Kirchenkantaten von Bach[31] zu singen. Unentwegt wurde geprobt. Auch wir älteren Kinder sangen mit. Es war wie ein Rausch. Unsere kleine Stadt verabschiedete sich von der Geschichte mit Musik. Schon beim ersten Kirchenkonzert war die Kirche brechend voll. Dann wurde auf Weihnachten hin geprobt. Doch eine knappe Woche davor mußten die Soldaten plötzlich abziehen, und alles war zu Ende.

Doormanns Kunst hatte auch mich gepackt. Eines Tages war Tante Maria gekommen, um Doormann zu hören. Wie so oft, gab es keinen Strom, und ich übernahm es, die Balgen zu treten. Als ich dann im dröhnenden Orgelgehäuse steckte und alles um mich herum nur noch Musik war, pfiff ich die Themen voller Begeisterung mit. Danach fragten sich die beiden Musiker besorgt, was wohl in der alten Orgel so schrecklich klirre. Erst da ging mir ein Licht auf, und es klirrte nicht mehr.

Unser Haus war in diesen Monaten Durchgangsquartier für viele. Das begann schon im August.[32] Da hatten wir in drei Wochen fünfmal Soldaten zu

---

[30] Vgl. Ludwig Doormann. Ein Leben für die Kirchenmusik, hgg. v. Roderich Schmidt, Göttingen 1988; im Gegensatz zur dortigen Feststellung (27f.) war die Stelle des Kirchenmusikers in Nordenburg auch während des Zweiten Weltkrieges besetzt, wie der im Text gegebene Hinweis auf die eigene Organistin ergibt.

[31] Johann Sebastian Bach (1685–1750), bedeutender deutscher Barockkomponist, prägte mit seinem geistlichen Oeuvre nachhaltig die protestantische Kirchenmusik.

[32] Mit dem Nahen der sowjetischen Front erfolgten im August 1944 auch in Teilen Ostpreußens – etwa im Raum Memel – erste, noch vorübergehende Evakuierungsmaßnahmen, die auch die ostpreußische Landeskirche zu vorbereitenden Maßnahmen veranlaßten; so erhielt auch der Nordenburger Pfarrer Paul Terpitz eine Dienstanweisung des Evangelischen Konsistoriums der Kirchenprovinz Ostpreußen vom 24. August 1944 „für die kirchliche Versorgung der ostpreußischen Umquartierten", in der es hieß: „Auch bei den umquartierten evangelischen Gemeindegliedern muß die kirchliche Versorgung aufrecht erhalten werden, um die innere seelische Widerstandskraft der oft schwer Getroffenen zu stärken und sie in schwersten Stunden die Kraft des Evangeliums erfahren zu lassen." Grundsätzlich wurden die ostpreußischen Pfarrer angewiesen, „sich in dieser Zeit mit ihren Gemeinden ganz besonders eng [zu] verbinden" und „wo irgend möglich Umquartierungszüge und landwirtschaftliche Trecks [zu] begleiten, die umquartierten Gemeindeglieder in den Aufnahmege-

Gast. In einer Oktobernacht, als eine Pfarrfamilie samt Kutscher und russischer Haushilfin aufgenommen wurde, und gleichzeitig vier Soldaten bei uns wohnten, reichten die Betten nicht mehr.

Im Spätherbst wurden alle Nordenburger Jungen des Jahrgangs 1928 zur vormilitärischen Schulung in ein „Bannausbildungslager" der Hitlerjugend einberufen.[33] Die nur fünftägige Veranstaltung fand nahe der Stadt auf dem Gut Truntlak statt. Das gehörte dem greisen Baron von Heyking, einem stillen Gegner des Systems und Förderer der Kirche, der, wie wir später hörten, wenige Monate danach auf der Flucht bei Rastenburg umkam.[34] Wir übten mit Karabinern, schossen in einer Sandgrube unentwegt mit Platzpatronen, zerlegten nach Stoppuhr die Schlösser der Karabiner und bauten sie wieder zusammen. Der ideologische Unterricht stieß selbst bei der Landjugend nicht mehr auf Begeisterung.[35] Ich war als Pfarrerssohn Außenseiter. Als jemand, der in Kö-

---

bieten [zu] besuchen und zu ihrer kirchlichen Versorgung engste Zusammenarbeit mit den Kirchengemeinden der Aufnahmegebiete an[zu]streben". Erklärtes Ziel der Kirchenleitung – das allerdings geordnete Evakuierungen und eine einigermaßen stabile Frontlage zwingend voraussetzte – war es, „daß infolge der Umquartierungsmaßnahmen keine kirchliche Beerdigung, keine Taufe, keine Krankenkommunion usw. ausfällt und daß die gottesdienstliche und seelsorgerliche Betreuung aufrecht erhalten wird". Dabei war man sich der „mannigfachen äußeren und inneren Schwierigkeiten, die der Bewältigung dieser Aufgaben entgegenstehen", durchaus bewußt: „Die größte dürfte wohl die Zerstreuung der Gemeinden besonders auch bei landwirtschaftlichen T[r]ecks sein. Diese Schwierigkeit wird sich weiterhin durch Benutzung jeder Fahrgelegenheit, auch des Fahrrades, durch Zusammenarbeit aller kirchlichen Amtsträger, durch Erbitten von Mithilfe ziviler und militärischer Stollen [i.e. Stellen] überwinden lassen. Letzteren gegenüber ist im Bedarfsfalle diese Dienstanweisung als Ausweis zu benutzen." – Zit. n. Privatarchiv Werner Terpitz, Remagen-Oberwinter.

[33] Die Einberufung in diese Lager erfolgte durch die HJ, doch die Lager selbst firmierten als „Volkssturm-Bannausbildungslager"; am 20. Dezember 1944 suchte ein Erlaß des Reichserziehungsministers „zur erweiterten Einbeziehung der HJ in den Deutschen Volkssturm" diese Verklammerung beider Organisationen noch zu verstärken; vgl. hierzu Karl Heinz Jahnke / Michael Buddrus, Deutsche Jugend 1933–1945. Eine Dokumentation, Hamburg 1989, insb. 399ff.; gemäß der Anordnung des Befehlshabers des Ersatzheeres, Reichsführer SS Heinrich Himmler, vom 1. Oktober 1944 wurden für „die Wehrhaftmachung der 3. Aufgebotes des deutschen Volkssturms" die HJ-Jahrgänge 1928 und 1929 zur paramilitärischen Ausbildung in „Wehrertüchtigungslagern" und „Bann-Ausbildungslagern" einberufen; demnach sollte der Jahrgang 1928 in sechswöchigen, der Jahrgang 1929 in vierwöchigen „Wehrertüchtigungslagern" für den Dienst im Volkssturm ausgebildet werden; zugleich wurde die „monatliche (zweimonatliche) Überholung des Ausbildungsstandes in viertägigen Bannausbildungslagern" angeordnet; vgl. Karl Heinz Jahnke, Hitlers letztes Aufgebot. Deutsche Jugend im sechsten Kriegsjahr 1944/45, Essen 1993, 89.

[34] Alfred von Heyking (1859–1945), Rittmeister a.D. und Erbverwalter der im ostpreußischen Landkreis Gerdauen gelegenen (kirchlichen, aber dauerhaft verpachteten) Stiftsgüter Truntlack, Kurkowken und Ruude, verstarb am 7. Februar 1945 auf der Flucht in Rastenburg.

[35] Diese Bemerkung zielt auf die vergleichsweise starke Stellung der ostpreußischen NSDAP in ländlichen Bevölkerungsschichten, nicht zuletzt innerhalb der Landarbei-

nigsberg die Oberschule besuchte, noch mehr. Alle Aggressionen richteten sich gegen mich. Ich war für sie der „Pfaff". Erst als einer meiner früheren Klassenkameraden dazwischenfuhr, hielten sie Ruhe. Der war freundlich, hatte aber Muskeln und war angesehen.

Weihnachten war die Stimmung gedrückt. Nach Weihnachten kam Rosemarie, unsere fünfzehnjährige Königsberger Freundin, zu Gast. Auch das Haus ihrer Eltern war abgebrannt. Wir machten noch einmal richtige Weihnachtsferien mit Schneespaziergängen, Rodeln und endlosen Gesellschaftsspielen. Nur die Märklineisenbahn hatte diesmal nicht aufgebaut werden können. Samt ihrer gediegenen Kiste, die noch mit weiterem Spielzeug angefüllt worden war, hatten wir sie schon Anfang November zu meinem Königsberger Klassenkameraden Dietmar nach Bischofswerda in Sachsen geschickt, wo sie übrigens später beim Einmarsch der Russen verbrannte. Auch nach Jodlauken, das jetzt Schwalbental hieß, fuhren wir. Tante Maria freute sich, wenn singfreudige Leute ins Haus kamen, aus denen sie im Handumdrehen einen Chor machen konnte. Diesmal war es ein gemischter Chor mit nur einer Männerstimme. Vater hörte lieber zu. Onkel Ernst bevorzugte bekannte Melodien. Ich übernahm den Part allein. Beim Singen war das Problem ja gelöst: Das Mannsein begann mit der tiefen Stimme. Beim Abschied sahen wir Tante Maria und Onkel Ernst für sehr lange Zeit zum letztenmal.

---

terschaft; vgl. Gerhard Reifferscheid, „Die NSDAP in Ostpreußen. Besonderheiten ihrer Ausbreitung und Tätigkeit", in: Zeitschrift für die Geschichte und Altertumskunde Ermlands 39.1978, 61–85; Bohdan Koziello-Poklewski, „Des recherches sur la structure territoriale du NSDAP en Prusse Orientale dans les années 1921-1933", in: Polish Western Affairs 26.1985, 241–251; die Stimmungsentwicklung der ostpreußischen Bevölkerung während des Zweiten Weltkrieges beleuchtet Christian Tilitzki, Alltag in Ostpreußen. Die geheimen Lageberichte der Königsberger Justiz 1940–1945, Leer 1991.

Januar 1945: Die Sowjets vor Königsberg

Merkwürdig, diese Gespaltenheit, mit der unser Jahr 1945 begann. Vieles verlief so ärgerlich normal. Wußten wir denn nicht, daß in wenigen Monaten die siebenhundertjährige Geschichte des deutschen Ostens zuende gehen würde? Wir ahnten es. Aber unsere Ahnungen waren diffus. Natürlich lastete auf uns dieser ständige Druck. Das war die Angst vor dem Unheimlichen, vor Krieg, Qual, Tod. Schon darüber redeten wir kaum. Doch über historische Dimensionen? Es gab tatsächlich Leute, die jetzt noch vom Sieg sprachen, oder von der Rückkehr nach einer Flucht. Man hielt sie für unvernünftig. Doch im Stillen hoffte fast jeder. Über allem aber lag diese merkwürdige Sprachlosigkeit. Niemand schrie auf. Man beugte sich. Die allgegenwärtige Diktatur erlaubte nicht einmal lautes Nachdenken im engsten Kreise.

Der Neujahrsgottesdienst in der Nordenburger Kirche, gehalten von einem der vier oder fünf in Uniformen gehüllten Pfarrer, die gegenwärtig als schlichte Landser in unserer ostpreußischen Kleinstadt einquartiert waren und zumeist im Feldlazarett ihren Dienst taten, konfrontierte uns wieder mit der Wirklichkeit. Viele bekannte Gesichter fehlten. Ein Teil der Bewohner war längst abgereist. Doch füllten sich die leergebliebenen Plätze auf den Kirchenbänken mehr als genug mit Soldaten. Predigt und Gebete waren bestimmt von der bedrückenden Angst in einer Stadt, deren Bewohner vor der Flucht standen. Zum Schluß hörten wir wie immer von der Kanzel die Namen der gefallenen Soldaten. Es waren von Monat zu Monat mehr.

Was haben sie nur, diese toten Helden, in unseren jugendlichen Köpfen angerichtet? Ich jedenfalls – romantisch und jung – war noch jetzt, mitten in der deutschen Katastrophe, fest davon überzeugt, daß es eine Erfüllung des Lebens sei, für das Vaterland zu sterben. Und dies war sehr leicht zu erklären. Das Jahr 1914 mit seinem ungestüm- pathetischen Aufbruch in den ersten Weltkrieg lag keineswegs so weit zurück, wie wir damals dachten. Die Kriegskritik in den zwanziger Jahren, die bewußt polemische Auseinandersetzung vornehmlich linker Journalisten und Künstler mit den Begriffen Vaterland, Nation, Ehre, Heldentum, hatte der nationalsozialistische Staat ohne große Mühe und ziemlich radikal abgewürgt, noch bevor sie in den bürgerlichen Kreisen überhaupt hätte Fuß fassen können. Dessen offizielle Ideologie war ja – man muß es nochmals betonen – in Wirklichkeit gar nicht so neu, sondern enthielt vieles von dem, was die braven Bürger im Lande ohnehin schon immer glaubten und daher wußten.

Dazu kam diese fatale Verquickung des national-romantischen Denkens mit dem christlichen, wogegen sich die Kirchen hätten wehren müssen, es aber nicht taten; denn es gehörte und gehört vielerorts immer noch zur europäischen Tradition, Gott auf die eigene Nation zu verpflichten. Als im zweiten Weltkrieg das Ansehen der Wehrmacht stieg und das der Partei sank, erschien dies als beruhigendes Zeichen. Zur Wehrmacht hatten auch Christen Vertrauen. Und so zweifelten selbst viele stille Gegner des Regimes nicht mehr an der Notwendigkeit, diesen Krieg zum Schutz des Vaterlandes zu führen. Unvorstellbar viele Familien hatten Väter oder Söhne an der Front verloren. Für sie blieb es wichtig, daß auch ihre Kirchen das grausige Massensterben im Kampf tröstend als Taten der Liebe und damit als Heldentode verstanden. In diesem Denken blieb auch der 20. Juli 1944[36] ohne wirkliche Relevanz.

Heldenverehrung hat junge Männer schon immer süchtig gemacht. Die Staaten der Welt pflegen sich nicht dagegen zu wehren. Männertod als Heldentod. Wer dies für eine längst überstandene Geistesverwirrung hält, sollte auf die Kriegsgräbervereine schauen. Die kümmern sich von Rußland bis Frankreich und auch im heutigen Deutschland zu allererst um Soldatengräber, während die Gräber der zivilen Opfer, der Flüchtlinge und Bombentoten, hierzulande zumeist längst eingeebnet sind. Nur Kämpfer gräbt man immer noch aus und legt sie in Ehrenhöfe. Ein merkwürdiges Phänomen, gegen das auch Frauenbewegungen nicht grundsätzlich einschreiten. Und dabei wären schlichte Gräberfelder mit Tausenden kriegstoter Kinder, Frauen und Greise viel eher ein Aufschrei gegen den Krieg.

Damals kam noch etwas hinzu, was bis dahin nicht gegolten hatte. Plötzlich tobte der Krieg im eigenen Lande. War es nicht Pflicht, das Vaterland, die Heimat, zumindest doch die schutzlosen Menschen, zu verteidigen? Auf einmal wurde die Heldenromantik durch handfeste ethische Argumente eingeholt. Ein schwieriges Thema. Wir diskutierten im Freundeskreis darüber oft viele Stunden. Unsere Einsichtsfähigkeit war begrenzt und für uns Sechzehnjährige von damals viel zu komplex.

Was tut man im Pfarrhaus am Neujahrstag sonst noch? Das Mittagessen, von Wanda, dem Dienstmädchen, wie man Hausgehilfinnen damals ungeniert nannte, angerichtet und ins Eßzimmer gebracht, mußte früh eingenommen werden. Bald danach fuhr Vater zum Außengottesdienst in das Dorf Klein Sobrost. Er wurde von einem Pferdeschlitten abgeholt und nahm einen der als Soldaten verkleideten Pfarrer mit. Der kleine, in einer Wohnung eingerichtete Gottesdienstraum war mit siebzig Personen brechend voll. Schulräume durften die beiden Nordenburger Pfarrer schon lange nicht mehr benutzen.[37]

---

[36] Gemeint ist das am 20. Juli 1944 ausgeführte Bombenattentat des Obersten Claus Graf Schenk von Stauffenberg (1907–1944) auf Hitler im ostpreußischen „Führerhauptquartier" und der folgende gescheiterte Putschversuch gegen das NS-Regime.

[37] Hierbei ging es insbesondere um die gerade in kleinen Orten ohne eigene Kirchen übliche Nutzung der Schulräume für Gottesdienste oder Konfirmandenunterricht; zum Konfliktfeld Jugend im evangelischen Kirchenkampf: Heinrich Riedel, Kampf um die Jugend. Evangelische Jugendarbeit 1933–1945, München 1976; zur Erziehungs- und Schulpolitik des NS-Regimes im allgemeinen: Ottwilm Ottweiler, Die Volksschule im Nationalsozialismus, Weinheim 1979; Harald Scholtz, Erziehung und Unterricht unterm Hakenkreuz, Göttingen 1985.

Zum gemeinsamen Kaffeetrinken hatten wir Jugendlichen eine große Tafel gedeckt. Das war nicht so einfach. Das bessere Geschirr, die Damastdecken, das Silber, das damals zu jeder bürgerlichen Familie gehörte, all das war ja schon nach Westen verschickt worden, manches inzwischen auch ins sächsische Bockwitz an die Heimatadresse eben jenes Pfarrers, der Vater heute begleitet hatte. Aber der Haushalt war offenbar unerschöpflich. Es gab immer noch genug Tassen, Teller und Teelöffel. Besuch fanden wir stets vergnüglich. In diesen Wochen kamen sehr oft Gäste. Meist waren es aufgeschlossene Leute der verschiedensten Berufe, die in ihren oft schon abgetragenen Uniformen im Pfarrhaus erschienen. Nach langen Rußland-Monaten suchten sie in der Kleinstadt Kontakt zu Menschen, mit denen sie reden konnten.

Diesmal war die Runde geteilt: Oben die Hausfrau umrahmt von fünf Pfarrern, drei davon uniformiert, unten wir vier Nordenburger Pfarrerskinder: Renate, ich, Wolfgang und Georg, siebzehn, sechzehn, zwölf und acht Jahre alt. Dazu Rosemarie, unser Königsberger Gast. Und als plötzlich der Senior dieser Runde, unser Ortspfarrer Kaminski, ein liebenswürdiger Junggeselle, ein wenig vom tristen Ersatzkaffee verschüttet hatte, und nun immer wieder bedauernd über das Tuch strich und sagte, „es tut mir ja so leid, die schöne Decke", da fanden wir Kinder das zum Tuscheln komisch, weil die schöne Decke in Wirklichkeit nur ein ordinäres Bettlaken war. Später zündeten wir die Kerzen am Weihnachtsbaum an und sangen.

Die Kalendernotizen der Eltern für die nächsten Tage erscheinen belanglos. Am 3. Januar kam der Küster Pupper. Muß man so etwas überhaupt verzeichnen? Aber Herr Pupper, der zum Ende des Krieges noch hatte Soldat werden müssen, hatte Urlaub und kam als Besucher. Für die Küstersleute, stille, freundliche Menschen, die kürzlich ihren einzigen Sohn in Italien verloren hatten, waren dies Tage des Abschieds und der Trennung. Am nächsten Tag kam die Gemeindehelferin auf eigenen Wunsch zu einer Rücksprache. Sollte der Pfarrer einen Durchhalteappell an sie richten, wo doch gerade junge Frauen besonders gefährdet waren? In diese Zeit fielen überhaupt manche Abschiede.

Sonst aber lesen sich die Kalendereintragungen meines Vaters für die nächsten vierzehn Tage fast so, als lebte er in einer normalen Zeit. Er hielt Konfirmandenunterricht, leitete Jugendkreise, unterrichtete die Helfer des Kindergottesdienstes. Es waren also noch viele Kinder und Jugendliche am Ort. Erst unter dem 16. Januar trug er ein: „Mädchenjugendwerk fällt aus, nur ein Kind". Zwei Tage zuvor, nachdem die Sowjets gerade mit ihrer Winteroffensive begonnen hatten,[38] ließ er sich bei Frost und Schneeglätte mit dem Auto

---

[38] Die großangelegte sowjetische Offensive begann am 12. Januar 1945 und machte rasche Fortschritte; im Raum Ostpreußen fielen in den ersten 14 Tagen der Offensive nacheinander Tilsit, Allenstein und Memel; seit dem 26. Januar war die Landverbindung Ostpreußens mit dem Rest des Reiches abgeschnitten, Flucht also nur noch über den Seeweg möglich; vgl. Lothar Gruchmann, Totaler Krieg. Vom Blitzkrieg zur bedingungslosen Kapitulation, München 1991, 214; selbst Hitlers Reichspropagandaminister Goebbels mußte in seiner ersten Reaktion in seinem Tagebuch am

weite Strecken nach Assaunen, einem Ort mit einer hübschen backsteingotischen Kirche, und anschließend nach Sechserben fahren. Dort waren es die letzten Gottesdienste.

Am 3. Januar, das war ein Mittwoch, gingen die Weihnachtsferien ihrem Ende zu. In Königsberg begann am Nachmittag des folgenden Tages die Schule. Rosemarie und ich nahmen den Vormittagszug. Renate kam wegen einer kleinen Verletzung einen Tag später nach. Mit uns fuhr Mutter. Als Kranke präparierte sie sich auf die Flucht. Obschon ihre Tuberkulose nahezu ausgeheilt war, ließ sie sich im Krankenhaus der Barmherzigkeit vorsorglich den Pneu füllen und kaufte ausreichend Medikamente. Auf dem Rückweg nahm sie Tante Brigitte mit, die das Fest in Königsberg verbracht hatte. Die war uns, obwohl sie doch kürzlich ihren Mann verloren hatte und trotz ihrer Multiplen Sklerose, immer noch ein Vorbild an Disziplin. Jetzt suchte sie in ihrem zweiten Zuhause ein wenig Erholung bei ihrer Schwester, trotz der Nähe der Front.

Es erschien mir aberwitzig, in dieser Zeit zur Schule zu gehen. Das Leben war ringsum viel zu spannend geworden, als daß man es mit lateinischen Vokabeln und Dreisätzen vertun durfte. Die meisten Klassenkameraden empfanden das ähnlich. Unsere Hindenburg-Oberschule war ausgebrannt, die Ostfront rückte näher. Da kam es mir lebensfremd vor, daß jetzt noch Lehrkräfte und Räume für den Schulunterricht zur Verfügung gestellt wurden. Die Zimmer im Tiermedizinischen Institut der Universität waren überheizt und als Schulräume viel zu klein. Es fehlte ständig Luft. Nach meiner Erinnerung befand ich mich damals dauernd im Grenzzustand zwischen Wachen und Schlafen. Einzig interessant waren die Tiere, ausgestopft oder in Formalin schwimmend.

Vermutlich gab es damals an unserer Schule immer noch einige Lehrer, die in der Lage waren, Jugendliche dieses Alters in einer derartig extremen Situation zu verstehen und zu leiten. Das galt nicht für alle. So erlebten wir zum Schluß noch einen merkwürdigen Akt überzogener Disziplinierung. Ein Mit-

---

14. Januar 1945 eingestehen: „Diese Offensive wird mit stärksten Kräften durchgeführt, eingeleitet von einem massierten Artilleriefeuer. Es ist nicht zu bestreiten, daß die Sowjets schon in den ersten beiden Tagen beachtliche Erfolge erzielt haben." Zwei Tage später sprach Goebbels bereits konsterniert von „eine[r] Phantasie aus dem Tollhaus": „Es ist ihnen im weitesten Umfang ein Durchbruch gelungen, der zu den stärksten Besorgnissen Anlaß gibt. Wie das möglich gewesen ist, kann ich mir überhaupt nicht erklären." Schon am 21. Januar 1945 waren nach Schätzungen Goebbels' „2-3 Millionen Menschen" insbesondere aus dem sog. „Warthegau" und aus Schlesien auf der Flucht; Goebbels' Lob der NS-Wohlfahrtsorganisation NSV am folgenden Tage, hier sei bei der Lebensmittelversorgung für Hunderttausende „eine Improvisationsarbeit größten Stils geleistet worden", belegt zugleich, daß das NS-Regime auf eine derartige massenhafte Fluchtbewegung in keiner Weise vorbereitet war; vgl. Die Tagebücher von Joseph Goebbels. Im Auftrage des Instituts für Zeitgeschichte und mit Unterstützung des Staatlichen Archivdienstes Rußlands hgg. v. Elke Fröhlich, Teil II: Diktate 1941-1945, Bd. 15: Januar bis April 1945, bearbeitet von Maximilian Gscheid, München / New Providence / London / Paris 1995, 119. 131. 175 und 178.

schüler hatte im Toilettenraum des Instituts eine winzige Menge Sprengstoff gezündet. Nichts war passiert. Aber es stank. Wir werteten das als Lappalie; denn viele von uns hatten gelegentlich mal etwas Sprengstoff in der Tasche. Was war auch dabei? Wenn Erwachsene über ganz Europa Sprengstoff verstreuen, kommt es vor, daß Jugendliche etwas davon aufsammeln. Das gehört zum Krieg. Meist waren es graugrüne dünne Walzen, einen bis zwei Zentimeter lang. Die konnte man mit Hilfe einer selbstgemachten Zündschnur hinter einer Ruinenmauer hochgehen lassen. Das Exempel, das hier durch den Direktor höchstselbst an einem Tertianer statuiert wurde, war wohl eher eine Verbeugung vor der Hausherrin, der Universität. Mein Mitschüler, seinen Namen habe ich längst vergessen, hätte sich keine so ehrwürdige Toilettenanlage für seine Tat aussuchen sollen. Jetzt wurde er geschaßt. Man strafte doch immer die Falschen.

Ich muß zugeben, ich habe in dieser Zeit sogar etwas gelernt, wenn auch nur nebenbei. Einmal schrieb ich in der Pause einen Satz an die Tafel, der das Wort „vielleicht" enthielt. Meine Rechtschreibkünste waren damals leider ziemlich unzureichend, deshalb fehlte meinem Wort ein zweites „l". Ein Mitschüler korrigierte mich laut und in freundlicher Überheblichkeit. Das war peinlich, prägte die korrekte Schreibweise aber lebenslang ein. Dieser Mitschüler, er hieß Karl-Hermann Flach,[39] wurde später ein bekannter Politiker und war schon deshalb genötigt, das Wort „vielleicht" besser zu kennen als ich.

Am ersten Abend trafen wir uns in der Hufenallee zur Bibelstunde. Man sollte heute diese Bezeichnung nicht zu sehr auf die Waagschale legen. Das war kein pietistischer Zirkel. Alle Jugendorganisationen, außer der Hitlerjugend,[40] waren längst verboten. Kirchliche Jugendarbeit im engeren Sinne war dagegen erlaubt. Also taten wir, was erlaubt war. Hier diskutierten wir, sangen und waren unter Freunden – ohne die in dieser Zeit übliche Geschlechtertrennung. Wir hatten eine engagierte, aus Westfalen stammende junge Leiterin: Anne. Diesmal waren nur wenige gekommen, außer Rosemarie und mir nur Ilse und Gerhard. Einige aus unserem Kreis hatten Ostpreußen schon verlassen.

Seit das Zentrum Königsbergs völlig zerstört war, lernten wir die Außenviertel kennen. Rosemarie wohnte jetzt weit draußen in Juditten. Ich brachte sie

---

[39] Karl-Hermann Flach (1929–1973), Journalist, nach 1945 zunächst Mitglied der Liberaldemokratischen Partei in der SBZ, 1949 nach West-Berlin; 1959–62 Bundesgeschäftsführer der Freien Demokratischen Partei (FDP), 1971–73 erneut deren Generalsekretär und als solcher maßgeblicher Verfechter einer sozialliberalen Politik.

[40] Die „Hitler-Jugend" (HJ) wurde ab 1926 kontinuierlich als Parteijugendorganisation der NSDAP aufgebaut, 1936 zur Staatsjugendorganisation aufgewertet, ihr Reichsjugendführer – ab 1931 Baldur von Schirach (1907–1974), ab 1940 Arthur Axmann (1913–1996) – wurde im Rang eines Staatssekretärs Mitglied der Reichsregierung; ab 1939 herrschte Mitgliedspflicht für alle („arischen") Deutschen im Alter von zehn bis achtzehn Jahren; vgl. hierzu: Arno Klönne, Jugend im Dritten Reich. Die Hitler-Jugend und ihre Gegner. Dokumente und Analysen, München ²1990.

nach Hause, vorbei an den Zwillingsseen und dem Hammerteich. Alles lag tief im Schnee. Immer wieder hatten wir dieselben Themen: Das Zeitgeschehen, die Bedrohung Ostpreußens. Meine Absicht, Soldat zu werden, hielt sie für absurd – wie alle. Erst um Mitternacht war ich bei Wohlgemuths, die, nach der Zerstörung des altlutherischen Gemeindezentrums, in der Gustloffstraße[41] ein verlassenes kleines Haus übernommen hatten, und bei denen Renate und ich wieder wohnten.

Renate besuchte die Bismarck-Oberschule. Auch da war das Schulhaus ausgebrannt. Der Unterricht fand in verschiedenen öffentlichen Gebäuden statt. Abends trafen wir uns fast täglich am Nordbahnhof, wo die Straßenbahnhaltestellen von Menschenmassen umstellt waren, und gingen, wenn das Warten sinnlos schien, zu Fuß in den Norden der Stadt nach Hause. In dieser Zeit wurden Radio und Telefon immer wichtiger. Abends, bei den Pensionseltern, hörten wir Nachrichten, tauschten Meinungen aus und vermittelten uns gegenseitig Informationen, die oft aus zweiter oder dritter Hand stammten und nichts als Gerüchte waren. Voller Sorge betrachteten wir auf den Landkarten das Näherrücken der Front. Bis Mitte Januar blieb es jedenfalls in Ostpreußen noch ruhig.

In dieser Zeit hatten die Parteidienststellen ein für sie überaus wichtiges Problem. Es mußte verhindert werden, daß die in der Hitlerjugend als Zwangsmitglieder organisierten Jugendlichen, ohne sich abzumelden, in den Reichsarbeitsdienst oder in die Wehrmacht eingegliedert wurden und damit der Partei verloren gingen. Am 14. Januar fand deshalb ein Jugendappell der HJ für den gesamten Jahrgang 1928 statt. Erscheinen war Pflicht. Die Aula der Burgschule war bis zum letzten Platz gefüllt. Aber die Sympathiekurve der Partei hatte, wie man deutlich spüren konnte, längst den Nullpunkt erreicht. Nach obligaten Kampfliedern, Fahnenschwenken und von ausgesuchten Sprechern pathetisch vorgetragenen Treueschwüren auf den Führer mußten sich alle für die Nachkriegszeit zum Eintritt in die Partei verpflichten. Niemand durfte den Saal verlassen, der nicht unterschrieb. Nachkriegszeit? Die lag uns so unendlich fern. Da konnte man alles unterschreiben. Schon wenige Wochen später hatten sich nach den überall umlaufenden Gerüchten die meisten Parteioberen vorsorglich aus dem Staube gemacht.[42]

---

[41] Diese Straße hieß nach einem „Märtyrer" des NS-Regimes, dem Schweizer NS-Landesgruppenführer Wilhelm Gustloff, der aufgrund seiner antisemitischen Hetze 1936 dem Attentat eines Juden zum Opfer gefallen war.

[42] Zum Verhalten der ostpreußischen NS-Führer notierte Reichspropagandaminister Goebbels am 24. Januar 1945 noch euphorisch: „[Gauleiter] Koch befindet sich in einer ekligen Situation. Aber er ist ein Mann von großer Standfestigkeit. Jedenfalls weigert er sich kategorisch, Königsberg zu verlassen. Er befindet sich dort noch mit seiner Frau, und sämtliche politischen Leiter haben ihre Familien zu evakuieren, abgesehen vom [benachbarten] Warthegau verfügen wir im gesamten Osten über eine wahrhaft heldenhafte politische Führung." Vgl. Die Tagebücher von Joseph Goebbels, Teil II, Bd. 15, a. a. O., 210; Goebbels' Bemerkung zum Warthe-

Weil die Schule in einem Universitätsinstitut zu Gast war, versahen wir Schüler der mittleren Klassen im Hauptgebäude der Universität die Brandwache. Zwar gähnten jetzt in der von August Stüler[43] entworfenen Prunkfassade zum Paradeplatz hin schwarze, hohle Fenster. Hinter dem Stülerbau aber stand, noch unzerstört, der schlichtere Anbau vom Beginn unseres Jahrhunderts. Dort, in einem kleinen staubtrockenen Seminarzimmer der Philosophischen Fakultät, hatte man vor einen hohen Bücherschrank ein doppelstöckiges Bett gestellt. Achtungsvoll lasen wir bis weit nach Mitternacht in Büchern, die wir nicht verstanden. Unsere regelmäßigen Kontrollgänge führten uns durch das ganze Gebäude, auch durch das finstere, breite Treppenhaus mit seinen rauchgeschwärzten Wänden.

In der Nacht zum 19. Januar brachte mir ein Bote einen schriftlichen „Gestellungsbefehl". Es sollten Panzergräben ausgehoben werden. Der NS-Staat hätte viele Monate Zeit gehabt, Befestigungsanlagen um Königsberg zu bauen und war nun Opfer der eigenen Propaganda geworden. Er hatte der Bevölkerung vorgespiegelt, die Provinz und damit Königsberg seien nicht gefährdet. Der Bau von Befestigungen um die Stadt herum hätte diesen Glauben erschüttert. So war nichts geschehen, und jetzt schien eigentlich alles zu spät. Wir fuhren vom Nordbahnhof früh um sechs mit dem Zug an den nördlichen Stadtrand nach Quednau. Dort erhielten wir Schaufeln, Kreuzhacken und Schubkarren und schufteten mit unseren ungeübten Händen, bis wir Blasen hatten. Nachmittags entstand plötzlich Unruhe. Man hatte eine' größere Gruppe Strafgefangener gebracht. Wir mußten unser Arbeitsgerät abgeben. Es gab nicht genug davon. Auch am nächsten Tag war für uns nichts mehr zu tun. So verlief die großangelegte Aktion im Sande, und das notwendige Grabensystem wurde, wie ich später mit eigenen Augen sah, niemals ganz fertig.

Längere Zeit hatten Renate und ich nichts mehr von den Eltern gehört. Ferngespräche waren damals teuer, bedurften umständlicher Voranmeldungen, und nun gab es auch noch Probleme mit den ständig überlasteten Leitungen. Am 21. Januar erschien plötzlich Gerhard. Meinem Vater war es gelungen, seine Mutter zu erreichen und eine Nachricht für uns durchzugeben. Danach hatten die Bewohner von Nordenburg Packbefehl erhalten und warteten auf den

---

gau bezog sich auf das als skandalös bewertete Verhalten des dortigen Gauleiters Arthur Greiser, der sich mit seinem Troß nach Frankfurt/Oder begeben und die ihm anvertraute Bevölkerung ihrem Schicksal überlassen hatte; diese Flucht war Ende Januar offensichtlich „Gesprächsgegenstand in allen eingeweihten Kreisen Berlins"; vgl. ebd., 228; knapp eine Woche später hatte sich jedoch auch der so positiv bewertete Koch zwar nicht aus seinem Gau, jedoch aus der bedrohten „Gauhauptstadt" Königsberg in den Ort Neutief unweit des sicheren Hafens Pillau zurückgezogen; so beklagte sich am 2. Februar 1945 der in Königsberg verbliebene stellvertretende Gauleiter Großherr telefonisch bei Goebbels, „daß die meisten Prominenten aus Königsberg, wie er erklärt, getürmt seien. Seine Vorwürfe richten sich auch unausgesprochen gegen Gauleiter Koch." Vgl. ebd., 285. 304 f.

[43] Friedrich August Stüler (1800–1865), bedeutender Vertreter historistischer Architektur.

Abtransport. Die sowjetischen Truppen standen schon an der Deime, einem bei Tapiau nach Norden abzweigenden Mündungsarm des Pregels. Südlich von Ostpreußen waren sie sogar noch weiter nach Westen vorgedrungen, alles offenbar in der Absicht, die Mitte der Provinz großräumig zu umzingeln. Für das schon ziemlich weit östlich gelegene Nordenburg bestand große Gefahr.⁴⁴ Höchste Zeit also, daß die Eltern flohen.

In diesen Wochen befanden sich in Ostpreußen Millionen Menschen auf der Flucht. Die Bewohner der Dörfer und der großen Güter hatten sich zumeist entschlossen, sich gemeinsam in Trecks auf den Weg zu machen. Die bestanden aus einer Vielzahl vollbeladener, von Pferden gezogener Planwagen.⁴⁵ Für den Abtransport der Stadtbewohner wurde, wenn es ging, die Reichsbahn eingesetzt.

Spätestens seit die Russen an der Deime standen, war auch Königsberg gefährdet. Familie Wohlgemuth hatte beschlossen, nach Stolp zu fliehen. Noch fuhr die Reichsbahn über Danzig nach Pommern. Eine Amtshandlung am Montag hielt den Herrn Pastor allerdings noch auf. So sollte seine Frau mit einer der erwachsenen Töchter und mit Uschi, dem vierjährigen Pflegekind, vorausfahren. Renate wurde bestürmt mitzukommen. Auch ich redete ihr zu. Als ich am nächsten Morgen von der Brandwache zurückkam, waren alle schon fort.

Sie fuhren, wie wir später wußten, mit dem letzten oder einem der letzten Züge, die nach Westen durchkamen. Ihr Zug war so überfüllt, daß viele Menschen zurückbleiben mußten. So ging es auch der Tochter der Wohlgemuths, die nun beschloß, es gemeinsam mit ihrem Vater am nächsten Tag nochmals zu versuchen. Jetzt wurde auch ich heftig bedrängt mitzukommen. Es ist heute schwer nachvollziehbar, was mich damals trieb, mich dem so energisch zu widersetzen. Bald nach dem Kriege habe ich einige Gründe notiert: Es schien mir nicht eilig, auch nicht rühmlich; ich wollte bis zur Aushändigung meines Wehrpasses warten, um nicht irgendwo anders nochmals gemustert zu werden. Auf keinen Fall wollte ich zum Volkssturm.⁴⁶ Aber waren das wirklich alle Mo-

---

⁴⁴ Seit dem 25. Januar 1945 wurde bei Nordenburg heftig gekämpft; die sowjetische Seite meldete die Eroberung der Stadt bereits für diesen Tag, während der dem Reichspropagandaminister durch einen Verbindungsoffizier des OKW erstattete militärische Lagebericht den Fall Nordenburgs erst auf den 27. Januar datierte; vgl. hierzu Otto Lasch, So fiel Königsberg, München o. J., 137, sowie Die Tagebücher von Joseph Goebbels, Teil II, Bd. 15, a. a. O., 244.
⁴⁵ Treck – das niederdeutsche Wort für „Zug" oder „Auszug" – war seit dem 19. Jahrhundert für organisierte Wagenkolonnen von Siedlern geläufig, etwa für die „Trecks" der Buren in Südafrika oder der europäischen Siedler in Nordamerika; nunmehr fand dieser Begriff seine ominöse Erweiterung auf die Kolonnen der Flüchtlinge und Vertriebenen aus Ostdeutschland und Osteuropa.
⁴⁶ Der sogenannte „Volkssturm" wurde durch „Führererlaß" Hitlers im September 1944 und anschließenden Befehl des Befehlshabers des Ersatzheeres, Reichsführer SS Heinrich Himmler, vom 1. Oktober 1944 reichsweit vorbereitet und zum 18. Oktober 1944 – dem Jahrestag der Völkerschlacht bei Leipzig (1813) in deutlicher Anknüp-

tive? Ist es nicht für dieses Alter geradezu typisch, daß man erlernte ethische Grundsätze, sobald man sie sich angeeignet hat, viel absoluter versteht, als dies Erwachsene tun? Im Krieg war es Aufgabe der Männer, die Bevölkerung zu schützen; gerade gesunde jüngere Männer durften nicht einfach weglaufen, solange sich in ihrem Umkreis noch Menschen in Gefahr befanden. Es wollte mir aber nicht in den Sinn, daß man selbst bei so edler Sicht der Dinge zum Kriegshandwerk erst einmal eine gründliche Ausbildung braucht. Statt dessen überkam mich ein Anflug von Verachtung, wenn Altersgenossen ganz selbstverständlich und offenbar ohne Skrupel aus der Stadt verschwanden. Jedenfalls blieben an diesem Tag alle Versuche, beim Wehrbezirkskommando meine Angelegenheiten zu regeln, erst einmal erfolglos.

Alles war auf den Beinen, überall bewegten sich Menschen. Die Hauptstraßen waren von durchziehenden Trecks verstopft. So viele Pferde hatte man hier lange nicht mehr gesehen. Als ich zurückkam, lag wieder eine eilige Nachricht da. Ich solle sofort zu Anne kommen. Hatten sich die Eltern gemeldet? Ich machte mich sogleich auf den Weg. Anne, die wie alle schon etwas vernünftigeren Menschen der Auffassung war, daß Sechzehnjährige zu jung fürs Soldatsein sind, hatte kurzentschlossen für mich eine Bahnfahrkarte nach Arnswalde in Pommern gelöst. Erst ärgerte ich mich. Ich wollte mich nicht bevormunden lassen. Dann ließ ich mich überreden, jedenfalls einen Versuch zu machen. Denn die Landverbindung zum „Reich" – das war die ostpreußische Bezeichnung für alles, was nicht zur Provinz gehörte[47] – war bereits sehr eng geworden. Die Russen standen, wie es hieß, im Süden nahe Elbing.

---

fung an den preußischen „Landsturm" der Befreiungskriege gegen Napoleon – öffentlich proklamiert; der Volkssturm, zu dessen „Stabsführer" Himmler einen seiner engsten Mitarbeiter, den Chef des SS-Hauptamtes SS-Obergruppenführer Gottlob Berger ernannte, sollte als paramilitärische Organisation alle männlichen Zivilisten vom 16. bis zum 65. Lebensjahr erfassen und der zusätzlichen „Reichsverteidigung" dienen; der in Dresden lebende Victor Klemperer (1881–1960) kommentierte am 21. Oktober 1944 die auf Hochtouren laufende NS-Propagandakampagne als „Gipfel des Wahnsinns und der Verzweiflung" des NS-Regimes, das hier unverhohlen den Partisanenkampf vorbereite: „Es ist, diesmal durch die oberste Leitung selber [...], Aufruf zum Bandenkrieg". Vgl. Victor Klemperer, Ich will Zeugnis ablegen bis zum letzten. Tagebücher 1942–1945, hgg. von Walter Nowojski unter Mitarbeit von Hadwig Klemperer, Berlin [4]1995, 605 ff.; aufgrund seiner Zusammensetzung aus besonders jungen und besonders alten Jahrgängen und seiner oft mangelhaften militärischen Ausbildung und Ausrüstung erlitt der Volkssturm nicht selten außerordentlich hohe Verluste; vgl. auch: Franz W. Seidler, Deutscher Volkssturm. Das letzte Aufgebot 1944/45, München 1989.

[47] Ostpreußen hatte als Territorium weder zum „Heiligen Römischen Reich Deutscher Nation" noch zum 1815–1866 existierenden „Deutschen Bund" gehört und war erst 1871 formell zum „Reich" gekommen; das daraus entstandene Sonderbewußtsein dürfte durch die Besonderheit der Zwischenkriegszeit 1919–1939, als Ostpreußen keine Landverbindung zum restlichen Deutschen Reich mehr besaß („Korridor"-Problem), wiederbelebt oder verstärkt worden sein.

In weniger als zwei Stunden trafen wir uns am Verschiebebahnhof hinter dem Brandenburger Tor, benannt übrigens nach dem kleinen Vorort Brandenburg. Rosemarie und ihre Mutter waren ebenfalls da. Aber wir warteten vergeblich. Es gingen Gerüchte, die Eisenbahnstrecke Königsberg-Berlin sei bereits in Feindeshand. Niemand konnte das bestätigen. Am nächsten Tag wollten wir nochmals einen Versuch machen.

Auch in der Gustloffstraße herrschte Aufbruchstimmung. Reisefertig angezogen legten wir uns zur Nacht auf Teppiche und Kissen, aßen vorher aber noch ungeheure Mengen an Eingemachtem, um den Feinden möglichst wenig in die Hände fallen zu lassen. Vor einigen Stunden noch störrisch, war ich nun wohl auch innerlich bereit, die Abreise zu versuchen. Gegen vier Uhr früh machten wir uns bei klirrender Kälte zu Fuß auf den Weg, zunächst zur Straßenbahn am Nordbahnhof. Dort kamen wir mit zwei Schaffnern ins Gespräch. Die rieten uns dringend von unserem Vorhaben ab. Sie berichteten, der Hauptbahnhof sei mit unvorstellbar großen Menschenmassen angefüllt, die vergeblich auf ihren Abtransport warteten. So kehrten wir um und machten das Haus wieder wohnlich.

Um zehn Uhr holte ich Rosemarie von der Klavierstunde ab. Wir hatten das so verabredet. Eine absurde Situation: Eine überlegene und bis an die Zähne bewaffnete, von Rachegefühlen erfüllte Armee steht vor der nur unzulänglich geschützten Stadt,[48] deren Bewohner versuchen zu fliehen, und darinnen verabreden sich zwei junge Leute nach der Klavierstunde. Wir bummelten durch die Hufen, ein baumbestandenes Wohnviertel aus der Gründerzeit, und gingen bei Anne vorbei, die als die bedeutend Ältere meist mehr wußte als wir. Jetzt aber steckten wir alle in der Sackgasse. Einen letzten Versuch wollten wir heute noch machen. Es war der 23. Januar, der Tag, an dem Eltern und Brüder im weit östlich gelegenen Nordenburg nun endlich in einen Güterzug verladen wurden. Doch davon wußte ich damals nichts.

Abends trafen wir uns erneut auf dem Verschiebebahnhof. Dort erst erhielten wir Gewißheit. Die sowjetischen Truppen hatten den Landweg zum übrigen Reichsgebiet abgeschnitten. Es gab nur noch die Bahn zur Hafenstadt Pil-

---

[48] Reichspropagandaminister Goebbels notierte dazu unter dem 24. Januar 1945 in seinem Tagebuch: „Fast niederschmetternd ist der Bericht, den [der ostpreußische Gauleiter] Koch mir gibt. Er spricht von einer äußersten Bedrohung Königsbergs, nachdem die Sowjets die Vorstellungen der Stadt durchbrochen haben. Er will versuchen, ihnen mit Volkssturm entgegenzutreten. Aber auch hier besitzt der Volkssturm keine Waffen. Nennenswerte Truppenkontingente stehen ihm nicht zur Verfügung. Der Volkssturm [...] ist zum Teil zu 70 und 80 % aufgerieben worden. Auch im ostpreußischen Raum sind die Straßen durch die abmarschierenden Trecks versperrt, und auch hier ergeben sich dieselben Schwierigkeiten wie im Gau Danzig-Westpreußen beim Heranführen unserer Truppen." Vgl. Die Tagebücher von Joseph Goebbels, Teil II, Bd. 15, a. a. O., 210; hinzu kam, daß die deutschen Truppen in Ostpreußen im Spätherbst 1944 durch Hitlers Befehl zur Verlegung mehrerer Divisionen nach Ungarn bzw. an die Westfront (Ardennenoffensive) massiv geschwächt worden waren; vgl. Vertreibung, Bd. 1, a. a. O., 16Ef.

lau und von dort aus den Seeweg. Ich verabschiedete mich von Rosemarie, ihren Eltern, ihren beiden Schwestern und Anne. Für die Frauen und Mädchen war inzwischen ein neuer Plan geschmiedet worden. Sie hatten die Möglichkeit, als schnell angelernte Hilfsschwestern einen Verwundetentransport zu begleiten und auf diese Weise selber der Gefahr zu entrinnen.

Gerhard war noch in der Stadt. Er war drei Monate jünger als ich und gehörte bereits zum nächsten Jahrgang. Wehrdienst kam für ihn, wie es noch schien, nicht in Frage. Als ich ihn am nächsten Tag im Wrangelturm besuchte, beschäftigte er sich mit ziemlich ausgefallenen Fluchtplänen. Er hoffte, sich und seine Mutter auf dem Luftwege aus der Provinz herauszubringen. Er hatte Kontakte zum Flughafen geknüpft und wartete auf eine Zusage. Jeder, der nur irgendwelche Beziehungen hatte, hängte daran alle seine Hoffnungen. Gerhards Vater war in der Stadt Soldat.

Wir telefonierten mit Rosemaries Vater. Der berichtete, die Metamorphose der Frauen sei gelungen. Die frischgebackenen Hilfsschwestern befänden sich wohlbehalten auf einem Lazarettschiff. Etwas anderes ließ mich noch mehr aufhorchen. Er hatte im Zug nach Pillau Pfarrer Kaminski getroffen. Wenn es stimmte, daß die Bewohner unseres Städtchens gemeinsam evakuiert werden sollten, dann waren die Eltern vielleicht schon in Pillau, möglicherweise gar auf einem Schiff. Doch er konnte sich nicht erinnern, sie gesehen zu haben.

Der nächste Tag war der 25. Januar und damit schon der Donnerstag dieser hektischen Woche. Als ich mittags aus der Stadt kam, erfuhr ich, meine Mutter sei bei den Großeltern in Amalienau. Ich schlang mein Essen herunter und lief in die Admiral-Scheer-Straße. Dort fand ich sie, gemeinsam mit Tante Brigitte. Beide freuten sich, mich zu sehen, waren aber schon durch die erste Etappe der Flucht sehr geschwächt und befanden sich nun in großer Aufregung um Vater und die Brüder. Die waren am Vortage auf einem Königsberger Verschiebebahnhof aus dem Güterzug ausgestiegen, um für die durchkühlten Menschen heiße Getränke zu besorgen, und waren nicht mehr wiedergekommen. Warum? Was war passiert?

Der letzte Zug nach Königsberg: Flucht aus Nordenburg

Wir blenden noch einmal um eine Woche zurück und sind wieder in Nordenburg. Der noch deutsche Teil Ostpreußens war inzwischen eine Art Halbinsel geworden, an drei Seiten von sowjetischen Truppen umzingelt. Nordenburg lag darin ziemlich weit östlich. Die Stadt war äußerst gefährdet und eine Rettung der Menschen ausschließlich nach Westen hin möglich. Ein großer Teil der Einwohner hatte den Ort verlassen. Die ländliche Bevölkerung und einige Bewohner, die als Akerbürger Pferde und Wagen besaßen, hatten sich zu Trecks zusammengeschlossen und versuchten, auf dem Landwege, also südlich an Danzig vorbei, in den Westen zu gelangen. Nur die ersten Trecks blieben unbehelligt. Die Russen kamen schneller voran, als man dachte. Viele der Trecks blieben bei eisiger Kälte auf völlig verstopften Straßen stecken. Alte Menschen und Kleinkinder starben. Wurden sie von sowjetischen Truppen überrollt, dann nahmen die nun Rache an deutschen Frauen, Kindern und Alten, Rache für das, was deutsche Spezialeinheiten und Menschenschinder an unschuldigen Menschen im sowjetischen Vielvölkerstaat getan hatten.[49] Jetzt wurden wieder unschuldige Menschen, diesmal deutsche, aller Habe beraubt, vergewaltigt, verschleppt, niedergemetzelt. Andere Trecks wurden nach Norden hin abgedrängt und hatten später nur noch den Weg über das Eis des Frischen Haffs, wo viele Pferdewagen im Granathagel einbrachen und die Menschen ertranken. Am besten erging es unter den Nordenburgern denjenigen, die rechtzeitig mit der Eisenbahn in eine ländliche Gegend im Westen Deutschlands gelangt waren, wo sie das Ende des Krieges abwarten konnten. Ein schlimmes Schicksal erlitten dagegen andere, die spät mit der Kleinbahn nach Rastenburg, also in den Südteil der Provinz, geflohen und dort in die Hände der feindlichen Truppen gefallen waren. Während all dies geschah, befand sich ein Teil der Bewohner immer noch in der kleinen Stadt und wartete in schon fast leichtsinnigem Vertrauen auf den offiziellen Abtransport.[50]

---

[49] Vgl. dazu die klassischen Studien von Alexander Dallin, Deutsche Herrschaft in Rußland 1941–1945. Eine Studie über Besatzungspolitik, Düsseldorf 1958, ND 1981; Andreas Hillgruber, „Die ‚Endlösung' und das deutsche Ostimperium als Kernstück des rasseideologischen Programms des Nationalsozialismus", in: Vierteljahrshefte für Zeitgeschichte 20.1972, 133–153; einen Überblick über neueste Forschungen vermittelt Dieter Pohl, „Großraumplanung und NS-Völkermord", in: Historisches Jahrbuch 114,1.1994, 175–182.

[50] Gemeint waren die offizielle Räumungsbefehle durch den für Ostpreußen zuständigen Reichsverteidigungskommissar, den NSDAP-Gauleiter Erich Koch, die dieser trotz des unerwartet raschen sowjetischen Vormarsches in Ostpreußen möglichst lange hinausschob; Koch hatte bereits im Sommer 1944 erfolgte Versuche anderer Ver-

Für Pfarrer galt das ungeschriebene Gesetz, vielleicht sogar eine Anordnung, daß sie ihren Amtsort erst dann verlassen durften, wenn sich die Bewohner schon auf den Weg gemacht hatten oder wenn der Ort offiziell geräumt wurde. Vater hielt dies für selbstverständlich. Diese Regel hatte für seine älteren Amtskollegen schon im ersten Weltkrieg gegolten, damals allerdings meist ohne diese akute Bedrohung für Leib und Leben.[51] Ebenso selbstverständlich war es für Mutter, daß sie bei ihrem Mann blieb.

Am 19. Januar, einem Freitag, überbrachte gegen 10 Uhr einer der beiden Brüder Müller, vermutlich der Schlossermeister, als ehrenamtlicher Kurier der Stadtverwaltung den Packbefehl. Das war gleichzeitig eine Vorankündigung des bevorstehenden Räumungsbefehls. An diesem Tag gab es zum erstenmal nach langer Zeit keine Stromsperre. Den Konfirmanden-Unterricht für den Landbezirk ließ Vater ausfallen. Die Kinder sollten bei ihren Eltern blei-

---

waltungsstellen, detaillierte Evakuierungspläne für die ostpreußische Bevölkerung aufzustellen, als „Defaitismus" gebrandmarkt und unter Androhung der Todesstrafe erfolgreich blockiert; ein mit diesem „jeder Vernunft hohnsprechende[n] Verhalten des Gauleiters Koch" konfrontierter ranghoher Funktionär der benachbarten Landesbauernschaft Danzig-Westpreußen kommentierte noch rückblickend konsterniert, daß Koch auf solche Weise „bewußt das Leben seiner Ostpreußen dem Zufall überließ"; vgl. Die Vertreibung der deutschen Bevölkerung, a. a. O., Bd. 1, 33; allerdings konnte sich Koch mit solchem Verhalten in der inneren NS-Führungsgruppe zeitweilig den Ruf eines „Mann[es] von großer Standfestigkeit" erarbeiten, der als Musterbeispiel für die „wahrhaft heldenhafte politische Führung" in den bedrohten deutschen Ostgebieten gewertet wurde; vgl. Die Tagebücher von Joseph Goebbels, Teil II, Bd. 15, a. a. O., 210.

[51] Zu Beginn des Ersten Weltkrieges wurde ein Teil Ostpreußens im August 1914 kurzfristig von den vorrückenden russischen Armeen besetzt, bis sich diese nach der vernichtenden Niederlage bei Tannenberg Ende August 1914 wieder zurückziehen mußten; vgl. hierzu auch: Was wir in der Russennot 1914 erlebten. Siebzehn Berichte ostpreußischer Pfarrer, hgg. v. Nietzki, Königsberg 1915; angesichts der 1944/45 begangenen massenhaften Vergewaltigungen und Morde an der ostpreußischen Zivilbevölkerung durch Angehörige der Roten Armee bezog sich auch der damalige sowjetische Major Lew Kopelew in einer Auseinandersetzung mit seinem Vorgesetzten auf die Vorgänge von 1914: „In meiner Tasche habe ich ein deutsches Buch, vor zwanzig Jahren in Königsberg erschienen. Es heißt ‚Russischer Einmarsch in Ostpreußen im August 1914'. Ein deutscher Historiker [...] notierte sorgfältig alles, was er Schlechtes an den Russen feststellen konnte. Und weißt Du, was das war? *Ein* Fall von Vergewaltigung, die schuldigen Kosaken wurden erschossen. *Einige* Fälle von Totschlag. Und *jedesmal* haben russische Offiziere eingegriffen, haben die Schuldigen bestraft. Der deutsche Verfasser zählt alle geschlachteten Hühner, alle ramponierten Obstbäume, jede Ohrfeige – wo es irgend geht, spricht er von Kulturlosigkeit, Barbarei [...]. Das heute zu lesen ist schrecklich. Verstehst Du, schrecklich und schmachvoll. Damals, das waren Zarenheere. Und nun benehmen sich unsere Leute so unvergleichlich viel roher, grausamer, gemeiner. Die ganze Schande fällt aber auf uns, ja auf uns, die Offiziere und die politischen Leiter." Wegen solcher Äußerungen und seiner Versuche, die Zivilbevölkerung vor Übergriffen zu schützen, wurde Kopelew wenig später aus der KPdSU (B) ausgeschlossen und zu zehn Jahren Straflager verurteilt. Vgl. Lew Kopelew. Aufbewahren für alle Zeit!, München [10]1987, insb. 137.

ben. Am Abend kam Pfarrer Gottschalk, einer der im Ort einquartierten Soldaten, um sich fürsorglich nach dem Ergehen der Familie zu erkundigen. Er gehörte zu denen, die in den letzten Wochen im Hause der Eltern aus und ein gingen und mit der Familie freundschaftlich zusammenwuchsen.

Vater hielt es am Abend dieses Tages für angemessen, das Gästebuch abzuschließen. In knapp neunzehn Jahren hatten erst im Mohrunger und seit 1930 im Nordenburger Pfarrhaus an die vierhundertmal Gäste ihren Dank in Prosa oder in Versen eingetragen, Übernachtungsgäste, bis auf wenige Ausnahmen. Die Eltern machten sich keine Illusionen. Sie wußten, daß sie diesen Ort endgültig verlassen und dieses Haus nie wieder bewohnen würden. Nun trugen sich die Angehörigen der Familie selber wie abschiednehmende Gäste in das Buch ein. Vater schrieb einleitend folgenden Text:

„Am 19. Januar 1945 wird der Packbefehl für Nordenburg
angeordnet, die Räumung steht bevor. Damit hört unser Haus
in Nordenburg auf, eine Stätte gern gewährter Gastlichkeit
zu sein.
Der Herr geleite uns auf unserem Wege in eine ungewisse
Zukunft. Er behüte in Gnaden unser Vaterland! Hebr. 13,14."

Dann folgen die Unterschriften: „Paul, Elisabeth, Georg, Wolfgang, Brigitte". – Tante Brigitte, jahrelang mit uns in Nordenburg verbunden, fügte bewegt ihren Dank an.

Am folgenden Tag, dem Sonnabend, notierte Vater in seinen Kalender: „Neidenburg verloren, Kämpfe nördlich Insterburg". Neidenburg, im Südwesten, lag noch mehr als hundert Kilometer entfernt, das nördlich gelegene Insterburg aber nur vierzig. Eigentlich hatten wir die Packerei schon vor vielen Wochen beendet. Pakete und Kisten waren längst „im Reich". Das Handgepäck stand seit Tagen griffbereit da. Aber in dem immer noch gefüllten Haus befanden sich nach wie vor sehr viele Dinge, die den Eltern lieb und teuer waren. Also wurde noch einmal gepackt. War es ein Akt der Selbstbeschäftigung? Oder hoffte man immer noch, daß alles irgendwie funktionierte? An diesem Tag jedenfalls brachten sie nochmals zwei Kisten zur Bahn und ein Paket zur Post, alle adressiert an die Familie Gottschalk im Dorf Strohdehne in Brandenburg. Der in diesen Tagen an allem Anteil nehmende brandenburgische Pfarrer half mit, die schweren Kisten auf einem Rodelschlitten zum Bahnhof zu schaffen. Es war eine Zeit der Solidarität und Mitmenschlichkeit. Diesmal war sie vergeblich. Paket und Kisten kamen nie an.

In der kommenden Nacht bereitete Vater seine letzte Predigt vor, von der er nicht wußte, ob er sie überhaupt halten werde. Er hielt sie. Die Kirche war nicht geheizt. Man traf sich zum Gottesdienst im Gemeindehaus. Das Evangelium des Sonntags war ein Text aus Matthäus, vom Anfang des achten Kapitels. Doch Vater wählte nicht diesen Abschnitt, der von der Glaubensgewißheit spricht, aber auch von den Kindern des Reiches, die in die Finsternis hinaus ausgestoßen werden, wo Heulen und Zähneklappen sein wird. Diese Thematik erschien ihm im gegenwärtigen Zeitpunkt doch wohl zu unmenschlich. Er blieb im selben Kapitel, entschied sich aber für den Abschnitt über die Stillung des Sturmes; es ist die Geschichte, in der die Jünger den Herrn wecken mit dem Notschrei „Herr, hilf uns, wir verderben!". Dies war für die Menschen in ihrer Verzweiflung und Angst das richtige Wort. Und Vater hatte es nicht ohne Hintergedanken gewählt. Unter dem Mittelbild des holzgeschnitzten Barockaltars der Kirche stand eben dieser Spruch, wenn auch das später ersatzweise eingefügte Bild die Szene einer anderen Geschichte zeigte, den über das Meer wandelnden Jesus. So ging die klein gewordene Gemeinde von nur noch fünfundzwanzig Menschen nach der Predigt in die Kirche hinüber, um dort mit Gebet und Schlußlied ein für allemal von ihrem Gotteshaus und der Stadt Abschied zu nehmen. Eine allerletzte Feier hatten allerdings danach noch die Kinder. Nur acht waren zum Kindergottesdienst gekommen, auch meine beiden Brüder.

Jetzt, fünfzig Jahre danach, im neuen Rußland, hart an der neuen polnischen Nordgrenze, steht mitten in dem verwilderten kleinen Wald, der einmal Stadt war und Nordenburg hieß, nur noch die graue Ruine des gedrungenen Kirchturms. Und wenn man an einem strahlenden Sommertag dorthin kommt, sieht man im alten Gemäuer immer noch Dohlen fliegen und darüber nun Störche nisten. Westlich, wo sich außerhalb des alten Stadtkerns die Reichsstraßen trafen, gibt es noch einige Häuser. Dieser Rest heißt jetzt Krylovo.

Man kann die Gefühle, die die Menschen damals bewegten, heute kaum noch beschreiben. Der Nationalsozialismus hatte viele ihren Kirchen entfremdet. Die gesellschaftlichen Hindernisse, der Kirche den Abschied zu geben, schwanden. Aber der Kirchenkampf hatte den Kern der Gemeinden stärker gemacht und mit neuem, existentiellem Verständnis ihres Glaubens versehen. Im Krieg, als der Kirchenkampf eher ruhte, fanden wieder mehr Menschen in die Kirchen zurück. Die waren ganz am Ende oft Notgemeinschaften.

In Nordenburg hatte in den letzten Kriegsmonaten das unverhoffte Aufblühen der Kirchenmusik unter Ludwig Doormann dazu geführt, daß Kirchenlieder neu entdeckt und anders gesungen wurden. Einzelne Lieder, die man vorher nur selten sang, erhielten plötzlich einen besonderen Rang. Zu diesen Liedern gehörte der von Bach besonders geschätzte und immer wieder vertonte Choral „Auf meinen lieben Gott trau ich in Angst und Not;...". Er hat eine einfache, ungekünstelte Melodie und schlichte, eindringliche Verse. In Nordenburg war das Lied Ende 1944 eine Neuentdeckung und wurde für manchen zum Lied auf der Flucht. Auch im Abschiedsgottesdienst wurde es gesungen.

Der kleine Notizkalender meiner Mutter, in dem sie in diesen Tagen auf einer einzigen Seite in winzigster Bleistiftschrift bis zu vierzig Zeilen untergebracht hat, führt die gesungenen Lieder dieses Gottesdienstes mit den Nummern des ostpreußischen Gesangbuchs auf, gefolgt von der nur noch uns Geschwistern verständlichen Chiffre „Weiß ich...". In Mutters Familie wurde gern ein Lied gesungen, das jetzt wieder aktuell war. Es begann mit den Worten „Weiß ich den Weg auch nicht, Du weißt ihn wohl." Die Verse stammten von Hedwig von Redern.[52] Bekannt wurde es aber durch die junge Marion von Klot,[53] die einst im Zentralgefängnis Riga als „Engel der Gefangenen" wirkte, bis die Bolschewisten sie töteten.[54] Großvater hatte für seine Familie eine neue Melodie in altem Stil verfaßt und einen vierstimmigen Satz hinzugefügt. Seine Töchter liebten es sehr. In meiner Kindheit gab es Lieder, bei denen mir ein Schauer der Ergriffenheit den Rücken herunterlief und bei denen es in der Kehle würgte. Dieses Lied gehörte dazu.

Nachmittags, als Vater telefonisch eine letzte Nachricht für uns nach Königsberg durchgab und Mutter Noten sortierte, erschienen drei Frauen mit drei mir unbekannten Namen. Vielleicht waren es Frauen auf der Flucht. Vielleicht Frauen der Gemeinde beim Abschiedsbesuch. Sie blieben zum Kaffeetrinken. Hinzu kamen die Pfarrer Kaminski und Gottschalk. Wieder war es eine große Runde. Ganz unerwartet gab es Schlagsahne. Die Molkerei ertrank förmlich in überschüssiger Milch, die niemand mehr fortschaffen konnte. Abends holte Vater Sekt aus dem Keller. Wie hatte man damit doch früher gespart!

Nach Mitternacht gab es Alarm, blinden Alarm, der trotzdem Schlimmes ankündigte: Die meisten Soldaten wurden abgezogen und marschierten nach Westen. Angst schlich sich ein. Kommen jetzt die Russen? Etwas später wurde die Familie durch Klingeln geweckt. Es hieß, die Russen marschierten bereits auf die Stadt zu. Aber man konnte ja nicht einfach fortlaufen. Das hätten nur gesunde, kräftige Menschen geschafft.

Am nächsten Morgen nahm auch Wanda, die bisher immer noch treu bei unserer Familie ausgeharrt hatte, ihren Abschied, um zu fliehen. Wolfgang lief in die Molkerei, um das Nötigste einzukaufen. Alles konnte man jetzt in unbegrenzten Mengen ohne Lebensmittelkarten haben. Auch Brot gab es frei.

---

[52] Hedwig von Redern (1866–1935), Verfasserin religiösen Dichtungs- und Liedgutes.
[53] Marion von Klot (1897–1919), Sängerin, aus altem deutschbaltischem Adel, wurde am 22. Mai 1919 als Gefangene von lettischen Bolschewiki erschossen.
[54] Schon unmittelbar nach der bolschewistischen Machtübernahme in Petrograd im November 1917 (nach damaliger russischer Zeitrechnung: „Oktoberrevolution") kam es im Winter 1917/18 zu Gewaltakten gegen Angehörige der deutschbaltischen Oberschicht in den baltischen Provinzen Rußlands; in Lettland erfolgte überdies nach dem Zusammenbruch der vorübergehenden deutschen Militärbesatzung des Jahres 1918 die Errichtung einer „Provisorischen Sowjetregierung" (Dezember 1918 bis Mai 1919), welche – vor dem Hintergrund eines erbitterten Bürgerkrieges – erneut zum Terror gegen deutsche und nun auch lettische Vertreter der Ober- und Bildungsschichten überging; im Rigaer Zentralgefängnis, wo im Frühjahr 1919 mehrere hundert deutsche und lettische Gefangene interniert worden waren, kam es beim Zusammenbruch der Räteregierung im Mai 1919 zu Erschießungen, denen auch die erwähnte Marion von Klot zum Opfer fiel; diese Ereignisse fanden gerade im benachbarten deutschen Ostpreußen starke Beachtung; vgl. hierzu Georg von Rauch, Geschichte der baltischen Staaten, München[2] 1977, 61–66; allgemein zur damaligen Entwicklung im Baltikum: Jürgen von Hehn, „Die Entstehung der Staaten Lettland und Estland, der Bolschewismus und die Großmächte", in: Forschungen zur osteuropäischen Geschichte 4.1956, 103–218; Visvaldis Mangulis, Latvia in the wars of the 20th century, Princeton, N.J. 1983.

Am Abend sollte ein Zug fahren. Bevor sie sich auf den Weg machten, sangen sie zum Abschied miteinander das Paul-Gerhard-Lied „Befiehl du deine Wege...",[55] Vater sprach ein Gebet. Der letzte noch im Ort verbliebene Pfarrersoldat mahnte zum Aufbruch und half mit, das Gepäck zum Bahnhof zu bringen. Dort lösten sie Fahrkarten nach Danzig. Aber der Zug war längst überfüllt. So ließen sie das Gepäck am Bahnhof zurück, gingen wieder nach Hause und legten sich abmarschbereit mit Kleidern ins Bett.

Auch diese Nacht war unruhig. Kurz vor Mitternacht gab es Besuch. Die kurze Kalendernotiz „wegen Transports" bleibt unklar. Dann, mit dem Nachtzug, weit nach Mitternacht, kam Pfarrer Kaminski aus Königsberg, wo er dienstlich zu tun gehabt hatte. Er wollte sich nicht allein davon machen, sondern seine Gemeinde auf der Flucht begleiten. Er blieb zur Nacht. Vater stand immer wieder auf, um mit dem Bahnhof zu telefonieren. Wenn ein Zug aus Königsberg kam, blieb vielleicht gerade noch Zeit genug, ihn zu erreichen, nachdem er einige Kilometer weiter gewendet hatte und sich wieder auf der Rückfahrt befand. Aber das war vergeblich.

Inzwischen war es Dienstag geworden. Man schrieb den 23. Januar. Früh am Morgen brachte Vater auf dem Rodelschlitten zwei Säcke zur Kleinbahn, die noch in Richtung Rastenburg verladen wurden. Vielleicht war es der in der Nacht verabredete „Transport". Rastenburg, das lag keine vierzig Kilometer südlich von Nordenburg. Dort in der Nähe befand sich, was damals keiner von uns wußte, das Führerhauptquartier.[56] An eben diesem Tage wurde es von Spezialeinheiten der Wehrmacht gesprengt. Auf dem Rückweg nahm Vater das am Bahnhof aufbewahrte eigene Handgepäck wieder mit. Als sie beim gemeinsamen Frühstück saßen, es war gegen zehn Uhr, kam der Leiter der Schule, Schulrat Schröder, und gab die Anordnung bekannt, alle noch in der Stadt befindlichen Bewohner müßten in einer Stunde auf dem Bahnhof sein. Sie brachen schnell auf und stiegen eine halbe Stunde danach in den Zug.

Den nannte man Bergungszug; er war aber nichts anderes als ein langer Güterzug, bestehend aus Viehwagen, unbeheizt und nahezu ohne Stroh. Vier lange Stunden warteten sie bis zur Abfahrt, vier Stunden, in denen sie froren und bangten, ob sie überhaupt noch herauskommen. Während sie warteten, wurde erzählt, die deutschen Truppen hätten Insterburg geräumt. Daß die Sowjets im Südosten inzwischen durchgebrochen und kaum weiter entfernt waren als im Norden, blieb offenbar unbekannt. Dann entleerten die Bahnbeamten den Wasserturm. Ordnung mußte sein. Als sich im letzten Sonnenschein der Zug in Bewegung setzte, waren die meisten von den Anstrengungen und der Aufre-

---

[55] Paul Gerhardt (1607–1676), bedeutender Komponist protestantischer Kirchenlieder.
[56] Nahe Rastenburg befand sich das „Wolfsschanze" genannte und zwischen Juni 1941 und November 1944 von Hitler (mit Unterbrechungen) genutze „Führerhauptquartier", das am 20. Juli 1944 auch Schauplatz des Bombenattentats des Grafen Stauffenberg auf Hitler war.

gung schon zermürbt. Man spürte ein Aufatmen. Jemand stimmte wiederum das Lied „Befiehl du deine Wege..." an. Sie sangen es alle gemeinsam.

Die Nordenburger, die diese Fahrt durchstehen mußten, empfanden die Nacht, die nun kam, als ein Grauen, obwohl jeder doch wußte, daß er mit niemandem tauschen wollte, der sich jetzt im Pferdewagen auf einer der verstopften Landstraßen befand, oder gar mit denen, die in russische Hände fielen. Der Waggon, in dem sich unsere Familie befand, war mit Menschen vollgepfropft, unter ihnen Alte, Kranke und Kinder. Das viele Gepäck stand im Wege. Man konnte weder liegen noch richtig sitzen. Am schlimmsten war die Kälte. Schlimm war auch das Fehlen von Klosetts. Die Erwachsenen quälten sich bis zum nächsten Halt irgendwo in der freien Landschaft und gingen dann hinaus in den tiefen Schnee. Kinder und Alte hielten das nicht durch. Eine Ecke des Waggons wurde für ihre Notdurft bestimmt. Widerlicher Gestank breitete sich aus. Öffnete man die Schiebetür, zog unerträglich-eisige Luft der Winternacht herein.

Der Zug fuhr den Abend und die ganze Nacht über Gerdauen, Korschen und Bartenstein nach Südwesten, dann nach Norden hinauf, Richtung Königsberg. Er machte diesen komplizierten Bogen, um weder im Süden, noch im Norden der Front zu nahe zu kommen. Den Schienenweg aus Ostpreußen hinaus hatten am Vortage die feindlichen Truppen erreicht. Dort war ein Durchkommen nicht mehr möglich. Der Rest Ostpreußens war also eingeschlossen.

Erst am nächsten Morgen, gegen neun Uhr, erreichte der Zug den unübersichtlich großen Verschiebebahnhof hinter dem Königsberger Hauptbahnhof. Nun stand er da. Das Zugpersonal hatte keine neuen Weisungen. Da nahm Vater seine beiden Söhne und begab sich mit ihnen über die vielen Gleisanlagen hinweg zum Hauptbahnhof, um das Rote Kreuz oder die zuständige staatliche Hilfsorganisation, die NSV,[57] zu informieren und dringend um Kaffee und andere heiße Getränke für die frierenden Flüchtlinge zu bitten. Es wurde ihm zugesagt. Auf dem Rückweg ging ein Bahnbeamter mit ihnen. Da fanden sie den Zug nicht mehr. Sie fragten im Stellwerk. Man sagte ihnen, der sei nach Rathshof gefahren. Im Stellwerk trafen sie Pfarrer Kaminski. Alle waren völlig ausgehungert und aßen deshalb erst einmal eine Kleinigkeit im „Kulmbacher".

---

[57] Die 1932 im Rahmen der NSDAP gegründete „Nationalsozialistische Volkswohlfahrt" (NSV) war ab 1933 eine der mitgliederstärksten NS-Massenorganisationen; ihr oblag primär die Sozialpolitik für die rassisch und gesundheitlich „hochwertigen" Teile der Bevölkerung; institutionell kämpfte die NSV um die Durchsetzung des totalitären Gestaltungsanspruchs des NS-Staates in der Wohlfahrtspflege gegen die bis 1933 einflußreichen konfessionellen Verbände; wichtige Unterorganisationen der NSV waren das „Hilfswerk Mutter und Kind" sowie das „Winterhilfswerk"; ab Januar 1945 bestand die Hauptaufgabe der NSV in Mittel- und Ostdeutschland in der provisorischen Versorgung der Flüchtlinge insbesondere mit Nahrungsmitteln; vgl. Peter Zolling, Zwischen Integration und Segregation. Sozialpolitik im „Dritten Reich" am Beispiel der „Nationalsozialistischen Volkswohlfahrt" in Hamburg, Frankfurt/M. 1986; Herwart Vorländer, „NS-Volkswohlfahrt und Winterhilfswerk des deutschen Volkes", in: Vierteljahrshefte für Zeitgeschichte 34.1986, 341–380.

Mit dem nächsten Zug fuhren sie in den Vorort Rathshof. Dort war der Güterzug am Vormittag tatsächlich entladen worden. Aber niemand konnte es ihnen sagen. Das Bahnpersonal vermutete vielmehr, der Zug sei nach Pillau weitergefahren. Die Entscheidung war für Vater schwierig. Die Großeltern konnte er nicht anrufen. Sie hatten als Pensionäre kein Telefon. Auch lag der Gedanke fern, man könnte die Flüchtlinge in Königsberg entladen haben. Er beschloß, erst einmal nach Pillau zu fahren.

Ein Lazarettzug nahm sie bis Neuhäuser mit. Sie trafen im Zug Rosemaries Vater, der aber, wie sich erst jetzt, bei der Durchsicht der alten Kalender, herausstellt, meinen Vater offenbar nicht erkannte. Bei ihm war seine älteste Tochter. Die gehörte zu dem Kreis jener jungen Frauen, die als Hilfsschwestern noch am selben Tag in einem Verwundetentransport Ostpreußen verließen. Mit dem Spätzug fuhren Vater und die Brüder nach Pillau. Dort drängten sich um den Seehafen herum etwa dreißigtausend Flüchtlinge in der Hoffnung, auf eines der großen Schiffe zu gelangen.

Sie waren zu müde, um jetzt noch lange zu suchen. In der mit Menschen vollgestopften Skagerrak-Kaserne,[58] wo sie Mutters Namen als vermißt notieren ließen, fanden sie einen Platz an einem groben Tisch. Darauf legten sich die Brüder. Vater hüllte sie in seinen Pelz. Er schlief übermüdet ein wenig im Sitzen. Zwischendurch kamen immer wieder Durchsagen durch die Lautsprecher. Ein Kind war geboren worden. Man bat um Windeln und Kleidung. Menschen, die sich verloren hatten, wurden gesucht. Auch Mutters Name wurde nun immer wieder ausgerufen.

Am nächsten Morgen begann erneut das verzweifelte Suchen. Vater fragte beim Seedienstbahnhof. Er wurde zu einer weit draußen gelegenen Kaserne geschickt, ließ überall nach Mutter und den anderen Nordenburgern ausrufen. Niemand wußte etwas. Die Marinesoldaten waren aufopfernd und freundlich um die Flüchtlinge bemüht. Es war nicht leicht, Tausende zu versorgen, Mittags servierten sie eine kräftige Nudelsuppe in Waschschüsseln, aus denen ganze Gruppen gemeinsam aßen. Schiffskarten wurden ausgegeben. Aber Vater lehnte ab.

Begleitet von seinen Kindern, suchte er weiter. Immer erfolglos. Viele rieten ihm dringend mitzufahren. Die Nordenburger seien sicher schon verladen worden. So meldete er sich letztlich doch mit den Kindern zum Transport an. Abends gingen sie zum Hafen. Es war Hochbetrieb. Fünf Schiffe wurden mit Flüchtlingen beladen. Nachts sollten sie Pillau verlassen. Hatten sie keine Aussichten mitzukommen? Konnte Vater sich nicht entschließen? Der Ortspfarrer gab ihnen in der nächsten Nacht Quartier. Sie waren so müde, daß Vater und Georg noch nicht einmal wach wurden, als mitten in der Nacht das große Munitionslager in Alt-Pillau in die Luft flog. Am nächsten Morgen sahen sie die

---

[58] Das Skagerrak ist ein Meeresarm zwischen Südnorwegen und dem dänischen Jütland, in dem im Frühjahr 1916 die einzige große deutsch-britische Seeschlacht des Ersten Weltkrieges stattfand.

Spuren der Explosion. Überall auf dem Schnee lag rötlich-grauer Staub. Nach anderthalb Tagen vergeblichen Suchens beschloß Vater, erst einmal in Königsberg-Amalienau, bei seinen Schwiegereltern, nachzufragen. Ein überheizter aber völlig leerer Zug nahm sie mit. Als sie alle sich dann in der Wohnung der Großeltern, endlich von Ängsten befreit, in die Arme schlossen, gab es so viele Tränen, wie es die Brüder in unserer Familie noch nie erlebt hatten.

An diesem 26. Januar fand irgendwo in der Gegend des Nordbahnhofs beim Wehrbezirkskommando meine Musterung statt. Das war, wie alle bürokratischen Veranstaltungen in allen Heeren dieser Welt, eine umständliche, langdauernde Angelegenheit. Und da auch Ärzte oft nichts einzuwenden haben, wenn Patienten achtungsvoll warten, ist der werdende Rekrut gut beraten, viel Zeit mitzubringen. Bei mir dauerte es bis zum Mittag. Da war ich kriegsverwendungsfähig. Man sprach es „Kavau". Wir wurden gemessen und gewogen, mußten einen Seh- und einen Hörtest machen und wurden von allen Seiten betrachtet, wie man auf dem Markt Vieh beschaut. Während der ganzen Prozedur waren wir nackt. Nackte Jünglinge und nackte Großväter. Mit uns, den Sechzehnjährigen, und ein paar Männern in mittlerem Alter, aber mit körperlichen Gebrechen, wurden sehr viele alte Männer auf ihre Tauglichkeit untersucht. Sie waren zwischen fünfzig und sechzig, hatten unförmige Bäuche, gingen leicht gebückt, litten unter herausquellenden Krampfadern. Einer, in undefinierbarem Alter, war schrecklich dick und hechelte asthmatisch. Sie schauten mürrisch drein. Sicher empfanden sie nichts Beglückendes bei dem Gedanken, demnächst von ihren Familien getrennt zu werden. Wir fanden es unmöglich, daß man solche alten Männer noch zu Soldaten machen wollte, und kamen nicht auf den Gedanken, daß einige von ihnen ihrerseits vielleicht Mitleid mit uns empfanden. Die meisten dieser alten Männer wurden später in den Volkssturm eingereiht und waren, da sie im Falle einer Gefangennahme nicht unter den Schutz der Genfer Konvention fielen, besonders gefährdet.[59]

Ich fuhr zur Gustloffstraße. Das Mittagessen bei Wohlgemuths wurde zum Abschiedsmahl. Ich versprach, bald wiederzukommen, nahm meine Siebensachen und zog nun auch zu den Großeltern in die Admiral-Scheer-Straße.[60]

---

[59] Zu den „Genfer Konventionen" zählt das 1929 geschlossene Genfer Abkommen über die Behandlung der Kriegsgefangenen, das allerdings nur für Kombattanten – also Militärangehörige – Geltung besaß; paramilitärische Einheiten wie der „Volkssturm" fielen ebensowenig darunter wie Partisaneneinheiten, abgesehen davon, daß gerade bei der deutsch-sowjetischen Kriegführung während des Zweiten Weltkrieges die Behandlung auch der regulären Kriegsgefangenen (wenn sie denn überhaupt zu Gefangenen gemacht wurden) nicht der Genfer Konvention entsprach; zu deutschen Kriegsgefangenen etwa: Arthur L. Smith, Die „vermißte Million". Zum Schicksal deutscher Kriegsgefangener nach dem Zweiten Weltkrieg, München 1993; zu sowjetischen Kriegsgefangenen in Deutschland: Christian Streit, Keine Kameraden. Die Wehrmacht und die sowjetischen Kriegsgefangenen 1941–1945, Bonn³ 1991.

[60] Diese Straße hieß nach Admiral Reinhard Scheer (1863–1928), 1916–1918 Chef der deutschen Hochseeflotte, 1918 Chef des Admiralstabes, Oberbefehlshaber in der Skagerrak-Schlacht 1916.

Auf dem Wege dorthin liefen mir meine Brüder entgegen und erzählten mir ihre Erlebnisse.

Wir alle verspürten zunächst einmal Erleichterung, daß niemand verloren war. Doch immer noch drohte die nahe Front. Und die Gedanken wanderten nach Nordenburg, das jetzt der Sowjetarmee gehörte. Noch mehr aber sorgten sich alle in dieser Großfamilie, ob denn auch Tante Maria und Onkel Ernst die Flucht aus Schwalbental geschafft haben. Wir konnten nicht damit rechnen, sehr bald ein Lebenszeichen von ihnen zu erhalten.

Im Ford davon:
Flucht aus Schwalbental / Jodlauken

Schwalbental hieß eigentlich Jodlauken. Die deutschtümelnden Rassisten hatten es – ebenso wie andere ostpreußische Ortschaften – in den dreißiger Jahren umbenannt, weil es nach ihrem absurden Denken mit seinem pruzzischen, vielleicht auch litauischen Namen benachteiligt war.[61] An eine Umbenennung von Bonn, Köln oder Trier hatte dagegen niemand gedacht; denn diese Städte trugen Namen des römischen Herrenvolkes. In Schwalbental gab es weder ein Tal, noch mehr Schwalben als anderswo. Aber der klangvolle Name bestach die Leute. Auch wir fanden „Schwalbental" hübsch. Und viele Vertriebene halten noch heute daran fest. Dieses zwanzig Kilometer nördlich von Nordenburg gelegene Dorf befand sich um den 20. Januar 1945 in großer Gefahr. Ebenso wie unser Städtchen lag es damals im östlichen Zipfel des noch von deutschen Truppen gehaltenen Teils der Provinz. Im Norden und Osten war die Front kaum noch 30 Kilometer entfernt, im Süden etwas weiter.

Unsere Verwandten waren, wie gesagt, kinderlos. Tante Maria, die bei den Dorfbewohnern trotz ihrer Promotion immer „Frau Pfarrer" und nicht „Frau Doktor" hieß, weil sie doch nicht die Ehefrau eines Arztes war, betätigte sich seit sechs Jahren als Leiterin und wohl einzige Lehrerin der kleinen Dorfschule. Sie unterrichtete brav und pflichtbewußt bis zu eben diesem 20. Januar. Aber nur knapp die Hälfte der Kinder kam noch zur Schule. Der östliche Teil des dortigen Kirchspiels war damals schon evakuiert; es lebten da nur noch wenige Alte, die nicht hatten fliehen wollen. Die Bewohner des westlichen Teils gingen überwiegend erst am 20. Januar nach Schulschluß mit Trecks auf die Flucht.

Onkel Ernst hatte sich vorgenommen, als letzter fortzugehen. Er war nicht nur ein tiefreligiöser Pfarrer, sondern fühlte sich auch als Soldat. Aufgewach-

---

[61] Die Umbenennung Jodlaukens in Schwalbental war kein kurioser Einzelfall, sondern Teil einer großangelegten Strategie der Geschichtsklitterung und -verfälschung; im NS-Staat wurden Tausende von Ortsnamen slawischen, litauischen o. ä. Ursprungs durch Umbenennungen „ausradiert", um die entsprechenden Orte „einzudeutschen"; vgl. exemplarisch die Tagebuchnotiz Victor Klemperers vom 17. November 1942, der solche NS-Strategien der Sprachveränderung aufmerksam verfolgte: „Dresdner Nachrichten', Sonntag, 15. November. Berichtender Artikel: ‚Deutsche Ortsnamen im Osten'. In Mecklenburg 1938 bei vielen Ortsnamen der Zusatz ‚Wendisch' gestrichen. Statt Wendischhagen jetzt Seehagen [...]. In Pommern 120 slawische Namen geändert, in Mark Brandenburg rund 175. Spreewald [ein Gebiet mit hohem sorbischen Bevölkerungsanteil] rein deutsch. Statt Posemuckel: Posenbrück, statt Kramzig: Krummensee. In Schlesien 2700 Änderungen von Orts-, Wald- und Flurnamen, Streichung der Endungen -itz, -witz, -schutz. Im Regierungsbezirk Gumbinnen [in Ostpreußen] 1146 Gemeinden von insgesamt 1851 umbenannt. Gegen die Endungen -ower, -innen, -kuhmen, -kallen, -upönen, -girren, -ballen. Z. B. Berninglauken>Berningen." Vgl. Klemperer, a. a. O., 276.

sen in einer Welt mit enger Verknüpfung von Thron und Altar, hatte er im ersten Weltkrieg im Kameradenkreis an der Westfront zum erstenmal bewußt tiefe menschliche Bindungen erfahren, war mit kaiserlicher Urkunde noch 1918 in Lothringen[62] zum Leutnant der Reserve ernannt worden und hatte bei der Abdankung des Kaisers geweint. Über seinem Bett hingen Stahlhelm, Offiziersdegen und zwei Offiziersdolche. Das alles versenkte er nun tief bewegt in dem mitten im Pfarrgarten gelegenen Teich. Ebenso den Tesching, mit dem er gelegentlich auf dem langen Dachboden des Pfarrhauses das Scheibenschießen geübt hatte. Seine Armeepistole 08 und sein Fernglas steckte er, was sehr leichtsinnig war, zum Reisegepäck. Er wollte, wie er schrieb, „der dunklen und schweren Zukunft nicht völlig wehrlos entgegentreten". – Zwanzig Jahre später ist ihm dies alles recht merkwürdig vorgekommen.

Im Pfarrhaus lebte damals auch seine alte Schwester Margarete, eine pensionierte Lehrerin, die nur zu leicht der Versuchung nachgab, ihn immer noch als den Kleinen zu betrachten.

Am 21. Januar, dem Sonntag, war die Front von Insterburg her schon bedrohlich nahegerückt. Vor dem Haus stand vollgetankt und reisefertig ihr Ford Eifel, der immer noch wie neu aussah, sich aber noch nie mit dem ostpreußischen Winter hatte anfreunden können. Alles war verpackt. Schweren Herzens hatte Tante Maria auf einen ihr wichtigen Band mit Orgelnoten verzichtet und ihn gegen Speckseiten ausgetauscht. Das Haus war voller Einquartierung. Alle bedrängten die kleine Familie abzufahren. Aber es widerstrebte dem bibeltreuen Pfarrer, dies ohne wirkliche Not an einem Sonntag zu tun. Die beiden Frauen respektierten das. Es war Onkel Ernst ohnehin schwer genug, sich einen Sonntag ohne Gottesdienst vorzustellen. Er setzte sich völlig allein in seine erst zweihundert Jahre alte Dorfkirche und nahm, während der Geschützdonner näher kam, Abschied im Gebet.

Erst am nächsten Morgen brachen sie auf. Der frisch mit heißem Kühlwasser versehene Wagen sprang tatsächlich an. Aber die Nebenstraße nach Westen war mehrreihig mit zahllosen Fuhrwerken und auch Autos der Fliehenden ver-

---

[62] Die seit dem Mittelalter zum „Heiligen Römischen Reich Deutscher Nation" gehörigen Gebiete des Elsaß und Lothringens kamen im Laufe des 17. und 18. Jahrhunderts unter französische Hegemonie und wurden in der Französischen Revolution dem französischen Zentralstaat eingefügt; nach dem Sieg der deutschen Staaten über Frankreich 1870/71 wurden Teile dieser Region als sogenanntes „Reichsland Elsaß-Lothringen" in das neue deutsche Kaiserreich eingegliedert, um nach der deutschen Niederlage 1918 wieder an Frankreich zurückzugehen; nach der französischen Kapitulation von 1940 wurden diese Gebiete erneut deutsch besetzt und bald formell annektiert, um nach der Niederlage des „Dritten Reiches" 1944/45 wiederum französisch zu werden; es war nicht zuletzt die Geschichte dieser wechselvollen Konfrontation, die bereits während des 2. Weltkrieges zu Überlegungen in Richtung einer europäischen Einigung und Friedensordnung führten; vgl. etwa Wilfried Loth, „Die Résistance und die Pläne zu europäischer Einigung", in: Plans de temps de guerre pour l'Europe d'après-guerre. Actes du colloque de Bruxelles 12–14 mai 1993, hgg. v. Michel Dumoulin, Bruxelles e.a. 1995, 47–57.

stopft. Alles war verschneit und vereist. Sie konnten sich in die Kolonne einreihen und alsdann auf die Nordenburger Straße nach Süden abbiegen. Dann fuhren sie wieder westwärts und kamen auf einem Umweg abends in Muldszen an. Knapp zwanzig Kilometer hatten sie geschafft. Der Ort war voller Panzer und Sturmgeschütze. Niemand verstand, weshalb die nicht an der Front waren. Gab es kein Benzin, keine Munition? Der höhere Stab, der im Pfarrhaus residierte und einen nervösen Eindruck machte, ließ sie gnädig in einer Ecke übernachten. Als sie am nächsten Morgen aufwachten, war der Stab mit allem Kriegsgerät fort.

Am folgenden Tag beschlossen sie, in südliche Richtung nach Gerdauen zu fahren und erreichten die Stadt gegen Mittag. Ohne daß sie es wußten, fuhr hier am frühen Abend der Güterzug aus Nordenburg durch, in dem sich meine Eltern mit meinen Brüdern und Tante Brigitte befanden. In Gerdauen blieben sie einige Tage. Dann war die Front auch dort gefährlich nahe. Die Reichsstraße nach Westen wurde für Zivilfahrzeuge gesperrt. Sie mußten über Landwege ausweichen. Überall hatten sie Schwierigkeiten mit Scheewehen und Schneeglätte. Immer wieder trafen sie auf Schaf- und Rinderherden, die herrenlos und hungrig herumirrten. Irgendwo hielten sie an einem Pfarrhaus. Das Pfarrerehepaar war noch da. Die junge Frau, hochschwanger, erwartete in den nächsten Tagen ihr Kind. Sie war voller Angst. Von Mitleid überwältigt wollte Tante Maria dableiben und der Frau beistehen. Onkel Ernst redete ihr das nur mit großer Mühe aus. Sie werde den Pfarrersleuten nicht helfen können, dafür aber sie alle gefährden. Schweren Herzens sah sie ein, daß sie so oder so nur schuldig werden konnte und gab nach.

Im Dorf Löwenstein fanden sie in der von Flüchtlingen überquellenden Schule das nächste Nachtquartier. Nahrung war immer reichlich vorhanden. Keller und Speisekammern der verlassenen Häuser waren gut gefüllt. Und sie hatten selber auch reichlich vorgesorgt. Es kündigte sich stärkerer Frost an. Wie üblich ließen sie das Kühlwasser ab. Am nächsten Morgen aber, als sie neues heißes Wasser in den Kühler gegossen hatten und abfahren wollten, sprang der Motor nicht mehr an. Die Russen waren unerwartet schnell vorgerückt und schon wieder in ihrer unmittelbaren Nähe. Eile war geboten. Da kam ein Trupp polnischer Zwangsarbeiter, die nun frei waren. Vor denen fürchteten sie sich. Aber die waren freundlich und hilfsbereit und versuchten den Wagen anzuschieben. Doch sie hatten keinen Erfolg. Dann half ihnen ein Unteroffizier. Er band ihren Wagen mit Stricken an sein Fuhrwerk und brachte sie mit Hilfe seiner beiden starken Pferde erst einmal aus der Schußlinie.

In einem der nächsten Dörfer stießen sie auf eine Artillerieeinheit, die gerade im Aufbruch war. Alles befand sich auf dem Rückzug. Das kam ihnen jetzt zugute. Sie durften sich an einen Munitionswagen anhängen. Aber die spröde Kette riß. Ein anderer Artillerist half ihnen, den Ford mit einem Drahtseil als viertes Fahrzeug an seinen Raupenschlepper anzuhängen. In waghalsiger Fahrt, bei der sie auf der glatten Straße immer wieder von einer Straßenseite zur anderen geschleudert wurden, kamen sie voran. Da erfaßte zu ihrem

Schrecken ihr Wagen einen Soldaten, der auf dem Fahrrad fuhr. Der aber rettete sich mit einem artistischen Sprung auf die Stoßstange und blieb unverletzt.

Als sie Preußisch Eylau erreichten, wimmelte es dort von Flüchtlingen. Die Strohlager im Pfarrhaus waren überbelegt. Sie gingen zur Kirche. Auch die war überfüllt. Es schmerzte Onkel Ernst, daß Menschen ihre Kochgeschirre auf den Altar stellten. Sie entdeckten noch einen Platz neben der Orgel und schliefen dort auf den blanken Dielen. Tante Maria fand am nächsten Morgen mit viel Glück ein neues Quartier bei einer alten Dame. Sie stellten ihren Wagen in eine Nische zwischen Häusern, entluden ihn, brachten ihre Siebensachen auf dem Dachboden und im Keller unter, sortierten die wichtigsten Dinge heraus und luden sie auf einen herrenlosen Rodelschlitten. Irgendwann nachts gab es Luftangriffe, und der Wagen brannte aus. Nicht klar ist, wie sie weiter nach Braunsberg kamen. Das liegt schon in der Nähe des Frischen Haffs. Heute ist dort die Grenze zwischen Polen und Rußland. Nach Süden ging es nicht weiter. Da war der Weg in den Westen bereits abgesperrt. So flohen sie nach Norden und kamen nach Heiligenbeil. Hier gab es nur noch den Weg zu Fuß über das zugefrorene Frische Haff, der für so viele zum Verhängnis wurde. Dreizehn Kilometer mußten sie über das Eis gehen. Sie wurden nicht beschossen. Das Eis hielt. Ein LKW brachte sie zum Hafen nach Pillau.

Ein Minensuchboot, dessen Innenräume schon voller Verwundeter waren, nahm sie und eine große Zahl weiterer Flüchtlinge an Deck und brachte sie in schneller Fahrt wohlbehalten nach Danzig, wo sie in einer großen Lagerhalle untergebracht wurden. Mit der Bahn, wenn auch in Viehwagen, kamen sie erst nach Kolberg, dann weiter nach Bremen und schließlich nach Oldenburg, wo man sie auf Bauernhöfe verteilte. Schon vierzehn Tage später erhielt Onkel Ernst eine provisorische Pfarrstelle im Dorf Strückhausen in der Wesermarsch.

Onkel Ernst und Tante Maria haben beide sehr unterschiedliche Fluchtberichte geschrieben. Beide nennen nur den 22. Januar als Tag des Fluchtbeginns, sonst aber keine Daten. Es ist anzunehmen, daß sie spätestens Mitte Februar in Oldenburg ankamen und noch vor Ende Februar das Pfarrhaus in Strückhausen bezogen.

In der „Festung":
Das belagerte Königsberg als Fluchtburg

In Königsberg waren wir in den letzten Januartagen zu einer Großfamilie angewachsen: Die im Ruhestand lebenden Großeltern, deren behinderter Sohn Martin, dann die fünf, die aus Nordenburg gekommen waren, und ich. Ein wenig später stieß zu dieser Gruppe auch noch Großvaters verwitwete Schwester. Wir mochten sie, die Großtante Käthe mit ihrem trockenen Humor, die von ihrem Bruder manchmal liebevoll „Kante Täte" geneckt wurde. Jetzt war allen der Humor vergangen. Sie rückten zusammen, um in der Not beieinander zu sein.

Natürlich reichte die moderne Dreieinhalb-Zimmer-Wohnung für so viele Menschen nicht aus. Unsere Eltern zogen mit uns, ihren Söhnen, in die eine Etage tiefer gelegene Wohnung des pensionierten Generals von Windheim. Das alte Ehepaar, das den Großeltern freundschaftlich verbunden war, hatte Königsberg längst verlassen. Die Großeltern betreuten die Wohnung. Uns war es ein merkwürdiges Gefühl, so einfach Gast bei fremden Menschen zu sein, die davon nichts wußten. Ich hatte schon sehr viele großzügige Wohnungen gesehen. Diese war ausgesprochen vornehm und wirkte auf mich eher wie ein Museum. Die Eltern müssen einen ähnlichen Eindruck gehabt haben. Sie beschlossen, daß jedenfalls das Wohnzimmer mit den fragilen weißen Rokoko-Stühlen und der flachen Vitrine, in der die militärischen Orden des Generals ausgestellt waren, von uns nicht benutzt werden sollte.

Besorgnis erregte der Zustand der beiden Kranken, meiner Mutter und ihrer Schwester Brigitte. Beide waren nach der zermürbenden Fahrt im Güterzug so schwach gewesen, daß sie sich noch nicht einmal um das Gepäck hatten kümmern können. Jetzt fehlten ihnen dringend ihre Sachen. Vater machte sich am Tage nach seiner Ankunft mit einem hilfsbereiten Nachbarn, Herrn Kantelberg, auf die Suche nach dem Gepäck und fand nahezu alles zwischen den Gütergleisen am Bahnhof Rathshof. Einen Tag danach fanden sie auch Wolfgangs Koffer in einem leeren Waggon. Vater notierte: „Der Anblick der zertrümmerten Wagen und verstreuten Gepäckstücke ist unbeschreiblich." In der Nähe praktizierte noch ein Lungenfacharzt. Ich nahm Mutter fest an den Arm. So gestützt konnte sie langsam zu Fuß dorthin gehen. Wieder wurde ihr Pneu gefüllt.

Vater meldete sich, so schnell es ging, beim Konsistorium[63] für die Provinz Ostpreußen, seiner kirchlichen Dienststelle. Dort erstattete er Bericht über die Räumung seiner Gemeinde und erhielt einen Überweisungsschein nach Berlin, dem Sitz der „Evangelischen Kirche der Preußischen Union".[64] Noch

---

[63] Oberste kirchliche Verwaltungsbehörde.
[64] Die „Evangelische Kirche der Preußischen Union" war das Resultat kirchlicher Vereinigungsbestrebungen, die vom preußischen König Friedrich Wilhelm III. (reg. 1797–1840) massiv gefördert und symbolträchtig im Jahr des Luther-Jubiläums 1817

mitten in der Katastrophe war überall das Bemühen erkennbar, das nicht mehr Organisierbare mit bürokratischen Ordnungshandlungen zu begleiten. Ämter und verwaltete Bürger bestärkten sich dadurch gegenseitig in der Illusion, alles sei noch überblickbar und damit beherrschbar. Ich ging mit Vater ein Stück stadteinwärts.

Die Lawsker Allee war voller Flüchtlingstrecks. Viele hatten in diesen Tagen mit letzter Mühe noch Königsberg erreicht. Jetzt versuchten sie, der Stadt nach Westen hin zu entfliehen, bevor Königsberg vollends eingeschlossen war. Es war ein elender, immer nur kurze Zeit unterbrochener Zug mutloser Menschen. Eigentlich hatte es längst keinen Sinn mehr, mit Sack und Pack zum Hafen zu fahren. Mehr als das, was man selber tragen konnte, ließ sich nicht über die Ostsee mitnehmen. Auch die Pferde – man sah immer wieder solche mit dem Trakehner Brandzeichen[65] – hatten die Strapazen oft nicht verkraftet. Viele waren entkräftet verendet, andere durch Tiefflieger erschossen worden. Die sonst so friedliche Allee war übersät mit Kadavern, denen hier und da schon gute Fleischstücke herausgeschnitten worden waren. Von den Pferden, die die Flucht überlebt hatten, darunter auch edelste Rassetiere, wurden einige der Wehrmacht zur Verfügung gestellt, die meisten als Fleischreserve bis zur Schlachtung gefüttert.

An den Litfaßsäulen sahen wir große gelbe Plakate. Darauf stand: „Alle Sechzehnjährigen bis Sechzigjährigen haben sich bis zum 3. Februar zwecks Einziehung zum Volkssturm oder zur Wehrmacht zu melden. Nichtbefolgung wird mit dem Tode bestraft." Merkwürdigerweise ärgerte mich dieser Spruch, ich empfand ihn als ehrenrührig. Ich wollte doch freiwillig, jedenfalls nicht unter dem Zwang der Todesdrohung Soldat werden. Unterzeichnet war der Text mit „Der Festungskommandant". Das wurde um diese Zeit General Lasch,[66]

(Thesenanschlag 1517) umgesetzt wurden; die in der Union erfolgte Vereinigung der lutherischen und reformierten Kirchen auf dem preußischen Staatsgebiet (Stand: 1815) bezweckte neben innerkirchlichen Zielen auch eine Festigung der staatlichen Einheit Preußens; sie verlief jedoch auf lutherischer Seite nicht konfliktfrei (vgl. die resistenten „Altlutheraner"); die „Preußische Union" wurde außerdem nicht auf die später (1866/67) von Preußen annektierten Gebiete Schleswig-Holstein, Lauenburg, Hannover, Kurhessen, Nassau, Homburg und Frankfurt/M. ausgedehnt (daher der Name: „Altpreußische Union") und büßte damit ihre politische Funktion als einheitliche protestantische Kirche im preußischen Staat ein; nach 1945 im Zusammenhang mit der Auflösung Preußens (1947) Umbenennung in „Evangelische Kirche der Union", der auch nichtpreußische Kirchen (Anhalt) beitraten; vgl. ausführlich: Joachim Mehlhausen, „Landeskirche", in: Theologische Realenzyklopädie, hgg. von Gerhard Müller, Bd. 20, Berlin / New York 1990, 427–434.

[65] Das ostpreußische Gut Trakehnen beherbergte zwischen 1732 und 1944/45 ein berühmtes staatliches Pferdezuchtgestüt.

[66] General Otto Lasch, 1945 Militärkommandant des von Hitler zur „Festung" ernannten Königsberg, nach seiner Kapitulation am 9. April 1945 von Hitler in Abwesenheit zum Tode verurteilt, nahm in seinen Memoiren für sich in Anspruch, in aussichtsloser militärischer Lage dadurch das Leben zahlloser Soldaten und Zivilisten gerettet zu haben; vgl. Lasch, a. a. O.; hieran übte der überlebende Königsberger Bürger Michael

der zweieinhalb Monate später, ganz im Sinne Hitlers, den Schlußkampf sinnlos verlängerte, wodurch unnötig viele Menschen starben, und der dennoch von seinem Führer wegen der Kapitulation in Abwesenheit zum Tode verurteilt wurde, was ihm nachträglich den Anstrich des Märtyrers gab. Daß er unzulänglich ausgebildete große Kinder an die Front schickte, war weder militärisch sinnvoll noch ethisch begründbar.[67]

In diesen Tagen begann es in Königsberg, ungemütlich zu werden. Die Randviertel, zu denen auch Rathshof und Amalienau gehörten, lagen unter Artilleriebeschuß. Überdies rasten Tiefflieger über die Stadt und machten Jagd auf Menschen. Ab und zu wurden auch Bomben geworfen. Zu unserem Mißvergnügen befand sich ausgerechnet in unmittelbarer Nähe unseres Hauses ein Geschütz der eigenen Artillerie. Jedesmal, wenn es eine Granate abfeuerte, klirrten die Fensterscheiben, um die wir in diesen Tagen sehr fürchten mußten. Wir konnten uns gegen all das nicht wirksam schützen. Der Luftschutzkeller war dunkel und trist und nicht zu tagelangem Aufenthalt für sechs oder sieben Familien geeignet. Es blieb also nur der Ausweg, das Leben weitgehend in die inneren Wohnungsflure zu verlegen. Um nachts auch die Schlafzimmer verwenden zu können, folgten wir einem in der Stadt kursierenden

---

Wieck scharfe Kritik: „Kapituliert wurde erst, als Königsberg nach monatelanger Einkesselung und dreitägigen verlustreichen Straßenkämpfen verloren ging und die Russen vor General Laschs sicherem Bunker angelangt waren"; insofern hätte Hitler General Lasch „auch wegen treuer Pflichterfüllung belobigen können", denn „am 9. April [1945] wäre Königsberg so oder so der sowjetischen Übermacht erlegen. Bei einem Tode des Kommandanten würde das Heldenepos Königsberg auch im Sinne Hitlers keinen Makel gehabt haben. Angesichts dieser Sachlage ist General Laschs Satz, daß er vor Gott und seinem Gewissen Menschenleben gerettet hätte, eine schlimme Augenwischerei. (*Sein* Leben hat er auf jeden Fall gerettet.)" Vgl. Wieck, a.a.O., 22f. und 221f.; Gauleiter Koch, der sich damals selbst längst nicht mehr im eingeschlossenen Königsberg befand, setzte seinerseits den Kommandanten Lasch unter Druck; bei einem Aufenthalt in Berlin am 25. März 1945 bemerkte Koch bei Goebbels denunziatorisch über Lasch: „Er trage seinen Namen zu Recht." Vgl. Die Tagebücher von Joseph Goebbels, Teil II, Bd. 15, a.a.O., 592.

[67] Der unbedingte Verteidigungsbefehl Hitlers hinsichtlich Königsbergs hatte auch politische Hintergründe; Goebbels notierte am 8. Februar 1945: „Unter allen Umständen ist der Führer entschlossen, Königsberg zu halten, denn er fürchtet, daß, wenn wir Königsberg verlieren, eventuell Paulus und Genossen dort eine deutsche Gegenregierung bilden würden, die uns große Schwierigkeiten machen könnte. Aus diesem Grunde ist es jetzt auch dringend notwendig, daß wir unsere Greuelpropaganda gegen die Bolschewisten endlich starten." Vgl. Die Tagebücher von Joseph Goebbels, Teil II, Bd. 15, a.a.O., 337f.; diese Furcht bezog sich auf das sowjetisch gesteuerte „Nationalkomitee Freies Deutschland" (NKFD), mit dem auch Feldmarschall Paulus – der frühere Oberkommandierende in Stalingrad – als wohl prominentester Kriegsgefangener der Sowjets zusammenarbeitete; das NS-Regime fürchtete eine Wiederholung des sowjetischen Vorgehens in Polen, wo im Juli 1944 ein „Polnisches Komitee der Nationalen Befreiung" (kurz: Lubliner Komitee) gegründet worden war, das wiederum die Keimzelle der im Dezember 1944 gebildeten pro-sowjetischen Provisorischen Regierung Polens bildete; vgl. Die Tagebücher von Joseph Goebbels, ebd., 214; eine ähnliche Funktion erhielt das NKFD jedoch bekanntlich nicht.

Rat und schoben Schränke als Splitterschutz vor die Fenster und balancierten sogar Kleinmöbel auf breite Fensterbretter. Niemand stellte so recht Überlegungen darüber an, was wohl passiert, wenn nicht nur Glasscherben und Fensterrahmen, sondern auch noch Möbel auf die Schlafenden niederknallen.

Der 28. Januar war ein Sonntag. Unsere Familie wollte, wie immer, einen Gottesdienst besuchen. Diesmal aber gab es draußen eine wilde Schießerei, an der vor allem sowjetische Flugzeuge beteiligt waren. Wir mußten zeitweilig in den Luftschutzkeller. Da bat jemand den Großvater, er solle uns eine Hausandacht halten. Der ging trotz seiner Krankheit auf die Bitte ein. In der kleinen Kellerwohnung des Hausmeisterehepaars Kaulbars versammelte sich vor einem schnell aufgebauten Altar nahezu die ganze Hausgemeinschaft. Bei diesem Gottesdienst mit kräftig gesungenen Liedern, Liturgie und Chor erlebten wir, dichtgedrängt dasitzend, plötzlich die Unmittelbarkeit einer solchen Feier, bei der die anonyme Distanz eines großen Kirchenraumes nicht mehr da ist. Ich hatte Großvater lange nicht mehr predigen hören. Während draußen das Motorengeräusch der feindlichen Flugzeuge und das Hämmern der Bordkanonen zu hören war, sprach er eindringlich, konzentriert und nachdenklich über die Suche nach Gott. Und als eine Frau, aufgewühlt von allem, plötzlich Gebete stammelte und einen Weinkrampf bekam, der nicht enden wollte, stimmte er einen Choral an, damit sie sich während des Singens beruhigen konnte. Dann setzte er seine Predigt fort. Alles verlief ungewohnt unkompliziert und menschlich bei diesem Gottesdienst, der sein letzter war.

Am späten Nachmittag, als es draußen wieder ruhiger geworden war, kamen zwei Nordenburger zu Besuch. Überall begegnete man ihnen jetzt. Man hatte die aus dem Güterzug entladenen Flüchtlinge kurzerhand in verlassenen Wohnungen einquartiert. Die meisten lebten wie wir in Amalienau oder in Rathshof. Es war sehr merkwürdig, in diesen Großstadtstraßen immer wieder die bekannten Kleinstadt-Gesichter zu sehen. Darunter waren auch Frau Schindowski, unsere Waschfrau, mit ihrer Tochter, und Fräulein Stessun, die Organistin, mit ihren alten Eltern, die einige Wochen später bei dem schweren Bombenangriff auf Swinemünde[68] in ihrem von Flüchtlingen überqellenden Schiff ertranken. Etliche fuhren bald nach Pillau weiter, andere aber blieben vorerst und warteten auf eine offizielle Evakuierung. Vater verstand sich nach wie vor als ihr Gemeindepfarrer. Und da einige der in diesem Stadtteil zuständigen Geistlichen bereits geflohen waren, reifte in ihm der Gedanke, hier eine Vertretungstätigkeit zu übernehmen. Als er sich einige Tage später darum bemühte, hatte sich das Konsistorium, die staatsnahe Kirchenbehörde, schon auf die Flucht begeben. Deren Räume waren inzwischen von Soldaten belegt. Doch der Vertreter des Superintendenten wies ihn auf seinen Wunsch in die vakante Luisengemeinde ein.[69]

---

[68] Der Bombenangriff auf Swinemünde erfolgte am 12. März 1945.
[69] Der dort amtierende Pfarrer Schroeter bescheinigte seinem nach Königsberg umquartierten Nordenburger Amtsbruder am 1. Februar 1945, „daß Herr Pfarrer Paul

Die Königin-Luise-Kirche hat als einzige der über zwanzig evangelischen Kirchen Königsbergs den Krieg nahezu unbeschädigt überstanden.[70] Sie wurde erst 1901 in neuromanischem Stil erbaut und ist im heutigen Kaliningrad Puppentheater. Vater hielt aber die Gottesdienste, zu denen in der Folgezeit trotz der Schießereien meist noch siebzig bis achtzig Besucher kamen, immer im nahen Konfirmandensaal. Seine andere Predigtstätte war die moderne Kirche im Stadtteil Rathshof.

Einige wichtige Einschnitte gab es in diesen Tagen. Einmal die „Führerrede" zum 30. Januar. Wir hatten uns, glaube ich, den Rundfunkempfänger entliehen. Noch heute sehe ich vor mir Großvaters versteinertes Gesicht bei den pathetischen Tiraden und eiskalten Zumutungen dieses Herrn, den er nicht mochte.[71] Der andere, viel wichtigere Einschnitt war, daß die Stadt nun auch im Westen von den Russen abgeriegelt und damit von ihrem Seehafen Pillau abgeschnitten war. Es gab zwar noch den Wasserweg über das Haff. Der aber lag nun genau im feindlichen Schußfeld. Vom ganzen, schönen Ostpreußen waren nur noch drei Flecken übriggeblieben. Kessel, sagten wir in der Sprache der Militärs. Alle drei waren durch das flache Wasser, jetzt durch das unsichere Eis, des Frischen Haffs miteinander verbunden. Südlich des Kessels Königsberg lag der schmale Kessel Heiligenbeil, westlich der Kessel Samland mit einem großen Teil der Ostseeküste, mit Pillau und der Frischen Nehrung.

Es war eine traurige, im Grunde hoffnungslose Lage. Seit es aus der Stadt kein Entrinnen mehr gab, war der Flüchtlingsstrom der letzten Wochen plötzlich abgeebbt. Auf den Durchgangsstraßen, besonders in den Villenvierteln, auf den Hufen, in Amalienau und Rathshof, erinnerten im Schnee verlorene

---

Terpitz. sonst wohnhaft in Nordenburg und Pfarrer der dortigen Evangelischen Kirchengemeinde, geboren 10.6.1890, nach seiner Umsiedlung nach Königsberg/Pr., jetzt dort wohnhaft Admiral Scheerstr. 8, mit dem 1. Februar 1945 zur Vertretung fehlender geistlicher Kräfte sich zum Dienst in den Königsberger Evangelischen Kirchengemeinden zur Verfügung gestellt hat. Er wird nach der Anweisung der Kirchengemeinden seinen Dienst vor allem in der Königin Luise Gedächtniskirchengemeinde und in der Altstädtischen Kirchengemeinde versehen [...]." - Zit. n. Privatarchiv Werner Terpitz, Remagen-Oberwinter.

[70] Benannt nach Königin Luise von Preußen (1776-1810), der Gemahlin Friedrich Wilhelms III. (reg. 1797-1840); die schon zu Lebzeiten populäre Monarchin, die während der napoleonischen Zeit längere Zeit in Königsberg residiert hatte, wurde nach ihrem Tode zu einer verehrten Idealgestalt des protestantisch-konservativen Milieus.

[71] Gemeint ist Hitlers Rede zum 12. Jahrestag seiner Ernennung zum Reichskanzler am 30. Januar 1933; Goebbels paraphrasierte den Inhalt dieser Rede am 31. Januar 1945 folgendermaßen: „Er [Hitler] bezeichnete die gegenwärtige Sowjetoffensive als Mongolensturm, der gebrochen werden müsse. [...] Er fordert in kategorischen Sätzen die ganze Nation zur höchsten Pflichterfüllung sowohl an der Front wie in der Heimat auf. Er kenne das Leid, das dieser furchtbare Krieg über das deutsche Volk hereingebracht habe. Es handele sich um die größte Krise seit vielen Jahrhunderten. Aber diese Krise müsse und werde gemeistert werden, und am Ende des Krieges stehe der deutsche Sieg." Vgl. Die Tagebücher von Joseph Goebbels, a. a. O., Bd. 15, 285.

Habseligkeiten an die elenden Trecks. Die Pferdekadaver im tauenden Schnee verströmten einen faulig- süßlichen Geruch.

Die Russen hätten die Stadt längst einnehmen können. Weite Frontabschnitte waren kaum besetzt, und in der noch immer mit Flüchtlingen vollgestopften Stadt suchten versprengte Soldaten und einzelne Truppenteile nach ihren Einheiten. Noch gab es Strom und Wasser, mit etwas Glück konnte man in einigen Geschäften auch noch Lebensmittel kaufen. Es war nicht leicht, unsere Großfamilie ausreichend zu versorgen. Diese Aufgabe entfiel weitgehend auf Wolfgang und mich. Wir sprangen dann manchmal von Vorgartentor zu Vorgartentor und suchten vor Tieffliegern Deckung.

In Hitlers letztem Aufgebot: Soldat mit Sechzehn

In Königsberg ging der „Heldenklau" um. Feldjäger[72] und Sondergruppen der Waffen-SS[73] suchten überall nach kampffähigen Männern. Mancher, der mit einem schnellen Einmarsch der Russen gerechnet und sich Zivilkleidung besorgt hatte, wurde aus seinem Versteck geholt und zur Abschreckung gehenkt. Im Schnee vor dem Nordbahnhof lagen tagelang einige von ihnen mit starren Augen. Sie trugen ein Schild mit der Aufschrift: „Wir waren feige und starben dennoch".[74] Am 1. Februar, also noch vor dem Stichtag, bis zu dem man sich bei den Meldestellen einfinden mußte, geriet auch ich in die voreiligen Hände solcher Häscher. Sie gehörten zur Waffen-SS, trugen wertvolle pelzgefütterte Jacken und spielten lässig mit ihren Maschinenpistolen. Sie entdeckten mich in einer Menschenschlange vor einem Lebensmittelgeschäft, zu dem ich in einer Feuerpause gelaufen war, um für Eltern und Großeltern einzukaufen. Sie holten mich dort heraus, ließen sich meine Papiere zeigen, drohten mir und ga-

---

[72] „Feldjäger" waren Angehörige der Militärpolizei der Wehrmacht; der Name rührte vom in Preußen 1740 aus Jägern und Forstbeamten gebildeten Feldjägerkorps.
[73] Die „Waffen-SS" entstand 1939/40 als militärische Kampftruppe der „Schutzstaffel" (SS) der NSDAP aus bereits bestehenden Militäreinheiten der SS (SS-Verfügungstruppe, Totenkopfverbände); von etwa 100000 Mann (1940) auf schließlich rund 900000 Mann (1944) aufgestockt, trat die Waffen-SS zunehmend in Konkurrenz zur regulären Wehrmacht, ging immer stärker vom ursprünglichen Freiwilligkeitsprinzip über zu Zwangsverpflichtungen und zur Ergänzung durch ausländische Freiwillige; neben militärischen Einsätzen im Rahmen des Heeres wurden Verbände der Waffen-SS auch zu SS-spezifischen „Sondereinsätzen" herangezogen, etwa für den Wachdienst in den „Konzentrationslagern" des NS-Regimes.
[74] Der seit Ende Januar 1945 die ostpreußische Heeresgruppe kommandierende General Lothar Rendulič erwies sich hier als ebenso brutaler Kommandeur wie der Chef der Heeresgruppe A, Generaloberst Ferdinand Schörner; unter dem 9. März 1945 lobte denn auch Goebbels diese beiden Generäle ausdrücklich: „In Ostpreußen hat nur Rendulič Ordnung geschaffen. Aus einem seiner Berichte entnehme ich, daß er, als er die Heeresgruppe übernahm, 16000 Versprengte [d.h. von ihrer Truppe getrennte Soldaten] zählte. Die hat er in kurzer Zeit auf 400 heruntergedrückt, und zwar mit ziemlich brutalen Methoden. Er arbeitet in diesem Punkte genauso wie Schörner und Model. Es scheint, daß Rendulic den Ehrgeiz hat, sich in die Reihe unserer ersten modernen Heerführer hineinzudienen." Am Beispiel Schörners sprach Goebbels auch aus, worin unter anderem die „Modernität" solcher Heerführer bestand: „Insbesondere hat er sich die sogenannten ‚trainierten Versprengten' aufs Korn genommen. Unter ‚trainierten Versprengten' versteht er jene Soldaten, die es immer wieder verstehen, sich in kritischen Situationen von der Truppe abzusetzen und unter irgendeinem Vorwand zu verschwinden. Er geht mit solchen Figuren ziemlich brutal um, läßt sie am nächsten Baum aufhängen und ihnen ein Schild beigeben, auf dem steht: ‚Ich bin ein Deserteur und habe mich geweigert, deutsche Frauen und Kinder zu beschützen'. Das wirkt natürlich auf die anderen Deserteure oder solche, die es werden wollen, sehr abschreckend." Vgl. Die Tagebücher von Joseph Goebbels, a.a.O., Bd.15, 456 und 459.

ben mir auf, den 3. Februar nicht abzuwarten, sondern mich bereits am nächsten Tag bei der nahegelegenen Erfassungstelle der Waffen-SS zu melden. Erst einmal begleitete ich Vater. Nach meiner Erinnerung fuhren damals schon keine Staßenbahnen mehr. Wir gingen zu Fuß zum Hauptbahnhof. Das waren, wenn man den Weg über die Alte Pillauer Landstraße und die neue Reichsbahnbrücke nahm, kaum mehr als drei Kilometer. An der Alten Pillauer Landstraße befanden sich damals neun kleinere Friedhöfe. Es war typisch für Königsberg, daß jede Kirchengemeinde mehrere Friedhöfe besaß. Reichte ein Friedhof nicht aus, so legte sie unweit davon einen neuen an. Der Innenstadt am nächsten befand sich der I. Altstädtische Friedhof mit der Grabstätte für Vaters Eltern. Wir gingen dorthin. Auch dies war ein Abschied.

Aus diesem Friedhof ist inzwischen ein baumloser Lagerplatz geworden. Und wo sich das Grab meiner Großeltern befand, steht jetzt, ein halbes Jahrhundert später, eine nüchterne Baracke. Die Friedhöfe daneben sind zu einem großen, dunklen Wald verschmolzen. Auch dort findet man nichts mehr von den Grabstätten, weder deren verzierte Zäune, noch die Grabsteine, auch keine Skulptur. Nur einzelne zerbrochene Grabumrandungen liegen herum. Zwischen den heute hochgeschossenen Bäumen wuchert, scheinbar undurchdringlich, ein Brennesselwald. Folgt man dahinein den Trampelpfaden ins Dunkle, wie Wolfgang und ich es vor wenigen Jahren gemeinsam getan haben, dann gelangt man an die Stellen, an denen noch heute Grabräuber nach Zahngold und Ringen suchen. Niemand weiß, wie oft manch alter Königsberger inzwischen schon ausgegraben und wieder verscharrt wurde. Solch ein verwüsteter Friedhof, denke ich, auf dem überall Menschenknochen herumliegen, sagt mehr über Tod und Leben aus als eine gepflegte Stätte.

Doch wir hatten damals andere Sorgen und wollten eilig zum Hauptbahnhof. Die neue Reichsbahnbrücke, über deren untere Etage wir gingen, war der besondere Stolz der Königsberger. Sie galt damals als Europas größte doppelstöckige Drehbrücke. Man kann ihr Modell immer noch im Deutschen Museum in München betrachten. Im Hauptbahnhof fragte Vater nach den Koffern, die die Familie, noch von Nordenburg aus, kurz vor der Abreise, als Begleitgepäck nach Danzig aufgegeben hatte. Niemand konnte Auskunft geben. Erst nach und nach lernten wir zu begreifen, daß Flucht auch ständiges Verlieren bedeutet und daß am Ende jeder froh sein kann, der irgendwo an einem friedlichen Ort halbwegs gesund ankommt.

Den Rückweg nahmen wir durch die Stadt. An vielen Stellen hatte man aus zerschossenen Wracks, Straßenbahnwagen und allen möglichen Fundstücken Straßensperren gebaut, laienhafte Gebilde, Berge von Schrott, die jeder Panzer einfach weggeschoben hätte.

Um denkbaren Schwierigkeiten zu entgehen, brach ich am 2. Februar möglichst früh auf, machte einen großen Bogen um die Meldestelle der Waffen-SS und ging zum Landgerichtsgebäude, einer der allgemeinen Erfassungsstellen. Dort wurden wir vorsortiert. Man hielt die Jungen von den Alten getrennt. Bei den Sechzehnjährigen, die im Schwurgerichtssaal und den benachbarten

Räumen untergebracht waren, herrschte erwartungsvolle Stimmung, eine Mischung aus Soldaten- und Mannbarkeitsstolz. Wir waren einige hundert. Gerüchte gingen um. Wie es schien, waren alle in einem einig: Keiner wollte zur Waffen-SS und keiner zum Volkssturm. Die Organisation mit dem Totenkopf galt als ideologisch und rücksichtslos, die andere nahm man nicht ernst. Immerhin hatten wir sogleich Uniformen erhalten, freilich ungewöhnlich grüne. Aber sie paßten uns schmalbrüstigen Jünglingen. Es waren Uniformen für Polizeischüler, denen sehr bald militärische Schulterklappen und der Hoheitsadler angefügt wurden, und natürlich das Koppel, auf dessen Schloß unter diesem gottfernen Regime nicht etwa der Name des braunen Gottseibeiuns, sondern schein-heilig noch immer „Gott mit uns" zu lesen war.

Frisch uniformiert und mit Passierscheinen versehen, wurden wir alsdann für einige Stunden fortgeschickt mit dem Auftrag, unsere Zivilkleidung nach Hause zu bringen. Auch brauchte ich noch dies und das, vor allem einen Löffel. Es erscheint widersinnig: Die Eltern besaßen als Flüchtlinge nur noch Silber. Darunter war auch ein altmodisch flacher, vorn spitz zulaufender Löffel, den der schon als Kleinkind verstorbene Bruder meines Vaters 1892 zur Taufe erhalten hatte. Den gaben sie mir. Er hat den Krieg überstanden. So habe ich bis zum Schluß aus diversen Blechnäpfen selbst die armseligsten Suppen immer nur mit altem Silber gelöffelt. Übrigens war, als ich in Amalienau ankam, auch Vater gerade zurückgekommen. Stundenlang hatte er vor der Meldestelle warten müssen. Dann war er nicht, wie bisher, als wehrunfähig, sondern als wehrunwürdig eingestuft worden. Er nahm es gelassen. Jedenfalls besaß er, was jetzt angesichts der vielen Kontrollen durch Militärpolizei lebenswichtig war, einen Dauer-Passierschein.

Bald befand ich mich wieder im Landgericht. Irgendjemand hatte ein Grammophon organisiert. Von morgens bis abends dudelte durch den brodelnden Wartesaal Schlagermusik, während wir uns auf den harten Gerichtsbänken rekelten und froren. Tagelang wurden Namen aufgerufen und Gruppen zusammengestellt. Am Abend des 5. Februar war auch ich dabei. Unsere Gruppe, dreißig werdende Soldaten, mußte im Flur antreten. Ein junger Leutnant stellte sich als unser Zugführer vor und erklärte, wir gehörten jetzt zur Panzerjägerabteilung 1561 der 561. Infanteriedivision. Das klang immerhin beeindruckend. Aber was zum Teufel waren Panzerjäger? Keiner von uns wußte es. Einige behaupteten, Panzerjäger müßten hinter eigenen Panzern herlaufen, um feindliche Gräben freizukämpfen. Das machte uns angst. Da war es beruhigend, schließlich zu hören, daß wir Kanoniere an Panzerabwehrkanonen (Pak) werden sollten. Noch am selben Abend fuhr uns ein Militärlastwagen über den Litauer Wall und am Königstor vorbei in den östlichen Vorort Liep. In einer Holzverarbeitungsfabrik ganz nahe am Pregel fanden wir Unterkunft.

Zwar lag Liep höchstens vier Kilometer von den feindlichen Linien entfernt. Aber die sowjetischen Tiefflieger hielten sich zurück, und der Artilleriebeschuß ließ nach. Da wir reichlich zu essen bekamen und wirklich beunruhigende Ereignisse ausblieben, verbreitete sich bald Freizeitstimmung. Vierzehn Tage dauerte die Ausbildung in militärischem Drill, Waffenkunde und Schießübungen. Alle zwei oder drei Tage marschierten wir laut singend zu einem der großen Übungsplätze und schossen mit Karabiner oder Maschinengewehr auf Schießscheiben und Pappkameraden. In den Seitenstraßen in Liep machten wir uns mit unserer Kanone, der Pak 7,5 vertraut, deren kompliziertes Schloß wir bald auseinander- und wieder zusammenbauen konnten. Nur schießen durften wir nicht. Munition war knapp. Abend für Abend aber, wenn wir schon müde waren, schälten wir Unmengen von Kartoffeln. Die Küche versorgte das ganze Bataillon. Nachts brachten Lastkraftwagen das warme Essen zu den Stellungen an die Front.

Einige Eindrücke aus dieser Zeit sind haften geblieben: Ein älterer Mann ging jeden Morgen mit Handtuch und Hacke über den Hof, um in seinem Eisloch im Pregel sein Bad zu nehmen. Ein wackerer Pensionär nahm erfolgreich daran Anstoß, daß 16jährige auf offener Straße im Marschlied die Hochzeitsnacht besangen; das lockere Lied wurde untersagt. Ein Leutnant war nicht imstande, den Hofhund, der nun ein unnützer Fresser war, mit einem Kopfschuß zu erledigen. Das Tier starb in wilder Qual. Meine zum Trocknen neben den Ofen gestellten Schuhe verbrannten, weil der Ofen, der mitten in unserem Strohlager stand, nachts als rote Säule glühte. Und schließlich der unerwartete Besuch: Ich wurde mitten aus dem Dienst in die Schreibstube gerufen. Mein Vater war da. Er hatte nach mir gesucht. Einerseits freute ich mich, andererseits verspürte ich Hemmungen, auf engstem Raum in Gegenwart Fremder mit ihm natürlich zu reden. Was uns wirklich bewegte, war ohnehin kaum in Worte zu fassen.

Am 19. Februar war plötzlich unsere Ausbildung zu Ende. Wir wußten noch nicht, daß die deutschen Truppen in diesen Tagen in einem verzweifelten Ausbruch damit begonnen hatten, die Stadt nach Westen hin freizukämpfen. Das bedeutete Vereinigung mit dem Kessel Samland und freien Zugang zum Seehafen Pillau. Um diesen Kraftakt zu bewältigen, hatte man die Front im Osten gelichtet. Wir wurden zum Auffüllen gebraucht. Jedenfalls gab es keine Hektik. Erst einmal packte man diejenigen von uns, die noch Angehörige in der Stadt hatten, am Vormittag auf einen offenen Lastwagen. Der fuhr uns, die wir in übergestreiften Tarnanzügen schon recht martialisch wirkten, bis zum Abend von Stadtteil zu Stadtteil, damit sich alle gehörig von ihren Lieben verabschieden konnten. Das dauerte immer nur Minuten. Linkische Sechzehnjährige wurden angesichts wartender Kameraden von Müttern, Großmüttern und Tanten umarmt. Viele nahmen Abschied für immer.

Ich hatte Glück. Unser Fahrzeug mußte nach einer größeren Schleife wieder über Amalienau zurückfahren. Der Fahrer gab mir eine Viertelstunde. Ich lief zum Haus der Großeltern, stürmte die Treppe hinauf, wurde freudig begrüßt. Alle waren da, auch die Eltern und die Brüder. Was spricht man in einer solchen extremen, vom Tod geprägten Situation, in der Erwachsene wissen und Kinder ahnen, daß dies für manchen der letzte Abschied sein wird? Man spricht über Belanglosigkeiten, sagt, „Halt dich gut" „Paß gut auf dich auf", sagt vielleicht, „Gott schütze dich". Spielten wir alle nur Rollen? Oder lag in dieser Verhaltenheit nicht letztlich der einzige Weg, uns gegenseitig mehr mitzuteilen als mit gutformulierten Worten? Keiner hatte die geringsten Illusionen. Jeder wußte, was der andere dachte. Und doch sprachen wir es nicht aus, nahmen aufeinander Rücksicht, indem wir uns gegenseitig die Qual ersparten, die eine Artikulation der eigenen Todesängste hervorgebracht hätte. Großvater, dem jetzt die Medikamente fehlten, war durch seine Anämie sehr geschwächt und mußte liegen. Ihm, der immer geraucht hatte, legte ich in völliger Verkennung seiner Krankheit die mitgebrachten Zigarren aufs Bett. Niemand kritisierte das. Er dankte bewegt. Ich erhielt ein Stück vom Sonntagskuchen. Dann brachten mich Eltern und Brüder zur verabredeten Straßenkreuzung, wo wir in der Abenddämmerung bei leichtem Schneefall lange und nicht ohne Beunruhigung auf den Lastwagen warteten. Ein letzter Abschied dann, als er kam, und ein langes letztes Winken.

Als wir Jungsoldaten uns dann wieder in der Holzfabrik zum Abendessen zusammenfanden, war die Stimmung gedrückt. Um Mitternacht wurden wir auf die Verpflegungslastwagen verteilt und zu unseren neuen Gruppen gebracht. Je weiter wir nach Osten kamen, je mehr Irrlichter des Stellungskrieges wie kleine Kometen an uns vorüberpfiffen und je lauter das trockene Tackern der Maschinengewehre zu hören war, desto stiller und nachdenklicher wurden alle. Es war einfach Angst.

Ich kam zum 1. Geschütz in die Gärtnerei an der Südspitze des Lauther Mühlenteichs, bei dem es sich eigentlich um einen mehrere Kilometer langen, schmalen See handelt. Die Aufnahme war nicht gerade herzlich. Fünf Mann. Ich war der sechste. Sie stopften ihr warmes Essen in sich hinein und stellten sarkastische Fragen: Ob ich schon mal eine Pak gesehen hätte, wie oft ich mit dem Ding schon geschossen hätte. Das Examen fiel nicht zu ihrer Befriedigung aus. Sie brauchten dringend den sechsten Mann. Statt dessen hatte man ihnen ein großes Kind geschickt, das sich erst einmal daran gewöhnen mußte, Frontsoldaten mit „du" anzureden. In einer Wandnische mit durchschwitzten Betten suchte ich Schlaf, während die anderen rauchten und schwatzten. Am nächsten Morgen wurde ich flüsternd mit meiner Umgebung vertraut gemacht. So nah waren die Russen. Durch die Ritzen eines Holzverschlages konnte ich sie mit dem Fernglas betrachten. Sie gingen ihren Tätigkeiten nach, fühlten sich sicher und mußten sich nicht verstecken.

In der folgenden Nacht kam der Befehl zum Stellungswechsel. Da erschienen unsere beiden Pferdepfleger mit Pferden, Protze[75] und Planwagen. Wir schoben mit vereinten Kräften die Kanone aus ihrem Erdloch, luden die Munitionskisten in die Protze, warfen das Gepäck auf den Planwagen und zuckelten neben den Gespannen durch die eiskalte Mondnacht.

---

[75] Die Protze war der zweirädrige Vorderwagen der Geschütze.

Ich werde diese nächtlichen Züge im gefährlich hellen Mondlicht durch die verschneite, weite Landschaft am Ostrand der Stadt nicht vergessen. Unser müdes kleines Heer, an dem Leuchtspurgeschosse unregelmäßig und ohne bestimmtes Ziel vorbeipfiffen, war mit den an den Protzen befestigten Kanonen jetzt nahezu wehrlos. Niemand sprach, jeder verräterische Laut mußte vermieden werden. Die Front war zu nah. Auf der dicken Schneedecke hatten die Pferde einen leisen Tritt. Dickes schwarzes Fett, das reichlich aus den Achsnaben quoll, ließ die Räder der Fahrzeuge leise dahingleiten. Man hörte nur das gleichmäßige Ächzen der Taue, mit denen die Planen über den Wagen verspannt waren. Wir hingen unseren Gedanken nach, kannten als einfache Soldaten noch nicht einmal das verordnete Ziel. Meist bewegten wir uns auf der weit um die Stadt verlaufenden Ringchaussee, bis wir irgendwo unvermittelt hielten und auf die Gefechtsstände verteilt wurden.

In Neudamm hoben wir im Schutze einer bei Dunkelheit umgesetzten Gartenhecke eine neue Stellung aus. Der Boden war mehr als einen halben Meter tief gefroren. Unter der Frostgrenze fanden wir Maikäfer. Die ließen wir in unserem warmen Erdbunker zu sich kommen, bis sie torkelnd umherschwirrten. Einmal suchten wir bei Dämmerlicht im Niemandsland nach Eßbarem, aber es war nicht viel zu finden. Die Siedlungshäuser waren vollständig durchwühlt. Gab es hier Russen? Wir verzogen uns eilig. Den Rückweg wies uns ein gefrorener Schimmel, der seine vier Beine wie Säulen in den Himmel richtete. Ich tippte mit dem Fuß gegen ein Bein. Es schwankte merkwürdig. „Das tut man nicht", sagte ein Kamerad und zog mich fort.

Nachts wurde ich durch leises Rütteln geweckt. Mein Wachdienst begann. Ein sonderbares Gefühl war das, bei sternklarer Frostnacht, in völliger Einsamkeit angestrengt auf Geräusche und Bewegungen zu achten, während einige Meter entfernt sich die Kameraden in tiefem Schlaf befanden, in ruhigem Vertrauen auf die Aufmerksamkeit eines unerfahrenen Neulings. Ich war von einem der Älteren am Tage vorher kurz instruiert worden. Das hatte zu reichen. Und das Pensum sah so aus: Zweimal zwei Stunden pro Tag. Bei jedem Wetter. Später erst wurden Doppelposten angeordnet und wir standen insgesamt acht Stunden zu zweit.

Als ich eine Nacht darauf wieder draußen Wache hielt, gab es plötzlich erheblichen Fluglärm. Es wurde taghell. Überall am Himmel standen „Christbäume", wie ich sie von den britischen Luftangriffen auf Königsberg kannte. Ein Zielquadrat wurde abgesteckt. Dann fielen Bomben. Vereinzelt leuchteten Scheinwerfer auf. Flugabwehrkanonen griffen ein und Splitter prasselten herunter. Ich stellte mich in den kurzen Graben, der auf unseren Erdbunker hinführte und preßte den Rücken an die grobe Holztür. Mehr Schutz gab es nicht.

Kurz danach, in Lauth, hausten wir gemütlich im großen Kellerraum eines Dorfhauses. Fußboden und Wände waren so dicht mit Teppichen behängt, daß wir uns im Licht der Petroleumlampen wie im Orient vorkamen. Unsere Pferdepfleger hatten irgendwo eine verlassene Milchkuh aufgetrieben und deren Kalb geschlachtet. Wir tranken ab und zu frische Milch und vertilgten in Unmengen Tartar. Die anfangs mißtrauischen Kameraden gewöhnten sich an mich. Aber sie stritten untereinander ständig über Belanglosigkeiten. Der starke psychische Druck, der sich in den engen, halbdunklen Räumen noch verstärkte, machte es ihnen schwer, miteinander auszukommen. Ich wich, wenn es ging, ins Freie aus. Unsere Dorfstraße führte auf den Lauther Mühlenteich zu. Am Ende war sie durch einen Sichtschutz versperrt. Die Häuser, in denen keine Soldaten hausten, standen leer. Ihre Bewohner waren längst geflüchtet. Wir suchten gelegentlich nach Eßbarem. Bei einem solcher Gänge entdeckte ich in einem durchwühlten Wohnzimmer ein Klavier und schlug begeistert einige Akkorde an. Schon bald aber kamen zwei Kameraden und verwarnten mich. Ob ich denn wohl den Iwan[76] auf uns alle hetzen wolle.

Bei einem meiner nächtlichen Wachdienste erleuchtete von Osten her der Vollmond den Hauseingang. Wollte ich die Straße überblicken, stand ich selber im Licht. Der kreatürliche Überlebenswille half, alle Sinne zu schärfen. Ich sah mit Augen und Ohren, und bewegte mich mit äußerster Behutsamkeit, den Karabiner immer zum Anschlag bereit. Bei Tage gingen wir freier umher. Einmal unterhielt ich mich mit einem fröhlichen jungen Scharfschützen, der ebenfalls Wachdienst hatte. Er beschrieb mir, wie er und seine Leute stundenlang in ihren Nestern säßen, bis sie einen Russen im Fadenkreuz des Zielfernrohrs festhielten und abdrückten. Er hatte keine Skrupel. Es war seine Pflicht. Mir wurde allein bei dem Gedanken schwindlig. Was war das für ein Krieg!

Schon bald wurden wir in den Westen der Stadt verlegt. Beim nächtlichen Stellungswechsel ging ich mehr schlafend als wachend hinter dem Planwagen her, die Hand in den Wagen verkrallt, den Kopf auf dem Arm, neben mir unsere Kuh. Durch eine verirrte Kugel wurde ein Kamerad verwundet. Ich bekam seine Filzstiefel. Mit den übrigen Teilen des Regiments vereinigt, zogen wir in mehreren Etappen quer durch die Stadt. Am 1. März fuhr ich, stolz auf der Kanone sitzend, am Nordbahnhof vorbei. Viele Menschen winkten uns zu. Und ich dachte an Georg, meinen jüngsten Bruder, der heute seinen 9. Geburtstag beging und den ich immer noch in der Stadt vermutete.

Wir bezogen, nun für einige Tage in Ruhestellung, mit der ganzen Kompanie ein großzügiges Wohnhaus am westlichen Stadtrand in Friedrichswalde. In der Außenwand neben dem Hauseingang steckte eine ansehnliche Artilleriegranate; sie hatte die Klinkerverblendung durchschlagen. Ein Blindgänger.[77] Als ich das Ding interessiert mit der Hand berührte, brüllten mich meine Kameraden an und gingen in Deckung. Danach gab es Vorwürfe und Belehrungen. Die verstärkten sich noch, als ich, beauftragt, Verpflegung und Tabakwaren zu holen und aufzuteilen, eine überzählige Zigarette einem mithelfenden Kamera-

---

[76] Landläufige Bezeichnung für Russen.
[77] Eine nicht zur Explosion gelangte Sprengwaffe.

den gegeben hatte, einfach so. Da zogen sich die Unterweisungen über richtige und falsche Kameradschaft stundenlang hin. Es war eine Zeit der Erniedrigung.

In diesen Tagen bekam ich einige Stunden Urlaub und eilte zur Wohnung der Großeltern. Die Familie war nicht mehr da, auch keiner der anderen Bewohner, das Haus voller Soldaten. Im vollgequalmten Wohnzimmer der Großeltern herrschten sie mich an, was ich hier wolle. Ich hatte, als ich durch die stiller gewordenen Wohnstraßen wieder nach Friedrichswalde zurückging, zwiespältige Gefühle – einerseits Erleichterung, andererseits so etwas wie die Einsamkeit eines Kindes, das man einfach zurückgelassen hat.

Pillau, Danzig, Swinemünde: Flucht nach Kühlungsborn

Erst viel später habe ich erfahren, wie es den Eltern und Geschwistern sowie der Familie der Großeltern seit meinem Abschied ergangen war. Keiner von ihnen hat einen vollständigen Fluchtbericht verfaßt. Aber es sind noch die Taschenkalender der Eltern vorhanden, wenn darin auch die Eintragungen nach Häufigkeit und Umfang schwanken. Es gibt daneben ein dienstliches Diarium meines Vaters, ferner einige amtliche und nichtamtliche Dokumente, auch ein seit 1942 geführtes privates Kontobuch, das in den schrecklichsten Monaten sympathischerweise lange Lücken aufweist. Die Zeit von Ende März bis Ende April und später wieder ab Mitte Juli ist zusätzlich in Briefen dokumentiert. Schließlich aber haben meine Brüder noch ihre lebendige Erinnerung, die, wenn auch aus der Perspektive von Kindern, manche karge Notiz erst plastisch werden läßt.

Von der zweiten Februarwoche an war in Königsberg gegen alle Erwartung noch einmal so etwas wie Normalität aufgekommen. Nur noch selten kamen sowjetische Tiefflieger, und auch der Artilleriebeschuß ließ nach. Die Menschen wurden mutiger und beschränkten ihr Leben nicht mehr auf fensterlose Dielen und Kellerräume. In den meisten Wohnvierteln gab es wieder Strom und Wasser. Die Nordenburger in Rathshof und Amalienau entwickelten einen regen Besuchsverkehr. Viele lernten sich erst hier, auf der ersten Station ihrer Flucht, näher kennen. In den Kalendern der Eltern finden sich Namen, die mir von Nordenburg her kaum geläufig waren. Auch die Brüder wurden zum Spielen mit anderen Kleinstadtkindern eingeladen.

Zwischendurch gab es dann allerdings auch Anlässe für besondere Beunruhigungen. Es läßt sich heute nicht mehr feststellen, von wem die Initiative ausging, vermutlich von einer noch in der Stadt befindlichen Stelle der Hitlerjugend. Sie plante, alle Kinder, die zwölf Jahre und älter waren, zu erfassen und sie für besondere Einsätze zu schulen. Dazu wurde in der Nähe des Nordbahnhofs ein Appell veranstaltet. Auch Wolfgang hatte zu erscheinen. Viele Stunden mußten die Kinder warten. Dann setzte sich die Vernunft durch, und man schickte sie wieder nach Hause.

Vater hielt seine sonntäglichen Gottesdienste immer noch am Vormittag im Konfirmandenraum der Luisenkirche und am Nachmittag in der Rathshofer Kirche. Es kamen von mal zu mal mehr Menschen. Am 18. Februar waren es über hundert. An jedem Mittwoch fanden in der Rathshofer Kirche Passionsandachten statt. Einmal saß dort die Gemeinde nur auf einer Seite mit respektvollem Abstand von einem Blindgänger, der kurz zuvor das Kirchendach durchschlagen hatte. In diesen Wochen hielt Vater auch zahlreiche Gottesdienste und Abendmahlsfeiern in Privatwohnungen. Es waren Feiern, an denen manchmal nur eine einzige Familie teilnahm, meist aber ganze Hausgemeinschaften. Zweimal taufte er neugeborene Kinder, von denen jeder wußte, daß sie kaum eine Chance haben würden zu überleben. Er besuchte Menschen, die in Sorge um ihre Angehörigen waren, und solche, die trauerten. Zwischendurch kümmerte er sich um seine Nordenburger.[78]

Vier Beerdigungen hat Vater in diesen drei Wochen vermerkt. Ein junger Luftwaffenhelfer, so alt wie ich, fiel am 13. Februar bei Groß Friedrichsberg. Sechzehn Tage alt war ein Kind, das auf der Flucht eine tödliche Lungenentzündung bekommen hatte. Die unglückliche, hilflose junge Mutter trug, als sie an der Haustür klingelte, ihr totes Kind in einem Karton gleich mit sich. Ein Mann in Vaters Alter war bei der Beschießung Königsbergs getroffen worden und im Krankenhaus verstorben. Nur für eine Witwe von 89 Jahren schien dies ein gnädiger Tod zu sein; er ersparte ihr die Flucht.

Vater machte alle Wege zu Fuß. Er versuchte, wenn es sich machen ließ, auch Kontakt zu den andern Pfarrern zu halten. Er besprach wichtige Angelegenheiten mit dem emeritierten Theologie-Professor Rust, einem angesehenen Mann der Bekennenden Kirche.[79]

Mutter hat über diese vier Wochen, die sie in Königsberg verbrachten, keine Notizen gemacht. Es ist jedoch anzunehmen, daß sie sich unter ärztlicher Betreuung vom ersten Abschnitt der Flucht ein wenig erholen konnte. Auch Tan-

---

[78] Ein Schreiben des Königsberger Pfarrers Schroeter an Paul Terpitz vom 16.2.1945 veranschaulicht den in der „Festung" Königsberg damals herrschenden kirchlichen Alltag; demnach hatte das Konsistorium der Kirchenprovinz Ostpreußen seine Geistlichen soeben u. a. wissen lassen:
"1) Wenn wir mehr als 20–25 Menschen versammeln, ist die Gefahr zu groß, daher sollen nach Möglichkeit die Gottesdienste in den Häusern (mit Luftschutzkeller) verlegt werden[,] und zwar geteilt. Höchstens 15–20 Personen in einem Kreis, die in unmittelbarer Nähe des Hauses wohnen, in denen die Andachten gehalten werden. Als Räume dazu kommen zuerst nur Parterrwohnungen (höchstens 1 Treppe!!) in Frage. Die Teilnehmer müssen dies Haus und die Nachbarhäuser und ihre Luftschutzräume kennen, um sofort verschwinden zu können, wenn es irgendwie banglich wird. Kons.[istorial]Rat Richter wies darauf hin, daß uns die Verantwortung für Leben und Sicherheit der Besucher obliegt. [...]
4) Bilden sie Hauskreise – wie es bei mir geschehen -[,] in denen sie am Sonntag oder Alltag (nachmittags kommen die Leute zu den Passionswochenandachten ja auch) gottesdienstliche Feiern halten. Dauer: höchstens eine halbe Stunde[,] anschließend Abendmahl anbieten.
5) Neben ihnen arbeiten (nördliche der Hagenstraße)
a) Pfr. Oberleutnant Haack, Krause = Hippelschule, Staegemannstr. 56
b) Pfr. Wohlgemut [von der ev.-lutherischen Kirche am Wallring] Gustloffstr. 67 (zu Treffen 12–14 Uhr).
Und nun Gott befohlen, seine Kraft sei mit ihnen und ihrem Dienst." – Die Erwähnung des lutherischen Pfarrers Wohlgemut deutet auf die interkonfessionelle Zusammenarbeit in dieser Notzeit hin. – Zit. n. Privatarchiv Werner Terpitz, Remagen-Oberwinter.

[79] Hans Rust (1879–1967), langjähriger außerordentlicher Professor an der Evangelisch-Theologischen Fakultät der Albertus-Universität Königsberg.

te Brigitte mußte ärztliche Hilfe in Anspruch nehmen. Das war nicht einfach. Es fuhren weder Straßenbahnen noch Mietwagen. Die Multiple Sklerose hatte anfangs vor allem ihr Gleichgewichtsgefühl befallen. Und sie hatte Sehstörungen. Als besonders hinderlich bezeichnete sie ihre „schweren Beine". Doch sie fand immer wieder Menschen, die ihr halfen. Ein Oberwachtmeister der Wehrmacht, der oben im Hause einquartiert war, konnte eine Kutsche mit zwei Pferden organisieren. Derart ausgestattet, ließ sie sich, den Anachronismus genießend, in ihren Pelz gehüllt als vornehme Dame durch die Straßen fahren, begleitet von ihren beiden Neffen. Nachträglich betrachtet, hätte sie die Ausfahrt auch unterlassen können; denn die Ärzte exprimentierten, wie es damals gerade Mode war, mit giftigen, aber wirkungslosen Quecksilberpräparaten.

Als Mitte Februar die Deutsche Wehrmacht in einem letzten Kraftakt Straße und Bahnlinie nach Pillau freigekämpft und damit die Umklammerung Königsbergs ein wenig geöffnet hatte, begann man eilig, ganze Stadtviertel zu evakuieren. Viele Menschen wollten nicht darauf warten und verließen die Stadt auf eigene Faust, auch viele Nordenburger.

Am 25. Februar, es war ein Sonntag, erhielten die Bewohner der Admiral-Scheer-Straße eine Stunde vor Mitternacht Schiffskarten und die Weisung, sich am nächsten Tag um halb Zehn auf dem nahegelegenen Friedrich-Wilhelm-Platz einzufinden. Vater hatte an diesem Tag drei Gottesdienste, zwei Abendmahlsfeiern und sechs Taufen gehalten. Nun lag auf ihm, dem einzig gesunden Erwachsenen, die größte Last, als über Nacht das Fluchtgepäck zusammengestellt und reisefertig gemacht werden mußte. Wolfgang wirkte viele Stunden nach besten Kräften mit. Er erwies sich mit seinen bald dreizehn Jahren bei solchen Tätigkeiten nach und nach als sein wichtigster Helfer. Am nächsten Morgen kam die Mitteilung, der Zeitpunkt sei auf halb Eins verschoben worden. Nachdem sie voller Mühe mit ihrer Habe am angesagten Treffpunkt erschienen waren, wurden sie wieder nach Hause geschickt, weil keine Schiffe zur Verfügung standen.

Nun sollte die Evakuierung am nächsten Morgen stattfinden. Als kurz vorher Herr Kantelberg, der stets freundliche Helfer, auf einen kurzen Augenblick bei ihnen hereinschaute, öffneten sie, schon reisefertig, zu diesem ungewöhnlichen Zeitpunkt die letzte Flasche Rotwein, um ihm zu danken. Wieder traf man sich auf dem Friedrich-Wilhelm-Platz. Begleitet von dem in ihrem Hause einquartierten Oberwachtmeister, der ihnen schon so oft geholfen hatte, zogen sie einen Handwagen voller Gepäck zum Pregel und von dort zum Hafenbecken I. Da herrschte großes Gedränge. Als sie nach längerem Warten auf die „Greif"[80] verladen wurden, war das Schiff eigentlich schon überfüllt.

---

[80] Die „Greif" war ein sogenanntes Flugsicherungsboot, also ein Kriegsschiff der deutschen Luftwaffe, das mit Flugabwehrkanonen (Flak) ausgerüstet war; es hatte 1000 bis 1200 Bruttoregistertonnen, besaß eine Geschwindigkeit von 30 bis 40 Seemeilen (also bis zu ca. 70 km/h), die Besatzung bestand aus 60 Mann (je zur Hälfte eigentli-

Sie saßen auf Deck auf Koffern, die Großeltern und Mutter wenigstens durch ein Dach teilweise geschützt, die anderen im Freien, Vater und die Brüder im Rettungsboot. Erst jetzt stellten sie fest, daß Großvaters Schwester, Tante Käthe, fehlte. Mit ihrer Freundin war sie in Königsberg zurückgeblieben. Dort hat sie, wie wir viel später erfuhren, den Einmarsch der Russen nicht lange überlebt.

Die „Greif" verließ die Stadt um die späte Mittagszeit. Sie quälte sich durch die Eisschollen im wieder fahrbar gemachten Seekanal, einer Fahrrinne im Frischen Haff, in Ufernähe nach Westen. Überall sah man auf dem Eis die frischen Spuren der Kämpfe der letzten Tage, Tote, Wrackteile, zerstörte Seezeichen. An Pillau vorbei fuhr das an Deck vereiste Schiff nach Südwesten in die stürmische offene Ostsee. Es herrschte Windstärke 7. Viele Menschen wurden seekrank. Feucht und durchkühlt erreichten sie nach neunstündiger Fahrt kurz vor Mitternacht Danzig-Neufahrwasser, den Hafen vor Danzig. In der Werfthalle II wurden sie untergebracht. Diese Halle, die jetzt schon an die tausend Menschen beherbergte, war durch einige Öfen mäßig beheizt. Das Lager, auf dem immer nur wenige liegen konnten, bestand aus Papierschnipseln.

Es war noch nicht einmal vier Wochen her, daß Vater zum Volkssturm oder zur Wehrmacht eingezogen werden sollte. Eben in Neufahrwasser angekommen, mußte er sich wieder melden. Auch hier fahndeten die Häscher nach Menschen, die das Kämpfen satt hatten. Niemandem war es gestattet, durch eigene Initiative dem Heldentod zu entgehen. Früh am Morgen hatte er sich bei der Meldestelle eingefunden. Nachdem sie dort bei flüchtiger Untersuchung die rachitische Entstellung seines Körpers gesehen hatten, telephonierten sie mit einem Oberfeldarzt. Der ließ ihn ins Amtsgericht Neugaden kommen, jetzt Lazarett. Dann war Vater wieder wehruntauglich, nicht mehr wehrunwürdig, und durfte gehen.

Da für diesen Tag ein Weitertransport nicht mehr vorgesehen war, fuhr Vater mit seinen Söhnen und Onkel Martin, dem es schwerfiel, sich in der veränderten Situation zurechtzufinden, nach Danzig. Sie nahmen die Straßenbahn über Langfuhr, besichtigten kurz Rathaus und Marienkirche,[81] standen dann

---

che Schiffsbesatzung und Flaksoldaten); auf dem Schiff hatten regulär 1 300 Flüchtlinge Platz, doch bei besagter Fahrt befanden sich etwa 2 200 Menschen an Bord; vgl. hierzu Bundesarchiv Koblenz, Ost-Dok. 4/39, 4/41 und – hinsichtlich der tatsächlichen Flüchtlingsanzahl – 4/90.

[81] Diese Bauten – etwa die Danziger Oberpfarrkirche St. Marien, zwischen 1343 und 1502 erbaut – waren bedeutende Zeugnisse der mittelalterlichen und frühneuzeitlichen Blüte der Hansestadt Danzig, die seit Beginn des 14. Jahrhunderts zunächst unter der Herrschaft des Deutschen Ordens und ab Mitte des 15. Jahrhunderts unter der Oberhoheit des polnischen Königs stand; sie war 1793–1807 und wiederum 1814 an Preußen kam; nach der preußischen Niederlage gegen Napoleon 1807–1814 Freistaat unter französischer Ägide und in vergleichbarer Weise nach der deutschen Niederlage im Ersten Weltkrieg zwischen 1919/20–1939 „Freie Stadt" unter Völkerbundaufsicht mit bestimmten polnischen Sonderrechten; 1939 Rückgliederung in das Deutsche Reich im Zuge des deutschen Angriffs auf Polen, der den Zweiten Welt-

lange in Menschenschlangen, um ein wenig von der dürftigen Volksverpflegung zu erhalten, und gingen zum Bahnhof, wo sie Möglichkeiten für eine Weiterfahrt nach Pommern erkundeten – vergeblich; denn von diesem Tag an fuhren keine Züge mehr nach Küstrin und Stettin. Die sowjetischen Streitkräfte marschierten bereits auf die Odermündung zu, mit der erkennbaren Absicht, Danzig und ganz Pommern vom restlichen Deutschland abzuschneiden.

Der nächste Tag war der 1. März und damit Georgs neunter Geburtstag. Früh um sieben Uhr gab es für ihn mitten in der überfüllten Halle eine kleine Feier. Die Eltern stellten eine Kerze auf eine kleine Kiste und legten daneben einige Bonbons, ein altes Bilderbuch, ein paar bebilderte Hefte. Dann weckten sie ihn. Er erhob sich verschlafen, reisefertig mit Mantel und Mütze, voller Papierschnipsel. Großvater schenkte ihm einen winzigen Notizblock und einen Bleistiftstummel.

Bald mußten sie aufbrechen. Sie gingen zum Hafen, um erneut auf ein Schiff verladen zu werden. Der Weg dorthin dauerte nur eine halbe Stunde. Aber den Alten und Kranken wurde er lang. Niemand war jetzt mehr da, der helfen konnte, das Gepäck zu tragen. Mutter ging ohne Gepäckstücke voran, wollte auf der „Eberhard Essberger",[82] ihrem neuen Schiff, einem Erzfrachter, Plätze erkämpfen. Doch erst einmal mußten sie lange auf dem Kai warten. Viereinhalb Stunden dauerte die Verladung. Im oberen Zwischendeck des Hinterschiffs hatte man schließlich an die fünfhundert Personen untergebracht, darunter auch sie.

Bei heftigem Wind fuhren sie am frühen Nachmittag ab. Aber die Fahrt dauerte nicht lange. Wegen des schlechten Wetters wurde das Schiff vor Danzig auf die Reede gelegt. An diesem Tage bekamen sie nichts zu essen, obwohl sie hörten, es sei reichlich davon verteilt worden.

Tags darauf stürmte und regnete es. Das Wetter war für eine Überfahrt über die Ostsee zu schlecht. Auf dem Schiff herrschte fürchterliche Enge. Der Platz reichte nicht, um allen das Liegen zu ermöglichen. Sie mußten sich abwechseln. Wegen des schlechten Wetters war es riskant, sich auf dem vereisten Oberdeck die Beine zu vertreten. Immerhin gab es ein wenig zu essen, Nudelsuppe, sogar mit etwas Fleisch. Jeder erhielt zudem eine schmale Tagesration

---

krieg auslöste; während desselben Provinzial- und Gauhauptstadt des „Reichsgaues Danzig-Westpreußen", gegen Kriegsende erheblich zerstört; seit 1945 polnisch (Gdansk).

[82] Bei der erst 1943 gebauten „Eberhard Essberger" handelte es sich um ein Frachtschiff mit 5 064 Bruttoregistertonnen; die Daten in den Kalendereintragungen des Vaters des Verfassers werden durch die amtlichen Dokumente im Bundesarchiv bestätigt (vgl. Bundesarchiv Koblenz, Ost-Dok. 4/90); auf dem Schiff befanden sich bei dieser Fahrt 995 Verwundete, 986 Flüchtlinge und 300 Angehörige des Reichsarbeitsdienstes; der offenbar erst Jahre später verfaßte Bericht des Leitenden Ingenieurs W. Remich (vgl. ebd., Ost-Dok. 4/51) verzeichnet für jede Fahrt pauschal 6 000 Flüchtlinge, doch erscheinen die zeitnäheren Angaben glaubhafter; demnach hatte das Schiff eine Geschwindigkeit von 13,5 Seemeilen.

an Brot, Margarine und Fleischwurst. Gegen Abend wurde die Stimmung auf dem Schiff gereizt. Viele Menschen hielten es nicht mehr miteinander aus und wurden aggressiv. Die Großeltern und ihre drei kranken Kinder waren sehr schwach, besonders Onkel Martin mußte fast ununterbrochen schlafen. Der einzige Kontakt zur Außenwelt bestand in der Verlesung des Wehrmachtsberichtes. – Dies war der Tag, an dem ich in Königsberg das Haus in der Admiral-Scheer-Straße ohne seine Bewohner vorfand.

Auch an den beiden nächsten Tagen blieb das Schiff auf der Reede. Der Raum, in dem die Fünfhundert lagen, hatte kaum ausreichend Atemluft. Die Ausdünstungen der vielen Menschen kondensierten an der kalten Eisendecke, die nun voller dicker Tropfen hing. Die lösten sich bei jedem stärkeren Wellenstoß und regneten in einem Schwall nach unten. Wolldecken und Kleidung wurden naß. Der Wind hatte sich leicht gedreht, so daß auch in der Bucht Wellen aufkamen und das Schiff, das ohne die Erzfracht viel zu hoch aus dem Wasser ragte, ins Schlingern brachten. Das machte besonders den Kranken zu schaffen. Die hygienischen Verhältnisse waren schlimm. Die Marine hatte an der Reling Batterien einfachster Toiletten angebracht, auf denen jeder unter den Augen der anderen in zugiger Kälte seine Notdurft verrichtete. Am Sonnabend gab es kein Mittagessen. Doch zeigte sich immer wieder für kurze Zeit die Sonne und ließ Danzig und Zoppot in unwirklich friedlicher Schönheit erscheinen.

Die deutsche Luftabwehr übte am Sonntagvormittag – es war der 4. März – auf ihren Gefechtständen. Vater verteilte einige kirchliche Sonntagsblätter, die er bei sich hatte, unter Nachbarn. Als das Schiffshorn Alarm gab, mußten alle unter Deck. Ein russischer Aufklärer, der zur Küste flog, wurde beschossen. Dann gab es ringsum Schiffsbewegungen. Man stellte einen Geleitzug zusammen. Auch die „Eberhard Essberger" lichtete die Anker und nahm Fahrt auf, um sich bei Gotenhafen, das eigentlich Gdingen hieß und heute den Namen Gdynia hat,[83] in den Geleitzug einzureihen, zu dem auch die „Monte Rosa", ein Lazarettschiff gehörte. Die Flüchtlinge erhielten zum Mittagessen Grützsuppe. Und als die Schiffe am Abend von Gotenhafen abfuhren, gab ihnen die Wehrmacht nochmals Grützsuppe. Abends hatte Vater Fieber und Schüttelfrost. Er nahm Arsenik, ein damals verbreitetes Mittel.

Am nächsten Tag hielt er sich möglichst am Liegeplatz der Familie auf. Das Fieber ging zurück. Auch andere hatten Fieber und Durchfälle. Man schob es

---

[83] Das kleine Fischer- und Badedorf Gdingen wurde nach dem Ersten Weltkrieg zu einem Symbol der krisenhaften deutsch-polnischen Beziehungen; in unmittelbarer Nachbarschaft zur 1919/20 durch den Versailler Vertrag geschaffenen Freien Stadt Danzig, deren Wunsch zur Wiedereingliederung ins Deutsche Reich unzweifelhaft war, baute der neuentstandene polnische Staat das ihm zugeschlagene Gdingen (Gdynia) zu einem modernen Handels- und Kriegshafen aus und verlieh dem Ort 1926 das Stadtrecht; nach dem deutschen Überfall und Sieg über Polen 1939 wurde die Stadt ins Deutsche Reich eingegliedert und – bezeichnend für die Sprachpolitik des NS-Regimes – in „Gotenhafen" umbenannt; 1945 schwer zerstört, erneut polnisch (Gdynia).

auf das durchnäßte Brot. Bei Mutter stellten sich nun verstärkt Husten und ebenfalls Fieber ein. Niemand konnte die Augen davor verschließen: Die nahezu verheilte Tuberkulose meldete sich erneut. Besonders hohes Fieber aber hatte Tante Brigitte. Die Großeltern waren stark geschwächt, und Onkel Martin lag nun schon vier Tage lang apathisch da. Nur Wolfgang und Georg waren einigermaßen munter. Sie machten Erkundungszüge zu den vereisten Aufbauten des Schiffes und vertrieben sich so die Zeit. Der Geleitzug kam langsam, aber in ruhiger Fahrt, voran. Von feindlichen Angriffen blieb er verschont.

In der Nacht vom 5. zum 6. März kamen sie endlich in Swinemünde an. Auf dem Schiff begann ein unruhiges Auf und Ab der Flüchtlinge. Alle rechneten mit einer sofortigen Ausschiffung. Aber nur die Verwundeten und die Angehörigen des Arbeitsdienstes ließ man heraus. Die Flüchtlinge mußten auf dem Schiff bleiben. Es gab kein warmes Essen mehr. In der Nacht hatten sie zwar mehr Platz zum Schlafen, weil viele sich nicht mehr legten. Dafür war es jetzt kälter. Nachts gab es Fliegeralarm. Saßnitz wurde bombardiert.

Erst am 7. März, früh am Morgen, wurden die Flüchtlinge in aller Eile von der „Eberhard Essberger" heruntergeschafft. Am Hafengleis standen Lazarettzüge, nahmen sie aber nicht auf. Die Großeltern waren am Ende ihrer Kräfte. Vater ging ihretwegen zur Flüchtlingsstelle. Ihm wurde zugesagt, sie könnten bald in einem Kriegsaltersheim untergebracht werden. Es war eisig kalt. Schneesturm setzte ein. Hunderte von Flüchtlingen standen stundenlang am Hafen und froren. Da erbarmte sich der Kapitän des Lazarettschiffs „Pitea" und gab ihnen vorübergehend Schutz und Verpflegung. Großmutter ging es besonders schlecht. Ein Arzt untersuchte sie, diagnostizierte Lungenentzündung und verfügte die sofortige Einweisung in ein Krankenhaus. Am späten Nachmittag wurde sie mit einem Auto dorthin gebracht.

Vater, der überzeugt war, daß die staatlichen Organisationen gar nicht in der Lage sein konnten, den vielen Millionen Flüchtlingen angemessen zu helfen, versuchte immer wieder, selbst Lösungen zu finden. In Swinemünde wandte er sich schließlich an die Superintendentur. Ihm wurde ein Notquartier zugesagt. Nach Einbruch der Dunkelheit kamen sie dort mit den ersten Gepäckstücken an. Weitere Stücke holten sie abends mit einer Schubkarre, den Rest am nächsten Morgen. Sie schliefen auf Matratzen. Aber die Wolldecken waren vom Schiff her noch naß.

Der Superintendent in Swinemünde hatte Mitleid mit seinem alten, kranken Amtsbruder aus Königsberg. Durch seine Vermittlung erhielten die Großeltern, auch für Tante Brigitte und Onkel Martin, ein schönes großes Zimmer in der Viktoriastraße, im Hause Merkur, einer Pension. Den Eltern mit ihren Söhnen gab er ein Zimmer im Pfarrhaus. Dort war es nur mäßig warm. Alle hatten Durchfälle. Mutter lag mit hohem Fieber. Zu den Strapazen der Flucht kam die Angst. Sie befanden sich jetzt gut vierhundert Kilometer westlich von Königsberg. Trotzdem bestand immer noch akute Gefahr. Die Front war auch hier nah. Sie verlief im Osten bei Kolberg und im Süden zum Teil schon an der Oder. Stettin war bedroht.

Am nächsten Morgen machte sich Vater auf, um für Mutter einen Arzt zu suchen. Er fand einen, der ebenfalls Flüchtling war, und brachte sie zu ihm. Sie war sehr schwach. Der Arzt hatte keine Medikamente für sie. Auch Großvater, den Vater anschließend besuchte, war sehr geschwächt. Ihr Essen erhielten sie nun aus der Gemeinschaftsküche. Sie holten es im Gemeindehaus ab. Wolfgang und Georg sammelten im Wald Holz für den Ofen und beglückten ihre Mutter mit ersten Schneeglöckchen. Im Fluchtgepäck war noch etwas Grieß. Daraus kochte ihnen die Frau des Superintendenten ein wenig Suppe.

Vater machte sich erhebliche Sorgen. Vor ihm lag eine schwierige Entscheidung. Was sollte er raten? War es sinnvoll, trotz der Krankheiten die Flucht fortsetzen? Sollte man hierbleiben und riskieren, doch in russische Hände zu geraten? Er ging zum Strand, um allein zu sein und seine Gedanken zu klären. Aber er fand keine Lösung. Auf jeden Fall wollte er alle Möglichkeiten für eine Abfahrt erkunden. Am nächsten Tag erfuhr er am Bahnhof, daß noch Züge aufs Festland nach Anklam und Ducherow mit Anschlüssen nach Stettin und Berlin gingen, andere nach Stralsund. Vorerst aber war an eine Abreise gar nicht zu denken. Erst einmal mußten die Kranken einigermaßen wiederhergestellt sein.

Auch am Sonntag – es war inzwischen der 11. März und damit der 13. Tag seit der Abreise von Königsberg – hatte Mutter immer noch hohes Fieber. Großmutter ging es besser. Vater besuchte sie nach dem Gottesdienst im Krankenhaus. Was tags zuvor beim Flüchtlingsarzt nicht möglich gewesen war, gelang ihm hier: Er brachte seiner Frau ein leichtes Opiumpräparat mit. Und in ihrem Kalender findet sich noch eine andere glückliche Notiz: „Ich bekomme Salzkartoffeln zu Mittag!" Einfach Salzkartoffeln! Nicht schon wieder Grütze!

Am Montag machte sich Vater auf den Weg zum Arzt, um für Mutter das Untersuchungsergebnis abzuholen. Auf dem Heimweg gab es Fliegeralarm. Aber er kam noch rechtzeitig zu seiner Familie. Mutter wollte zuerst oben in ihrem Bett liegen bleiben, weil ihr das Treppensteigen schwer fiel. Als aber die ersten Bomben fielen, ging sie doch in den Keller. Da gab es plötzlich eine ohrenbetäubende Detonation, die in den Lärm zusammenstürzender Mauern überging. Der Keller bebte. Alle waren von Angst wie gelähmt. Eine Bombe hatte das Gemeindehaus getroffen. Das Pfarrhaus über ihnen war schwer beschädigt. Für die, die verschreckt im Keller hockten, dauerte das Bombardement eine Ewigkeit. Tatsächlich war nach einer Stunde alles vorüber. Zwei Drittel der Stadt hatten die Bomben zerstört. Es war einer jener Terrorangriffe, die sich am Ende des Krieges, sicher nicht ohne Absicht, gegen solche Städte richteten, die mit Flüchtlingen zum Bersten vollgestopft waren: Am 13. Februar das barocke Dresden, am 10. März das backsteingotische Danzig und nun, am 12. März, die kleine Hafenstadt Swinemünde. Die Alliierten, auch die Westmächte, vollzogen also die Exekution für die Verbrechen der Na-

tionalsozialisten zuerst an den Hilflosen, den Kranken, den Geschundenen und
– ganz nebenbei – an der Kunst.[84]
Es gab entsetzlich viele Tote. 23 000 sollen allein im Golm, einem nahegelegenen Berg, ungezählte in Bombentrichtern verscharrt worden sein; dazu kommen Hunderte, die im Hafen beim Untergang der mit Flüchtlingen vollgestopften „Albatros" ertranken.[85] Vater nahm Georg an die Hand, stieg mit ihm und Wolfgang an Leichen vorbei über Trümmer und suchte ein neues Quartier. Er fand ein kaltes, dürftiges Zimmer in der Littystraße und war

---

[84] Im Januar 1945 notierte Victor Klemperer, der im Februar 1945 das Dresdner Bombeninferno miterleben mußte, das ihn (wie alle anderen) tödlich bedrohte, ihn jedoch zugleich (wie nur wenige) von der tödlichen Bedrohung durch die Dresdner Gestapo befreite, da er im Chaos untertauchen konnte, über ein Gespräch unter verfolgten Juden: „Lewinsky hatte wieder von arischer Seite gehört, was wir nun schon von so verschiedenen Leuten gehört haben, was also keine Erfindung sein kann: daß die Deutschen in Polen die gräßlichsten Judenmorde begangen haben. Ein Soldat hatte erzählt, wie man kleine Kinder am Bein gepackt und ihnen die Köpfe an der Hausmauer zerschlagen habe. Gleich darauf las Lewinsky mit äußerstem Schauspielerpathos tiefster Entrüstung aus der [NS-Zeitung] ‚DAZ' vor, welche kulturschändlichen Verwüstungen der letzte englische Terrorangriff auf Nürnberg angerichtet habe, wieviele Patrizierhäuser, Kirchen etc. zerstört seien. Ich fragte ihn, ob er wisse, wer die Synagoge in Nürnberg zerstört habe und den Tower in London, ob er wisse, wieviele Fabriken in Nürnberg für den Krieg arbeiteten. Ich sagte ihm, ich finge an rot zu sehen, wenn ich bloß das Wort ‚deutsche Kultur' hörte." Vgl. Klemperer, a. a. O., 640.
[85] Die deutschen amtlichen Quellen über Zahl und Herkunft der angreifenden Bomberverbände widersprechen einander: Im Lagebuch des Oberkommandos der Wehrmacht (OKW) vom 13. März 1945 notierte man, von „800 Briten" sei „ein schwerer Angriff gegen Swinemünde" geflogen worden, „wo hohe Schäden entstanden" seien („auf der Reede 2 Schiffe gesunken; 20 weitere Schiffe sind beschädigt"); vgl. Die Niederlage 1945. Aus dem Kriegstagebuch des Oberkommandos der Wehrmacht, hgg. v. Percy Ernst Schramm, München 1962, 265 f.; hingegen meldete der dem Reichspropagandaminister durch einen Verbindungsoffizier des OKW täglich erstattete vertrauliche militärische Lagebericht, den Goebbels seiner Tagebucheintragung für den 14. März 1945 voranstellte, daß „etwa 1 100 amerikanische viermotorige Bomber Hafen- und Verkehrsanlagen in Swinemünde" angegriffen hätten; vgl. Die Tagebücher von Joseph Goebbels, Teil II, Bd. 15, a. a. O., 496; Goebbels selbst notierte über den schweren Angriff auf die mit Flüchtlingen überfüllte Hafenstadt: „Der Luftkrieg ist weiterhin furchtbar. [...] In Swinemünde haben die feindlichen Bomben unsere Evakuiertenmassen getroffen. Es sind eine ganze Reihe von Dampfern im Hafen [...] versenkt worden, darunter ein Evakuiertendampfer mit 2 000 Personen. Hier hat sich eine Art von Massenkatastrophe abgespielt." Vgl. ebd., 500; eine spätere Darstellung der Vorgänge ermittelte wiederum „700 Bomber der USAAF [i.e. der US-amerikanischen Luftwaffe] vom Typ B 17 und B 24 [...], die ihre tödliche Last von 1 435 Tonnen auf den überfüllten Hafen und Badeort abwarfen"; vgl. Fritz Brustat-Naval, Unternehmen Rettung. Letztes Schiff nach Westen, Herford ²1970, 106; hinsichtlich der Situation nach dem Bombenangriff stellte Goebbels am 15. März 1945 fest, daß sich gerade bei den Evakuierungsbemühungen in Pommern „eine ziemlich trostlose Lage ergeben" habe, „deren wir überhaupt nicht mehr Herr werden können": „Besonders in Swinemünde sammeln sich die Menschenmassen, und ernähren und bekleiden für die Abtransportierung kann man sie nur in geringem Umfange." Vgl. ebd., 512.

froh, überhaupt eines gefunden zu haben. Großvater, Tante Brigitte und Onkel Martin, die etwas außerhalb untergekommen waren, fand er einigermaßen wohlbehalten vor, auch Großmutter. Sie wurde eilends entlassen. Das Krankenhaus konnte die Verletzten nicht fassen. An diesem Tag gab es weder elektrischen Strom, noch Gas, noch Wasser und auch nichts zu essen.

In Swinemünde griff jetzt die Angst um sich. Es herrschte Aufbruchstimmung. Die meisten wollten nach diesem Erlebnis fort. Die Eisenbahnanlagen waren weitgehend zerstört. So setzten die meisten ihre Hoffnung auf Schiffe. Als Vater mit seinen Söhnen deshalb zum Hafen ging, sahen sie das ganze Ausmaß der Zerstörungen. Immer noch wurden Tote aus den Kellern geholt. Zerstörungen an den Schiffen konnten sie nicht erkennen und wußten nicht, daß auf der Reede zwei Schiffe – eines davon voller Flüchtlinge – gesunken und weitere zwanzig beschädigt waren. Für das letzte sinnvolle Unternehmen der deutschen Kriegmarine, Flüchtlinge zu retten, war dies ein schwerer Rückschlag. Vaters Gang zum Hafen blieb jedenfalls vergeblich und hatte, wie er wußte, im Hinblick auf Mutters Zustand ohnehin eigentlich keinen Sinn.

Sie holten ihr Gepäck und brachten es zur Littystraße. Und sie hatten ein wenig Glück. Einige Häuser weiter erhielten sie in einer Schwesternstation ein warmes, behagliches Zimmer und konnten auch noch die Familie der Großeltern im selben Hause unterbringen. Aber das alles bedeutete nur ein Entspannen für eine Nacht.

Am nächsten Morgen ging Vater zur nahegelegenen Gadebuschkaserne. Die Soldaten befanden sich zum Teil schon im Aufbruch. Er suchte nach einem kompetenten Vorgesetzten. Dem schilderte er die Not seiner Großfamilie und konnte erreichen, daß ihm für den Nachmittag einige Soldaten als Helfer zur Verfügung gestellt wurden. Er ging an Bahngleisen entlang und an dem, was von solchen übrig geblieben war, zum Bahnhof. Überall sahen sie frische Bombentrichter. Doch Reparaturkolonnen der Bahn hatten die Strecke in kurzer Zeit wieder befahrbar gemacht. Es gingen wieder Züge.

Vier Soldaten hatte man abgestellt. Die trugen das Gepäck. Aber der Weg war weit. Tante Brigitte, deren Beine immer wieder versagten, konnte nur mit Mühe mithalten. Ein leerer Pferdewagen hielt und nahm die Kranken mit. Sie mußten lange am Bahnhof warten. Wider Erwarten gab es keinen Flüchtlingszug. Aber ein fahrplanmäßiger Zug fuhr verspätet am Abend über Wolgast in Richtung Süden. Der kam allerdings nur bis Ducherow. Da standen sie nun in der Kälte und wußten nicht weiter. Vater ging in den Ort, klingelte mitten in der Nacht am Pfarrhaus und erhielt für Mutter, die Kinder und die Großeltern ein Quartier. Die anderen setzten sich im kleinen Bahnhofsgebäude in den Wartesaal und bewachten abwechselnd das Gepäck.

Tatsächlich fuhr am nächsten Morgen ein Zug nach Stralsund. Sie kamen mit. Es war jetzt ziemlich gleichgültig, ob sie nach Süden oder nach Norden fuhren. Die Hauptsache war nur, daß es irgendwo einen Anschluß nach Westen gab. In Stralsund sollte abends ein Flüchtlingszug nach Rostock abgehen. Bis dahin mußten sie warten. Mutter wurde von der NSV betreut. Diese nationalsozialistische Wohlfahrtseinrichtung nahm an größeren Bahnstationen die Aufgaben wahr, die heute wieder bei der Bahnhofsmission liegen. Mutter war so kraftlos, daß sie dort den ganzen Tag über auf einem Sofa lag. Im Flüchtlingszug erhielt sie mit ihren Kindern einen Vorzugsplatz im D-Zug-Wagen. Trotzdem war das für die wieder akut an Tuberkulose Erkrankte eine schlimme Nacht. Die Großeltern und Tante Brigitte saßen in einem normalen Personenzug-Abteil. Vater und Onkel Martin dagegen mußten sich in einem Güterwaggon einen Platz suchen.

Es ist nicht mehr festzustellen, welchen Zielort der Zug damals hatte. Jedenfalls bog er von Rostock in Richtung Süden ab, um dann weiter nach Güstrow oder Schwerin zu fahren. Er kam aber nur bis Schwaan. Dort war die Strecke zerstört. So mußte er zurück nach Rostock und fuhr schließlich nach Bad Doberan. Da hatte die Partei zur Begrüßung der ausgemergelten und übermüdeten Flüchtlinge ihre Kinderorganisation, das Jungvolk, aufmarschieren lassen. Das stieß den Flüchtlingen bitter auf. Immerhin halfen die Jungen mit, das Gepäck zur Kleinbahn zu schaffen. Mit der fuhren sie nach langem Warten über Heiligendamm zum Ostseebad Kühlungsborn, wo sie am Abend des 16. März eintrafen. Im Haus „Seeblick", einer kleinen Pension im Bülowweg, erhielten sie Quartier. Mutter konnte den Weg nicht mehr zu Fuß zurücklegen und wurde dorthin gefahren.

Zweieinhalb Wochen hatte die zweite Etappe der Flucht von Königsberg nach Kühlungsborn gedauert. Sechshundert Kilometer waren sie nun von Königsberg entfernt. Von Nordenburg waren es noch mehr. Immer noch tobte der sinnlose Krieg.

Stolp, Danzig, Lunden:
Die Flucht der Schwester nach Schleswig-Holstein

An eben diesem 16. März, an dem die Flucht der Eltern mit den Brüdern und all den anderen in Kühlungsborn endete, traf Renate in Lunden ein, einer kleinen Stadt im Westen Schleswig-Holsteins. Schauen wir, wie es ihr inzwischen ergangen war.

Frau Wohlgemuth, unsere Pensionsmutter, die wir, wie sich das damals gehörte, „Frau Pastor" nannten, hatte sich also am 22. Januar früh morgens mit ihrer erwachsenen jüngsten Tochter auf den Weg zum Königsberger Hauptbahnhof gemacht. Sie wollten zu Verwandten nach Stolp in Pommern fliehen und nahmen Uschi mit, das vierjährige Pflegekind, dessen Mutter kürzlich verstorben und dessen Vater Soldat war. Dieser Gruppe hatte sich nach telefonischer Absprache mit den Eltern schließlich auch Renate angeschlossen. Eigentlich wäre sie lieber mit Eltern und Geschwistern auf die große Fahrt ins Ungewisse gegangen. Jetzt aber, wo die Russen überall auf dem Vormarsch waren, wäre es leichtsinnig gewesen, noch länger auf eine bessere Gelegenheit zu warten.

Im Königberger Hauptbahnhof lagerten Tausende von Menschen. Alle warteten auf irgendeine Gelegenheit, mit einem der wenigen noch „ins Reich" fahrenden Züge mitzukommen. So war ihr Zug, kaum hatte er am Bahnsteig gehalten, sogleich von drängenden Menschentrauben eingeschlossen und in wenigen Minuten brechend voll. Frau Wohlgemuth konnte sich mit Uschi durch einen Eingang hineinquetschen. Auch Renate gelang es, irgendwo einen Stehplatz zu finden. Die Tochter aber mußte zurückbleiben und beschloß, am nächsten Tage gemeinsam mit ihrem Vater und ihren älteren Schwestern zu fahren. Da aber ging kein Zug mehr. Die sowjetischen Truppen hatten die einzige noch nach Westen führende Bahnlinie erreicht. Ostpreußen war abgeschnitten. Der Zug, der sie herausbrachte, soll der letzte gewesen sein. Er fuhr über Elbing nach Danzig. Von dort ging es bald weiter nach Stolp. Stolp war damals mit seinen knapp 50 000 Einwohnern die zweitgrößte Stadt Pommerns. Im östlichen Hinterpommern und abseits der großen Verkehrswege gelegen, blickte die ehemalige Hansestadt auf eine bewegte Vergangenheit zurück, von der bis 1945 noch der mittelalterliche Stadtkern zeugte.

Bei den Stolper Verwandten der Wohlgemuths war ein Unterkommen nicht möglich. Es fand sich aber schnell Platz bei einer befreundeten Familie Hoffmann in der Bahnhofstraße. Dort wurden sie freundlich aufgenommen. Sie hatten, was damals außerordentlich wichtig war, eine eigene Kochgelegenheit und konnten sich selbst versorgen.

Sechs Wochen verbrachten sie in Stolp. Renate sah keinen Anlaß, die dortige Oberschule zu besuchen, zumal sie nicht mehr der Schulpflicht unterlag. Sie war aber verpflichtet, sich bei der staatlichen Organisation für die weibliche Jugend, dem „Bund Deutscher Mädel"[86] zu melden. Auch in Stolp gab es, ähnlich wie in Königsberg, eine Untergruppierung, die kulturell und damit nicht plump ideologisch orientiert war, die „Sing- und Spielschar". Bei der fand sie sich ein. Zu ihrer Freude traf sie dort ein Mädchen, das sie aus Königsberg kannte, und empfand in der Gleichförmigkeit ihres Alltags das Singen von Volks- und Kunstliedern als angenehme Abwechslung. Mit dem Geld war sie knapp dran.

Obwohl in den Tagen ihrer Ankunft die sowjetischen Truppen schon Posen erreicht hatten, das zweihundert Kilometer südlich auf demselben 17. Längengrad liegt wie Stolp, war ihr Denken immer noch darauf gerichtet, nach Beruhigung der Lage wieder nach Königsberg zurückzukehren. Am wichtigsten war für sie alle, daß sie möglichst bald wieder mit ihren Familien vereinigt werden. So war denn auch die dauernde Frage, wie es wohl ihren Angehörigen in Königsberg und Nordenburg ergehen mag, Gegenstand ihres Denkens und ihrer Sorge. Sie schrieben eifrig Briefe und Karten. Aber sie selbst erhielten wochenlang keine Post. Erst am 25. Februar kamen zwei Postkarten aus Königsberg, beide am Anfang des Monats versandt. Da erfuhr Renate, daß ihre Eltern und jüngeren Brüder bei den Großeltern waren und ich beim Militär. Frau Wohlgemuth hingegen hatte Gewißheit, daß ihr Mann in der belagerten Stadt geblieben war. Nun schickten sie dorthin fast täglich Briefe und Karten. Renates Post hat allerdings niemanden mehr erreicht.

Sowjetische Truppen hatten Anfang März das östliche Pommern nach Westen hin abgeriegelt und bald Schlawe erreicht, einen kleinen Ort westlich von Stolp. Nun hörte man täglich den Geschützdonner. Die Lage wurde gefährlich. Stolp hatte mit Stolpmünde nur einen kleinen, für große Schiffe ungeeigneten Hafen. Trotzdem flohen viele Menschen dorthin und hofften, über das Meer zu entkommen. Tagelang sah man sie aus der Stadt gehen mit ihren Habseligkeiten auf Schlitten, Kinderwagen, Handwagen, Fahrrädern. Andere flohen bei klirrender Kälte in die Wälder. Wer noch eine Fahrgelegenheit fand, versuchte Danzig zu erreichen oder einen der davor gelegenen Häfen. Aber Danzig liegt mehr als hundert Kilometer östlich von Stolp. Das war ein weiter Weg, gefährdet zudem durch die überall nahe Front.[87]

---

[86] Der „Bund deutscher Mädel" (BdM) war die Organisation der weiblichen Jugend im Rahmen der „Hitler-Jugend" (HJ), die – ursprünglich eine Parteigliederung der NSDAP – 1936 zur Staatsjugend mit Mitgliedspflicht (1939) ausgebaut worden war; vgl. hierzu etwa: Gabriele Kinz, Der Bund Deutscher Mädel. Ein Beitrag zur außerschulischen Mädchenerziehung im Nationalsozialismus, Frankfurt/M. e.a. 1990; Birgit Jürgens, Zur Geschichte des BDM (Bund Deutscher Mädel) von 1923 bis 1939, Frankfurt/M. e.a. 1994.

[87] Seit die Rote Armee am 3. März 1945 bei Stettin die Odermündung erreicht hatte, war den in Pommern befindlichen Menschen die Flucht auf dem Landwege nach Westen weitestgehend und seit dem 10. März endgültig versperrt; die Fluchtbewegungen der Zivilbevölkerung gingen daher – häufig von der feindlichen Armee überrollt – entweder gen Norden, um über die Hafenstädte der Provinz (insb. Kolberg, aber auch Swinemünde) auf dem Seewege fliehen zu können, oder aber – nur scheinbar

Auch Frau Wohlgemuth und Renate waren beunruhigt. In dieser Situation erhielt Renate am 6. März Post von den Eltern, geschrieben nicht in Königsberg, sondern in Neufahrwasser[88] am 1. März, Georgs Geburtstag. Da wußte sie, daß es ihnen gelungen war, Ostpreußen zu verlassen.

Sie erfuhren auf seltsame Weise Hilfe. Am 7. März erhielt Stolp Räumungsbefehl. Frau Wohlgemuth entdeckte in einem Aushang, daß der Stadtkommandant ein Bekannter aus ihrer Heimatstadt Thorn war. Der war Ritterkreuzträger und damit nicht ohne Einfluß.[89] Er bot ihnen an, mit einem Wehrmachtslastwagen nach Danzig mitzufahren. Eilig holten sie ihre Sachen. Drei Stunden nach der im Räumungsbefehl gesetzten Frist verließen sie Stolp. Sie sahen noch, wie Menschen, die im Ort geblieben waren, Geschäfte plünderten, hastig Lebensmittel auf Karren luden und Käseräder durch die Straßen rollten. Der überfüllte LKW, auf dem auch die Verwandten der Familie Wohlgemuth saßen, fuhr bei Nacht auf Nebenstraßen, möglichst in Küstennähe, durchquerte verlassene Ortschaften. Immer wieder kamen sie an Flüchtlingstrecks vorbei, die ebenfalls ostwärts auf dem Wege nach Danzig waren. Nach vielstündiger Fahrt erreichten sie weit nach Mitternacht die berühmte Hansestadt. Gegen drei Uhr klingelten sie in der altlutherischen Superintendentur. Der Superintendent, Herr Slotty, nahm sie allesamt für den Tag und die folgende Nacht liebevoll auf.

Aber sie wollten ja fort. Um überhaupt noch einen Platz in einem der Schiffe zu erhalten, mußten sie zum Hafen. Sie fuhren mit der Straßenbahn durch das an diesem Tage noch völlig unzerstörte alte Danzig. In der folgenden Nacht, früh am 10. März, gab es einen heftigen Bombenangriff. Renate und die anderen waren in Neufahrwasser in eben der Werfthalle untergebracht, in der die Eltern und die Brüder zehn Tage zuvor untergekommen waren. Weil es keinen Alarm gegeben hatte, erlebten sie den Beginn des Angriffs noch in der mit Menschen überfüllten, verglasten Halle. Dann suchten alle Zuflucht

---

widersinnig – zurück gen Osten: „Für die Bevölkerung der [ostpommerschen] Kreise Rummelsburg, Bütow, Schlawe, Stolp und Lauenburg bestand, seitdem die Russen am 1. März die Ostsee bei Köslin erreicht hatten, keine Möglichkeit mehr, auf dem Landweg nach Westen zu gelangen. Und auch alle Flüchtlinge, die von Ostpreußen, Westpreußen oder Danzig her sich in diesem Gebiet auf dem Wege nach Westen befanden, mußten kehrtmachen und nach Osten auszuweichen versuchen. Denn den einzigen Ausweg konnten jetzt nur die pommerschen Häfen Stolpmünde und Leba und vor allem die Häfen von Gdingen und Danzig bieten." Vgl. Die Vertreibung der deutschen Bevölkerung..., a. a. O., 46Eff., insb. 48E.

[88] Neufahrwasser war das Hafenviertel Danzigs.

[89] Das „Ritterkreuz" war – seinerseits in verschiedenen Abstufungen – die höchste Auszeichnungsstufe des 1939 wiedereingeführten militärischen Ordens des „Eisernen Kreuzes"; ursprünglich 1813 preußische Auszeichnung für Teilnehmer der antinapoleonischen „Befreiungskriege", war das „Eiserne Kreuz" 1870/71 sowie 1914–18 jeweils für die jeweilige Kriegsdauer als mehrstufige militärische Auszeichnung wiederbelebt worden; die Rangstufen des „Ritterkreuzes" waren eine nationalsozialistische Ergänzung.

in nahe gelegenen Luftschutzgräben. Die Schiffs-Flak schoß aus allen Rohren. Später hörten sie, Teile der Stadt, in der sich in dieser Zeit Tausende von Flüchtlingen aufhielten, seien in Schutt und Asche gelegt worden. An diesem 10. März wurden sie verladen. Sie kamen auf die „Greif", das Schiff also, mit dem die Eltern, die Brüder und all die anderen zwei Wochen zuvor in einer knappen Nacht von Königsberg nach Neufahrfasser gebracht worden waren. Alles war mit Flüchtlingen vollgestopft. Renate fand Platz auf dem Oberdeck, wo sie sich auf ihr Gepäckstück setzen konnte. Hier war sie durch eine seitliche Außenverglasung vor dem heftigen Wind geschützt. Wiederum fuhr das Schiff auffallend schnell und glatt, trotz aller Gefahren durch Minen, Torpedos und Bomben und trotz des heftigen Seegangs. Es herrschte Windstärke acht bis neun. Alle saßen oder standen dicht beieinander. Nahezu alle wurden seekrank. Die Enge versperrte den meisten den Weg zur Reling. Die Auswirkungen waren unbeschreiblich. Dann drückte eine ungewöhnlich große Welle eine Scheibe der Außenverglasung ein. Das eiskalte Wasser ergoß sich fortan immer wieder über Passsagiere und Gepäck.

Trotz allem war es ein Glücksfall. In so kurzer Zeit hatten nur wenige den Weg über die Ostsee geschafft. Ursprünglich sollte die Fahrt in Swinemünde enden. Am 11. März ging ihr Schiff auch, wie vorgesehen, morgens dort im Hafen vor Anker. Es war strahlendes Sonnenwetter. Niemand durfte an Land. Renate sah vom Hafen auf die Stadt und wußte nicht, daß sich ganz in der Nähe Eltern und Großeltern aufhielten. Sie konnte nicht ahnen, in welch schlimmer Verfassung sie sich befanden und was ihnen bevorstand. Es war der Tag vor dem schweren Luftangriff auf die Stadt. Nach drei Stunden Wartezeit legte das Schiff wieder ab. Im Schutz der Küste ging es weiter nach Stralsund, das sie noch am Nachmittag erreichten. Dort endete ihre Fahrt mit der „Greif".

In Stralsund hatte die NSV Hotels beschlagnahmt. Sie übernachteten im Hotel zur Post. Am nächsten Morgen wurden sie auf dem Bahnhof in Güterwagen eingepfercht. Sie fuhren nach Rostock. Das sind weit weniger als hundert Kilometer. Sie brauchten dafür einen vollen Tag und eine volle Nacht. Immer wieder hielt der Zug auf freier Strecke. Manchmal versorgte sie die NSV mit einer Suppe oder mit Getränken. Am 13. März ging es von Rostock weiter nach Lübeck. Wieder hatte die NSV für Übernachtungen gesorgt. Einen Tag darauf war ihre Flucht nach kurzer LKW-Fahrt in Heide / Holstein zu Ende. Ganz in der Nähe, in Lunden, fanden sie Quartier bei dem pensionierten Pfarrer Slotty, einem Bruder des Danziger Superintendenten.

Verwundeter in beinah heiler Welt: Kriegsende in Dänemark

Einige Tage nachdem ich in der Admiral-Scheer-Straße vergeblich nach meinen Angehörigen gesucht hatte, kam ich zum 2. Geschütz. Das bedeutete wieder Gewöhnung an eine andere Gruppe. Nur drei waren voll ausgebildete Soldaten. Wir drei anderen, alle sechzehnjährig, hatten immer noch nicht mit der Kanone geschossen. Einer von uns, wir nannten ihn „Prinz", war auffallend verstört, sprach nur mühsam, begriff vieles nicht und fand sich nicht zurecht. Wenn man ihn ansprach, reagierte er vertrotzt. Seine Angst war so groß, daß er, wie ein kleines Kind, manchmal das Wasser nicht halten konnte. Vermutlich war er in seiner Entwicklung zurückgeblieben, vielleicht sogar krank. Man hätte ihn als wehruntauglich einstufen müssen. Einige Wochen zuvor, in der gemeinsamen Ausbildung, war er gehänselt worden. Hier, wo wir alle aufeinander angewiesen waren, merkten wir erst, wie es um ihn stand. Alle empfanden ihn als Belastung.

Als wir in der Siedlung Westend die neue Stellung beziehen wollten, brach in stockfinsterer Nacht bei klirrendem Frost eines unserer Pferde durch das Eis einer Jauchegrube und mußte mühsam mit Hilfe von Seilen und Brettern herausgezogen werden. Das dauerte Stunden. Dann erst konnten wir unser Quartier beziehen, ein freistehendes Siedlungshäuschen mit großem Garten. Diesmal lebten wir mit zur Front hin verdunkelten Fenstern im Erdgeschoß. Es gab, wenngleich mit deutlich verminderter Spannung, wieder elektrisches Licht.

Wegen der sich mehrenden Spähtrupps der Sowjets mußten wir unseren Wachdienst immer noch als Doppelposten ausüben. Die älteren Soldaten besprachen den Dienstplan. Deren Entscheidung, daß Prinz und ich gemeinsam den Wachdienst wahrnehmen sollten, empfand ich das als ungerecht. Warum ging nicht einer der älteren mit ihm, jemand der Erfahrung hatte? Die Nacht war neblig und grau. Das Gelände am Haus war unübersichtlich, voller Obstbäume und Buschwerk. Ich verabredete mit Prinz einen Treffpunkt, der eine sollte rechts, der andere links ums Haus gehen. Als ich ankam, war Prinz nicht da. War ihm etwas geschehen? Spähtrupps, so hatte man uns gesagt, kämpften lautlos mit Messern. Nachdem ich mit kaum mehr zu überbietender Vorsicht wieder zum Ausgangspunkt zurückgeschlichen war, stand dort Prinz zitternd vor Angst, er hatte keinen Schritt getan. So zogen wir künftig unsere Wege gemeinsam: zwei große Kinder, von denen das eine seine Angst nur besser verstecken konnte.

Am 11. März, einem strahlenden Wintersonntag, wurden wir vereidigt. Mehrere hundert Jungsoldaten standen in Reih und Glied auf dem Jahnplatz, einem der Königsberger Sportplätze. Alles war perfekt: Marschmusik, die kernige Ansprache eines Generals, schließlich der Eid auf den „Führer".[90] Ich bemühte mich um soldatische Gefühle, empfand aber doch gleichzeitig die Zeremonie als pseudoreligiösen Zauber. Während wir, überwiegend Angehörige des Jahrgangs 1928, damit fest in die Deutsche Wehrmacht eingebunden wurden, hatte man zehn Tage zuvor die noch in Ostpreußen befindlichen Luftwaffenhelfer desselben Jahrgangs in Pillau verschifft und damit aus der Gefahrenzone gebracht.[91] – Aber das erfuhr ich erst viele Jahre danach.

An diesem Sonntag hatte die deutsche Flugabwehr überraschend Schießerlaubnis und schoß mehrere sowjetische Flugzeuge ab. Über unserer Stellung hing eine Kette weißer Fallschirme. Mit Schaukelbewegungen versuchten die hinabgleitenden sowjetischen Soldaten, über die Frontlinie zu den Ihren zu kommen. Einer schoß von oben mit einer Maschinenpistole auf die deutschen Stellungen. Unser Gruppenführer schoß zurück.

Ganz unerwartet wurden wir drei Jugendlichen noch am selben Abend zum Grenadier-Regiment 1143 abkommandiert, nach seinem Chef „Regiment Erdmann-Degenhardt" genannt. Dessen Geschütz-Kompanie, der wir zugeordnet wurden, war mit Panzerabwehrkanonen des Typs Pak[92] 7,62 ausgerüstet. Das waren Waffen aus sowjetischen Beständen, die die Deutschen am Anfang des Rußland-Feldzugs in großer Zahl erbeutet hatten. Sie waren für die Verwendung in der Wehrmacht leicht verändert worden und hier offenbar sehr geschätzt. Unsere neue Kompanie lag in der nach Norden, zur Front hin, unbebauten Schleiermacherstraße in Ruhestellung. Die Gruppe, der ich zugeordnet wurde, bestand überwiegend aus Abiturienten und Studenten. Alle kümmerten sich wie ältere Freunde um den noch jüngeren Nachwuchs. Gemeinsam zog ich auf Posten mit Hans, einem nachdenklichen, klugen Westfalen. Es folgten Nächte voller anregender, aber auch bedrückender Gespräche über die Frage nach dem Sinn des Krieges, nach dem Sinn der Verteidigung der Zivilbevölkerung in dieser Stadt. Wir sprachen auch über den Kirchenkampf, den wir aus der Warte verschiedener Konfessionen kannten. Hans bewegten aber im-

---

[90] Nach dem Tod des Reichspräsidenten Paul von Hindenburg am 2. August 1934 übernahm Reichskanzler Adolf Hitler – wie bereits am Tage zuvor vorsorglich in einem Reichsgesetz festgelegt – auch die Funktion des Staatsoberhauptes – nicht zuletzt, um der von Hindenburg gewünschten Restauration der Hohenzollern-Monarchie endgültig einen Riegel vorzuschieben; vgl. hierzu Horst Mühleisen, „Das Testament Hindenburgs vom 11. Mai 1934", in: Vierteljahrshefte für Zeitgeschichte 44.1996, 355–371; bereits am Todestag Hindenburgs wurde die Reichswehr auf Hitler *persönlich* vereidigt; die Eidesformel lautete wörtlich: „Ich beschwöre bei Gott diesen heiligen Eid, daß ich dem Führer des Deutschen Reichs und Volkes, Adolf Hitler, dem Oberbefehlshaber der Wehrmacht, unbedingten Gehorsam leisten und als tapferer Soldat bereit sein will, jederzeit für diesen Eid mein Leben einzusetzen." Vgl. Dokumente der deutschen Politik und Geschichte von 1848 bis zur Gegenwart, hgg. von Klaus Hohlfeld, Bd. 4: Die Zeit der nationalsozialistischen Diktatur 1933–1945. Aufbau und Entwicklung 1933–1938, Berlin / München o. J., 182 f.
[91] Vgl. Nicolaisen, a. a. O., 208 ff., Anm. 1, sowie Lasch, a. a. O., 86.
[92] Die übliche Abkürzung für „Panzerabwehrkanone".

mer wieder auch Zukunftsperspektiven, und mir war unfaßbar, wie jemand in einer solchen Situation überhaupt noch an die Zukunft denken konnte. Aber wir sprachen auch über das bevorstehende große Sterben.

Die Sowjets ließen uns Nacht für Nacht durch Vertreter des „Nationalkomitees Freies Deutschland"[93] über Lautsprecher auffordern, die Waffen abzulegen und herüberzukommen. Sie versprachen gutes Essen. Schon das traf nicht zu. Was sie nicht versprachen, waren Schutz und menschliche Behandlung der Zivilbevölkerung. So blieb alles beim alten. Es gab immer noch viele Zivilisten in Königsberg. Die Zahlen schwanken. Es werden damals noch etwa 150000 gewesen sein. Die Kriegsmarine konnte den schwierigen und gefährlichen Abtransport über die Ostsee so schnell nicht bewältigen. Zweimal besuchte ich in dieser Zeit in der ganz nahe gelegenen Gustloffstraße meinen Pensionsvater Wohlgemuth, der hier immer noch mit einem Teil seiner Familie ausharrte. Da machten wir Versuche, Fröhlichkeit zu zeigen. Aber niemand glaubte so recht an die eigenen aufmunternden Worte.

Einer der Kameraden hatte in einer schon verlassenen Wohnung Nudeln organisiert. Ich erklärte mich bereit, sie zu kochen und setzte Wasser auf. Da gab es einen heftigen Streit. Zwei oder drei ältere Familienväter wollten mich daran hindern; sie erklärten, ich sei ein Idiot, und solle die wertvollen Nudeln nicht verschwenden. Nudeln könne man nur mit Milch kochen. Meine neuen jungen Freunde, die das auch nicht so recht wußten, meinten, man solle mich doch wenigstens mal ausprobieren lassen. So kam es zum Nudelbeweis. Ich erfocht zwar nur einen Sieg auf nichtmilitärischem Gebiet, immerhin hatte ich ein Erfolgserlebnis. Und das tat mir gut; denn Kinder in einer Armee sind doch meist herumgestoßene Menschen zweiter Klasse.

Auch bei der Beute-Pak, bei Hans und den anderen Kameraden, blieb ich nur eine Woche. Irgend jemand in der Divisionsleitung wird wohl festgestellt

---

[93] Das „Nationalkomitee Freies Deutschland" (NKFD) war eine im Juli 1943 gegründete, von der Sowjetunion gestützte und kontrollierte anti-nationalsozialistische Widerstandsorganisation kriegsgefangener Wehrmachtsangehöriger und kommunistischer Emigranten; ihr wurde im September 1943 der insbesondere auf höhere Wehrmachtschargen ausgerichtete „Bund deutscher Offiziere" (BDO) zugeordnet; Präsident des NKFD wurde der Kommunist Erich Weinert (1890–1953), sein Stellvertreter der kriegsgefangene Wehrmachtsgeneral Walter von Seydlitz-Kurzbach; auch der kriegsgefangene ehemalige deutsche Befehlshaber der Stalingrad-Schlacht, Generalfeldmarschall Paulus, wirkte im NKFD mit; das NKFD betrieb insbesondere Überläufer-Propaganda an der Ostfront und diente Stalin während der Dauer des Krieges als mögliche Keimzelle einer deutschen Gegen-Regierung; das NKFD wurde im November 1945 aufgelöst, seine Mitglieder erlangten in der Politik der SBZ/DDR nur untergeordnete Bedeutung; vgl. hierzu: Alexander Fischer, „Die Bewegung ‚Freies Deutschland' in der Sowjetunion: Widerstand hinter Stacheldraht?", in: Jürgen Schmädecke / Peter Steinbach, Der Widerstand gegen den Nationalsozialismus. Die deutsche Gesellschaft und der Widerstand gegen Hitler, München ²1986, 954–973; Bodo Scheurig, Verräter oder Patrioten? Das Nationalkomitee „Freies Deutschland" und der Bund Deutscher Offiziere in der Sowjetunion 1943–1945, Berlin / Frankfurt/ M. 1993.

haben, daß da noch ein paar Halbwüchsige herumliefen, die erst vierzehn Tage Ausbildung hinter sich hatten. Am 19. März kamen wir zum Feldersatzbataillon 1561, einem zusammengewürfelten Haufen von Leuten, die das Laufen und Schießen zum Teil schon wieder verlernt hatten: Schreibtischleute und Funker, auch Artilleristen und Panzergrenadiere, denen jetzt die Waffen fehlten, auch etliche, die nach Verwundungen wieder dienstfähig waren. Ich hieß nicht mehr „Kanonier",[94] auch nicht „Schütze",[95] sondern „Grenadier".[96] Meine wichtigste Waffe war noch immer der traditionsreiche Karabiner 98 k.[97] Dazu kamen Maschinengewehr,[98] Panzerfaust[99] und Handgranate.[100]

In den Königsberger Kasernenhöfen am Kanonenweg erhielten unter der Aufsicht eines bulligen Hauptfeldwebels zum letztenmal Preußen den „preußischen Schliff". Noch fast zur Nachtzeit wurden wir geweckt. Schlaftrunken mußten wir zum Morgenappell antreten und vernahmen die Tagesbefehle. Abgesehen von einer kurzen Mittagspause, waren wir bei jedem Wetter den ganzen Tag draußen: Exerzieren auf dem Kasernenhof. Schießübungen mit scharfer Munition in den Schießständen von Kalthof. Feldübungen mit Platzpatronen im Aschmannpark. Jedesmal hatten wir zwei bis drei Kilometer zu marschieren und besangen dabei bis zum Erbrechen den Westerwald, die Erika und die Lore.[101] Meine Schießergebnisse waren übrigens nicht befriedigend und ärgerten mich. Ich mußte mit ein paar schlichten Leuten, die nichts kapierten, nachtrainieren. Da kam einer der verzweifelten Vorgesetzten auf den Gedanken, meine Augen zu kontrollieren, und wurde fündig. Rechts war ich kurzsichtig. Kniff ich, was beim Schießen nun einmal erforderlich ist, das linke Auge zu, war das Ziel verschwommen. So wurde ich von Nachhilfestunden befreit. Mein Schießbuch erhielt den Eintrag: „Braucht Schießbrille." Und da dies ein nicht mehr zu realisierender Wunsch war, mußte ich als ausgeprägter Rechtshänder künftig links schießen. Das war noch schlimmer.

---

[94] Unterster Mannschaftsdienstgrad bei der Artillerie (Geschütztruppen) und den Flugabwehrtruppen der deutschen Wehrmacht.
[95] Unterster Mannschaftsdienstgrad in der Infanterie (Fußtruppen) der deutschen Wehrmacht.
[96] Im 18. Jahrhundert ursprünglich Bezeichnung für gesondert zum Werfen von Handgranaten (grenades) ausgebildete Soldaten; seit Anfang des 19. Jahrhunderts Bezeichnung für die einfachen Soldaten der entsprechend benannten Elitetruppenteile der Infanterie.
[97] Der Karabiner 98 k war das klassische kurzläufige Gewehr der deutschen Infanterie sowohl im Ersten als auch im Zweiten Weltkrieg.
[98] Automatische Schnellfeuerwaffe, im Zweiten Weltkrieg von erheblicher militärischer Bedeutung.
[99] Im Gegensatz zu den größeren Panzerabwehrkanonen (Pak) eine tragbare, auf dem Raketenprinzip beruhende rückstoßfreie Schulterwaffe zur Panzerabwehr mit nach hinten offenem Rohr zum Verfeuern von Gefechtsköpfen.
[100] Von Hand zu werfender Wurfkörper für den Nahkampf, mit zeitverzögernd explodierenden Spreng- oder Brandstoffen gefüllt.
[101] Hierbei handelt es sich um stichwortartige Hinweise auf traditionelle deutsche Soldatenlieder.

Unser junger Gruppenführer konnte sich nicht durchsetzen. Ein Österreicher gab Widerworte und verweigerte einen Befehl. Da brach der Sturm los. Der Kompaniechef höchstselbst, ein Oberleutnant, übernahm die Disziplinierung. Er verordnete für den späten Nachmittag, als die anderen schon Freizeit hatten, eine Geländeübung im Aschmannpark. Dort suchte er eine von Tauwasser völlig durchnäßte Stelle aus, die nur aus Schlamm und riesigen Pfützen bestand. Stundenlang ließ er uns laufen, robben, springen. Die Kommandos „Sprung auf, marsch, marsch" und „hinlegen" erfolgten stets so ausgeklügelt, daß wir in tiefem Schlamm oder eisigem Wasser landeten. Auf dem Rückmarsch mußten wir „zackig" singen, obgleich wir vor Nässe froren und aussahen wie suhlende Schweine. In der Kaserne reinigten wir in den nächsten Stunden Kleidung und Schuhe. Trotzdem war morgens das meiste noch naß. Einer gab mir eine helle Drillichhose. Beim Morgenappell mußte ich vortreten. Warum ich die merkwürdige Hose anhätte? Ich begann umständlich: „Der Kompaniechef hat uns gestern geschliffen . . .". Da brach der Sturm erneut los: „Bei der Deutschen Wehrmacht wird keiner geschliffen", brüllte der Spieß. „Haben Sie das verstanden?" „Jawoll!", antwortete ich, wie man das beim Kommiß immer tut, wenn man nichts versteht.

Auch sonst war nach und nach wieder scheinbare Normalität in Königsberg eingekehrt. Es gab elektrischen Strom und fließendes Wasser. Einige Geschäfte hatten geöffnet. Hier und da gab es sogar noch Handwerker. Bei uns sorgte ein Haarschneider für militärischen Schnitt. Und da ich von meinen Frontquartieren Läuse mitgebracht hatte, zog ein Unteroffizier mit mir zu Fuß, quer durch die ausgebrannte Innenstadt, zu einer Entlausungsstelle in der Nähe des Hauptbahnhofs. Es gab kein vorzügliches, aber ausreichendes Essen, auch Fleisch, weil immer noch Pferde da waren.

Ab und zu hatten wir dienstfreie Nachmittage und erhielten auf Antrag Ausgang. Mit einem Urlaubszettel versehen, wanderte ich lange Strecken durch die Stadt. Natürlich zog es mich zum Wallring. Die Ruine des altlutherischen Pfarrhauses war teilweise eingerissen worden. Ein schmaler Graben führte von der Straße her durch die das Haus umgebende, angeschütte Böschung, dann unter meinem früheren Zimmer hindurch, direkt in den großen Kellerraum. Unter der weit sichtbaren Giebelaufschrift „Gott der Herr ist Sonne und Schild"[102] hatte jetzt also der Volkssturm eine Art Notbunker. Ein junger Mensch in einer Phantasieuniform, der dort Wache hielt, zeigte mir bereitwillig unseren alten Keller, in den nun das Tauwasser hineintropfte. Solche Löcher waren zwei Wochen später die letzten Bastionen bei der sinnlos gewordenen Verteidigung der Stadt.

Für die kurzen Freistunden an den Nachmittagen begab ich mich in unserer Kaserne an einen verbotenen Platz. Das langgestreckte Gebäude war im Bombenkrieg beschädigt worden. Man hatte das Dach und die untere Etage wie-

---

[102] Psalm 84. 12.

derhergestellt, nicht aber die obere. Dorthin schlich ich mich, wenn niemand es merkte, las, träumte oder schaute aus einer der leeren Fensteröffnungen hinaus auf das Krematorium, aus dem in dieser Zeit unentwegt Rauch aufstieg. Viele Abende verbrachte ich unfreiwillig im muffigen Zimmer meines Zugführers. Er war Oberfeldwebel und hieß Jäger. Da die saloppe Anrede „Herr Oberfeld" zulässig war, nannte ich ihn insgeheim „Oberfeldjäger". Dem mußte ich als Bursche dienen. Da ich nun schon jahrelang gewohnt war, an meiner Kleidung selber zu nähen und zu stopfen, erhielt ich bei diesen manuellen Tätigkeiten das Lob, das beim militärischen Drill nicht üblich ist, und das man mit sechzehn noch braucht.

Wer Karfreitag oder Ostern einen Gottesdienst besuchen wollte, der bekam sogar vormittags dienstfrei. Ich wählte den Karfreitag. Der galt in unserer Familie als der wichtigste kirchliche Feiertag, und die Kirchen waren in Ostpreußen an diesem Tag oft nicht minder voll als zu Heiligabend. Für den Fußweg zum Gemeindehaus auf den Hufen brauchte ich eine knappe Stunde. Der Raum war brechend voll. Pfarrer Wohlgemuth hielt den Gottesdienst. Das war für kirchliche Verhältnisse damals eine kleine Revolution. Früher kam es nur selten vor, daß ein freikirchlicher Pastor in einer Kirche der Altpreußischen Union predigte. Nun hielt er sogar das Abendmahl. Alles war plötzlich ganz selbstverständlich geworden.

Obwohl sich im täglichen Lebensablauf vieles scheinbar normalisiert hatte, war die Stimmung der Landser schlecht. Man merkte es auch an der Sprache und an den Sprüchen. Kaum einer verwendete das Wort „Militär", und immer seltener hörte man „Kommiß". Die meisten sagten statt dessen „Barras". Das klang so schön hart und verächtlich. Und keiner schien vom jiddischen Wortstamm zu wissen. Wagte jemand, das Wort „Kamerad" in den Mund zu nehmen, dann hallte es aus irgendeiner Ecke: „Es gibt keine Kameraden mehr; die Kameraden sind in Stalingrad gefallen". Der von der Propaganda den Volksdeutschen in den Mund gelegte Spruch: „Wir wollen heim ins Reich"[103] wurde überall abgewandelt zitiert: „Wir wollen heim, uns reicht's". Und den Soldatentod sterben hieß: „Einen kalten Arsch kriegen".[104]

Während wir Jüngeren aus Unerfahrenheit weit eher geneigt waren, in den Tag hinein zu leben, sahen die Älteren viel realistischer, was auf sie zukam: Gefangenschaft in Sibirien oder Tod. Da konnte selbst eine verordnete Feier

---

[103] „Volksdeutsche" waren Angehörige deutschstämmiger Siedlungsgruppen in Osteuropa, die (zumindest bis zum Zweiten Weltkrieg) nicht Staatsangehörige des Deutschen Reiches waren; sie wurden allerdings teilweise noch während des Zweiten Weltkrieges als „Umsiedler" in das Deutsche Reich „heimgeholt" (so z. B. Südtiroler, die Baltendeutschen, die Bessarabiendeutschen und Teile der Rußlanddeutschen), teilweise wurden sie erst ab 1944/45 aus ihren Siedlungsgebieten vertrieben; zuständig für ihre „Umsiedlung" war seit Herbst 1939 der Reichsführer SS Heinrich Himmler als „Reichskommissar für die Festigung deutschen Volkstums" (RKF).

[104] Vgl. hierzu: Der Krieg des kleinen Mannes. Eine Militärgeschichte von unten, hgg. v. Wolfram Wette, München / Zürich ²1995.

nicht helfen. Ausgerechnet am Ostersonnabend wurde im Anschluß an einen Zwanzig-Kilometer-Marsch ein Kompaniefest veranstaltet. Statt der abendlichen Brotscheiben mit Margarine und „Gummiwurst"[105] gab es Pferdegulasch und klaren Schnaps in unbegrenzten Mengen. Da lösten sich die Zungen, und es zeigte sich, daß fast allen die Sorgen im Nacken saßen. Immer wieder tranken sie „auf das Wohl der jungen Kameraden". Wir bedankten uns brav, tranken zurück und ahnten nicht, wie schnell das Unwohlsein da ist.

Erst aber kam ein peinlicher Auftritt. Ein angetrunkener junger Leutnant zitierte, Texte verdrehend, aus der Bibel. Ich war ein überzeugter junger Christ und wußte, daß man in einer solchen Situation Farbe bekennen mußte. Aber wie? Sie waren doch alle betrunken. Ein verbaler Protest war völlig nutzlos. So verließ ich in dieser Osternacht mit schon leicht klopfendem Schädel, in stillem Protest, den ohnehin keiner bemerkte, den Raum.

Ich hätte früher gehen sollen. Als ich mich nach meinem kurzen Weg durch die kalte Luft ins Bett gelegt und die Augen geschlossen hatte, begann sich mein Körper zu drehen. Öffnete ich die Augen, hielt er inne. Schwer schlief ich ein. Etliche Zeit später kamen die anderen, machten großen Lärm. Ich wachte auf. Mir war elend und übel, so übel, daß ich mich über den Bettrand beugen mußte. Jemand brüllte „Moment", und hielt mir schnell ein großes Gefäß hin, in das ich mich würgend befreite. So begann mein Ostermorgen in Demut mit der Reinigung eines fremden Stiefels.

In den ersten Apriltagen breitete sich Nervosität aus. Alle rechneten jetzt täglich mit dem Endkampf, der, militärisch gesehen, überflüssig war; denn hätten die Sowjets, wie sie es mit dem Kessel Kurland schließlich machten,[106] bis zum Sieg über Berlin gewartet, so hätten sie alles kampflos haben können. Aber es ging wohl auch aus symbolischen Gründen darum, die preußische Krönungsstadt im Kampf zu besiegen.

Noch einmal vollbrachten wir, jetzt bei hereinbrechendem Frühlingswetter, einen Kraftakt. Wir machten einen Dreißig-Kilometer-Marsch mit Waffen und vollem Gepäck. Da sahen wir die im Februar freigekämpften westlichen Vororte Königsbergs, die seither immer noch die Spuren des Leidens der Zivilbevölkerung trugen.[107] Am 5. April nahmen wir Quartier im Westen der Stadt, in Rathshof. Wir schliefen in einem großbürgerlichen Wohnzimmer auf doppelt gelegten dicken Teppichen. Nur murrend räumten einige ihre Torni-

---

[105] Gemeint ist eine Bockwurst aus Pferdefleisch.
[106] In der lettischen Region Kurland wurden im Oktober 1944 Reste von 35 deutschen Divisionen abgeschnitten und eingekesselt; diese nachmalige Heeresgruppe Kurland vermochte sich bis zur deutschen Gesamtkapitulation am 9. Mai 1945 zu halten.
[107] Werner Terpitz bezieht sich hier auch auf den bei Königsberg liegenden Ort Metgethen, den er als Soldat Anfang April 1945 durchquerte; dort war es im Februar 1945 zu schweren sowjetischen Gewalttaten an den dort verbliebenen Einwohnern und an dort befindlichen deutschen Flüchtlingen gekommen, die zu Vergleichen mit den Geschehnissen im (bekannteren) Nemmersdorf vom Oktober 1944 Anlaß gaben; vgl. etwa Die Vertreibung der deutschen Bevölkerung..., a.a.O., Bd. 1, 38E und 68E.

ster vom polierten Salonflügel, als der Wohnungsbetreuer sich lauthals beschwerte.

Am 6. April war plötzlich die Hölle los. Überall krachten Granaten, die Geschoßsalven der Tiefflieger peitschten durch die Straßen. Deutsche Soldatentrupps hasteten im Sichtschutz der Häuser der Front entgegen. Auch wir zogen bewaffnet, aber ohne Gepäck, in langgestreckter Kette auf sichtgeschützten Wegen über das nördliche Juditten aus der Stadt heraus zu einem in einer Senke gelegenen Wäldchen. Da standen wir und warteten in höllischem Lärm, während sowjetische Granaten einen sanften Hügel vor uns durchwühlten und sowjetische Flugzeuge wie Raubvögel ihre Bahn über uns zogen und mit ihren Bordwaffen die deutschen Stellungen beschossen. Immer wieder sah man Sanitäter mit ihren Tragbahren den Hügel herunterrennen und Verwundete forttragen. Unbeteiligt schien über allem die Sonne. In diesen Hexenkessel sollten wir hinein. Immer wenn die Flugzeuge abgedreht hatten, rannten zwei oder drei von uns den Hügel hinauf und wurden oben von hilfreichen Armen in den Schützengraben gezogen. Hier war es wie in einem Ameisenhaufen, in den jemand von oben hineingestochen hatte. Alles lief und krabbelte durcheinander. Die streckenweise noch nicht fertig ausgehobenen Gräben waren zum Teil so flach, daß wir über die Männer kriechen mußten, die dort kauernd Posten bezogen hatten. Es roch nach frischer Erde und verbranntem Pulver. Nach einer Weile wurde der Graben tiefer, und wir konnten uns wenigstens aufrecht aneinander vorbeizwängen. An manchen Stellen hatte eine Granate den Graben getroffen und die Erde aufgewühlt. Hier und da lagen Tote. Und als uns endlich die festen Standplätze im Graben angewiesen wurden, war ein Toter mein Nachbar. Bis zum Unterleib verschüttet und seitlich angelehnt, starrte er mich wie ein Lebender an.

Auf einmal kam Bewegung auf. Hans war da, auch die anderen von der Beute-Pak. Sie begrüßten mich wie Freunde. In ihrem Erdbunker, der von meinem Standplatz nur wenige Meter entfernt lag, herrschte Trauer. Der erste aus ihrem Kreis war gefallen. Sie waren von den Russen überrollt worden und warteten nun auf die Nacht, um ihre Kanone aus dem Niemandsland zu holen. Sie redeten mir zu, bei ihnen zu bleiben. Das werde sich schon regeln lassen. Aber ich wollte nicht. Mir erschien jetzt ohnehin alles nutzlos. Einer aus der Gruppe bat mich, dem Toten im Graben die Erkennungsmarke abzunehmen. Ein anderer sagte: „Das hat er doch noch nie gemacht, hilf ihm doch." So öffneten wir gemeinsam die Kleidung des Toten.

In einem anderen Erdbunker, in den ich nach Munition geschickt wurde, herrschte bei Grammophonmusik, grölenden Gesängen und Schnaps apokalyptische Stimmung.

Gegen Abend endete der heftige Granatbeschuß, und alle erwarteten nun den Sturm auf unseren Graben. Aber er blieb aus. Frost kam auf. Der Unteroffizier mit dem einprägsamen Namen Finger, dem wir drei Sechzehnjährigen erst seit diesem Morgen zugeteilt waren, verordnete uns Schlaf in einem von einer Granate getroffenen Erdbunker. Dort stand unter dem klaren Sternenhimmel ein doppelstöckiges Bettgestell. Wir legten uns auf den Rücken, die Stahlhelme weisungsgemäß über die Gesichter gezogen.

Um Mitternacht kletterten wir, jeden Laut vermeidend und nur Allernotwendigstes flüsternd, aus unseren Gräben. In weit auseinandergezogener Reihe gingen wir, jeden Schritt behutsam setzend, in eine Richtung, die uns vermeintlich geradewegs zu den sowjetischen Linien hinführte. So gelangten wir nach Groß Friedrichsberg. Dieses alte Königsberger Gut gehörte jetzt dem Gauleiter Koch,[108] der natürlich längst verschwunden war. Ein unterirdischer Gang führte zu Kochs Privatbunker. Der diente uns als Gefechtsstand. Er war vollgestopft mit Munition, aber das beeindruckte nun niemanden mehr. Es war klar, daß die Russen den Endkampf um Königsberg mit so großer Überlegenheit an Menschen, schweren Waffen und Flugzeugen führten, daß Groß Friedrichsberg nur ein kleines Hindernis auf dem Wege zur nahegelegenen Pregelmündung sein würde. Wenige Kilometer noch, und der Ring um Königsberg war wieder geschlossen.

Es folgte eine lange, zermürbende Zeit des Wartens, während wir in dem engen Gang auf den Munitionskisten saßen. Alle waren in sich gekehrt und bekämpften ihre Aufregung, so wie ich das später vor Prüfungen beobachtet habe. Hier war es das Warten auf eine Vollstreckung, bei der es noch eine kleine Chance der Begnadigung gab. Da gab es keine Unterschiede mehr zwischen Alten und Jungen.

Plötzlich hieß es: „Raus, der Iwan kommt!" Draußen empfing uns das helle Peitschen von Handfeuerwaffen. Wir liefen hinein in den Feuerwerksregen der Leuchtspurmunition, der uns immer wieder in flüchtiges Licht tauchte. Niemand sah den Feind. Jeder schoß nur in das Mündungsfeuer des Gegners. Ich lag auf dem Pflaster und bemühte mich, es den anderen gleichzutun, doch zwei Patronen hatten sich in meinem Karabiner verkeilt. Da nahm sich aus der Finsternis heraus eine fremde Hand hilfreich meiner an. Die Schießerei

---

[108] Erich Koch (1896–1986), gebürtiger Elberfelder (heute: Wuppertal), kaufmännischer Angestellter, Frontsoldat, danach Freikorpsangehöriger in Oberschlesien 1920/21; während des gegen die französischen Besatzer gerichteten „Ruhrkampfes" 1923 im Kreise A. L. Schlageters; seit 1922 und erneut ab 1926 NSDAP-Mitglied, alsbald stellvertretender Gauleiter Ruhr, seit 1928 (bis 1945) NSDAP-Gauleiter und damit regionaler Parteiführer in Ostpreußen; ab 1930 Mitglied des Reichstages; nach der NS-„Machtergreifung" 1933 auch Oberpräsident von Ostpreußen und damit Chef der dortigen preußischen Provinzialverwaltung, ab 1939 zugleich „Reichsverteidigungskommissar" (was in den Kämpfen von 1944/45 entscheidend wurde); ab 1941 (bis effektiv 1944) zugleich Reichskommissar und damit Chef der zivilen deutschen Besatzungsverwaltung in der Ukraine, zugleich Verwaltungschef des polnischen Gebiets Ciechanow-Bialystok; 1945 Flucht aus dem abgeschnittenen Ostpreußen nach Westdeutschland, bis 1949 in Schleswig-Holstein untergetaucht, dann Verhaftung und Auslieferung an Polen; dort 1959 als verantwortlich für den Tod von cirka 400000 Menschen zum Tode verurteilt, jedoch zu lebenslanger Haft begnadigt; im Gefängnis Barczewo verstorben; vgl. hierzu Peter Hüttenberger, Die Gauleiter. Studie zum Wandel des Machtgefüges in der NSDAP, Stuttgart 1969.

dauerte mehr als zwei Stunden. Irgendwann zog mich einer am Arm und befahl mir, einige Meter weiter im Eingang eines Stalles in Deckung zu gehen. Dort fand ich auch schon die beiden anderen Jungsoldaten. Mein fürsorglicher neuer Unteroffizier wollte uns für eine Weile aus dem Schußfeld nehmen. Bei Einbruch der Morgendämmerung war der Angriff abgeschlagen.

Diesen Stall, einen auffallenden, aus Ziegelsteinen gemauerten Rundbau, erkannte ich jetzt deutlich wieder. Genau an diesem Gebäude unweit des Haupttors zum Gutshof hatten wir vor einigen Jahren bei einem Klassenausflug unsere Frühstücksbrote gegessen, hatten dann zwei Mannschaften gebildet, um mit einem der damals üblichen Geländespiele zu beginnen. Ausgerechnet hier, wo wir Quintaner unter Anleitung unserer jungen, allzu charismatischen Studienrätin ausgezogen waren, den Krieg zu üben, tobte er jetzt wirklich. Wie schön symbolisch solche Kriegsspiele doch sind. Niemals ging es um Vernunft. Es triumphierten immer nur die Starken. „Gelobt sei, was stark macht", hieß der Lehrsatz unserer Jahrgänge.

Jetzt waren wir müde, erschöpft und von der Aufregung der letzten Stunden mitgenommen. Aber es gab keine Pause. Die Russen hatten sich in einigen dem Gut vorgelagerten Insthäusern[109] versteckt. Wir liefen voran, sahen sie vor uns in Türöffnungen und Fenstern, wurden mit wütendem Feuer empfangen. Hinter einem Erdwall fanden wir Deckung. Hier, auf der feuchten Erde, einen kurzen Steinwurf von den Russen entfernt, überkam mich Angst, elende Angst. Das Wort reicht nicht aus, jenes Bewußtsein völliger Aussichtslosigkeit, das Ausgeliefertsein an das Sterben auch nur annähernd zu beschreiben. Gleichzeitig überfiel mich eine furchtbare Beklemmung bei dem Gedanken, auf die Menschen – wirkliche Menschen – vor mir schießen zu müssen. Mit diesen Gefühlen haderte das frühauf eingeübte Pflichtgefühl, das „Nimm-Dich-zusammen", das Kriege überhaupt erst ermöglicht. Im Westen Königsbergs erscheint mir die Ethik der Pflichterfüllung an jenem 7. April 1945 allerdings auch aus heutiger Sicht noch berechtigt. Sie ermöglichte es einer großen Anzahl der in Panik fliehenden Menschen, aus der Stadt zu entweichen.

Wieviel Angst so ein Krieg auslöst! Fast alle hier hatten Angst, auch wenn die altgedienten Frontsoldaten sich äußerlich gelassen gaben und wir jungen uns bemühten, es ihnen gleichzutun. Ich hielt die Russen, die uns gegenüberstanden, für hartgesottene, rohe Burschen, denen es nichts ausmachte, kaltblütig zu morden. Erst viel später wurde mir klar, wieviel Angst es auch in der sowjetischen Armee gegeben haben wird, zumal auch ihr zum Schluß soviele große Kinder angehörten. Und niemand weiß, wieviel Grausamkeit in den Kriegen gerade als Gegenreaktion auf die Ängste entsteht. Sind Soldaten Mörder? Das ist zu einfach gefragt, solange Politiker und Militärs Völker gegeneinander hetzen und Kriege anzetteln, in denen Soldaten töten und sterben.

---

[109] Wohnhäuser der sogenannten Instleute (niederdeutsch für „Insassen"), also solcher Landarbeiter, die einschließlich ihrer Familien gegen Natural- und Geldlohn bei freier Wohnung und Landparzellennutzung arbeiteten.

Da lagen wir nun also, acht, höchstens zehn Mann hinter unserem Erdwall. Jedesmal, wenn einer von uns zum Schießen den Kopf hob, antworteten aus den nahen Insthäusern heftige Feuerstöße. Es war unmöglich, so schnell zu zielen. Da kam es vor, daß mich die Aufregung herabdrückte und ich in die lockere Erde schoß. Ein Unteroffizier stieß mich unsanft mit dem Ellenbogen an und rügte mich. Wir besetzten später die Häuser, wurden aber von den Russen bald wieder hinausgeworfen und liefen zum Gut zurück, während jeweils eine Hälfte der Gruppe der anderen Feuerschutz gab. Danach erst kehrte etwas Ruhe ein.

Wir verschanzten uns hinter den roten Ziegelmauern eines im Rohbau befindlichen Stalles. Auf das Gut des Gauleiters war bei einem der Luftangriffe des vergangenen Jahres ein abgeschossenes britisches Flugzeug gestürzt. Dabei war ein Teil der Stallungen zerstört worden. Nun also dieser Neubau. Hatte denn selbst der Gauleiter um diese Zeit noch an den Endsieg, das Phantom der eigenen Propaganda, geglaubt?

In der Nähe dröhnten Motoren, kurvten Kettenfahrzeuge, und es entwickelte sich eine wilde Schießerei schwerer Waffen. Die alten Landser sagten, es seien sowjetische Panzer und deutsche Sturmgeschütze. Gerne hätte ich zugeschaut. Ein seltsamer Einfall, den ich plötzlich hatte. Aber wir blieben in unserer Deckung und sahen nichts. Ich ließ mich als Melder einteilen und sorgte für neue Munition. An Stellen mit Feindeinsicht mußte ich springen, und die Russen ließen Gewehrsalven folgen. Bei einem dieser Gänge hoffte ich, einen besser gesicherten Weg durch ein langes altes Stallgebäude zu finden. Dabei eröffnete sich mir eine erstaunliche Welt. Der Kuhstall des Gauleiters hatte ein Kellergeschoß mit gekachelten Räumen. Ich öffnete Türen und durchquerte mehrere Räume, bis ich vor einer verschlossenen Metalltür stand. Vermutlich war es der Eingang zu einem Kühlraum. Zweifelnd, ob das überhaupt ein Durchgang sei, öffnete ich, wich aber vor Schrecken sofort zurück, den Karabiner im Anschlag. Im Türrahmen drängten sich uniformierte Russen oder Ukrainer, die ihre Hände erhoben. Es waren ganz offensichtlich Kriegsgefangene. Sie verstanden kein Deutsch und bedeuteten mir mit Gesten, daß sie hier die Schießerei abwarten wollten. In der Tat, es gab keine andere Wahl. So verschloß ich wieder die Tür und lief – immer wieder rückwärts blickend und wohl etwas benommen – durch die gekachelte Unterwelt zurück. Sollte ich den Vorfall melden? Was würde geschehen? Schweigen war besser.

Als sich gegen 11 Uhr die sowjetischen Truppen anschickten, das Gut im Sturm zu nehmen, erhielten wir überraschend den Befehl, uns bis zum nächsten Grabensystem abzusetzen. Wieder wurden wir wie die Hasen gehetzt. Im dichten Sperrfeuer von Granaten fluteten wir zurück. Kaum hatten wir in wilder Unordnung die keineswegs fertigen Gräben erreicht, sorgte dort ein Feldwebel, den ich nicht kannte, dafür, daß nicht alle kopflos noch weiter zurückliefen. Er rief mich heran, deutete auf ein Maschinengewehr und befahl, ich sei jetzt MG-Schütze. Meine MG-Ausbildung war nur unzulänglich. Ich machte Einwendungen. Es half nichts. Eine halbe Stunde später aber ließ sich auch diese Stellung nicht halten, und wir waren wieder auf den Beinen. In einem dichten, von Stalinorgeln und Artillerie veranstalteten Sperrfeuer fluteten wir zurück. Orientierungslos lief ich dahin, wohin die anderen liefen. Auf einem breiten Feldweg wurde ich bei ohrenbetäubendem Knall durch einen unvorstellbaren Schlag zu Boden geschleudert. Für einige Sekunden hatte ich das Gefühl, zerschmettert zu sein und sterben zu müssen. Es trat völlige Ruhe ein, und ich empfand es als angenehm, hier zu liegen, auf dem von der Sonne leicht angewärmten Sand zwischen aufkeimendem Grün. Dann hörte ich eine Stimme. Jemand rief mir im Vorbeilaufen zu: „Steh auf, sie kommen!". Da merkte ich, daß Sterben und Ruhe eine Täuschung waren, daß ich verwundet war und mich retten mußte. Mal robbend, mal hüpfend, mal humpelnd, den Karabiner solange als Krücke benutzend, bis er mir zu schwer wurde und ich ihn fortwarf, bewegte ich mich voran, überquerte nach einiger Zeit die Bahnlinie und gelangte kurz danach an die Straße nach Pillau, wo Kameraden mich notdürftig verbanden. Einer der 16-jährigen aus meiner Gruppe, ebenfalls verwundet, stand da und weinte. Das verstand ich nicht. Ältere Kameraden sprachen ihm tröstend zu.

Da raste, von der Stadt her kommend, ein flacher Pferdewagen heran. Der Wagenlenker peitschte, sich immer wieder erhebend, auf die Rösser ein. Die hatten Schaum vorm Maul. Als kein Winken half, warf sich einer der Verwundeten in die Zügel, riß die Pferde herum, und alle, die das noch konnten, kletterten hinauf, ich als letzter. Auf einem Bein kniend, verließ ich auf diesem seltsamen Gefährt in rasender Fahrt den Kampfplatz, während im Hintergrund Königsberg in Rauch und Dunst zurückblieb.

Mich überkam ein sonderbares Glücksgefühl wiedergewonnenen Lebens und wiedergewonnener Freiheit. Der Soldatenalltag und die Anschauung des Sterbens hatten den Heldentod als Lebensziel längst aus meinem Kopf vertrieben. Jetzt erst merkte ich, was für ein Druck auf mir gelastet hatte. Plötzlich war niemand mehr da, der mir befahl. Nie hatte ich den Gedanken auch nur ernsthaft in Erwägung gezogen, ich könnte der sowjetischen Kriegswalze und dem Unbestimmten, dem Entsetzlichen danach, das wir alle fürchteten, durch eine nicht zu schlimme Verwundung entkommen. Noch aber war es längst nicht geschafft. Mir war meine Situation sehr wohl bewußt. Unsere kleine Gruppe zufällig zusammengewürfelter Verwundeter befand sich immer noch in unmittelbarer Nähe der Front. Es war nicht ausgeschlossen, daß wir auf dem Wege nach Pillau von Norden her überrollt wurden. Zum Frischen Haff hin, dessen Küste hier ganz nah am südlichen Waldrand lag, gab es kein Ausweichen.

Ich kniete noch immer vornüber gebückt auf dem letzten Brett des hinten offenen schmalen Kastenwagens, hielt mich an den beiden Seitenbrettern fest und ließ das unbrauchbar gewordene rechte Bein, an dem das sickernde Blut nach und nach verkrustete, herunterbaumeln. Der ungefederte Wagen übertrug die heftigen Stöße der Schlaglöcher auf das linke Schienbein, auf das sich nun der ganze Schmerz verlagerte. Insofern empfand ich es als ein Glück, daß unser unbequemes Gefährt nach einem knappen Kilometer im längst menschenleeren Moditten zum Haff hin abbog und uns ein älterer Mann anbot, auf seinen Leiterwagen zu steigen. Mehrere Arme hoben und zogen mich auf ein von der Sonne gewärmtes Polster aus Säcken mit Heu. Es ging langsam voran, beängstigend langsam. Niemand wußte, wo das nächste Lazarett war und wie lange die Russen brauchten, uns einzuholen. Die alte Reichsstraße führte jetzt durch den Forst Kobbelbude. Unter den Bäumen begannen die Anemonen zu blühen. Ein Jahr zuvor hatte ich hier bei einem Radausflug mit Gerhard die volle Pracht bewundert, bis das Unglück geschah und dicht vor unseren Augen ein Hund überfahren wurde, den die Besitzer an ihre Kutsche gebunden hatten.

Mitten im Wald – wir hatten den Vierbrüderkrug, ein beliebtes Ausflugsziel der Königsberger, schon hinter uns gelassen – mußte auch der Leiterwagen nach Süden hin abbiegen. Wir standen oder saßen an der hier recht breit angelegten Asphaltstraße, die nicht nur nach Pillau, sondern auch zu einigen der Seebäder führte. Sie lag jetzt, wo der Geschützdonner nur noch leise zu hören war, merkwürdig friedlich da. Kein Auto kam mehr aus der seit einigen Stunden eingeschlossenen Provinzhauptstadt, die ihrem schrecklichen Ende entgegenging. Wir konnten nur noch mit einzelnen Fahrzeugen rechnen, die sich in diesem letzten kleinen deutschen Zipfel Ostpreußens bewegten.

Tatsächlich donnerte nach einiger Zeit ein mit einer Plane bedeckter schwerer Militärlastwagen heran. Er hielt. Der Beifahrer bedauerte, sie könnten nur einen von uns mitnehmen. Da sagte ein älterer Verwundeter: „Nehmt den Kleinen mit". Andere stimmten zu. Nur einer maulte, so gehe das nicht, er sei früher am Verbandsplatz gewesen. Die anderen achteten aber nicht darauf. Ich war der einzige, der nicht mehr gehen konnte. Sie halfen mir in den Wagen. Auf den beiden Sitzen neben dem Fahrer suchte ich eine einigermaßen erträgliche Position. Der Beifahrer stellte sich außen auf das Trittbrett. Als mir der Fahrer, ein Unteroffizier, mit einem aufmunternden „Komm, nimm", eine Zigarette anbot, und ich diese dankbar annahm, kam mir die Situation irgendwie bekannt vor. Mag sein, daß wir ein in Wochenschauen vorgeführtes Kameraden-Klischee nachspielten. Trotzdem konnte die Zigarette zumindest den Hunger ein wenig betäuben. Seit vielen Stunden hatte ich nichts mehr gegessen.

Hinter Groß Heydekrug und seinen Vororten führt die Straße nach einigen Windungen mehr als einen Kilometer lang schnurgerade durch den Forst. Hier geschah es, daß uns der Beifahrer durch das offene Fenster zubrüllte: „Tiefflieger!". Der Fahrer stoppte. Beide wollten mich schnell noch herauszerren. Ich schrie: „Nein, geht allein!". Während sie in die Gräben sprangen, jagte die Maschine die gerade Schneise nutzend, von vorn auf mich zu, und ich sah, wie auf der Straße die Einschüsse der Bordkanone in gleichmäßigen größeren Abständen als niedliche Krümelfontänen näherkamen. Dicht vor dem mit

Kriegsgerät voll beladenen Fahrzeug sprangen kleine Asphaltbrocken hoch. Das war die Rettung. Wir setzten die Fahrt erleichtert fort.

In Fischhausen, einer Kleinstadt nahe bei Pillau, lag der Hauptverbandsplatz, eine Art Hilfslazarett. Ich erinnere mich an ein Klinkergebäude der Jahrhundertwende mit auffallend hohen Räumen im Erdgeschoß, vermutlich eine Schule. Im niedrigen Keller befanden sich die Operationsräume, und davor, in den kalten Fluren, lagen dicht bei dicht wir Verwundeten auf unseren feldgrauen Tragbahren. Aus dieser Käferperspektive beobachtete ich meine Umgebung. Sanitäter kamen und gingen, brachten neue Verwundete her und andere fort. Alles verlief offenbar nach einem mir nicht erkennbaren Plan. Ab und zu erschien ein nervöser junger Stabsarzt, gab Anweisungen, trieb zur Eile. Es herrschte ein Klima völliger Überlastung und deutlicher Gereiztheit. Ich fingerte umständlich mein Kochgeschirr vom Koppel, um etwas zu essen – und staunte sehr: Der Granatsplitter hatte, bevor er in meinen Körper drang, seinen Weg durch das Kochgeschirr genommen, hatte dessen Bügel und eine gefaltete Kante durchschlagen und damit die Wucht des Einschlags erheblich vermindert. Da erst wurde mir deutlich, wie gut ich davongekommen war. Ich fand noch genug an trockenem Brot und undefinierbarem, gummiweichem Hartkäse und würgte ein wenig davon hinunter. Gegen den Durst gab es nichts.

So lag ich viele Stunden. An Schlaf war nicht zu denken. Ich fror erbärmlich, fühlte mich elend. Und immer wieder kam es vor, daß Sanitäter über die Tragbahren hinweg Schwerverwundete transportieren mußten, die Vorrang hatten. Viele, die vorher um mich herumlagen, waren schon versorgt. Dann fürchtete ich, man habe mich vergessen. Ich wußte, daß ich Blut verloren hatte. Aber ich wußte weder, wieviel, noch war mir klar, ob das ständige Sickern aus der Wunde inzwischen zum Stillstand gekommen war oder ob ich verbluten könnte. Einerseits erschienen mir alle um mich herum so gefühllos und ohne Verständnis, andererseits wußte ich sehr wohl, daß es dieser unmenschliche Krieg war, der zuletzt noch Ärzte und Pfleger überforderte. Erst am Abend trug man mich in den Operationssaal, um den Granatsplitter herauszuholen. Schon hatte mir ein Arzt die Chloroformmaske auf das Gesicht gestülpt. Gewissenhaft wollte ich, jedenfalls leise für mich, die Sekunden bis zum Einschlafen zählen. Doch ich kam nur bis „eins".

Ich erwachte irgendwann vor Mitternacht in einem nahezu dunklen Saal, in dem sich, wie ich notdürftig erkennen konnte, eine große Zahl mehrstöckiger Bettgestelle befand. Die hohen, romanisch nachempfundenen Fenster strahlten in flimmerndem Rot wie überdimensionale Weihnachts-Transparente. Als sich auch meine Hörfähigkeit wieder einstellte, wurde mir klar, daß Bomben fielen und Feuer den Raum erhellte. Ich war allein. Ich rief. Niemand hörte mich. Da versuchte ich, mich zu erheben. Es gelang. Ich konnte wieder auf einem Bein stehen. Ich konnte vorsichtig hüpfen. Barfuß bewegte ich mich voran. Das mattrot flackernde Licht zeigte mir den Weg durch die dunklen Flure. Über eine breite Steintreppe gelangte ich in unbeleuchtete Kellerräume, irgendwelche Vorratsräume. Dichtgedrängt und still, wie ich das von den Bombennächten in Königsberg kannte, standen und saßen verängstigte Menschen, die ich spürte, aber nicht sah, an die ich anstieß, wenn ich mich vorantastete. Niemand beachtete mich. Nirgendwo konnte ich mich anlehnen, nirgendwo halbwegs sitzen. Ich hatte nur das lange Unterhemd und darüber die Uniformjacke an. Die Kälte stieg vom kalten Beton her an den Beinen herauf in den ganzen Körper. Ich fror. Irgendwann hielt mein einsames Standbein Belastung und Kälte nicht mehr aus. Da jetzt nur noch vereinzelte Detonationen zu hören waren, trat ich hüpfend den Rückzug an und fand, über eine andere Treppe und ein mir unbekanntes Stück Flur, am Ende doch noch mein Bett.

Während meiner Exkursion hatten mich zwei Sanitäter verzweifelt gesucht. Sie hatten mich nach der Operation nur kurz ablegen wollen, um mich alsdann zu verladen. Jetzt waren sie erleichtert, daß sie mich fanden, überschütteten mich aber, während sie mich auf ihre Bahre legten und im Laufschritt durch die Flure trugen, wortreich mit Vorhaltungen. Vor dem Gebäude lag ein freier Platz, vielleicht ein Schulhof oder ein kleiner Markt. Dort wartete mitten zwischen brennenden Häusern ein mit Planen gedeckter, hinten jedoch offener LKW. Darin saßen auf den seitlichen Bänken und lagen auf dem Boden dicht gedrängt Verwundete, aber auch Frauen und Kinder. Für mich gab es kaum noch Platz. Obwohl wir schon längst übereinander geschichtet waren, luden die Sanitäter immer mehr Menschen auf. Viele, die unter andere Körper geraten waren, empfanden es als unerträglich. Sie jammerten und stöhnten. Aber es ging doch darum, möglichst viele Menschen aus diesem Inferno zu retten. Dann holperte der Transport aufeinandergestapelter, gemarterter Leiber erst einmal durch unwegsame, brennende Straßen. Hinter uns fielen mit buntem Funkengestöber glühende Balken von einem Dach. Dann fuhren wir westwärts durch den stillen Wald, hinter uns der rote Himmel über dem brennenden Fischhausen.

Eine halbe Stunde später lag ich zu meiner Verblüffung in einem weißbezogenen Bett. Die Ironie der Zufälle hatte mich für einige Tage in ein Kinderkrankenhaus verwiesen. Für einen Sechzehnjährigen war es vielleicht eine bessere Adresse als das Militärlazarett, zu dem es inzwischen geworden war. Hier, bei Lochstädt, einen Steinwurf von der Ostsee entfernt und etwa 30 Kilometer von Königsberg, herrschte wunderbare Ruhe. Das Regiment in dem großen, hellen Schlafsaal führten Krankenschwestern, denen es bei aller Überlastung immer noch möglich war, freundliche Worte zu finden und nach bescheidenen Wünschen zu fragen. Hier verbrachte ich zwei volle Tage, schlief viel und sammelte Kräfte.

Bevor ich am dritten Tag aus dieser scheinbar so friedlichen Idylle abtransportiert wurde, erfolgte allerdings völlig unerwartet doch noch ein gnadenloser Akt der Quälerei. Der erste Verbandswechsel stand an. Zwei Ärzte rissen den angeklebten Mull ab, reinigten die Wunde, beschnitten deren Ränder und stießen einen langen Gummidrain in das weit aufgerissene Fleisch. Ich wand mich, schrie laut vor Schmerzen. Sie packten mich, hielten mich fest und brüllten mich an: „Nimm dich zusammen!". Das wollte ich ja, aber es war mir nicht möglich.

Die Fahrt mit dem Sanitätskraftwagen, der kurz und militärisch immer nur Sankra genannt wurde, endete nach kurzer Fahrt vor der alten Pillauer Artilleriekaserne. Die Hafenstadt, von der aus seit Mitte Januar bereits um die 400 000 Flüchtlinge und zahlreiche Verwundete Ostpreußen auf dem Seeweg verlassen hatten,[110] war immer noch voller Menschen, die auf ihren Abtransport warteten. Der letzte Einsatz der deutschen Kriegsmarine war fast nur noch ein humanitärer. Alle Schiffe, die noch vorhanden und zum Transport geeignet waren, wurden zu Geleitzügen zusammengestellt und fuhren unter dem Schutz leichter Kriegsschiffe zwischen der östlichen und der westlichen Ostsee hin und her. Je mehr der Krieg dem Ende zuging, desto risikoreicher wurde dieses Unternehmen.[111]

Sanitäter fragten nach meiner Verwundung, lasen den Begleitschein, eine Art Paketkarte, legten mich auf eine Trage und brachten mich im Laufschritt in den Keller. Eine fremde Umgebung empfing mich. So hatte ich mir bei der Lektüre germanischer Göttersagen immer das Reich der Hel, das Totenreich, vorgestellt. Es war ein schon alter, muffiger Keller mit unendlich langen, verzweigten Gängen, Alles dort war düster, das matte Kerzenlicht kam überwiegend aus den Räumen, deren Türen geöffnet waren und in denen Menschen jammerten oder vor Schmerzen schrien. Dort lagen sie nicht nur auf den mehrstöckigen Pritschen, sondern auch auf dem Fußboden zwischen den Betten auf schmutzigen Strohsäcken. Auch in den engen Fluren gab es mal auf der rechten, mal auf der linken Seite solche Säcke, auf die man Verwundete gelegt hatte. Die Sanitäter, die als leichtfüßige Schattengestalten immer wieder „Vorsicht!" rufend an den Säcken vorbei und gelegentlich auch darüber stiegen, wirkten wie eilfertige Helfer einer unbekannten Macht. Kaum waren sie in Sicht, tönte überall ein klägliches „Sanitäter" oder „Sani", das mit einem mürrischen, manchmal auch beruhigenden, „später" beantwortet wurde. Es war ein unendlicher Weg. Ganz am Ende eines Seitenganges luden sie mich ab und trugen mich ohne Bahre in den nächsten Raum. Hier gab es dicht hinter der Tür auf dem Fußboden einen schmutzigen quadratischen Sack. Den wiesen sie mir an.

Das nicht besonders große, von einem Hindenburglicht schwach erleuchtete Refugium beherbergte an die zwanzig Männer. Alle waren „Lieger", einige schwer verwundet. Die Luft war verbraucht. Es gab nur wenig zu essen. Aber es hatte auch kaum jemand Appetit. Schieber und Enten waren knapp. Die

---

[110] Die ostpreußische Hafenstadt Pillau konnte länger als Königsberg selbst (das am 9. April kapitulierte), nämlich bis zum 25. April 1945, gehalten werden; vgl. Gruchmann, Totaler Krieg, a. a. O., 215; auf diese Weise war es möglich, zwischen Ende Januar und der Kapitulation Pillaus von dort insgesamt etwa 451 000 Flüchtlinge über den Seeweg zu evakuieren; vgl. Die Vertreibung der deutschen Bevölkerung..., a. a. O., Bd. 1, 40E.
[111] Vgl. hierzu Heinz Schön, Ostsee 1945. Menschen, Schiffe, Schicksale, Stuttgart 1983.

wenigen Sanitäter hatten alle Hände voll zu tun und schauten nur selten herein. Auch hier gab es Männer, die vor Schmerzen stöhnten. Medikamente oder schmerzlindernde Mittel fehlten. Niemand wurde ärztlich versorgt. Alles war darauf abgestellt, die Verwundeten möglichst schnell auf Schiffe zu verladen. Zur Beruhigung, vielleicht auch der Ordnung halber, erhielten wir kleine vervielfältigte Zettel, auf denen in blasser Schreibmaschinenschrift das Wort „Schiffskarte" stand, dem darunter handschriftlich der Name, der Truppenteil und die Heimatadresse angefügt waren. Papiere, die weder Ort und Datum, noch den Namen des Schiffes nannten und nach denen nie jemand mehr fragte.

Einer lag da, der hatte schreckliche Brandwunden. Der war, wie mein Nachbar sagte, als Verwundeter schon vor einigen Tagen auf einem Schiff gewesen. Flugzeuge hatten es in Brand geschossen. Man hatte ihn aus dem eisigen Wasser gezogen. Er wollte nicht leben und nicht sterben, niemals jedenfalls wieder auf ein solches Schiff geladen werden. Jetzt schrie er sich seine Schmerzen aus dem Leib.

Immer wieder wurden Namen aufgerufen, und es entstand Unruhe. Eines Tages kamen fast alle fort. Nur drei oder vier blieben zurück, auch ich. Das machte uns ratlos. Hatte man uns vergessen? Dann waren wir nur noch zwei. Der andere, ein junger Bursche mit relativ leichter Verletzung, gehörte zur Eliteeinheit „Großdeutschland".[112] Er war gewandt und spielte seine Überlegenheit aus. Er besaß eine Waltherpistole. Die zeigte er mir und pries sie mit beredten Worten an. Er komme gleich auf das Schiff und brauche sie nicht mehr. Er habe sich damit erschießen wollen, wenn die Russen kommen. Ich solle sie unbedingt nehmen, ich könne sie vielleicht gebrauchen. Ich fand sie in der Tat faszinierend, ein technisches Wunderwerk, das ich voller Respekt in die Hand nahm. Jetzt aber wollte ich keine Pistole mehr. Wenn in den nächsten Tagen die Russen kämen und die Waffe hier im Lazarett bei mir fänden? Zutreffend gestand ich ihm, ich hätte noch nie mit einer Pistole geschossen. Da wunderte er sich, daß man solche Menschen überhaupt an die Front gelassen hat.

In der letzten Nacht und auch am Anfang des letzten Tages war ich allein. In einer Ecke brannte mit halbem Strom inzwischen wieder eine trübe elektrische Birne. Es war nicht nennenswert heller als zuvor mit dem Hindenburglicht. Ich lag also im Halbdunkeln. Alles war beängstigend ruhig, nichts geschah. Ich hatte Sorge, man habe das Lazarett vielleicht schon geräumt und bereite die Übergabe Pillaus an die Russen vor. Die Angst war bei uns Verwundeten überall groß, auch wenn man sie nicht als solche artikulierte. Man fürchtete nicht

---

[112] Die im März 1942 aufgestellte Infanteriedivision „Großdeutschland" wurde im Mai 1943 zu einer Panzergrenadierdivision umgewandelt und ausschließlich an der Ostfront eingesetzt; im September 1944 wurde sie als Panzerkorps aus Resten diverser Truppenteile neuformiert, wobei die Aufstellung dieser Truppe erst im Januar 1945 abgeschlossen wurde.

zu Unrecht Brutalität, Verschleppung, jahrelange Kriegsgefangenschaft und Zwangsarbeit in Sibirien. In einer Zeit, in der die hohle Nazi-Propaganda bei den Frontsoldaten längst öffentlich mit Spott bedacht wurde, war dies eine Überzeugung, die das deutsche Heer aus Rußland mitgebracht hatte und die deshalb keiner Propaganda bedurfte. – Mittags kam ein Sanitäter mit einer dünnen Suppe. Auch er wußte nicht viel. Er bestätigte, daß Königsberg vom Samland abgeschnitten und erobert war. Jetzt kamen von dort keine neuen Verwundeten mehr. Im Samland hatten, soweit er wußte, die Schlußkämpfe noch nicht begonnen.

Am späten Nachmittag ging plötzlich alles sehr schnell. Ich wurde abgeholt und mit einem Sankra zum Hafen gefahren. Dort lag ich dann neben Hunderten anderer Verwundeter auf meiner Tragbahre am Schiffskai, vor uns ein größeres Schiff, in das mit einem mächtigen Kran Verwundete verladen wurden. Später sagte man, es handele sich um einen Kohlendampfer mit einem Namen, der ähnlich begann wie „Bornholm", den aber niemand bestätigen konnte. Es war eben unser Schiff. Mehr war damals nicht wichtig. Erst jetzt ist der Name wieder in meine Erinnerung zurückgekehrt. Zum akribischen Gedächtnis des Bundesarchivs gehören auch die originalen, schlecht getippten Listen über alle damals bei der Bergung der Verwundeten und Flüchtlinge eingesetzten Schiffe und deren Bewegungen.[113] Zwei Schiffe kommen danach in Betracht, die „Robert Bornhofen" und die „Santander". Es wird die „Robert Bornhofen" gewesen sein.

Da der Schwenkbereich des Krans freigehalten wurde, konnte ich den Vorgang der Verladung aus angemessener Entfernung gut beobachten und mich darauf einstellen. Es war in der Tat ein luftiges und gewiß nicht risikofreies Unternehmen, zumal jederzeit mit Tieffliegern gerechnet werden mußte. Die Konzentration der mit äußerster Nervenanspannung arbeitenden Marinesoldaten übertrug sich auf alle Beteiligten, auch auf uns, die passiv daliegenden Verwundeten. Der Arm des Verladekrans trug am unten viergeteilten Seil eine quadratische hölzerne Plattform, die gerade so groß war, daß darauf drei Liegen nebeneinander Platz hatten. Ein kaum erkennbarer, niedriger Rand konnte deren Abrutschen verhindern. War die Plattform beladen, wurde sie hoch in die Luft gezogen, vorsichtig an den Schiffsaufbauten vorbei ein gutes Stück seitwärts geschwenkt und von oben in den Schiffsbauch hinabgelassen. Das verursachte schon beim Zuschauen ein kribbliges Gefühl. Wer dies heute nachempfinden will, sollte sich dem Seil eines ansehnlichen Baukrans anvertrauen.

Als nach einer guten Stunde auch ich an die Reihe kam, erhielt ich auf der Plattform einen günstigen linken Seitenplatz. So konnte ich, während wir in beängstigendem Tempo noch oben gezogen wurden, vorsichtig über den Rand meiner Tragbahre in die Tiefe schauen. Daß ich mich an diesem Rand

---

[113] Vgl. die Kopien von Fernschreiben des Marineoberkommandos Ost, Kiel, in: Bundesarchiv Koblenz, Ost-Dok. 4/38.

festhielt, diente, wie ich durchaus wußte, allein meiner Selbstberuhigung und war im übrigen unsinnig. Während der Kranausleger langsam zur Schiffsmitte hin schwenkte, erhaschte ich einen Blick über den Hafen und ein Stück des Haffs und erkannte die Flugabwehr-Kanonen im Hafenbereich. So am Seil hängend, nahm ich Abschied von diesem Land, in das ich vermutlich nie wieder heimkehren würde.

Das durch hohe Trennwände quergeteilte Schiff hatte hintereinander mehrere Frachträume. Ich wurde durch das oben noch weitgehend offene Deck hindurch in den hintersten Frachtraum abgeseilt und erhielt dort meinen Platz ziemlich genau in der Mitte. Der riesige Raum war identisch mit dem hinteren Schiff. Die beiden Seitenwände, die zum Heck hin gekrümmt aufeinander zuliefen, ließen die Schiffskonstruktion mit ihren mächtigen Spanten und den dazwischen vernieteten Stahlplatten deutlich erkennen. Alles war ordentlich gestrichen. Die Trennwand, die unseren Raum nach vorn hin in der vollen Breite des Schiffes abschloß, war sicher zwölf bis fünfzehn Meter lang und bestand aus einem Eisenfachwerk mit eingefügten groben Holzbohlen. Aus Holz war vermutlich auch der innere Schiffsboden, den jetzt aber eine dicke Strohschüttung bedeckte. Darauf legte man die Verwundeten.

Die Verladeaktion stand unter großem Zeitdruck. Angesichts der sowjetischen Luftüberlegenheit war es wichtig, möglichst ohne Scheinwerferlicht zu arbeiten. Als alle Lieger verladen waren, konnte das Deck geschlossen werden. Dafür reichte das Licht des zuendegehenden Tages gerade noch aus. Mit äußerster Vorsicht wurden mit dem Verladekran die Stahlträger einzeln eingeschwenkt und hoch über unseren Köpfen in gleichmäßigen Abständen quer über dem Schiff verankert. Als dies geschehen war, balancierten Matrosen auf eben diesen Trägern und sorgten dafür, daß die schweren, aus eisenbeschlagenen Holzbohlen bestehenden Platten, die der Kran Stück für Stück zwischen die Träger schob, sicher verlegt wurden. Das war uns eine aufregende Vorstellung. Immer hielten einige von uns den Atem an, sobald sich diese Geschäftigkeit senkrecht über dem eigenen Liegeplatz abspielte, und jeder war erleichtert, wenn die Gefahrenzone sich zu anderen hin verschob. Alles dauerte sehr lange. Eine oder zwei der dicken Platten sparte man aus, so daß schräg über uns, dicht neben der hohen Querwand, ein rechteckiges Loch entstand, durch das von oben eine riesige Leiter aus frischem Holz, eine Art Himmelsleiter, herabgelassen wurde, auf der nun in langen Reihen Leichtverwundete herabstiegen. Wenn ich aus der Erinnerung die Zahl richtig einschätze, sind am Ende in unserem Laderaum zweihundert bis dreihundert Verwundete untergekommen. Was in den anderen Laderäumen geschah, blieb mir verborgen.

Die im Bundesarchiv aufbewahrten Listen zeigen, wie unsicher das Wissen selbst der maßgebenden Einsatzleitung war. Jedenfalls steht fest, daß die „R. Bornhofen" Bombenschaden hatte und eine mehrwöchige Reparatur in Kopenhagen vorgesehen war. Die Beladung in Pillau am 12. April wird erst mit 1210 Verwundeten und 400 Flüchtlingen, dann, für den nächsten Tag, als sie vor Hela lag, mit 500 Liegern, 1200 Sitzern, 400 Flüchtlingen und 100 Soldaten beziffert.[114]

Gegen neunzehn Uhr war der Verladevorgang abgeschlossen. Aber erst drei Stunden später, nach einer aufreibenden Wartezeit, gingen die Anker hoch, und das Schiff bewegte sich langsam aus dem Hafen hinaus. Es fuhr durch das Pillauer Tief in die Ostsee. Ich kannte den Hafen und war oft auf der Mole gewesen. So konnte ich mir den Weg unseres Schiffes vorstellen. Jetzt aber sahen wir nur ein wenig vom dunklen Himmel über dem Ausstiegsloch am Ende der Leiter.

Als ich am nächsten Morgen aufwachte, war das Schiff schon wieder vor Anker gegangen. Die Sanitäter, die uns mit aufmunternden Worten die schmale Tagesverpflegung brachten, berichteten, wir lägen vor Hela, dort werde ein Geleitzug zusammengestellt. Hela ist ein kleiner Ort an der Spitze der lieblichen, über dreißig Kilometer langen Putziger Nehrung, die sich gleichsam als letzter Ausläufer der alten deutschen Nordküste, etwas südlich geneigt, in die Danziger Bucht hinein erstreckt. Bis zum Ende des 1. Weltkriegs gehörte diese lange Halbinsel zu Westpreußen, seither zu Polen. Die Gewässer bei Hela waren in den letzten Monaten des Krieges schwer bewachter Sammelpunkt der rettenden deutschen Ostseeflotte. Aber die strategische Lage war Mitte April 1945 durchaus brisant. Das angrenzende Land, Danzig und die größten Teile Pommerns, befanden sich damals längst in sowjetischer Hand. In der Ostsee agierten sowjetische U-Boote, unterstützt von alliierten Flugzeugen, die ihre Luftüberlegenheit ausspielten. Deutsche Schiffsbewegungen waren nur noch möglich, wenn man unter dem Schutz der verbliebenen kleineren Kriegsschiffe Geleitzüge zusammenstellte, die Nacht ausnutzte und hoffte. Nachdem in Osteuropa von Deutschen und im Namen Deutschlands Millionen von Menschen umgebracht worden waren, wurden nun bei der Verteidigung der Menschenrechte im Namen der Rache wieder in unvorstellbarer Zahl Menschen niedergemacht, diesmal deutsche. Selbst ein rotes Kreuz garantierte keinen Schutz mehr. Daß die zynische, mit Moral verkleisterte Gewalt, wie in so vielen Kriegen dieses Jahrhunderts, auch jetzt wieder Frauen, Kinder, Alte und Verwundete traf, spielte keine Rolle, weder bei Stalin, der sich danach Denkmäler setzen ließ, noch bei Churchill, den die Stadt Aachen zehn Jahre später mit dem Karlspreis ehrte und damit zum Verteidiger der Menschlichkeit erklärte. Beide standen in ihrer Menschenverachtung den verbrecherischen Ideen Hitlers näher, als sie es wahrhaben mochten.

Hela war für uns also eine eher beunruhigende Zwischenstation. Während wir hofften, möglichst bald irgendwo im Westen das Kriegsende zu erleben, lagen wir nun hier vor Anker, nicht weiter von den Russen entfernt als tags zuvor in Pillau. Meine Notizen über diesen 13. April sind nur spärlich: „Halt vor Hela". Das ist alles. Wenn ich mich nicht irre, haben wir den ganzen Tag und

---

[114] Fernschreiben Marineoberkommando Ost, Kiel, vom 12.–15. April 1945, in: Bundesarchiv Koblenz, Ost-Dok. 4/38.

einen Teil der Nacht dort gelegen. Auch über den nächsten Tag war nicht viel einzutragen: „Bornholm passiert. Halt vor Rügen". Wir fuhren, wie ich sicher weiß, bei Tageslicht an Bornholm vorbei. Es wird morgens gewesen sein. Sonnenstrahlen fielen durch unsere rechteckige Luke auf die oberen Sprossen der langen Treppe und die Holzwand und beleuchteten den Raum. Ich hatte Mühe mit der Geographie des mittleren Ostseeraums. Das war nicht weiter erstaunlich. Unsere Generation hatte ihr erdkundliches Wissen weitgehend durch die täglichen Wehrmachtsberichte erworben. So kannte ich die friedliche Ostsee nicht so gut wie die Pripjet-Sümpfe oder Nordafrika und mußte mich ohne Landkarte im Bauch eines Schiffes damit abfinden, daß Dänemark nicht nur westlicher, sondern auch östlicher liegt als Rügen, wo wir erst viele Stunden danach ankamen. Mit Rügen jedenfalls verband ich konkretere Vorstellungen. Hier hatte Caspar David Friedrich,[115] damals mein Lieblingsmaler, so beeindruckend die Kreidefelsen gemalt. Hier hatten die Eltern einmal Urlaub gemacht. Ob auch auf Rügen bereits die Russen waren, konnte niemand sagen. Die meisten nahmen es nicht an. Immerhin hatten wir uns inzwischen fast fünfhundert Kilometer von Königsberg entfernt. Vor Rügen verbrachten wir, wenn die kursierenden Informationen zutrafen, die nächste Nacht. Folgt man dagegen den – allerdings nicht immer ganz schlüssigen – Schiffslisten, dann war das Schiff sehr bald schon in dänischen Gewässern.

Unser Laderaum war eine merkwürdige Welt. Dieser unförmige, etwa drei Stockwerke hohe, sich nach hinten zu verjüngende Saal wirkte trotz seiner rohen Formen keineswegs unsympathisch. Gemessen an dem düsteren, muffigen Kellerlabyrinth der Pillauer Artilleriekaserne war dies ein angenehm luftiger Aufenthalt. Licht kam einerseits durch die offene Luke oberhalb der Treppe, andererseits Tag und Nacht von einem Scheinwerfer, der innen am Heck postiert war. Anfangs hatte man uns Lieger in mehreren Reihen dicht bei dicht auf das Stroh gebettet und den Sitzern Plätze an den kalten Schiffswänden angewiesen, wo sie unbequem hockten. Bald aber lockerte sich diese strenge Ordnung. Es bildeten sich hier und da Gruppen, die sich gegenseitig halfen. Man rückte zusammen, um auch Sitzer ruhen zu lassen, von denen einige schwerere Verwundungen hatten als manche Lieger. In diesen Gruppen, die meist auch untereinander Kontakt hatten, vertrieben wir uns die Zeit, tauschten Erlebnisse, Nachrichten und Gerüchte aus. Ich war immer „der Kleine", der nicht viel zu sagen hatte und kaum beachtet wurde. Alle wirklichen Neuigkeiten, und es gab sie reichlich, kamen von oben. Wer es sich zumuten konnte, stieg unsere schwankende Himmelsleiter in die luftige Höhe hinauf und sprach mit der Mannschaft, die über Funk Verbindung zur Welt hatte. Diese Leiter wurde zum Inbegriff unserer Sehnsüchte. Falls das Schiff torpediert werden sollte, so wie wenige Wochen zuvor die „Wilhelm Gustloff", später die „Steuben" und am Tage nach meiner Ankunft die „Goya" mit ihren jeweils vielen

---

[115] C. D. Friedrich (1774–1840), bedeutendster deutscher Vertreter der romantischen Malerei.

tausend Toten,[116] dann gab es Rettung allenfalls über diese Leiter. Auch aus diesem Grunde machten sich viele probeweise auf, um zu sehen, ob sie es schafften. Ich versuchte es hüpfend am zweiten Tag unserer Fahrt, scheiterte aber bereits auf halbem Wege zum Standplatz der Leiter.

Zu unserer Gruppe, die auch die Tagesverpflegung miteinander zu teilen hatte, gehörte ein Außenseiter, ein Offizier. Er war nicht verwundet, sondern, wie er sagte, krank. Einen verwundeten Offizier hätte man respektiert, auch wenn Offiziere damals bei den Mannschaftsgraden einer anderen Menschensorte zugerechnet wurden. Über einen kranken Mannschaftskameraden in dieser Umgebung hätte man sich gewundert, allenfalls hätte er mit mildem Spott rechnen müssen. Dem kranken Offizier begegneten wir mit Mißtrauen, zumal er gar nicht so krank wirkte, von geradezu devoter Rücksicht war und mit seiner leisen, überaus höflichen Stimme überhaupt nicht in diese Umgebung paßte.

Je länger unsere Fahrt dauerte, umso mehr hofften wir, die Gefahr hinter uns gebracht zu haben, desto größer wurde für viele aber auch das Leiden. Die meisten von uns waren eine Woche oder länger nicht mehr versorgt worden. Wunden eiterten und verbreiteten einen süßlichen Gestank. Die von der Front mitgeschleppten Läuse vermehrten sich eifrig und verursachten unter der Kleidung und in den Verbänden qualvolles Jucken. Schwerstverletzten konnte in ihren Schmerzen nicht geholfen werden, weil Medikamente fehlten. Einer mit einem Kopfschuß rief schon seit Tagen in regelmäßigen Abständen mit scheppernder Stimme „Sa-ni-tä- ter", ohne daß ihm einer der beiden Sanitäter Erleichterung verschaffen konnte.

Endlich, nach nahezu dreitägiger Fahrt, erreichten wir am 15. April dänische Gewässer vor Seeland. Gegen 16 Uhr gingen wir in Kopenhagen vor Anker. Aber erst gegen 22 Uhr wurde ich aus dem Schiff gehievt. Überall ein nervöses Hasten deutscher Matrosen und stahlhelmtragender Infanteristen. Dazwischen unverständliche knappe Kommandos. Ansagen durch Lautsprecher. Hier im Hafen des besetzten Dänemarks war dreieinhalb Wochen vor Ende des Krieges die deutsche Besatzungsmacht noch immer martialisch präsent,[117] derweil

---

[116] Vgl. hierzu ausführlich: Schön, a. a. O.

[117] Das neutrale Dänemark, das 1939 mit Deutschland einen Nichtangriffspakt geschlossen hatte, wurde im April 1940 von deutschen Truppen besetzt und durch Ultimatum genötigt, deutschen „Schutz" und Militärbesatzung zu akzeptieren; durch dieses Einlenken wahrte das Land längere Zeit eine gewisse innere Selbstverwaltung durch die verfassungsmäßigen Institutionen (König, Regierung unter sozialdemokratischer Führung bis Ende 1942, Parlament mit Neuwahlen noch im März 1943); aufgrund der anwachsenden Widerstandsbewegung verschärfte die deutsche „Schutzmacht" ab Oktober/November 1942 ihre Besatzungspolitik, setzte im August 1943 die dänische Regierung ab und verhängte den Ausnahmezustand; fortan arbeitete die dänische Verwaltung unter direkter Kontrolle des deutschen „Reichsbevollmächtigten" und ranghohen SS-Führers Werner Best (1903–1989); am 5. Mai 1945 kapitulierten schließlich die in Dänemark stationierten Wehrmachtsverbände vor aus Deutschland anrückenden britischen Truppen; vgl. Fritz Petrick, „Das deutsche Okkupationsregime in Dänemark 1940 bis 1945", in: Zeitschrift für Geschichtswissenschaft 39.1991, 755–

das Vaterland von Tag zu Tag kleiner wurde. Im kläglichen Rest des Deutschen Reiches hatten sich die feindlichen Linien von Westen her schon bis nach Magdeburg und von Osten her bis nahe Berlin herangeschoben.

Auf hohen, zweirädrigen Karren, in die unsere Tragbahren eingeklinkt waren, brachten uns Sanitäter im Laufschritt zum Lazarettzug. Noch vor Mitternacht lag ich in meiner mit edlem Fournierholz verkleideten Kabine in einem breiten, weichen, weißbezogenen Bett. Alle Betten und damit auch alle Kabinen waren in Fahrtrichtung angeordnet. Jede Kabine hatte über der Mitte des Bettes ihr großes Fenster. Eine weit zu öffnende, meist auch offenstehende, Schiebetür trennte sie von dem auffallend breiten Gang.

Dieses helle Luxuseinzelzimmer beherbergte mich, den kleinen schmutzigen und verlausten Soldaten, der immer noch sein blutverkrustetes Unterhemd anhatte, fast drei Tage lang. Niemand wußte, warum wir hier ebenso viel Zeit brauchten, wie man vor dem Krieg für eine Bahnreise von Madrid nach Moskau benötigt hätte. Man sah keine Kriegszerstörungen an Gleisanlagen, Brücken oder Fähren. Nur ein einziger Grund für unsere zögerliches Vorankommen war wirklich zu erkennen: Jedesmal, wenn die Dämmerung kam, fuhr der Zug auf ein abgelegenes Abstellgleis. Dort konnten wir die Nacht ruhig verbringen. Diese organisierte Rücksichtnahme harmonierte mit der Einfühlsamkeit und dem freundlichen Ton der Pfleger. Nur in einem war ich überrascht: Obwohl man in Dänemark noch in relativem Wohlstand lebte, war hier im Zug die Verpflegung zwar gut, doch eher karg. Niemand sollte, wie es hieß, durch eine plötzliche Umstellung auf Butter, Sahne und Eier einen Schock erleiden. Immerhin gab es Schokolade. Die ließ ich langsam im Munde zergehen.

Gleich, nachdem wir in unsere Betten gelegt worden waren, erhielten wir reichlich zu trinken, und so kam, was kommen mußte. Ich wachte auf, fand kein Licht und tastete nach Topf oder Ente, konnte aber nichts finden. Es war mir unangenehm, wegen einer solchen Kleinigkeit nach einem Sanitäter zu rufen. Eigentlich müßte ich es bis zum Wagenende schaffen, dachte ich, und schleppte mich, die Handläufe nutzend, ein Stück durch den Gang. Da wurde mir schwarz vor den Augen, und ich kippte in die Arme zweier Sanitäter, die gerade rechtzeitig herbeigeeilt waren. Die Wunde war wieder aufgebrochen. Ich verlor eine Menge Blut und versprach, den nächsten Versuch nicht so bald wieder zu unternehmen.

Dänemark zeigte sich unter seinem hohen nördlichen Himmel als ein lichtes Land. Es erschien mir unwirklich fremd und doch irgendwie vertraut. Vieles, was ich durch mein Fenster erblicken konnte, kam mir wie eine Offenbarung

---

774; J. L. Noorhis, „World War II. Denmark", in: Dictionary of Scandinavian History, edited by B. J. Nordstrom, Westport/Conn. / London 1986, 649–654; Ulrich Herbert, „Die deutsche Besatzungspolitik in Dänemark im 2. Weltkrieg und die Rettung der dänischen Juden", in: Tel Aviver Jahrbuch für deutsche Geschichte 23.1994, 93–114; ausführlicher: Gustav Meissner, Dänemark unterm Hakenkreuz. Die Nord-Invasion und die Besetzung Dänemarks 1940–1945, Berlin / Frankfurt/M. 1990.

vor. Die flache Landschaft, die schmucken, bunten Häuser, das Rangieren an der Eisenbahnfähre und die Fahrt über den Großen Belt, die lange Brücke über den Kleinen Belt, alles war in höchstem Maße spannend. Noch nie hatte ich eine derart belebte Landschaft mit so viel Wasser gesehen. ich stemmte immer wieder meinen Oberkörper mit den Armen hoch, um mir möglichst wenig entgehen zu lassen. Alles war so unvorstellbar friedlich und heil. Und dabei hatte unser Ostpreußen vor nur einem dreiviertel Jahr auch noch so unverletzt dagelegen. Wie lange war das her!

Einige der schwerverwundeten Kameraden hatten die Schiffsreise noch mit letzter Kraft überstanden. Jetzt, im weichen Bett, kapitulierten sie und starben. Das ging mir nahe. Ich erfuhr es durch die Pfleger, die auch ausführlicher berichten konnten, wie es um Deutschland stand. Mein jugendliches Vaterlandgefühl hatte mir bisher geholfen, unterbewußt immer noch zukunftsgläubig ein wenig Hoffnung zu bewahren, ganz gewiß aber hatte ich in der Anspannung und den Ablenkungen der letzten Wochen jeden über den Tag hinausgehenden Gedanken verdrängt. Jetzt begann auch ich das Ausmaß der deutschen Katastrophe zu erahnen. Der Untergang der Welt hätte mir nicht schrecklicher erscheinen können. In dies alles mischte sich die zuvor immer wieder verdrängte Sorge um Eltern und Geschwister.

Als wir in Aarhus[118] in die bereitstehenden Sankras verladen wurden, verlief alles ohne die knisternde Spannung und den Zeitdruck, die alle Verladeaktionen in Frontnähe begleitet hatten. Nichts war mehr hektisch. Man spürte so richtig die Etappe. Die Leute, deren Einheiten sich schon jahrelang in diesem von Kriegshandlungen verschonten Wunderland aufhielten, wirkten gemütlich und hatten allenfalls belanglose Alltagsprobleme. Vielleicht hatte Dänemark sie angesteckt.

Zu den Merkwürdigkeiten der Nationalsozialisten gehörte fraglos deren Besatzungspolitik. Die ärmeren Länder im Osten wurden geschunden. Man respektierte in gewisser Weise den Stolz der Franzosen, den Dänen ließ man, selbst als man in Deutschland schon hungerte, noch einen Teil ihres gemütlichen Lebens mit Butter, Sahne und Würsten.[119]

---

[118] Aarhus, die zweitgrößte, an der jütländischen Kattegatküste gelegene Stadt Dänemarks, besaß einen von der deutschen Marine genutzten bedeutenden Hafen.
[119] Im August 1942 hatte Hitlers Paladin Reichsmarschall Göring als formell oberster Wirtschaftsplaner des „Dritten Reiches" vor Funktionären das brutale Credo der NS-Kriegsernährungswirtschaft, das insbesondere auf Kosten der osteuropäischen Völker verwirklicht wurde, offen verkündet: „Wenn gehungert wird, dann hungert nicht der Deutsche, sondern andere, wenn gehungert werden muß." Zit. nach Michael Schwartz, „Die NS-Landesbauernschaft in Westfalen 1933–1948", in: Münster – Zentrum der Landwirtschaft. Gestern und heute, Festschrift zum 1200. Stadtjubiläum der Stadt Münster, hgg. v. Friedrich Dieckmann und Gisbert Strotdrees, Münster-Hiltrup 1993, 46–50, insb. 50; einen konzisen Überblick zur NS-Besatzungspolitik vermittelt Lothar Gruchmann, „NS-Besatzungspolitik und Résistance in Europa", in: Ploetz: Das Dritte Reich. Ursprünge, Ereignisse, Wirkungen, hgg. v. Martin Broszat und Norbert Frei, Freiburg / Würzburg 1983, 209–218; Czeslaw Madajczyk, „Die

Aarhus hatte damals zwei Lazarette, die nach meiner Erinnerung organisatorisch miteinander verbunden waren. In das Kriegslazarett kamen die schweren Fälle, Verwundete mit Bauchschüssen, Kopfschüssen, komplizierten Schußbrüchen usw. Die leichteren Fälle, vornehmlich Verwundete, die voraussichtlich nicht mehr operiert werden mußten, brachte man ins Ortslazarett. So auch mich. Ich hatte zwar eine ansehnliche Fleischwunde. Mein braves Kochgeschirr hatte aber eine Zersplitterung des Beckenknochens verhindert. So ging es mir im Vergleich zu anderen fraglos gut. Zuerst mußten wir uns alle im Kriegslazarett einer wichtigen, für Verwundete gleichwohl schwierigen Prozedur unterziehen, der Entlausung. Wie ich das schon von früheren Entlausungen kannte, wurde auch hier die gesamte Kleidung ausnahmslos auf Bügel gehängt und in einen tunnelartigen Ofen geschoben. Im Normalfall hatten die Soldaten nach gründlichem Duschen ihre Sachen an der anderen Seite des Ofens wieder in Empfang zu nehmen. Hier aber mußten vorab sorgfältig Verbände geöffnet und erneuert werden, um den Läusen kein Versteck zu lassen. Verwundete mußten mühselig gereinigt, getragen oder gestützt werden. Für manchen war die Prozedur eine Quälerei. Ich konnte dagegen mit den meisten dieses seit Wochen erste Duschbad genießen.

Das Ortslazarett war nichts anderes als eine ausgedehnte Barackenstadt, ein großes, von einem hohen Maschendrahtzaun umgebenes militärisches Gelände am Marselis Boulevard. Es bestand aus lauter festen, geräumigen Steinbaracken. Vermutlich war die Anlage gar nicht als Lazarett gebaut worden. Am Ende des Krieges jedenfalls beherbergte sie etwa zweihundert verwundete Soldaten und zusätzlich einige tausend Flüchtlinge. Den Haupteingang bewachten zwei mit Karabinern bewaffnete Soldaten.

Ich kam in die Baracke 1, gleich rechts neben dem Haupteingang. Von dort aus blickte man durch den Zaun auf eine begrünte breite Straße. Die Bäume waren noch jung. An der gegenüberliegenden Seite standen mehrstöckige moderne Wohnhäuser. Wie alle anderen Baracken hatte auch die unsere einen nicht zu engen, dunklen Mittelflur. Rechts und links lagen die Zimmer und am Ende ein kleiner Gang, der zum Nebengebäude mit den Sanitäranlagen führte. Ebenso phantasielos wie die Gebäude, hatte man auch die eigentlich recht geräumigen Zimmer gestaltet, die aber mit ihren jeweils acht aus grobem Holz gezimmerten doppelstöckigen Bettgestellen so vollgestellt waren, daß sie nicht sehr groß und auch nicht gerade hell wirkten. Vier dieser Bettgestelle standen auf der rechten, vier auf der linken Seite. Dazwischen gab es einen etwas breiterer Bereich, der allein von den beiden nebeneinander liegenden kleinen Fenstern beleuchtet wurde. Dort stand ein Tisch. Links hatte man ein Bettgestell so zur Tür hin verschoben, daß dahinter noch genügend Platz für einen kleinen Kanonenofen blieb. Rechts neben der Tür gab es zwei oder drei Spinde. Das war schon alles.

Herrschaftssysteme in den Okkupationsgebieten der Achsenmächte (1938–1945). Ein Vergleich", in: Europäischer Widerstand im Vergleich. Die Internationalen Konferenzen Amsterdam, hgg. v. Ger van Roon, Berlin 1985, 16–37.

Ich fand meinen Platz an einer der dunkelsten Stellen des Raumes. Ganz hinten links, an der Fensterseite, wo kein Licht hinkam, wurde mir das untere Bett zugewiesen. Eigentlich war es ein Holzkasten, in dem sich ein Strohsack befand. Es gab ein Bettuch, ein grobes bezogenes Kissen und eine Wolldecke mit rotweiß-kariertem Bezug.

Obwohl ich in meiner Ecke eigentlich nicht hätte auffallen müssen, stand ich nun erst einmal im Mittelpunkt meiner fünfzehn Zimmergenossen. Die oben liegenden stützten sich auf oder hängten ihre Köpfe über die Bettkanten, einige standen angelehnt an Bettpfosten und schauten mich an. Alle brannten darauf, mich zu testen, zu befragen, mir die Lage zu erklären, mich auf die Schippe zu nehmen, sich gegenseitig zu ermahnen, dies nicht zu tun, zu erörtern, was ich jetzt unbedingt wissen, was ich erst später wissen müsse. Alle redeten auf mich ein, über mich und darüber, wie man auf mich einreden könne. Es war, als habe man im Zoo einen kleinen Affen zu einer fremden Sippe gesteckt.

Was mich vor einigen Monaten vielleicht noch verschreckt hätte, fand ich jetzt amüsant. Im militärischen Schnellkurs für besondere Menschenkunde, den ich so nebenbei absolviert hatte, gab es Lerninhalte, wie man das heute nennt, die sich auch später, als ich Hilfsarbeiter und Werkstudent war, und auch in unverbindlichen Kollegenkreisen noch vorzüglich verwenden ließen. Vor allem hatte ich die Fähigkeit zu einem gleichsam gemütlichem Mißtrauen entwickelt, das Vertrauen nicht ausschließt. Man hört Einsichtiges und Absonderliches, zeigt sich freundlich interessiert, läßt sich nicht anmerken, ob man glaubt oder nicht, wartet erstmal ab, läßt die Dinge auf sich zukommen und macht niemals Vorhaltungen. Irgendwann wächst die kommißlogische Anerkennung: „Der ist in Ordnung, der läßt sich nicht verarschen."

Die meisten Informationen meiner Zimmerkameraden waren plausibel: Die Verpflegung im Lazarett sei schlecht. Es gebe den Wehrsold statt in nutzlosen 30 Reichsmark in 60 dänischen Kronen. Davon könnten wir reichlich Eßwaren hinzukaufen. Das erledigten die Putzfrauen. Zur Demonstration wurden mir lange Dauerwürste gezeigt, die in den festen Holzgestellen der zweistöckigen Betten baumelten. Weniger glaubhaft erschien mir die Sache mit der Sonderverpflegung. Sie begutachteten mein bleiches Gesicht mit den eingefallenen Wangen und gaben mir einmütig den Rat, morgen, bei der ersten Untersuchung, den Oberstabsarzt um Sonderverpflegung zu bitten; ich erhielte dann Schokolade und andere gute Dinge. Was sollte ich tun? Fragte ich den Arzt, bestand die Gefahr, mich zu blamieren. Fragte ich nicht, entginge mir eine Chance. Am nächsten Tag, bei der Untersuchung, setzte sich der Pragmatismus durch. Ich brachte die Sache vor. Der Oberstabsarzt – es war Dr. Schwagmeyer – fragte freundlich, aber auch ein wenig lauernd zurück, woran ich denn gedacht hätte. Zögernd erwähnte ich das Wort „Schokolade". Er und seine Assistentin grinsten fröhlich. Nein, das gäbe es nicht. Aber er verschrieb mir ein Ei und eine Schüssel Haferbrei täglich. Das war angesichts unserer dauernden Schlemmereien eher ein Witz. Als aber einige Wochen später die Engländer kamen, die Putzfrauen gingen und Einkäufe nicht mehr möglich waren, verzehrte ich jeden Nachmittag eine große Portion klebrig- süßen Haferbreis, verstaute vorsorglich ein Ei für das nächste Frühstück in meiner Vorratsschüssel und setzte zum erstenmal seit meiner Kleinkinderzeit wieder Speck an. Doch noch war es nicht so weit. Nachdem die erste Nacht vorüber war, konnte ich mich in der neuen Umgebung etwas besser umsehen. Es herrschte geschäftiges Treiben, das sich vor allem um den Kanonenofen herum abspielte. Es duftete nach gebratenem Speck und Spiegeleiern. Der Ofen, jetzt von prasselndem Holzfeuer nahezu glühend, hatte an der Oberseite eine Herdöffnung mit herausnehmbaren gußeisernen Ringen. Als Bratpfannen dienten die Kochgeschirrdeckel. Während in dieser katastrophalen Zeit im verarmten Deutschland die Butter fast völlig von ekelhafter Margarine verdrängt worden war und froh sein konnte, wer die noch bekam, war hier, auch zum Braten, nur reine Butter geduldet. Weniger als drei Eier warf keiner ins siedende Fett. Wer nicht in der Lage war, die Eier selber zu bereiten, ließ sich von Kameraden helfen. Mancher saß in seinem Bett, schnitt Speck oder Wurst, schmierte Brote. Kommißbrot war wenig beliebt. Man aß dänisches Weißbrot. Ein derart weißes Brot hatte es in Deutschland bis dahin noch nicht gegeben. (Das setzte sich als Westimport erst viel später durch.) Wer allerdings lieber Süßes aß, war auf deutschen Kunsthonig angewiesen. Eingemachtes Obst oder Marmelade gab es in diesem reichen Agrarland nicht. – Diese ganze Schlemmerei hat jedenfalls in meiner Erinnerung die offizielle Kaltverpflegung so sehr verdrängt, daß ich nur noch vermuten kann, es sei nichts anderes gewesen, als das Übliche: Kommißbrot, ein wenig Butter an Stelle der Margarine, Kunsthonig, Wurst und Käse.

Der Sanitäter erschien. Er war Berliner, hager, mit einem Schlag ins Pessimistische und pflegte seine schnoddrige Sprache. Ich hatte ihn am Vortage schon flüchtig kennengelernt. Sein Besuch ersetzte die Visite des Arztes. Er teilte erst einmal den Speiseplan mit und informierte diejenigen, die sich zur ärztlichen Untersuchung bereitzuhalten hatten, heute auch mich. Dann kümmerte er sich um die zwei oder drei Problemfälle, kontrollierte das Fieber, verabreichte Medikamente, wechselte auch mal einen Verband.

Später kamen die Putzkolonnen, dänische Frauen mit Kopftüchern, langen groben Besen, Eimern, Lappen und Bohnerzeug. Zwei Frauen für jeden Raum. Sie wurden bei uns mit großem Hallo empfangen und waren offenbar beliebt. Das hatte verschiedene Gründe. Einmal waren sie, obwohl selber recht derb, in dieser ungehobelten Männergesellschaft Vertreterinnen des anderen Geschlechts, mit denen man sich schon aus diesem Grunde gern unterhielt. Dann waren sie schlagfertig genug, um in ihrem eben zulänglichen Deutsch Anzüglichkeiten zu kontern, was wiederum nichts anderes als weitere Anzüglichkeiten und lautes Gelächter provozierte. Schließlich nahmen sie Bestellungen für Einkäufe auf, sammelten Geld ein und kamen am frühen Nachmittag vollbepackt wieder. Das Putzen war dabei eher nebensächlich und an vielen Stellen sowieso kaum möglich. Die Bewohner der unteren Schlafetagen hatten auf dem Fußboden unter ihren Bettenkisten in flachen Kartons ganze Vorratslager angelegt. Dort stand meist auch, einem Nachtgeschirr ähnlich, eine weiße Schüssel mit bis zu zwanzig Eiern. Das wollte natürlich keiner jedesmal wegräumen. So sammelte sich da unten im Laufe der Zeit eine Menge an Abfällen und Staub, während die Gänge zwischen den Betten bürgerliche Sauberkeit vorspiegelten.

Am späten Vormittag betraten zwei Sanitäter den Raum, legten mich auf die Tragbahre, deckten mich mit meiner Bettdecke zu und brachten mich einige Baracken weiter in das Behandlungszimmer zur Untersuchung. Obgleich ich nun schon mehr als ein Vierteljahr in nicht gerade prüder Umgebung Soldat war, besaß ich durchaus noch meine jünglingshafte Schamhaftigkeit. Daß ich meinen Unterkörper vor dem Arzt freimachen mußte, war mir selbstverständlich. Daß aber dessen junge Assistentin so bedrohlich nah neben mir saß, war mir unangenehm. Und am meisten ärgerte ich mich, daß sie meine Schwierigkeiten bemerkte und mit freundlichem Lächeln zur Kenntnis nahm. Übrigens vergingen die mit der Zeit.

Die größte Überraschung der Untersuchung war eigentlich, daß alles völlig schmerzfrei verlief. Der Drain, dieses mit seitlichen Einkerbungen versehene Stück Gummirohr war aus der Wunde herausgewachsen und mußte gekürzt werden. Das war alles. Dr. Schwagmeyer erklärte mir dessen Funktion. Die Wunde dürfte sich nicht oberwärts schließen, bevor nicht der ganze lange Wundkanal von Verunreinigungen und von Eiter frei war. Ich fand das plausibel und in der technischen Lösung verblüffend einfach.

Das Mittagessen bestand aus einer belanglosen wäßrigen Gemüsesuppe. Sogar im belagerten Königsberg war die Verpflegung gediegener gewesen. Sicher täuscht mich mein Gedächtnis, wenn es mir vermitteln will, es habe jeden Tag die gleiche traurige Suppe gegeben. Umso erfreulicher war etwas später der selbstgekaufte Nachtisch. Unsere beiden dänischen Putzfrauen kamen und brachten pünktlich alles, was wir bestellt hatten. Mit Hilfe eines kleinen Kameradenkredits hatte ich mir nicht nur eine Grundausstattung an Eiern, Butter und Wurst bestellt, sondern eine ganze Schlagsahnetorte. Meine Zimmergenossen hatten mir diesmal glaubhaft versichert, man könne eine solche Torte an einem Nachmittag allein vertilgen. Und das traf zu. Die stabilisierende Basis der Torte bestand aus einer kreisrunden, steifen Pappe. Darauf lag ein dickes, ebenfalls kreisrundes Papier mit zierlichen Rüschchen, die am Rande über die Pappe hinausragten und sie verdeckten. Darauf wiederum befand sich, im Durchmesser so groß wie die Pappe, der äußerst dünne Teig, der mit einer dicken Schlagsahneschicht bepackt war, alles kreisrund und erstaunlich senkrecht am Rande. Im Zentrum prangte als Blickfang das einzige Obst, das ich damals in Dänemark kennengelernt habe, eine einsame kandierte Kirsche. Ich aß die viele Sahne, wie die anderen auch, langsam und andächtig mit meinem großen Löffel, genehmigte mir ab und zu etwas von dem dünnen Teig und arbeitete mich so, die Torte immer wieder drehend, bis zum roten Mittelpunkt vor, der am Ende, als ich schon gar nicht mehr konnte, die süßklebrigenttäuschende Überraschung war.

Wir spendeten den Däninnen allseits großen Dank mit kleinen Gaben, und dann taten sie das, was Dänenfrauen damals zu artistischen Weltwundern machte, sie rauchten dicke Zigarren und zelebrierten dies wie starke Männer. Ich selber hatte sehr lange gebraucht, bis ich Zigarren so zu rauchen verstand, daß sie mir von Anfang bis Ende bekömmlich blieben. Auch deshalb machten diese Frauen auf mich einen großen Eindruck.

Am Ende des Tages erschien für einige Minuten der Rechnungsführer. Einer der Verwundeten tönte: „Wir wollen unsern Führer seh'n, den Rechnungsführer". Andere stimmten ein. Der Angesprochene, der das politisch nicht ganz ungefährliche Sprüchlein sicher schon kannte, reagierte etwas unwirsch, aber nicht gerade unfreundlich. Er hatte sichtlich keinen Sinn für die aus Langeweile erzeugte Schulklassenstimmung. Als ein etwas förmlicher aber durchaus umgänglicher Norddeutscher wurde er später mein wichtigster Gesprächspartner im Ortslazarett. Jetzt brachte er mir meinen Wehrsold in Dänenkronen und machte mich damit zum gleichwertigen Mitglied dieser Konsumgemeinschaft.

Leerzeiten und Langeweile waren immer schon Markenzeichen des Kommisses. Besonders viel Langeweile gibt es im Lazarett. Sind die Verwundeten einigermaßen ausgeheilt, kann sie unerträglich werden. Das Ortslazarett Aarhus befand sich im Übergang. Ich erlebte gerade noch die Zeit, in der das gemeinschaftliche Leiden die Zimmerbelegschaft zusammenschweißte.

Für jeden von uns begann der Tag mit der Wiederentdeckung der eigenen Wunde. Was man im Schlaf vergessen hatte, wurde erneut Realität. Man konnte einen Arm nicht mehr benutzen oder ein Bein, litt an den Folgen einer Bauch- oder Kopfverletzung. Die Bewegungshemmungen führten dazu, daß fast jeder von uns schmerzende Druckstellen am Körper hatte. Mancher war durchgelegen. Bedauernswert aber waren die, deren Heilung keine Fortschritte machte, und solche, die nicht nur physisch, sondern auch psychisch mit frischen Amputationen fertig werden mußten. Alle teilten sich mit und berichteten vor allem nach Verbandswechseln eingehend darüber, was Dr. Schwagmeyer festgestellt und prognostiziert hatte. Nahm unser Sanitäter den Verbandswechsel im Zimmer vor, dann gab es Gelegenheit, den Kameraden frische Stümpfe oder glatte Durchschüsse zu zeigen. Das Zuhören war schwerer. Mancher fragte nach dem Ergehen seines Kameraden mit dem stillen Drang, selber berichten zu können. Im Laufe der Zeit kannte jeder von jedem nicht nur das Befinden der Wunde und deren Veränderung im Wege der Heilung, sondern auch deren Entstehung, einschließlich der Beschreibung von Kampfplatz und Kampf. Wir waren eine Gemeinschaft der Körperlichkeit und der Erlebnisse. Nur wenige sprachen von ihrer Familie oder ihrem privaten Beruf. Es war so ausweglos, diese Themen anzuschlagen.

Das viele Geschichtenerzählen über die letzten Kriegseinsätze vermittelte mir jedenfalls ein wenig Zeitgeschichte. Viele, mit denen ich im Ortslazarett sprach, waren an der nördichen Ostfront, etliche davon in Ostpreußen verwundet worden. Aus dem Kessel Königsberg kamen erstaunlich wenige. Dort war was mir mehr und mehr bewußt wurde, der größte Teil der vielen tausend Verwundeten in sowjetische Hände gefallen.

Meine eigenen Erlebnisse erschienen mir vergleichsweise unbedeutend. Sollte ich alten Landsern Bangloses erzählen? Nur einmal hatte auch ich eine Neuigkeit. Am dritten Tag war ich wieder zum Verbandswechsel gebracht worden. Schwagmeyer hatte sich entschlossen, den immer noch ansehnlichen Drain zu ziehen. Danach tauchte er lange Pinzetten tief in die Wunde hinein und holte nacheinander das seit einiger Zeit vermißte Stück Blech meines Kochgeschirrs und danach einige Stoffteile heraus, die die großen Löcher in Hose und Unterhemd hinreichend erklärten. Jedesmal hielt er mir die Fundstücke vors Gesicht und fragte: „Was ist das?".

Die Befreiung meiner Wunde von Müll hatte eine wundersame Wirkung. Der Grund der Vereiterung war beseitigt. Die Wunde schloß sich. Schon eine Woche danach konnte ich auf Krücken in den Waschraum humpeln und weitere zwei Tage später, es war der 30. April, etwas mühsam ums Haus gehen.

Vor allem aber bewegten uns in diesen Tagen die Nachrichten aus Deutschland. In einem der benachbarten Zimmer gab es einen Volksempfänger. Aufgescheucht von Gerüchten, standen wir am 2. Mai dort in der offenen Tür, hörten den Wehrmachtsbericht und darin die traurig-schaurige Mär, daß der große Führer in Berlin an der Spitze der Vaterlandsverteidiger gefallen sei. Nichts von einem Selbstmord. Nichts davon, daß dieses Ereignis schon zwei Tage zurücklag.[120]

Heute ist es nur noch mit Mühe möglich, die politische Gefühlswelt, in der wir uns damals alle befanden – oder auch nur meine eigene – einigermaßen zutreffend zu beschreiben. Man kann sich aber an einigen Fakten festhalten. Unter den Frontsoldaten, mit denen ich nun seit Monaten in den unterschiedlichsten Gruppen zusammenlebte, habe ich keinen einzigen getroffen, der sich als überzeugter Nationalsozialist zu erkennen gegeben hatte. Gelegenheit zum Bekenntnis, zumindest zur Denunziation bestand oft genug immer dann, wenn vorlaute Leute in aller Offenheit politische Witze über die Nazigrößen rissen. Das war strafbar und selbst für Zuhörer nicht ungefährlich. Die meisten Soldaten, auch solche, die derartige Witze erzählten, verhielten sich völlig unpolitisch. Für sie war es am einfachsten, Befehle auszuführen, Alltagspflichten zu

---

[120] Die in einer Rundfunkmeldung vom 1. Mai 1945 verkündete amtliche deutsche Mitteilung über den Tod Adolf Hitlers, der am 30. April im „Führerbunker" seiner Berliner Reichskanzlei Selbstmord verübt hatte, lautete: „Aus dem Führerhauptquartier wird gemeldet, daß unser Führer Adolf Hitler heute nachmittag in seinem Befehlsstand in der Reichskanzlei, bis zum letzten Atemzuge gegen den Bolschewismus kämpfend, für Deutschland gefallen ist." In einer Rundfunkansprache sprach der neue Reichspräsident Großadmiral Dönitz am 1. Mai ausdrücklich von Hitlers „Heldentod"; vgl. Dokumente der deutschen Politik und Geschichte von 1848 bis zur Gegenwart, hgg. von Klaus Hohlfeld, Bd. 5: Die Zeit der nationalsozialistischen Diktatur 1933–1945. Deutschland im Zweiten Weltkrieg 1939–1945, Berlin / München o. J., 529.

erledigen und sich um politische Einsichten oder ideologische Gefühle nicht allzu engagiert zu kümmern. Aus allen Gesprächen war jedenfalls zu entnehmen, daß die Partei und die politischen Führungsoffiziere, daß kurz gesagt alles, was mit dem Nationalsozialismus in Verbindung stand, spätestens in den letzten Kriegsjahren einen unangenehmen Beigeschmack erzeugte. Den Krieg verstand man als deutschen Krieg und nicht als den der Partei. Und doch. Da gab es diesen Führer, der mit seiner schnarrenden Stimme einerseits zu Witzen herausforderte,[121] der andererseits aber, wie viele Psychopathen, zweifellos die Gabe charismatischer Ausstrahlung besaß.[122] Die Parteipropagandisten hatten es fein eingefädelt: Das Volk hatte zu unterscheiden zwischen den klugen, nahezu unfehlbaren Einsichten des Führers und der Fehlsamkeit aller anderen, die nicht würdig waren, ihm das Wasser zu reichen. Im Sinne eben dieser Indoktrination war es nur konsequent, daß Hitler am Tage vor seinem Selbstmord in seinem „politischen Testament" seine hochrangigen Mitarbeiter Göring[123] und Himmler[124] als Schuldige aus der Partei und allen Ämtern verstoßen hatte.[125]

---

[121] Vgl. hierzu Hans-Jochen Gamm, Der Flüsterwitz im Dritten Reich. Mündliche Dokumente zur Lage der Deutschen während des Nationalsozialismus, München 1993.

[122] Vgl. insbesondere Ian Kershaw, Der Hitler-Mythos. Volksmeinung und Propaganda im Dritten Reich, Stuttgart 1980.

[123] Hermann Göring (1893–1946) galt als „Zweiter Mann" des „Dritten Reiches" und war dies bis zum Versagen der von ihm geführten Luftwaffe in der „Luftschlacht um England" 1940/41 faktisch auch; 1932/33 ein wichtiger Vermittler zwischen NSDAP und konservativen Eliten, war Göring zugleich ein rücksichtsloser Protagonist der gewaltsamen Durchsetzung des NS-Regimes; 1932–45 Reichstagspräsident (und als solcher in den Reichstagsbrandprozeß involviert), 1933–34 zugleich preußischer Innenminister und Chef der preußischen Gestapo (und als solcher hochgradig mitverantwortlich für die frühen NS-Verfolgungsmaßnahmen), 1933–45 auch preußischer Ministerpräsident und Reichsluftfahrtminister, ab 1936 zusätzlich „Beauftragter für den Vierjahresplan" sowie 1936/37 zeitweilig geschäftsführender Reichswirtschaftsminister; 1940 zum Reichsmarschall ernannt, verlor Göring ab 1940/41 infolge des militärischen Versagens der Luftwaffe zusehends an Einfluß; im April 1945 wurde er von Hitler als Verräter aller Ämter enthoben, da er ultimativ die Übertragung aller Vollmachten gemäß dem Stellvertreter-Erlaß vom Juni 1941 erbeten hatte, um offensichtlich in Friedensverhandlungen einzutreten; als prominentester Angeklagter des Nürnberger Hauptkriegsverbrecherprozesses 1946 zum Tode verurteilt, unmittelbar vor der Hinrichtung Selbstmord.

[124] Heinrich Himmler (1900–1945) – ab 1929 Reichsführer der „Schutzstaffel" (SS) der NSDAP – nutzte diese Stellung ab 1933 zu ebenso zielstrebigem wie unauffälligem Machtausbau; 1933/34 Kontrolle über sämtliche politischen Polizeien der Länder; ab 1936 als „Reichsführer SS und Chef der deutschen Polizei" Staatssekretär im Reichs- und preußischen Ministerium des Innern; 1939 „Reichskommissar für die Festigung deutschen Volkstums" und damit maßgeblich verantwortlich für die brutale Umsiedlungs-, Deportations- und Rassenpolitik in Osteuropa inklusive des Völkermordes an den europäischen Juden; ab 1943 Reichsinnenminister, nach dem Hitler-Attentat des 20. Juli 1944 zugleich Befehlshaber des Ersatzheeres; Ende April 1945 bot Himmler den Westmächten die einseitige Kapitulation an, was seine formelle Absetzung durch Hitler bewirkte; Himmler beging im Mai 1945 in britischer Haft Selbstmord.

[125] Hitler beschuldigte in seinem politischen Testament vom 29. April 1945 seine frühe-

Tod des Führers. Im Ortslazarett brach kein Freudentaumel aus. Betretenheit, das war alles. Deutschland ohne den Führer? Hatte die ständig beschworene Vorsehung das vorgesehen? Gerade jetzt hätte man doch den Führer gebraucht. Oder nicht? Dönitz,[126] gewiß, der war angesehen, in begrenztem Maße sogar beliebt. Aber ein Führer? Der war eben nur Großadmiral. Ich gebe zu, daß auch auf mich, den Sohn eines Pfarrers der Bekennenden Kirche, den Enkel eines zeitweilig von den Nazis inhaftierten Geistlichen, den notorischen Schwänzer im Jungvolk, die Nachricht zuerst wie ein Schock wirkte. Und als einer trocken sagte, „gut, daß der Kerl verreckt ist", empfand ich eine solche Äußerung über jemanden, der im Kampf gefallen war, einfach pietätlos. Doch ging auch ohne Zeitunglesen und dauerndes Radiohören die Entmythologisierung Hitlers erstaunlich schnell voran. Die Älteren hatten es dabei leichter als ich, der ich ein Deutschland ohne Nationalsozialismus niemals ernstlich in Betracht gezogen hatte.

In den nächsten Tagen überschlugen sich die Ereignisse. Während sich bisher die Verfasser der Wehrmachtsberichte eifrig bemüht hatten, die Bekanntgabe von Niederlagen und Verlusten möglichst um einen bis zwei Tage hinauszuzögern, waren es jetzt die Gerüchte, die oft den Fakten vorauseilten. Am 3. Mai wurde erzählt, Deutschland habe vor Großbritannien kapituliert. Folgt man jedoch dem hier sicher verläßlicheren Wehrmachtsbericht, so trat, nach einer Vereinbarung mit dem britischen Feldmarschall Montgomery, erst am 5. Mai früh um acht Uhr die für Holland, Nordwestdeutschland und Dänemark geltende Vereinbarung über eine Waffenruhe in Kraft.[127] Am 5. Mai lief bei

---

ren engen Gefolgsleute Göring und Himmler zurecht „geheime[r] Verhandlungen mit dem Feinde, die sie ohne mein Wissen und gegen meinen Willen abhielten", sowie des Versuchs, „entgegen dem Gesetz die Macht im Staate an sich zu reißen", wodurch sie – „gänzlich abgesehen von der Treulosigkeit gegenüber meiner Person" – „dem Lande und dem gesamten Volk unabsehbaren Schaden zugefügt" hätten; wenige Stunden vor seinem Selbstmord ernannte Hitler aus eigener Machtvollkommenheit akribisch noch eine neue Reichsregierung unter Großadmiral Karl Dönitz als Reichspräsident, Oberster Befehlshaber der Wehrmacht und Reichskriegsminister sowie Joseph Goebbels als Reichskanzler; vgl. Dokumente der deutschen Politik und Geschichte von 1848 bis zur Gegenwart, hgg. von Klaus Hohlfeld, Bd. 5: Die Zeit der nationalsozialistischen Diktatur 1933–1945. Deutschland im Zweiten Weltkrieg 1939–1945, Berlin / München o. J., 526–529, insb. 528.

[126] Karl Dönitz (1891–1980), Befehlshaber der deutschen Unterseeboot-Flotte, ab 1943 Oberbefehlshaber der Kriegsmarine als Großadmiral; von Hitler am 29. April 1945 testamentarisch zum Nachfolger im Amte des Reichspräsidenten bestimmt, wurde Dönitz am 1. Mai 1945 kurzfristig Oberhaupt der nach ihm benannten letzten „Reichsregierung", bis diese am 23. Mai 1945 von den Briten verhaftet und offiziell abgesetzt wurde; 1946 im Nürnberger Hauptkriegsverbrecherprozeß zu einer langjährigen Haftstrafe verurteilt.

[127] Am 3. Mai 1945 führte der von Hitler ernannte neue Reichspräsident Dönitz eine Lagebesprechung mit den zivilen und militärischen Chefs der deutschen Besatzungsregimes in Dänemark und Norwegen durch; hinsichtlich Dänemarks sprach sich der zivile Reichsbevollmächtigte Werner Best gegen eine Fortsetzung des Krieges aus, während der deutsche Militärbefehlshaber Generaloberst Georg Lindemann dort „die letzte

uns das Gerücht, Deutschland habe auch vor Rußland kapituliert. Nach der offiziellen Kapitulationsurkunde trat die Waffenruhe an allen Fronten aber erst am 8. Mai um 23.01 Uhr mitteleuropäischer Zeit in Kraft.

Trotz aller Ungenauigkeiten gab es tatsächlich eine zeitliche Differenz zwischen der Waffenruhe im Westen und der im Osten. Sie verursachte damals die wildesten Spekulationen und bereitete den Boden für die allerletzte, ziemlich unrealistische Hoffnung in diesem verlorenen Krieg. Man glaubte, weil man es wünschte, Amerikaner und Engländer könnten gemeinsam mit den im Westen besiegten Deutschen nunmehr gegen die Sowjetunion zu Felde ziehen und letztlich doch noch die Niederlage in einen Sieg verwandeln. Diesen Traum träumte wohl vorübergehend auch der eine oder andere in der kleinen, allerletzten Reichsregierung unter Dönitz.[128] Und ich, hier im Lazarett, hoffte und zagte bei diesem Gedanken vorübergehend mit.

Bei uns in Dänemark verlief das Kriegsende einigermaßen friedlich. Am 5. Mai mußten alle Waffen abgegeben werden. Kontrolliert wurde nichts. Es klang eher wie eine dringende Bitte, vermittelt durch das Personal des Lazaretts. Hinter unserer Baracke gab es einen breiten Graben, der sich wie ein unschönes Hindernis im Zickzack durch Teile des Ortslazaretts schob. Man hatte ihn offenbar in den letzten Kriegsmonaten als Splitterschutz bei Bombenangriffen gebaut. Nun war er überflüssig, und ehe sich Dänen und Briten darum kümmern konnten, warfen die Landser, die sich bisher nicht von ihren Karabinern, Maschinenpistolen, Pistolen und Handgranaten hatten trennen können, diese in ein Endstück des Grabens und schütteten es eiligst zu. Wie so manche der letzten deutschen Heldentaten zeichnete sich auch diese durch erstaunliche Phantasie und ziemliche Unsinnigkeit aus.

Am 8. Mai trafen die Engländer ein. Von ihnen war zunächst nicht viel zu bemerken. Sie nahmen Kontakt zur dänischen Verwaltung auf und kümmerten sich um die Umwandlung der deutschen Besatzer in dänische Internierte oder

---

anständige Schlacht des Krieges" geführt sehen wollte; Dönitz erklärte sich Tags darauf zur Einbeziehung Dänemarks in die Teilkapitulation gegenüber Großbritannien bereit, die am 5. Mai in Kraft trat; allein die deutsche Besatzung der Insel Bornholm kapitulierte erst am 9. Mai gegenüber den Sowjets; vgl. Petrick, a. a. O., 773.

[128] Dönitz hatte bereits in seiner Antrittsansprache als Hitler-Nachfolger im Amt des Reichspräsidenten am 1. Mai 1945 erklärt, daß man gegen die Westmächte im Grunde gar nicht mehr kämpfen wolle: „Meine erste Aufgabe ist es, deutsche Menschen vor der Vernichtung durch den vordrängenden bolschewistischen Feind zu retten. Nur für diesen Zweck geht der militärische Kampf weiter. Soweit und solange die Erreichung dieses Zieles durch die Briten und Amerikaner behindert wird, werden wir uns auch gegen sie weiter verteidigen [...] müssen. Die Anglo-Amerikaner setzen dann den Krieg [...] allein für die Ausbreitung des Bolschewismus in Europa fort." Vgl. Dokumente der deutschen Politik und Geschichte von 1848 bis zur Gegenwart, hgg. von Klaus Hohlfeld, Bd. 5: Die Zeit der nationalsozialistischen Diktatur 1933–1945. Deutschland im Zweiten Weltkrieg 1939–1945, Berlin / München o. J., 530; die Regierung Dönitz hoffte selbst nach der Kapitulation der deutschen Wehrmacht am 8. Mai 1945 noch, die Westalliierten gegen die Sowjetunion ausspielen zu können; vgl. Gruchmann, Totaler Krieg, a. a. O., 228 f.

Gefangene. Auch die Insassen der Lazarette gehörten demgemäß zu diesem Personenkreis. Die Umwandlung erfolgte in der Weise, daß eine Handvoll Dänen die deutsche Wachmannschaft am Lagertor ablöste und dort mit den übernommenen Karabinern Doppelposten bezog. Die Sache war nicht ungefährlich. Die freundlichen Dänen, die sich ihrer Aufgabe uniformlos in schlichten Anoraks unterzogen, liefen anfangs mit ungesicherten Karabinern herum. Man hatte ihnen diese Gewehre nur unzulänglich erklärt. Ein deutscher Unteroffizier mit hinreichenden Sprachkenntnissen erteilte ihnen mit herablassender Nachsicht seinen letzten militärischen Unterricht, dem sie dankbar folgten.

Noch fühlten wir uns nicht wie richtige Gefangene. Wir hatten eher einen Status wie vor Monaten noch die französischen Kriegsgefangenen in Ostpreußen, die mit ihren hellbraunen Uniformen längst zum Stadtbild Königsbergs gehört hatten. Am 14. Mai war ich soweit hergestellt, daß ich ganz ordentlich am Stock vorankam und mich entschließen konnte, mit meinem Zimmergenossen Fritz in den Aarhuser Zoo zu gehen. Fritz war Elbinger, etwa doppelt so alt wie ich und mir damit im Alter am nächsten. Wir brauchten nach meiner Erinnerung noch nicht einmal einen Passierschein. Auf dem Wege sprach uns ein junger Däne an, ein gläubiger Nationalsozialist, und ging mit uns. Er befand sich in einem Zustand großer Trauer und Betroffenheit. Ihm war der Führer, sein Idol, abhanden gekommen, und das Reich, das er bewundert hatte, lag am Boden. Er suchte Trost bei deutschen Gesinnungsgenossen. Hier in Dänemark war er jetzt völlig isoliert. Wenn ich an den Aarhuser Zoo denke, dann fallen mir heute keine Tiere mehr ein, sondern nur noch die lange und quälerische Diskussion mit einem der letzten gläubigen Nazis. Und ich frage mich, welche Argumente wir damals eigentlich verwendeten, als wir von den schlimmsten Verbrechen des Hitlerstaates noch nichts wußten. Es war schon spät, da trennte er sich von uns in noch größerer Verzweiflung.

Dieser Zoospaziergang ist noch heute für mich ein wichtiger Anhaltspunkt dafür, daß wir uns im engeren Umkreis der Zimmergenossen schon eine Woche nach Ende des Krieges ganz gut mit den neuen Verhältnissen abgefunden hatten. Seit Anfang Mai hatte es stundenlange heftige politische Diskussionen gegeben, zum erstenmal hatte ich von den Älteren auch Argumente aus dem Arsenal der Arbeiterbewegung gehört. Doch blieben die Gedankengebilde grob und verschwommen. Alles war mit Emotionen vermengt. Ich war fast immer nur Zuhörer. Zeitungen gab es nicht. Die Bewohner des Nachbarzimmers mit dem Volksempfänger hatten sich die belästigenden Besuche zu Nachrichtenzeiten längst verboten. Wir blieben auf Gerüchte angewiesen.

Mich jedenfalls berührte an diesem 14. Mai ein familiäres Ereignis weit mehr. Wolfgang, wenn er überhaupt noch lebte, hatte seinen 13. Geburtstag. Meine Gedanken begannen zu wandern, wie so oft an solchen Tagen. Aber es gab keine Fixpunkte, an denen ich mich festhalten konnte. Nichts wußte oder ahnte ich auch nur von der jämmerlichen Ankunft der beiden Familien in Mecklenburg.[129] Sie alle waren in meinem Denken irgendwo in einen dichten Nebel entschwunden.

---

[129] Das stark agrarisch geprägte Mecklenburg war bis 1918 das einzige deutsche Land, in dem noch eine *feudale Verfassungsstruktur* herrschte; die Landstände – insbesondere die (keineswegs immer adligen) Rittergutsbesitzer – waren die dominierende politische Kraft, die zwar gegenüber diversen Erbteilungen in der Herzogsdynastie – seit der letzten Landesteilung 1701 regierten die beiden Herzöge (ab 1815: Großherzöge) von Mecklenburg-Schwerin und Mecklenburg-Strelitz – jahrhundertelang die *Einheit* des Landes sicherstellten, aber eben auch jeglichen Ansatz zu politischer *Modernisierung* blockierten; seit der Novemberrevolution von 1918 waren die beiden mecklenburgischen Staaten völlig voneinander getrennt, um Anfang 1934 durch Anordnung des 1933 eingesetzten Reichsstatthalters und NS-Gauleiters Friedrich Hildebrandt (1898–1948) zu einem gemeinsamen Land Mecklenburg zusammengeschlossen zu werden; im Juli 1945 setzte die sowjetische Besatzungsmacht eine neue deutsche Landes*verwaltung* unter Dominanz der KPD/SED ein, die zugleich für den benachbarten, zur Sowjetischen Besatzungszone Deutschlands (SBZ) gehörigen westlichen Teil der bisherigen preußischen Provinz Pommern zuständig war; das Land „Mecklenburg-Vorpommern" – im März 1947 auf sowjetische Weisung in „Mecklenburg" umbenannt – wurde im Juli 1952 aufgelöst und erst 1990 wiederbegründet; vgl. Helge bei der Wieden, Kurzer Abriß der mecklenburgischen Verfassungsgeschichte. Sechshundert Jahre mecklenburgische Verfassungen, Schwerin 1994; Barbara Fait, „Mecklenburg(-Vorpommern)", in: SBZ-Handbuch. Staatliche Verwaltungen, Parteien, gesellschaftliche Organisationen und ihre Führungskräfte in der Sowjetischen Besatzungszone 1945–1949, hgg. v. M. Broszat und H. Weber, München 1990, 103–125.

Wer Tuberkulose hat, wird abgeholt: Kriegsende in Mecklenburg

Das war schon eine merkwürdige Schar von Kranken, Gebrechlichen und Kindern, die sich am 16. März, nach ihrer Ankunft in Kühlungsborn,[130] am Bülowweg, in der Pension „Haus Seeblick" niedergelassen hatte. Diese Pension gibt es noch heute. Der Bülowweg führt an der Küste entlang in ost-westlicher Richtung. Er ist nur an der Südseite bebaut. Nach Norden hin hatte man damals über die Straße hinweg einen weiten Blick auf das Meer. Heute ist er durch Bäume behindert. Hinter den Höfen und Gärten der Häuser beginnt gleich der kleine Wald, den der Ort völlig umschließt.

Die Eltern wohnten in dem voll belegten Haus mit meinen Brüdern im 1. Obergeschoß, die Großeltern mit Onkel Martin und Tante Brigitte unter dem Dach. Ihnen standen jeweils zwei oder drei kleine, nur kärglich möblierte Zimmer zur Verfügung. Für damalige Zeiten war das fast schon ein Luxus. Doch die für Sommerurlauber bestimmte Pension ließ sich nicht heizen. Überall drang Feuchtigkeit durch. Die Ankömmlinge waren durch die Strapazen der Flucht so zermürbt, daß sie sich am liebsten fallen gelassen hätten. Statt dessen ging der Existenzkampf weiter. Das galt jedenfalls für die, die nicht krank in ihren Betten lagen, vor allem für Vater.

Am Anfang stand die amtliche Registrierung. Immer noch hatten die deutschen Verwaltungsbehörden ein so zähes Leben, daß man nicht weiß, ob man dies bewundern oder darüber spotten soll. Am Tage nach der Ankunft ging Vater zur Kurverwaltung. Dort befand sich die Anmeldestelle für Flüchtlinge.[131] Die ohne polizeiliche Abmeldung angetretene Flucht bedurfte nachträglich behördlicher Anerkennung. Die darüber ausgestellte Urkunde hieß „Abreisebescheinigung". Sie war die Vorbedingung dafür, daß die Ankömmlinge in Küh-

---

[130] Kleines Ostseebad bei Bad Doberan in Mecklenburg, das erst 1938 durch den Zusammenschluß der beiden Gemeinden Arendsee und Brunshaupten entstanden war.

[131] Am 29. März 1945 berichtete der mecklenburgische NS-Gauleiter Hildebrandt seinem Berliner Kollegen Goebbels, daß schätzungsweise über vier Millionen Flüchtlinge aus Ostdeutschland das Land Mecklenburg durchquert hätten; Goebbels notierte: „Mecklenburg mit seinen 900 000 Einwohnern zählt jetzt 1.700 000 Evakuierte, das heißt, es hat eine fast 200prozentige Überbelegung. Man kann sich vorstellen, wie sich das in diesem wohnungsarmen Land auswirkt. Aber das sind immerhin noch die geringeren Sorgen. Ein Agrargau wie Mecklenburg wird damit schon fertig werden." Vgl. Die Tagebücher von Joseph Goebbels, Teil II, Bd. 15, a.a.O., 630; die NS-Führung gab damit der Annahme, in ausgesprochenen Agrargebieten sei die Lebensmittelversorgung der Flüchtlinge besser möglich als andernorts, in ähnlicher Weise Vorrang wie die folgende sowjetische Besatzungsmacht, die 1945/46 ebenfalls den Großteil der von ihr zu betreuenden Flüchtlings- und Vertriebenenmassen in die Agrargebiete Mecklenburgs und Brandenburgs lenkte, sofern diese sich nicht ohnehin aus eigenem Antrieb dorthin begaben.

lungsborn wohnen bleiben und hier auch die so dringend erforderlichen Lebensmittelkarten erhalten konnten; denn wenn es im eng gewordenen Deutschland noch etwas Eßbares zu kaufen gab, dann jedenfalls nur mit diesen Marken.[132] Am Nachmittag ging Vater zum Ortspfarrer, um sich zu erkundigen, welche Möglichkeiten er hier hatte, wieder eine berufliche Tätigkeit aufzunehmen. Zwei Tage danach, am Montag, erhielt er von der Anmeldestelle ohne Schwierigkeiten die Anerkennung der als „Umquartierung" deklarierten Flucht aus Königsberg, mußte aber von morgens an bis in den Nachmittag hinein am Wirtschaftsamt anstehen, um für seine Großfamilie Lebensmittelkarten zu erhalten. Dann suchte er den zuständigen Propst auf und zuletzt auch den örtlichen Wehrmachtspfarrer, der offenbar besonders zugänglich war und den er vor allem Mutters wegen bat, ihm bei der Suche nach einem besseren Quartier zu helfen. Die lag derweil in ihrem feuchtkalten Zimmer mit hohem Fieber, ständigem Husten und beunruhigenden Durchfällen. Aber Vater konnte sich immer noch nicht um sie kümmern; denn er war verpflichtet, sich innerhalb kürzester Zeit beim Wehrbezirkskommando zu melden. Das befand sich in Rostock. Dorthin fuhr er am nächsten Tag. Ihn begleitete, wie immer bei diesen Meldungen, die Sorge, daß man ihn dort behielt und er die beiden Familien, die dringend auf ihn angewiesen waren, hilflos allein lassen mußte. Als er am Ende des Tages völlig erschöpft aus Rostock zurückkam – auch noch aufgehalten durch einen Fliegeralarm in Bad Doberan –, fand er Mutter nicht mehr vor. Das Rote Kreuz hatte sie, vermutlich auf Anweisung des Gesundheitsamts, kurzerhand und ohne Vorankündigung abgeholt. Es war wie eine Inhaftierung. Er erfuhr, daß man sie nach Rostock gebracht hatte.

Wieder einen Tag später wurde Vater krank. Auch er hatte jetzt die in dieser Zeit epidemisch verbreiteten, von Fieber begleiteten Durchfälle, unter denen hier vor allem die geschwächten Flüchtlinge litten. Dazu kam heftiger Husten. Er konnte nicht nach Rostock reisen, um sich um Mutter zu kümmern. Es waren auch sonst Tage vieler Enttäuschungen. Fast alles mißlang. Vergeblich bemühte er sich, einen Ofen zu erhalten. Selbst eine Wärmflasche ließ sich nicht auftreiben. Die Lebensmittelkarten der Kinder gingen verloren. An manchen Tagen gab es kein Mittagessen. Ab und zu kam ein Arzt. Meist lag Vater im Bett. Aber immer wieder mußte er aufstehen, um sich um den Alltag zu kümmern. Offenbar waren wenigstens Großmutter oder Tante Brigitte wieder in der Lage, einfache Mittagsgerichte zu kochen. Er dachte unentwegt über Lösungen für ihre vielen Probleme nach, fragte in Göttingen an, ob Doormanns behilflich sein könnten, Mutter und die Brüder dort unterzubringen, schrieb an den Bischof von Hannover wegen eines Beschäftigungsauftrags in der

---

[132] Im Rahmen der seit 1939 herrschenden Kriegswirtschafts-Bestimmungen waren alle wesentlichen Lebensmittel rationiert und legal nur über zeitlich gültige Bezugscheine (Lebensmittelkarten) zu erhalten; vgl. hierzu Rainer Gries, Die Rationen-Gesellschaft. Versorgungskampf und Vergleichsmentalität: Leipzig, München und Köln nach dem Kriege, Münster 1991.

Nähe von Göttingen, bat in Bethel[133] um eine Aufnahme von Onkel Martin und hoffte, die Großeltern dort irgendwo in einem Altersheim unterzubringen. Meine Brüder halfen, so gut sie konnten. Sie sammelten fast täglich im Wald oder am Strand Holz für den Herd. Es gab ja genug gestrandete Schiffe. Die Brüder waren die einzigen, denen es zeitweilig gelang, die triste Welt um sich herum zu vergessen. Sie konnten noch hingebungsvoll spielen. Es gab in dieser Zeit viele Kinder im Ort. Am Strand und an den Buhnen, wo auch noch ein alter eiserner Kahn lag und wo sie selbstgebastelte Schiffchen fahren lassen konnten, fanden sie sich meist zusammen. Übrigens hatte die Großfamilie schon bald ihren Mittagstisch im Gasthaus Krüger, dort, wo anfangs noch beide Familien aßen, wo es dauernd Rote Beeten und immer wieder diese schrecklich zubereiteten Pastinaken gab. Vater meldete Georg in der Volksschule an und schrieb Wolfgangs wegen an die Oberschule in Bad Doberan. Er schrieb überhaupt in dieser Zeit viele Briefe, immer wieder auch ins Ungewisse an mich.

Der Tag, an dem Mutter von Vollzugspersonen des Roten Kreuzes zwangsweise abgeholt wurde, war der 20. März. Sie kamen unangemeldet um die Mittagszeit. Zwei von ihnen fuhren als Begleitung mit. Bis Bad Doberan ging es mit der Kleinbahn. Dort gab es beim Umsteigen Fliegeralarm. Es war derselbe Alarm, der auch Vater dort aufhielt, ohne daß beide voneinander wußten. Erst am frühen Abend kam der Zug in Rostock an, und erst anderthalb Stunden danach wurde Mutter vom Bahnhof abgeholt und in die Beobachtungsstation der medizinischen Klinik gebracht. Als sie dort eintraf, hatte sie hohes Fieber und war erschöpft. Noch am selben Abend wurde sie einem Arzt vorgestellt. Der eröffnete ihr, daß man in der Klinik entscheiden werde, ob sie in eine Heilstätte gebracht werde oder nach Hause dürfe.

In den Tagen danach gab es die üblichen Untersuchungen, verbunden mit Röntgenaufnahmen. Sie notierte die Ergebnisse: Sputumbefund negativ; Blutsenkung 31:62; Blutdruck 90:60. Sie war unruhig, weil Vater nicht kam, fragte sich, ob man ihn doch als wehrtauglich befunden und an die Front geschickt habe, fragte sich, ob er krank sei. Ein verständnisvoller Arzt nahm für sie einen Brief nach Kühlungsborn mit. Aus dem ergibt sich, daß sie von der Aktion des Roten Kreuzes völlig überrascht worden war. Sie hatte nichts vorbereitet. Ihr fehlten alle für einen Krankenhausaufenthalt wichtigen Utensilien, die sie in ihrem Brief nun im einzelnen aufführte, damit Vater sie ihr schicken konnte.

Ihr Aufenthalt in Rostock dauerte nur drei Tage. Am 24. März mußte sie um vier Uhr früh aufstehen. Gemeinsam mit acht Frauen und vier Männern wurde

---

[133] Die von Friedrich von Bodelschwingh d. Ä. ab 1872 ausgebaute Epileptikeranstalt Bethel bei Bielefeld entwickelte sich zu einem führenden Zentrum moderner evangelischer Diakonie („Innere Mission") in Deutschland; vgl. hierzu Paul Philippi, „Diakonie I", in: Theologische Realenzyklopädie, a. a. O., Bd. 8, Berlin / New York 1981, 621–644, insb. 639 ff.; Gerhard Ruhbach, „Bodelschwingh, Friedrich von, Vater und Sohn", in: ebd., Bd. 6, Berlin / New York 1980, 744–747.

sie in einen Möbelwagen verladen. Fünf von ihnen, darunter auch sie, lagen auf Tragen. Für die anderen wurden Stühle hineingestellt. Auf dem Bahnhof stellte man die Tragen auf einen Gepäckkarren, auf dem die Schwerkranken während der kurzen Fahrt zum Bahnsteig kräftig durchgeschüttelt wurden. Dann war deren Sonderbehandlung zu Ende. Man ließ sie absteigen. Das Krankenabteil im Zug war ein schlichtes Abteil der einfachsten Holzklasse, mit der amtlichen Bezeichnung „Reisende mit Traglasten". Es verströmte den scharfen Duft eines Desinfektionsmittels. So gefährlich waren sie also. Bis zum Mittag mußten sie dort aushalten. Abwechselnd durfte mal einer, mal ein anderer auf einer der harten Bänke liegen.

In Neustrelitz erwartete sie ein niedriger Kleinbus der Wehrmacht. Der hatte gerade fünf Sitzplätze für die Schwerkranken. Die anderen mußten auf ihren Gepäckstücken hocken. Mutter freute sich über die hübsche Stadt,[134] von der sie bei der Durchfahrt ein wenig sehen konnte, und über die Sträucher, die zu grünen begannen. Sie fuhren über Altstrelitz und erreichten um die Mittagszeit die Heilstätte Domjüch.

„Domjüch", so schrieb sie einen Tag danach an ihre Lieben in Kühlungsborn, „früher Irrenanstalt,[135] liegt sehr schön am Wald. Da ist auch ein See. Aber ich muß ja noch liegen, bin froh, daß ich's kann, vor allem über die Ruhe, wenn meine Mitpatienten, die sehr nett sind, stundenlang unten zur Liegekur sind. – Ich wurde gleich gestern gefüllt. Es sind hier Diakonissen, aber kein Gottesdienst. So werden dann also Ostern und Palmsonntag wie die andern Tage sein. Daß meine Gedanken ständig bei Euch sind, brauche ich nicht zu versichern" Und sie schloß ihre eng beschriebene Postkarte mit dem Wunsch: „Gott schütze Euch und schenke Euch Erholung".

Was sie nicht schrieb, aber ihrem Kalender anvertraute und dort unterstrich, war das Wortungeheuer „Doppelpneuandrohung". Die doppelseitige Lungentuberkulose wurde ihr in diesen Tagen zur Gewißheit. Auch das hohe Fieber

---

[134] Strelitz wurde 1701 Residenzstadt des durch Erbteilung neu entstandenen Herzogtums Mecklenburg-Strelitz; nach einem Großbrand errichteten die Herzöge (ab 1815 Großherzöge) neben der Altstadt (Altstrelitz) die Barockresidenz Neustrelitz, die später klassizistisch bzw. neugotisch umgestaltet wurde und Altstrelitz eingemeindete; schon zuvor Residenz und Verwaltungszentrum des kleineren mecklenburgischen Teilstaates, wurde Neustrelitz 1918 Hauptstadt eines nunmehr vollends eigenständigen deutschen Landes; die 1934 erfolgte, vom NS-Reichsstatthalter verfügte Vereinigung beider mecklenburgischer Staaten stufte Neustrelitz allerdings zur kreisfreien Stadt und zum Sitz des Kreises Strelitz herab; im April 1945 durch Kriegshandlungen erheblich zerstört.

[135] In Domjüch befand sich seit 1902 die eigenständige Großherzoglich Mecklenburg-Strelitzsche Landesirrenanstalt; 1918 Landeskrankenhaus, das seit 1930 in staatlichem Auftrag durch die pommersche Diakonissenanstalt Salem in Köslin geführt wurde; im Frühjahr 1940 aus dem Besitz des Staates in den der Stadt Neustrelitz überführt, womit offensichtlich auch eine Änderung des Anstaltszweckes (von der Heil- und Pflegeanstalt für Geisteskranke zur Tuberkuloseheilstätte) verbunden war; ob diese Zäsur von 1940 mit den zeitgleich durchgeführten NS-Krankenmorden („Euthanasie") in Zusammenhang stand, ließ sich nicht klären.

und die Durchfälle blieben, ohne daß die Medikamente anschlugen. Noch wog sie fast 48 kg. Endlich erhielt sie das ersehnte Lebenszeichen von Vater und antwortete sofort. Sie hoffte, daß er zu Besuch kommen werde, machte sich aber auch Sorgen. Die Fahrt war mit Strapazen verbunden, und er war jetzt so schwach. Ihre Antwort schrieb sie mit Bleistift in winziger Schrift und ohne platzraubende Absätze auf sieben aus einem kleinen Taschenkalender herausgerissene Blätter. Hier eine sehr gekürzte Fassung:

Domjüch, den 30. 3. 45

Mein lieber Paul, in Ermangelung von Briefpapier schreibe ich Dir auf diesen Zetteln. Habe Dank für Deinen ausführlichen Brief, über den ich mich natürlich sehr freute und der ja leider so wenig Gutes berichtete. Es tut mir sehr, sehr leid, daß Du nun so krank bist und auch so geschwächt wirst. . . . Es wäre mir eine große Freude, wenn Du mich besuchen würdest. Aber wie das mit der Übernachtung ist, weiß ich nicht, hier ist das ja nicht möglich, das müßte in Altstrelitz sein, dann hast Du den Weg zu laufen. . . . Ob Dir das nicht alles zu schwer sein wird nach den Strapazen und der Schwäche jetzt? Mir geht es gar nicht nach Wunsch. Das Fieber bleibt abends über 38 mit geringen Ausnahmen, morgens dann nach heftigem Nachtschweiß keine Temperatur. Kalt ist es hier auch. Geheizt wird nicht, und wir liegen Tag u. Nacht bei offenem Fenster; heute vormittag liege ich sogar im Mantel im Bett, weil ich schreiben wollte, sonst kann ich den Arm gar nicht hervorziehen. . . . Ich liege jetzt in der 1. Etage in einem 3-Bettzimmer, das im Augenblick nur von zweien belegt ist, außer mir noch mit einer jungen Frau, Flüchtling aus Marienwerder, aber Rheinländerin. Sie darf über Ostern nach Neustrelitz zu ihren Angehörigen, so liege ich dann ganz allein. . . . Früher, als das noch eine Irrenanstalt war, da ist alle 14 Tage Gottesdienst gewesen. Jetzt soll die Kirche Abstellraum sein!! Aber dann regt man sich im Deutschen Vaterlande auf, wenn der Feind Kirchen zerstört. Die politische Lage ist jetzt so schlimm, daß, glaube ich, alle Deine Pläne ins Wasser fallen. Es scheint doch jetzt aufs Ende zuzugehen. Ja, wenn man wüßte, bis wohin der Russe kommt? (30. 3.) Ich konnte gestern nicht mehr schreiben, so mußt Du nun länger warten, bis dieser Brief zu Dir kommt. Also zu den Plänen, die Du mit uns hast. Nach Göttingen kann ich vorläufig nicht, einige Monate wird man mich in der Heilstätte behalten. Man weiß ja nicht, ob der Russe hier nach Mecklenburg durchbrechen wird, vielleicht schaffen sie uns dann woanders hin. Ob ich dann von der Lungenheilstätte aus zu Doormanns kann, weiß ich nicht. Da werden sie Angst vor Ansteckung haben. Aber soll man so weit denken? Gott allein weiß, was bis dahin ist und ob wir dann noch leben! . . . Martin nach Bethel, das ist nach der Luftlandung der Amerikaner doch kaum möglich. Wer weiß, Magdalena und die aus Bad Ems[136] werden vielleicht schon auf der Flucht sein, wenn sie noch herausge-

---

[136] Elisabeth Terpitz bezog sich hier auf die Schwester ihrer Mutter Martha Federmann, Helene Elser, sowie auf die Familie einer von deren Töchtern.

kommen sind. Die schöne Pfarrstelle bei Küppers ist wohl schon in Feindeshand. In Bayern ist's ja wohl noch am sichersten. Aber kommt man da noch hin? Ich denke auch so an unsere weggeschickten Sachen. Werden wir jemals zu ihnen kommen? ...Ja, es lastet ein Fluch über dem deutschen Volke: „Unstet und flüchtig sollst du leben."[137] Man findet nirgends Ruhe. Hier ist es jetzt noch so friedlich. Die Vögel singen vor meinem Fenster und der See glänzt in der Morgensonne durch die Bäume, eine Forsythie will blühen und die grünen Spitzen der Birken hier draußen sehen heraus....Ich habe keine Umschläge, kann nur Karten schreiben, auch diese sind rationiert, statt 20 brachte mir der Briefträger nur 5 mit, Marken, so viel ich wollte, die nützen mir ja nichts. Also, wenn ich vielleicht nicht öfter schreibe, ist das Materialmangel. Ich will aber wieder versuchen, daß der Postbote mir Karten mitbringt. Heute ist also doch Gottesdienst und zwar Ostergottesdienst, aber im Tagesraum. Wir Bettkranken dürfen auf Liegestühlen daran teilnehmen. Pastor Reinhold aus Altstrelitz predigt. So freue ich mich, nur wird es mir eigenartig vorkommen, am stillen Sonnabend Osterlieder zu singen....Ob über G. nichts über Renate zu erfahren ist? Ich hoffe immer, daß Werner nach Theißen geschrieben hat. Aber vielleicht weiß er gar nicht, daß wir aus Kbg.[138] fort sind. Es ist doch möglich, daß er keine Post kriegt....Meine Gedanken kreisen immer um die großen Kinder. Renate wird sich gewiß sehr bangen, wenn sie noch am Leben ist. Ob man durch den Oberkirchenrat nicht von Ernsts und Marias Verbleib erfahren kann. Jetzt kommt noch die Sorge um Magdalena. Wer weiß, ob Peter in Brandenburg ist, dann wäre er ja von hier nicht weit. Ja, man weiß von keinem etwas. Zum Staunen ist, daß Pfr.[139] Kaminski geschrieben hat. Woher weiß er, wo Du bist?...Ich fand es sehr nett, daß die junge Pfarrfrau den Kindern Äpfel und Keks brachte....Für die Kinder freue ich mich, daß sie sich in der See tummeln können. Das wird ihnen gut tun. Euch allen wünsche ich vor allem warmes Wetter, daß Ihr aufleben könnt. Es tut mir so leid, daß die Eltern, besonders auch Mutter, so schwach sind. Brigitte hat's ja nun schwer mit all den Kranken, hoffentlich tut sie sich keinen Schaden....Du hast also schon an die Schule der Kinder gedacht, wie ich auch. Das wird ein ziemlicher Reinfall werden....Da werden wohl die Kinder sehr lernen müssen, wenn sie mitkommen wollen. Ja, mit der Schule wird's für die Kinder nun ein Zigeunerleben werden..." Der Brief verliert sich in noch kleinerer Schrift an den Rändern und ergänzenden Blättchen. Auf einem winzigen, beigefügten Zettel endet er: „Bitte nicht erschrecken über die Bescheinigung. Es geht mir so wie in Kühlungsborn, natürlich sehr viel schlechter als zu Hause. Die Bescheinigung muß wohl so schlimm abgefaßt werden, damit Du die Reisegenehmigung kriegst. Wenn es Dir lieber wäre und Du Dich [dann] kräftiger fühlst, warte

---

[137] Zitat des alttestamentarischen göttlichen Urteils über den Brudermörder Kain (1 Mos. 4).
[138] I.e. Königsberg.
[139] Damals übliche Abkürzung für „Pfarrer".

doch bis zum Hochzeitstag." Irgendwo am Rande schließt der Brief: „Laß Dich nochmals grüßen von Deiner Dich liebhabenden Elisabeth."

Ihr Taschenkalender enthält hingegen nur knappe Informationen: Die Kranke trug ihre Fieberwerte ein, die nahezu regelmäßig zwischen deutlich unter 37 Grad am Morgen und 38 bis 39 Grad am Abend pendelten. Medikamente gab es kaum. Sie erhielt eigentlich nur Opium und Kodein. Sie notierte die Visiten, die Untersuchungen sowie die eingehende und die von ihr geschriebene Post. Nur ein Ereignis hob sie hervor. Das war der Ostergottesdienst. Nachdem es für sie das heimatliche Zuhause nicht mehr gab und sie auch noch vom Rest der Familie fortgerissen war, hatte sie hier im evangelischen Gottesdienst wenigstens noch ein wichtiges Stück ihrer geistigen Heimat. Sie notierte in ihrem Kalender den Namen des Pastors, die Lesungen, das Thema der Predigt und alle gesungenen Liedverse. Alles spricht dafür, daß es der letzte Gottesdienstbesuch ihres Lebens war.

Vater hatte ihr ein Paket geschickt. Auch das bewältigte die angeschlagene Reichspost damals noch in wenigen Tagen. Mutter antwortete ihm am 2. April, schrieb Einzelheiten zu dessen Inhalt, bat um meinen Konfirmationsanzug, den sie im Fluchtgepäck mitgenommen hatte und der ihr jetzt passen werde, bedankte sich schließlich für den Zucker, auf den sie einen Heißhunger habe. Sie lobte die gute Ernährung, kritisierte aber die unzulänglich abgestimmte Diät. Sie klagte über ihre seit langem wunde Zunge und berichtete, der Arzt habe gemeint, das sei eine Folge des Hungers. Dann schrieb sie, daß sie versuchen wolle, durch Vermittlung einer Angestellten des Krankenhauses für ein paar Tage ein Quartier für ihn zu beschaffen. Eingehend nahm sie Anteil am Leben der beiden Familien in Kühlungsborn.

Auf diesen Brief antwortete Vater drei Tage später:

„K.,[140] d. 5. IV. 45

Meine liebe Elisabeth, heute kam nun Dein Brief. Schön, daß das Paket wenigstens am 2. Ostertag in Deine Hände kam, so hattest Du doch eine kleine Freude. Es tut mir leid, daß wir Dir nicht alles richtig geschickt haben, so will ich versuchen, es bei meinem Besuch mitzubringen... es kommt alles auf die Frontlage an, ob die bis dahin noch ruhig bleibt, auch darauf, ob ich unbehelligt durchkomme, es wird ja, je länger je mehr, eingezogen. Aber ich will Dich damit nicht in Unruhe versetzen, soll es so sein, dann muß man es auch hinnehmen. – Hoffentlich kann man Euch, d.h. die Heilstätte, wenn die Front näher rückt, auch noch verlagern. Von dem hier am 3. 4. so plötzlich abgegangenen Transport der im Sammellager untergebrachten Stettiner schrieb ich Dir schon. Wir kamen also nicht mit. Wer weiß, ob und wozu es gut ist. Ich muß sagen, mir ist der Gedanke an eine Veränderung trotz unserer dürftigen Lage selbst höchst unbehaglich im Blick auf die gespannte Lage und unseren geschwächten Zustand. Wenigstens das Schlafen will uns gelingen, und das

---

[140] I.e. Kühlungsborn.

Essen besorgen wir auch schon, so gut wir können. Wir werden satt, wenngleich das Essen schmackhafter und vor allem fetter sein könnte. ...Heute war ich nachmittags bei Propst Thimm, um den Gottesdienst von Sonntag vorzubesprechen, den ich zu halten beabsichtige, wenn wir dann noch ruhige Verhältnisse haben. Und dabei wurde ich zum Kaffee eingeladen. Kaffee und Honigbrot am gedeckten Tisch ist eine fast wie ein Märchen anmutende Sache für uns geworden. Wer weiß, ob wir uns allesamt noch so an einen Tisch setzen können? ...Wann werde ich Dich wohl wiederhaben und zwar wirklich genesen, wann und ob werden wir unseren beiden Großen noch einmal in die Augen blicken? Ja, um Werner mache ich mir Gedanken. Kbg. [i.e. Königsberg] ist ja wieder voll eingeschlossen und wird von Norden her angegriffen. So erfüllt sich auch das Geschick dieser Stadt in Kürze. Von Renate wie von Werner habe ich bisher keine direkte Nachricht bekommen, und auf indirektem Wege über Strausberg, Theißen oder Frellstedt ist solches nicht mehr möglich. Trotzdem schrieb ich heute auch an Werner. Ich denke mir, daß man den dortigen Kämpfern, solange es irgend geht (Flugzeug), Nachricht aus der Heimat gibt. Renate wird ja wohl im Kriegseinsatz stehen, auch das wird für sie eine harte und nervenzermürbende Sache sein. Denn die jungen Mädchen werden wohl mindestens als Flakhelferin oder in der Munitionsfabrik gebraucht. – Nun will ich Dir einiges von uns schreiben. Ich bekam gestern eine Rechnung vom Roten Kreuz über Deinen Transport nach Rostock über 20,– M. Ich werde um Stundung bitten, bis ich mein Gehalt bekommen habe.[141]

Wolfgang und Georg besuchen also hier die Schule. Es trifft sich gut, daß es hier eine Zubringeranstalt für die Oberschule in Doberan gibt, so kann er (Wolfgang) die II. Klasse besuchen; er hat sogar ein englisches Buch und Georg ein Rechenbuch erhalten. Nun fängt das Lernen wieder an. Eine eigentümliche Sache in so bewegter Zeit. Nebenher geht der wirtschaftliche Kram. ... Vor dem 9., also Montag, kann ich nicht kommen ... Es hängt von der Einwilligung der Reichsbahndirektion Rostock, wie von der Lage überhaupt ab. Hoffentlich klappt es, dann bringe ich Dir auch Deine gewünschten Sachen mit. – Auf ein Wiedersehen hofft und freut sich Dein Dich herzlich grüßender Paul."

Ebenso wie Vater, schrieb auch Mutter nach längerer Pause noch einmal an mich. Das war am 7. April, dem Tage meiner Verwundung. Die Karte kam ver-

---

[141] Pfarrer Paul Terpitz hatte sich am 24.3. 1945 an sein kriegsbedingt nach Berlin-Charlottenburg verlagertes ostpreußisches Konsistorium gewandt, um seine dringend erforderlichen Gehaltszahlungen wiederaufnehmen zu lassen; am 5. April 1945 teilte ihm das Konsistorium mit: „Auf das Gehalt für den Monat März d.Js. haben wir vorbehaltlich der späteren Verrechnung einen Vorschuß in Höhe von 660 RM angewiesen. Dieser Betrag wird Ihnen von der Konsistorialkasse in Berlin in Kürze überwiesen werden. Vom 1. April d.Js. ab erhalten Sie mit dem gleichen Vorbehalt vierteljährlich im voraus weitere Vorschüsse von 1 980 RM überwiesen." Aufgrund der folgenden Kriegsereignisse trafen die angekündigten Zahlungen jedoch niemals ein. – Zit. nach Privatarchiv Werner Terpitz, Remagen-Oberwinter.

ständlicherweise nicht an. Auch sonst haben mich übrigens nie irgendein Brief oder eine Karte über meine Feldpostnummer erreicht. Ich habe auch nicht in Erinnerung, daß Kameraden Post erhielten. Viele Millionen Menschen haben im Frühjahr 1945 immer wieder hoffnungsvoll oder in Zweifeln Postsendungen ins Ungewisse aufgegeben, die niemals angekommen sind. Man bildet sich ein, irgendwo könnten davon heute noch Berge lagern.

Mutter setzte ihre Hoffnung nun ganz auf Vaters Besuch am 9. April. Das war ihr Hochzeitstag. Neunzehn Jahre waren also vergangen seit diesem umwerfenden Fest, das sie ausgelassen mit ihren Freundinnen und mit der riesigen, temperamentvollen Verwandtschaft in Königsberg gefeiert hatte! Damals war sie zwanzig Jahre alt gewesen. Zwei Tage hatte die Hochzeitsfeier gedauert, mit den langen ulkigen Gedichten, den Scharaden und Tänzen, mit Musik, auch vielen bekannten Liedern mit zum Fest veränderten Texten und der Verlesung der Hochzeitszeitung, die übrigens, wie auch die anderen Texte, noch heute existiert: Zwei exzentrische Tage in der großen Pfarrwohnung der neu erbauten Friedenskirche in der Königsstraße! Sie hoffte, daß sie beide wenigstens diesen Erinnerungstag gemeinsam verleben könnten. In ihren Kalender schrieb sie, halb ausrufend, halb fragend, den Satz: „Heute Hochzeitstag, kommt Paul?" Und unterstrich ihn beschwörend.

Er schaffte es nicht. Vater hielt am 8. April vormittags seinen ersten Gottesdienst in der Kirche von Kühlungsborn und am Nachmittag einen weiteren in einer Kapelle. Am 9. April fuhr er bei Anbruch des Tages mit Kleinbahn und Reichsbahn nach Rostock, wo er am frühen Morgen ankam. Dort blieben die erhofften Anschlußzüge aus; er wartete nahezu zwölf Stunden auf dem Bahnhof. Erst am Abend kam er viel zu spät in Altstrelitz an, fand noch im Gasthaus zur Börse ein primitives Quartier. Dann gab es Fliegeralarm. Er war müde, ging nicht in den Luftschutzkeller, sondern legte sich einfach ins Bett.

Nach einem kurzen Fußmarsch traf er am nächsten Vormittag in Domjüch ein. Die Freude des Wiedersehens war groß. Im Krankenhaus zeigte man erstaunliches Entgegenkommen. Mutter wurde für diesen und den nächsten Tag in ein Einzelzimmer verlegt, so daß die Eltern über ihr vergangenes Glück und die deprimierende Gegenwart ungestört miteinander reden konnten. Vater sprach auch mit dem behandelnden Arzt, der, wie er in den Kalender eintrug, „sehr ernst urteilt". Auf das letzte Beisammensein am Nachmittag des 11. April folgte ein schwerer Abschied für beide. Die Front kam von allen Seiten immer näher. Neustrelitz liegt um etliches weiter östlich als Kühlungsborn. Es war deshalb ihre durchaus begründete Sorge, sie könnten jeweils von einer anderen feindlichen Armee überrannt und endgültig getrennt werden.

Vater hatte für die beiden letzten Nächte in Domjüch ein Privatquartier bei einer freundlichen Familie erhalten. Es ist erstaunlich, wie hilfsbereit so viele Menschen jetzt waren. Dort schrieb er im Morgengrauen an Mutter noch schnell einen Abschiedsgruß, den er offenbar gleich jemandem nach Domjüch ins Krankenhaus mitgeben konnte. Er redete sie, wie er es gelegentlich tat, in zärtlichem Ostpreußisch an:

„Domjüch, d. 12. IV. 1945

Mein liebes, liebes Frauchen,
in aller Kürze vor meinem Aufbruch schreibe ich Dir noch diese Zeilen, um Dich von hier aus zu grüßen. Das Geschäftliche habe ich mit Familie Helm erledigt und hoffe, sie wird mich auch wieder aufnehmen, wenn ich kommen kann. So hoffe ich ja, menschlich gesehen, auch, daß ich Dich noch weiter besuchen kann, auch wenn ich in ein Amt komme. Aber wir sollen keine Pläne machen, und so wollen wir alles Gott überlassen. Ich denke noch sehr an die beiden schönen Tage gestern und vorgestern. Der Abschied ist schwer, gewiß. Laß ihn Dir aber nicht zu schwer werden; auch wenn wir räumlich getrennt sind, so sind wir in Gedanken verbunden und unsere Wünsche und Gebete sind täglich für Dich auf Gott gerichtet. Dich möchte ich aber bitten, bei aller Schwere Deines Leidens und sonstiger Trübseligkeit der Lage die Hoffnung nicht zu verlieren. Schließlich gilt auch Johannes, Kap 5: Willst Du gesund werden? Nun sei Gott befohlen. Wenn Du schreibst, schreibe nur kurz. Es genügt uns, und Dich strengt es nicht so an.
In Liebe dankt Dir für alles und weiß sich mit Dir verbunden Dein Paul."

Sie antwortete noch am selben Tage, nahm dabei den Ton seiner Anrede auf, was bei ihr eher neckend klingt:

„Domjüch, den 12.4. 1945

Mein liebes Männchen, nun ist ein halber schweigsamer Tag hier oben wieder vergangen in Gedanken an Dich auf der Reise. Eine große Freude war es mir, als mir morgens, kurz nach 7 Uhr beim Waschen von Oberschwester Margarete höchstpersönlich Dein Brief gebracht wurde. – Ja, soweit war ich gekommen nach dem Mittagessen. Und was sagst Du nun? Da kam der große Umzug in ein neues Bett. ...Von den beiden „Damen" verabschiedete ich mich freundlich, sie von mir ebenso; denn das Bett bleibt vorläufig leer. – Hier liegt mir jetzt gegenüber ein Frl. R. . Sie ist offenbar sehr nett, ist Bauerntochter 25 km von hier. ...Nun wirst Du doch bald und gut nach Hause gekommen sein und auch alle wohlauf getroffen haben. Kurz vor dem Umzug bekam ich auch den Brief von Mutter, schönsten Dank. – Meine Gedanken sind immer dort, sobald ich allein bin. Es tut mir so leid, daß ich wieder, wenn's darauf ankommt, nicht helfen kann. Natürlich, mir geht es hier gut. Aber das ist keine Hilfe für Euch. Es ist mein großer Wunsch, Euch alle noch lebend wiederzusehen. Wie leicht können wir abgeschnitten werden. Dann kann ich auch nie zu Euch. Habe Dank für alle Liebe, für die Strapazen der Reise, die Du auf Dich nahmst, für die Blattpflanze, für den Zucker auch. Grüße die Kinder (Georg kriegt bald einen Brief), Eltern und Geschwister.
Dir Gruß und Kuß von Deiner Elisabeth".

Der Zug kam mit erheblicher Verspätung in Rostock an. Sowohl in Neustrelitz als auch in Rostock sah Vater, daß geschäftige Bautrupps zur Vorbereitung auf den unsinnigen Endkampf Barrikaden errichteten. Der Anschlußzug in Rostock war schon fort. Er nutzte die Zeit, aß im Rostocker Hof ein schlichtes Mittagessen, machte Einkäufe, fuhr mit der Fähre nach Gehlsdorf, setzte sich dort in ein Café und schrieb nochmals einen Brief an Mutter. Abends erreichte er Kühlungsborn. An diesem Tag erfuhr er von der Kapitulation Königsbergs. Es war der Tag, an dem ich Pillau mit dem Schiff verließ. Vater hatte es sich zur Gewohnheit gemacht, wichtige Meldungen zum Verlauf des Krieges in seinem Kalender zu notieren. Am 5. April schrieb er „Kassel verloren, Angriff auf Wien", am 10. April „Kampf um Wien", am 11. April „Verlust von Hannover", am 13. April „Verlust von Weimar", schließlich am 15. April „Amerikaner bei Leipzig". Viele dieser Ereignisse wurden der Bevölkerung erst verspätet mitgeteilt. Die wartete voller Bangen die Ankunft der feindlichen Truppen ab.[142] Vater hat in diesen Tagen sonst nicht viel in seinen Kalender eingetragen. Für ihn und die Seinen gab es nur mühseligen Alltagskram. Ihnen fehlte fast alles. So brauchte Großmutter, die für alle die Wäsche wusch und gelegentlich kochte, Holz für den Herd. Immer wieder mußten sie Holz sammeln und hacken. Vater schrieb viele Briefe, vor allem an die vereinbarten Kontaktadressen, aber auch dahin, wohin wir vor Monaten Pakete und Kisten geschickt hatten. Offenbar hatte er die Hoffnung, daß wenigstens die in Sachsen liegenden Sachen noch nach Kühlungsborn geschickt werden könnten.

Die Verläßlichkeit der Post nahm ab. Die Eltern schrieben einander. Aber es scheint so, als ob nicht mehr alle Briefe ankamen. Mutter fiel es zunehmend schwerer zu schreiben. In ihren kurzen Briefen an die Brüder fragt sie vor allem nach der Schule, merkt den einen oder anderen Rechtschreibfehler an, gibt aber auch Ratschläge und macht Mut. Bei Wolfgang registriert sie ohne

---

[142] In einem vermutlich vom SD erstellten Stimmungsbericht von Ende März 1945 wurde der weitgehende Vertrauensverlust der deutschen Bevölkerung zur NS-Führung aufgrund des nun *überall spürbaren Einbruchs der feindlichen Kriegshandlungen in den lebensweltlichen Alltag* skizziert: „Seit dem Einbruch der Sowjets [ab Januar 1945] weiß jeder Volksgenosse, daß wir vor der größten nationalen Katastrophe mit den schwersten Auswirkungen für jede Familie und jeden Einzelnen stehen. [...] Mit den Evakuierten und Flüchtlingen aus dem Osten ist das Grauen des Krieges in alle Städte und Dörfer des enggewordenen Reiches gelangt. Die Luftangriffe haben [zusätzlich] den einigermaßen normal gewesenen Lebensablauf in einem Ausmaß zerschlagen, daß es für jeden spürbar wird. Die Verbindung zwischen den Menschen ist weitgehend abgerissen. Zehntausende von Männern an der Front sind bis heute ohne Nachricht, ob ihre Angehörigen [...] noch am Leben sind und wo sie sich befinden. [...] Hunderttausende von Frauen bleiben ohne Nachricht von ihren Männern und Söhnen [...]. Allgemein ist der Drang, daß sich die Sippen und Familien zusammenschließen [...]. Aus der allgemeinen Hoffnungslosigkeit werden die verschiedensten Folgerungen gezogen. Ein Großteil des Volkes hat sich daran gewöhnt, nur noch für den Tag zu leben. [...] Viele gewöhnen sich an den Gedanken, Schluß zu machen. [...] Selbstmorde [...] sind an der Tagesordnung. Zahlreiche Gespräche in den Familien mit Verwandten, Freunden und Bekannten sind von Planungen beherrscht, wie man auch bei Feindbesetzung durchkommen könnte. Notgroschen werden beiseite gelegt, Fluchtorte gesucht. [...] Dinge, die sich noch vor wenigen Wochen niemand auszudenken wagte, sind heute Gegenstand einer öffentlichen Diskussion [...] unter stockfremden Menschen." Vgl. Meldungen aus dem Reich, a.a.O., Bd. 17, 6734f. und 6737.

übermäßiges Bedauern, daß er dreieinhalb Kilogramm abgenommen hat, berichtet auch vom Küchenmädchen, das einen ganzen Stoß Teller zerschlagen hat. Georg fragt sie, ob er auch so viel an Renate und Werner denken muß und an die Bielefelder Verwandten, an den Vetter, der jetzt vielleicht allein in Brandenburg ist, Und an Tante Magdalena sowie an die kleinen Cousinen. Am 16. April schrieb sie eine Postkarte an Vater.

„Mein lieber Mann, gern hätte ich Dir mehr geschrieben, aber es geht wirklich nicht recht, bin doch recht elend, aber ein Kartengruß soll doch zu Dir wandern. Also Renate hat an U.Sch. geschrieben. Von wo denn, von Stolp oder schon aus dem Reich? An Werner muß ich immerzu denken! Werden wir je erfahren, was aus ihm geworden ist? Der kleine, große Jung! Was hat er wohl alles durchmachen müssen, er war doch noch solch ein großes Kind! – Also G. hat Dir geschrieben, so wirst Du nun wohl Gehalt kriegen, aber das ist für Dich nicht die Hauptsache, sondern das Amt. Ob Du wohl noch dazu kommst? – Schade, daß wir die Frühlingsblüte nicht sehen können. Bis ich aufkann, ist alles verblüht, und wie liebe ich gerade diese Zeit und wie oft habe ich sie im Bett verlegen! Nun, es ist nichts zu machen. Ich muß eben Geduld haben. Den Kindern danke ich für die Zeilen, hoffentlich bringt die Schule etwas Erfolg. Heute ist's übrigens draußen sehr warm, aber hier drin eisig. Seit gestern haben wir eine dritte Mitpatientin, die Magenkatarrh hat und nicht essen kann, die 2. ißt auch schlecht, so sind wir ein richtiger Verein hier. Ich soll nun von heute ab auf leichte Kost gesetzt werden. Das ist bis jetzt nicht geschehen. So habe ich heute fast nichts gegessen.... Das Fieber bleibt so. Auf unsere Pakete aus Sachsen mache ich mir nur wenig Hoffnung, das wird wohl zu spät sein. Nun grüße die Kinder, Eltern, Brigitte und Martin. Ich danke ihnen für die Briefe und Karten, schreibe auch an sie, wenn's mir besser geht. In Liebe grüßt Dich Deine Elisabeth. Dank für Brief aus Rostock und Karte".

Seit einigen Monaten trugen alle einfachen Postkarten, die man in den Postämtern erhielt, auf der Vorderseite nicht nur Adressenfeld, Absenderfeld und die aufgedruckte Briefmarke mit dem Hitlerkopf, sondern zusätzlich links unten einen verlogenen Propagandaspruch, der das Schriftfeld einengte, und so lautete:

„Der Führer kennt nur Kampf,
Arbeit und Sorge.
Wir wollen ihm den Teil abnehmen,
Den wir ihm abnehmen können."[143]

---

[143] Im erwähnten SD-Stimmungsbericht von Ende März 1945 wurden hingegen die katastrophale Bevölkerungsstimmung und die fast völlige Wirkungslosigkeit der NS-Durchhaltepropaganda offen angesprochen: „Das ganze Gerede der Presse von heroischem Widerstand, von der Stärke der deutschen Herzen, von einem Aufstehen des ganzen Volkes, das ganze zu leerer Phraseologie verbrauchte Pathos [...] wird verärgert und verächtlich beiseite gelegt. [...] Die Bevölkerung ist so nüchtern geworden, daß sich kein Volkssturm mehr inszenieren läßt. Man macht nun auch äußerlich kaum noch mit. Die Regie, die früher einer Massenversammlung im Sportpalast

Mutter hatte diesen Hitler nie gemocht und schrieb, wie immer, rücksichtslos in die freien Halbzeilen des Spruchs hinein, wollte sich nicht auch diesen Platz noch rauben lassen.
Noch ein letzter Brief ist erhalten. Er stammt vom 20. April:
„Mein lieber Paul, Ihr lieben Jungens, endlich schreibe ich Euch wieder, es fällt mir schwer, aber ein Lebenszeichen sollt Ihr doch haben und ihr sollt wissen, wie ich mich für Euer Ergehen interessiere. Es schreibt sich aber schlecht, die neue Patientin hat Besuch, die reden, da kann man keine Gedanken fassen. Heute überflogen uns vormittags wieder Hunderte von Flugzeugen, sie sollen sogar z. T. mit Bordwaffen hier in der Gegend geschossen haben, so ist es in Mecklenburg jetzt auch unruhiger geworden, als es bisher war, auch Ihr habt ja wohl viele Überflüge. Die politische Lage ist so furchtbar geworden, es soll wohl ein Gegenangriff von uns sein, da aber hier oft kein Strom ist, erfahren wir nichts. – Schön, daß Du wenigstens einen Anhaltspunkt hast, wo Renate sein könnte, vielleicht läßt der liebe Gott sie uns doch noch wiederfinden. Jedenfalls ist sie doch aus Pommern heraus, da bin ich froh. Das arme Kind wird sich so bangen! Du hast mich so lieb über Wernerlein getröstet. Aber schwer ist's doch zu tragen, was ich mit Gottes Hilfe versuchen will. Nun müßt Ihr beiden, Wolfgang und Georg, ganz besonders lieb sein, wir haben doch jetzt nur noch Euch. Ich freue mich, daß Ihr fleißig lernt. Wie Großmutter schrieb, arbeitet Wolfgang bei Tante Brigitte, das ist sehr schön, da sei auch dankbar dafür. – Es tut mir leid, daß Du im Gottesdienst so wenig Befriedigung findest, hoffentlich predigt der Militärpfarrer bald wieder. – Mich besuchte übrigens Pfr. Reinhold aus Altstrelitz in dieser Woche. Wir haben uns recht gut unterhalten, er hat auch versucht, mich auf den Glauben hinzuweisen. Aber das weiß ich ja selbst. Nur das Leben danach [soll heißen: danach zu leben], wenn man keine Besserung spürt, ist doch sehr schwer. – Ich bin froh, daß es Vater besser geht, hoffentlich ist es geblieben; gut, daß Vater und Brigitte Zusatz[verpflegung] erhalten. Bloß Muttchen geht wieder leer aus, wie immer. Ich danke Mutter sehr für den Brief, der mit Deinem gestern ankam, für den ich natürlich auch danke. Ich habe mich für Onkel Ottos[144] Brief sehr interessiert. ...Er muß jetzt auch sehr in Sorge um seine Jungens sein. Ich

---

zum Erfolg verhalf, funktioniert nicht mehr, weil das, was jenen Kundgebungen einstmals Inhalt, Leben und Bewegung gab, nicht mehr vorhanden ist." Vgl. Meldungen aus dem Reich, a.a.O., Bd. 17, 6739; die Bemerkung zum „Volkssturm" bezieht sich nicht auf die 1944 gegründete NS-Organisation gleichen Namens, sondern – wie die Anspielung auf den Berliner Sportpalast erkennen läßt – auf den ominösen Schlußsatz der Sportpalast-Rede von Joseph Goebbels am 19. Februar 1943, in der – unmittelbar nach Stalingrad – der „totale Krieg" proklamiert worden war: „Nun Volk steh' auf und Sturm brich los!" Vgl. Die Tagebücher von Joseph Goebbels, a.a.O., Bd. 7, 375.

[144] Es handelt sich um den Bruder der Großmutter Martha Federmann, Otto Schmadtke, Superintendent in Mohrungen / Ostpreußen; zwei von dessen drei Söhnen fielen im Zweiten Weltkrieg.

wundere mich, daß er keine Verbindung mit Hannover[145] bekommen hat. Ob sie wirklich nicht mehr leben, dann ist ihnen wohl das Schwerste jetzt erspart. – Na, nun aber Schluß, ich schreib' schon so lange. Gott behüte Euch, die Eltern und Geschwister, die ich natürlich zu grüßen bitte. Es grüßt und küßt Dich Deine Elisabeth u. Euer Mütterchen."

Zu diesem Brief schrieb sie am selben Abend, schon bei hohem Fieber, noch einen Zusatz auf eine Postkarte, die sie danach eng zusammenfaltete und beidseitig mit der Aufschrift versah: „Nur für Paul". Hier gab sie ihrem Jammer freien Lauf:

„Mein lieber Paul, ich muß es ja doch einmal schreiben, es geht mir nicht gut, obgleich mir Dr. B. bei der Visite gesagt hat, daß es ein Versehen war, als er Dir gesagt hatte, ich sei nun „offen" [Bezeichnung für offene Tuberkulose]. Das stimmt also nicht und Du kannst beruhigt sein deswegen. Ich habe beinahe noch hinterher einen Herzschlag gekriegt deswegen. Gut daß Du mir nichts gesagt hattest. Ja, aber trotz allem, ich habe seit Sonntag immer 39° – oder auch zwei Strich darüber – Temperatur und bin so schwach....Essen kann ich jetzt oft wenig, es gibt kein Weizenbrot mehr. Ich weiß nicht, ob Du nochmal herkommst oder erst an Dr. L. schreibst. Wenn ich frage, was meinem Bauch fehlt, dann heißt es, er sei ganz durcheinander. Verheimlicht er mir was oder weiß er es nicht? Ich weiß mir keinen Rat mehr, nun bin ich vier Wochen hier und es ist jetzt so viel schlechter. Es tut mir leid, Dein Herz zu beschweren, ich habe es auch nicht früher schreiben wollen, konnte auch schlecht. Sei in Liebe gegrüßt von Deiner Dich liebenden Elisabeth".

Hier bricht der Schriftwechsel ab. Zwar schrieb sie noch zweimal an Vater und je einmal an ihre Schwester Brigitte und an ihre Mutter, wie auch die an sie schrieben. Aber diese Karten und Briefe kamen offenbar nicht mehr an. Die sowjetischen Streitkräfte hatten mit der Schlußoffensive begonnen. Post und Bahn stellten ihre bis dahin noch einigermaßen funktionierenden Tätigkeiten ein. Ab 19. April war, wie Vater notierte, die Benutzung der Eisenbahn nur noch mit besonderer Reiseerlaubnis möglich. Ab 23. April gab es keinen Zugverkehr mehr. Wie überall liefen auch durch Domjüch die widersprüchlichsten Gerüchte. Wurde kürzlich noch von einem deutschen Gegenangriff gemunkelt, so sprach man wenige Tage danach von einem bevorstehenden Waffenstillstand. Dann ging alles sehr schnell. Der 27. April brachte die Anordnung zur Räumung des Krankenhauses. Am nächsten Tage wurde Mutter, gemeinsam mit anderen Patienten, mit einem kleinen Pferdefuhrwerk zum Bahnhof Neustrelitz gebracht. Aber es ging von dort kein Transport mehr ab. Die ganze Ak-

---

[145] In Hannover lebte ein weiterer Bruder der Großmutter, der Oberschulrat Ernst Schmadtke; dessen drei jüngste Söhne fielen im Krieg, die Hannoveraner Wohnung mitsamt aller Habe ging durch den Bombenkrieg verloren; Hannover wurde gerade auch zu dieser Zeit – am 27. und am 30. März 1945 – mit US-amerikanischen Bombenangriffen überzogen; vgl. Die Tagebücher von Joseph Goebbels, a.a.O., Bd. 15, 601 und 633.

tion entpuppte sich als eine völlig überfüssige Anordnung, vermutlich der zuständigen Parteidienststelle. Nun wurden die Kranken in aller Eile in das keineswegs leere Carolinenstift eingeliefert und dort im leicht gebauten Gartenhaus untergebracht.

Am folgenden Tag, es war der Sonntag Kantate, der in Mutters durch die Kirchenmusik geprägter Familie immer einen besonderen Stellenwert hatte, gab es heftigen Artilleriebeschuß. Alle mußten in den Bunker. Auch die schwer Kranken. Da blieben sie tagsüber und in der Nacht. Auch am nächsten Tag mußten sie dort ausharren. Erst an Nachmittag des 1. Mai war der Spuk vorüber. Der grausame Feind aus dem Osten, der sonst nichts fürchtete, hatte großen Respekt vor Seuchen und anderen gefährlichen Krankheiten. Ganz offensichtlich blieben alle Patienten unbehelligt, auch die Frauen.

Sie lagen nun zu fünft in einem Zimmer. Ab Mitte der Woche wurde der Pflegebetrieb wieder aufgenommen. Und am Ende der Woche erschien endlich auch ein Arzt zur Visite. Merkwürdig sind Mutters Eintragungen doch. Ausgerechnet jetzt gab es leichte Kost, die ihr offenbar weitgehend bekam, Kakao, Milch, Grießpudding mit Saft, auch immer wieder Kartoffelbrei. Jedoch findet man dafür eine leichte Erklärung. Aus ihren Eintragungen geht hervor, daß es kein Brot gab. Das Krankenhaus mußte sich offenbar anders behelfen und verbrauchte dabei die noch vorhandenen Vorräte.

Folgt man Mutters kleinem Kalender, so war für sie jetzt alle Politik bedeutungslos. Noch nicht einmal den Kriegsschluß notierte sie. Sie wußte ohnehin, wie all die anderen Kranken auch, daß es nun, nachdem der Krieg hinter ihnen lag, erst einmal darum ging, gesund zu werden. Im übrigen mußte man die Dinge auf sich zukommen lassen. Nachdem Bahn und Post ihren Betrieb eingestellt hatten, war es unrealistisch, auf irgend etwas zu warten. Vorerst konnte man froh sein, daß alles vorüber war, und konzentrierte sich auf sich selbst und auf die kleine unverbindliche Gemeinschaft im Krankenzimmer. Insofern befand sich Mutter in einer sehr ähnlichen Situation, wie ich sie zur gleichen Zeit in Dänemark durchlebte.

Zwei wesentliche Eintragungen sind allerdings hervorzuheben. Einige Wochen nach dem Kriege wurde durch sowjetische Anordnung die osteuropäische Zeit eingeführt, die Uhr also um zwei Stunden vorgestellt.[146] Das hatte erst einmal die Folge, daß sich ihre Fieberkurve änderte. Offiziell hatte sie jetzt kein Fieber mehr; denn es wurde zur falschen Zeit gemessen. Als sich jedoch

---

[146] Für die gesamte sowjetische Besatzungszone wurde im Mai 1945 „die Moskauer Zeit eingeführt"; „Sogar die Eisenbahn sollte auf die ‚sowjetische' Breitspur umgestellt werden. Bald leuchtete selbst einfachen Frontsoldaten ein, daß diese Art der ‚Sowjetisierung' nicht im Interesse der Sowjetunion lag und revidiert werden mußte." vgl. Jan Foitzik, „Einleitung: Die Sowjetische Militäradministration in Deutschland", in: Inventar der Befehle des Obersten Chefs der Sowjetischen Militäradministration in Deutschland (SMAD) 1945–1949 – Offene Serie, im Auftrag des Instituts für Zeitgeschichte zusammengestellt und bearbeitet von Jan Foitzik (Texte und Materialien zur Zeitgeschichte 8), München e.a. 1995, 7–57, insb. 57.

nach einer Woche die innere Uhr angepaßt hatte, trat der alte Fieberrhythmus wieder auf. Die andere Eintragung stammt vom 6. Juni. Es ist ihre letzte Kalendereintragung überhaupt. Der Notiz über die morgendliche Untertemperatur von 34,9° und über die Visite ist in Klammern zum erstenmal der Zusatz angefügt: „Hunger".

Nach Kühlungsborn kamen die Russen erst einige Tage später. Zwar notierte Vater schon am 29. April „Krieg: Der Russe besetzt Mecklenburg".[147] Aber es dauerte doch noch eine gewisse Zeit, bis die feindlichen Truppen wirklich in dem kleinen Ostseebad erschienen. Merkwürdig. Neun Tage vorher hatten unverbesserliche Hitleranhänger in der kleinen Pension am Bülowweg, in der Vater mit den Brüdern neuerdings mittags aß, noch „Führers Geburtstag" gefeiert. Dort hatte man an einer zentralen Stelle der Diele einen Tisch mit einer Hakenkreuzfahne behängt, darauf ein Führerbild gestellt und diesen Altar mit Blumen und Kerzen geschmückt. Jetzt brach überall die Angst aus.

Wenn man heute die damaligen Vorgänge beschreiben will, muß man sich die Kriegsziele der Sowjetführung in Erinnerung rufen. Es ging nicht nur darum, das Hitlerreich zu zerschlagen und den Frieden wiederherzustellen. Vielmehr sollte die Sowjetunion nach Westen hin ausgedehnt und dort zusätzlich durch einen vorgelagerten Gürtel aus ideologisch, politisch und wirtschaftlich abhängigen Staaten gesichert werden. Deshalb beanspruchte die Sowjetunion für sich den Ostteil Finnlands, die baltischen Staaten[148] sowie das nördliche Ostpreußen. Polen mußte die großen Gebiete wieder herausgeben, die es 1918 im Osten gewaltsam annektiert hatte, vor allem Ostgalizien, das westliche Weißrußland und die südöstlichen Teile Litauens. Dort war jeweils nur eine Minderheit polnisch.[149] Dafür sollte Polen, dem nach dem 1. Weltkrieg schon die gemischt besiedelten Gebiete des Reiches, nämlich der größte Teil West-

---

[147] Vgl. hierzu etwa: Joachim Schultz-Naumann, Mecklenburg 1945, München 1989.
[148] Die baltischen Staaten Estland, Lettland und Litauen waren – nach langer Zugehörigkeit des Großteils ihres späteren Staatsgebietes zum zaristischen Rußland – 1917/18 unabhängig geworden, im Zuge des Hitler-Stalin-Paktes von 1939 im Frühsommer 1940 von der Sowjetunion besetzt und annektiert worden und kamen nach deutscher Besatzungsherrschaft in den Jahren 1941-1944 gegen Ende des Zweiten Weltkrieges erneut unter sowjetische Herrschaft, die bis 1991 andauern sollte.
[149] Anders als die Grenzfragen im Westen wurde das Problem der polnischen *Ostgrenze* nach 1918 auf rein militärische Weise gelöst: Der polnische Staatschef Jozef Pilsudski (1867-1935; 1918-1922, erneut nach seinem Staatsstreich von 1926 bis zu seinem Tode 1935 Diktator) widersetzte sich westlichen Versuchen einer Grenzregelung (Curzon-Linie 1920) und nutzte die politisch-militärische Schwäche Sowjetrußlands zu einem wechselvollen, jedoch letztlich erfolgreichen Krieg 1920/21, dessen Ergebnis (Frieden von Riga 1921) große weißrussische und ukrainische Gebiete an Polen brachte; hinzu kam die Annexion der 1920 besetzten litauischen Hauptstadt Wilna durch Polen 1922, die erst von Hitlers Gnaden 1939 zugunsten Litauens rückgängig gemacht wurde; vgl. Hoensch, a.a.O., 254 ff.; Kai von Jena, Polnische Ostpolitik nach dem Ersten Weltkrieg. Das Problem der Beziehungen zu Sowjetrußland nach dem Rigaer Frieden von 1921, Stuttgart 1980.

preußens und Teile von Oberschlesien zugesprochen worden waren,[150] nun das ganze Ostdeutschland bis zur Oder und Neiße und damit nahezu ein Viertel des Deutschen Reiches erhalten. Polen war damals in Osteuropa ein Land mit einem sehr ausgeprägten Nationalismus. Der stand dem deutschen Nationalismus kaum nach. Jetzt sollte das wirtschaftlich arme Land fast alles erhalten, was die polnischen Nationalisten schon lange ersehnt und was deshalb schon vor dem Kriege der polnische Außenminister Jozef Beck[151] gefordert hatte. Churchill hatte in Jalta lediglich die Befürchtung, die polnische Gans, derart mit deutschem Futter gemästet, werde an Verdauungsbeschwerden eingehen. Aber er unterstützte doch den „Bevölkerungstransfer" Stalins. Zu dessen Politik gehörte wohl auch die Vorstellung, ein stets deutsche Rache fürchtendes Polen werde sich dauerhaft an die Sowjetunion binden.[152]

Man hat zu allen Zeiten Kriege geführt und Länder annektiert. Hitler hatte in seinem Rassenwahn damit begonnen, Menschen zu vertreiben und Völker auszurotten. Stalin machte es ihm nach. Ihm ging es darum, in Osteuropa außerhalb der Sowjetunion, wo jahrhundertelang die verschiedensten Völkerschaften, vielfach durchmischt, meist friedlich nebeneinandergelebt hatten,

---

[150] Die Grenzziehung des 1918 wieder unabhängig gewordenen Staates Polen blieb bis 1945 hochproblematisch; die 1918/19 erhobenen polnischen Maximalforderungen hinsichtlich der neuen *Westgrenze gegenüber Deutschland* wurden zwar von der Versailler Friedenskonferenz um fast 50 % zurückgeschraubt, gleichwohl waren die polnischen Gebietserwerbungen beträchtlich: die bisherige preußische Provinz Posen war bereits infolge eines polnischen Aufstandes im Winter 1918/19 in polnische Kontrolle übergegangen; es kam darüber hinaus zur „Abtrennung [...] von Teilen Mittelschlesiens und des pommerellischen Herzstücks von Westpreußen zur Sicherung des polnischen Zugangs zum Meer"; ferner wurden – neben der Ausgliederung des fast nur von deutscher Bevölkerung bewohnten Danzig als „Freie Stadt" unter Völkerbundaufsicht und mit polnischen Sonderrechten – für Oberschlesien und die von Polen beanspruchten Teile Ostpreußens (Allenstein, Marienwerder) Volksabstimmungen festgelegt; letztere führten allerdings in allen Fällen 1920/21 zu polnischen Abstimmungsniederlagen, in Oberschlesien darauf hin zu einem militärischen Annexionsversuch durch polnische Freischärler, zu entsprechenden militärischen Kämpfen zwischen polnischen und deutschen Verbänden und einer endgültigen Grenzregelung durch den Völkerbund in Form einer Teilabtretung Oberschlesiens an Polen; ein weiteres Grenzproblem im Südwesten war der Konflikt um das *Teschener Gebiet* zwischen Polen und der ebenfalls neugegründeten Tschechoslowakischen Republik; hier nutzte Polen den von Hitler 1938 ausgelösten Zerfallsprozeß der CSR, um sich in den Besitz dieses Territoriums zu bringen.
[151] Oberst Jozef Beck (1894–1944), enger Mitarbeiter des polnischen Diktators Pilsudski, war von 1932–1939 polnischer Außenminister; nach Pilsudskis Tod 1935 im engeren Führungszirkel der regierenden „Obristen" von zunehmendem Gewicht, verlor er mit der Niederlage Polens gegen Hitler 1939 jeden Einfluß und verstarb in der Internierung in Rumänien.
[152] Zur Entwicklung der alliierten Kriegsziele: Andreas Hillgruber, Der Zweite Weltkrieg. Kriegsziele und Strategie der großen Mächte, Stuttgart ²1983; Boris Meissner, „Die deutschen Ostgebiete auf den Kriegs- und Nachkriegskonferenzen der Alliierten", in: ders., Die Sowjetunion und Deutschland von Jalta bis zur Wiedervereinigung. Ausgewählte Beiträge, Köln 1995.

durch Vertreibungen und Umsiedlungen die Staatsgrenzen auch zu klaren ethnischen Grenzen zu machen. Die Westmächte duldeten und unterstützten diese Politik, obwohl sie als rechtsstaatliche demokratische Länder eigentlich ethischen Grundsätzen verpflichtet waren und obwohl Massenvertreibungen, wie sie dann tatsächlich erfolgten, gegen das Völkerrecht verstießen.[153]

Die sowjetische Armee hatte bei ihrem Vormarsch diese politische Zielsetzung zu berücksichtigen. So kam es in Ostpreußen, Danzig, Ostbrandenburg, Hinterpommern und Schlesien darauf an, die Bevölkerung so in Furcht und Schrecken zu versetzen, daß möglichst viele Menschen in panischer Angst flohen. Diejenigen, die übrig blieben, waren vogelfrei. Wer das überlebte, sollte danach vertrieben werden. Im Gegensatz dazu hatte man vor, im mittleren Teil Deutschlands, also zwischen Oder und Elbe, ein deutsches kommunistisches Regime zu etablieren, möglichst als Keimzelle für ein größeres kommunistisches Deutschland. Hier sollte die Bevölkerung nicht vertrieben werden; denn ohne diese konnte man ja keinen Staat errichten.[154] Die Menschen mußten im Normalfall also nicht damit rechnen, daß sie totgeschlagen, verschleppt oder von ihren Familien getrennt wurden. Trotzdem war allgemein bekannt,

---

[153] Die 1921/22 festgelegte polnische Ostgrenze wurde im September 1939 infolge des Hitler-Stalin-Paktes, des deutschen Überfalls auf Polen und des Kriegseintritts der Sowjetunion gegen Polen revidiert, was das 1944/45 wiedererrichtete Polen – nunmehr unter kommunistischer Führung – im August 1945 der Sowjetunion endgültig vertraglich bestätigen und mit der Zustimmung zur Massenvertreibung der polnischen Bevölkerung dieser Gebiete verbinden mußte; Wilna, 1939 von Hitler an Litauen zurückgegeben, verblieb – nunmehr von Stalins Gnaden – bei Litauen, das – wie schon 1940/41 erneut zu einer Sowjetrepublik gemacht wurde; die polnische Westgrenze wurde im Sommer 1945 ebenfalls gravierend verändert; das 1938 von Polen annektierte Teschen kam zurück an die CSR, ansonsten jedoch wurde die polnische Westgrenze durch die Annexion der östlichen deutschen Vorkriegsgebiete (Ostpreußen, restliches Posen-Westpreußen inklusive Danzigs, Pommern, Schlesien, Ostbrandenburg) ganz erheblich nach Westen verschoben; diese *Westverschiebung Polens* – im Osten durch Stalin erzwungen, aber im Westen von der polnischen Politik selbst sehr wohl erwünscht und ihrerseits mit einer massenhaften Zwangsvertreibung der deutschen Bevölkerung verbunden – hat 1990 deutscherseits ihre endgültige Anerkennung gefunden; vgl. zu diesen Fragen: Hoensch, a.a.O., 254 ff.

[154] Die Stichhaltigkeit dieser Hypothese ist wissenschaftlich bislang nicht geklärt; nach wie vor gilt, daß man lediglich feststellen kann, „daß in den ersten Wochen des sowjetischen Einmarsches im Januar/Februar 1945 schlimmere Übergriffe stattfanden als in den letzten Wochen vor dem Waffenstillstand im April und Mai", dieses Faktum jedoch immer noch nicht befriedigend zu erklären vermag. „Sicher ist, daß seitens der sowjetischen Armeeführung nach den ersten Wochen der Eroberung die Tendenz zu wachsen begann, Ausschreitungen zu begegnen, weil diese auf die Dauer die Disziplin der Armee untergraben mußten. [...] Die sowjetischen Aufrufe, die die Rote Armee zur Vergeltung aufforderten, wurden daher etwa ab März 1945 eingestellt und stattdessen Tagesbefehle und Flugblätter ausgegeben, die zur Disziplin aufriefen." Vgl. Die Vertreibung der deutschen Bevölkerung..., a.a.O., Bd. 1, 68Ef. – Vgl. zur völlig unterschiedlichen Haltung im sowjetischen Offizierskorps zu den Untaten und Ausschreitungen bereits in der Frühphase der sowjetischen Besetzung Ostdeutschlands ausführlich Kopelew, a.a.O.

daß man beim Einmarsch der Willkür der Soldateska ausgesetzt sein würde und daß insbesondere die Frauen Gewalt zu fürchten hatten.[155] So flohen nun auch aus Kühlungsborn viele Menschen nach Westen und Süden. Vater notierte als Ziele Schwerin und Lübeck. Überall deckten sich die Bewohner schnell noch mit Lebensmitteln ein. Sie fürchteten, daß es nach dem Einmarsch der Russen nichts mehr zu kaufen gäbe und daß sie hungern müßten. In diesen Tagen waren gerade die neuen Lebensmittelmarken für Mai ausgegeben worden. Dadurch wurde der Drang zu Panikkäufen nur noch weiter verstärkt. Ebenso wie Post und Bahn hatten auch die Banken und Sparkassen ihre Tätigkeit eingestellt. Am 1. Mai gab es Kämpfe in der Nähe von Rostock. Aus Kühlungsborn, wo etliche Pensionen und Hotels inzwischen zu Lazaretten geworden waren, flohen viele Verwundete und ein Teil des Pflegepersonals. Meist geschah dies zu Fuß, vereinzelt auch in kleinen Booten. Vater, der immer noch keine Einkünfte hatte, dessen Geldmittel aber zu Ende gingen, ließ sich vom Ortspfarrer einen Vorschuß von vierhundert Mark geben. Die wenigen silbernen Besteckteile, die sie auf die Flucht mitgenommen hatten, vergruben sie unterhalb ihres Fensters in der Erde, so daß sie die Stelle immer gut im Auge hatten. An diesem Tag erlitt Großvater einen Schwächeanfall.

Hätte Vater damals geahnt, daß ich, der ich nicht Zeuge aller dieser Ereignisse war, ein halbes Jahrhundert später versuchen würde, die damaligen Abläufe zu rekonstruieren, dann hätte er vielleicht einiges ausführlicher beschrieben, dazu auch manches Detail aus dem Lebenskreis der Großeltern. Deren persönliche Aufzeichnungen, vor allem deren Kalender sind verloren gegangen. Glücklicherweise hat Tante Brigitte noch in Kühlungsborn einen zusammenhängenden Bericht über die letzte Lebenszeit ihres Vaters verfaßt, dem ich hier zwei Abschnitte entnehme. Erhalten ist auch ein Brief, den Großmutter in diesen unruhigen Tagen an Mutter richtete und dem Tante Brigitte ein eigenes kurzes Schreiben anfügte. Die Briefe tragen als Datum den 29. April. Da die Post an diesem Tag ihre Tätigkeit einstellte, blieben sie liegen.

Zunächst ein Abschnitt aus Tante Brigittes Bericht, in dem sie vor allem Großvaters Zustand beschreibt: „Als wir hier in Kühlungsborn ankamen, mußten wir nach einer geruhsamen Nacht (mit bitterem Nachgeschmack!) unter das Dach ziehen. Unheizbar, eisig kalt Mitte März. Bei den Eltern regnete es

---

[155] Zum Problem der Vergewaltigung im Zweiten Weltkrieg: Jeanne Vickers, Women and war, London 1993; Ruth Seifert, Krieg und Vergewaltigung. Ansätze zu einer Analyse, München 1993; Susanne zur Nieden, Alltag im Ausnahmezustand: Frauentagebücher im zerstörten Deutschland 1943 bis 1945, Berlin 1993; nunmehr auch speziell zum Problem des sowjetischen Einmarsches in Deutschland 1944/45 und zur Situation in der sowjetischen Besatzungszone: Norman M. Naimark, The Russians in Germany. A History of the Soviet Zone of Occupation, 1945–1949, Cambridge/Mass. / London 1995, 69–140; Naimark hält es für möglich, daß bis zu zwei Millionen Frauen in Ostdeutschland und in der SBZ Opfer von Vergewaltigungen durch sowjetische Soldaten geworden sein könnten, obwohl die exakten Zahlen wohl nie mehr ermittelt werden könnten.

durch, es sah trostlos aus. Mutter war noch wochenlang ziemlich ohne Besinnung, Vater lag einfach im Bett. Er las aber sehr viel. Eine zeitlang hatten wir nichts Rechtes, aber bald borgten wir uns Bücher aus der Leihbücherei. Alle waren wir schwer erkältet. – Schrecklich waren, besonders für Vater, unsere Gänge zu Kaffee Krüger zum Mittagessen. Schon die ungemütliche Umgebung des Lokals, ein arroganter Ober, täglich durch anderthalb Monate hindurch ziemlich dasselbe: Wruken oder Karotten, sonntags steinhartes Rindfleisch. Vater konnte das Essen gar nicht mehr riechen. Er schaffte auch, je länger je weniger, den Weg von 20 Minuten, blieb aber bei Sonnenschein noch irgendwo im Wald auf einer Bank sitzen. Lange hielt er es aber nie aus. Dann die furchtbare Treppe bis zu uns rauf! Wenn er die 60 Stufen mit großer Mühe und mit vielem Anhalten hochgekommen war, konnte er sich kaum noch halten. Bis zum 8. April kam er noch mit zu Krüger. Als er am 9. mit mir ging, bekam er kurz nach dem Ausgang aus dem Hof einen Anfall von Schwäche, so daß ich ihn mit Not, in meinen Arm gestützt, bis zu einer Bank bekam. Dann ging ich mit ihm nach oben, kochte für uns einen Grießbrei. Tagelang aß einer von uns mit ihm zu Hause. Da konnte er wenigstens mit Appetit essen, wenn es auch wenig war. Am 16. April versuchte er wieder, zu Krüger mitzukommen. Wir waren alle froh, daß das mit dem Einzug der Russen aufhörte. Am 30. ging Vater noch zur Bank und zur Post. – Am 1. Mai bekam er einen zweiten Schwächeanfall oben. Mutter konnte ihn kaum auf dem Stuhl halten. Wir dachten, er stirbt. Minutenlang saß er völlig ohne Besinnung da. Als Dr. Birk kam, lag er schon wieder. Der Arzt wollte ihm auch nicht mehr recht was geben, meinte, es quäle ihn nur und helfe doch nicht viel. Trotzdem gab er ihm noch Leberspritzen und Traubenzucker."

Großmutter war nun nicht mehr die kugelrunde Frau. Abgemagert sah sie aus – und war es ja gelegentlich auch – wie eine Bettlerin. Hier nun ihr nicht mehr abgesandter Brief an meine Mutter, bei dem auffällt, daß sie im Stil altertümlicher Bescheidenheit das Ich stets klein schreibt, selbst am Anfang des Satzes.

„K., d. 29. 4. 45.

Mein liebes Lisachen! ich wollte schon längst an Dich schreiben, aber ich kam immer nicht dazu, habe so viel zu tun, besonders mit Ausbessern. ich arbeite, bis es dunkel wird, Licht haben wir ja nicht. Daher gehe ich um 9 ins Bett. Mittags lege ich mich nie hin, u. doch ist der Tag zu kurz. ich bin so froh, daß ich wieder arbeiten kann, u. Du, armes Kind, mußt immer untätig liegen, wie schwer mag Dir das sein! Wir denken so sehr viel an Dich, Du mußt das wirklich fühlen. Hab' herzlichen Dank für Deinen lieben Brief. Es tut uns so leid, daß es Dir noch gar nicht besser geht, wie wir auch aus Deinem letzten Brief an Paul gehört haben. Sicher hat auch die Kälte viel Schuld. Wenn's warm wäre und Du in der Sonne liegen könntest, ginge es Dir gewiß besser. Am schlimmsten sind wohl alle die Gedanken u. Sorgen um Deine Lieben, die Dich nicht zur Ruhe kommen lassen. Wir werden doch mehr abgelenkt durch Arbeit u. das Zusammensein. Daß auch mit Renate, trotz mancher Spuren, keine Verbindung zu bekommen ist, tut uns auch so leid. Von Wernerlein kann man ja einstweilen nicht auf Nachricht hoffen.... Und unsere letzten Pakete sind nun auch verloren, jetzt sind wir ganz Bettler....Vater geht es einigermaßen, aber er ist körperlich u. geistig eine Ruine. Er liegt immer, steht nur zum Essengehen auf. Das strengt ihn natürlich sehr an u. er ist froh, wenn er wieder im Bett ist. Zum Glück kann er lesen, wir wechseln in der Leihbibliothek. Er hat jetzt wieder mal Spritzen bekommen. Der Arzt wollte ihm ja gar keine mehr geben. – Es ist eigentlich wunderschön hier, da wir doch am Walde wohnen u. zum Essen durch den Wald gehen. Er ist jetzt so wundervoll in seinem frischen Grün, es sind viele Birken und Buchen dazwischen. Manchmal sitzen wir ein bißchen in der Sonne auf einer Bank, aber es ist meistens zu kühl. Auf dem Rückweg sammeln wir immer 2 Taschen voll Kleinholz u. Kiefernzapfen, womit Brigitte bei Fr. M. Kaffee und Abendbrot macht. Jetzt habe ich ein paar mal im Keller Kartoffeln u.s.w. zum Abendbrot gekocht, um Brig. zu entlasten. Es ist etwas unbequem, weil man durchs Fenster steigen muß. Brig. wollte mich durchaus nicht lassen, sie hat Angst, daß ich falle; aber mit etwas Hilfe komme ich ganz gut durch. ich koche dann einen ganz großen Topf voll, damit wir alle für zwei Tage haben, gebe einmal Pellkartoffeln oder mache Kartoffelsalat, u. mal Bratkartoffeln. Es werden eine Menge Kartoffeln verzehrt. Wir können gar nicht Brot zum Abendbrot essen, es reicht gerade nur zum Frühstück. Bisher kam ich mit den Kartoffeln gut aus, aber da wir jetzt im Speisehaus Kartoffelmarken abgeben müssen, auch von einer Kürzung der Kartoffelration gesprochen wird, sehe ich etwas schwarz. Suppe können wir seltener kochen, da es immer so wenig Milch gibt, die meistens sauer ist. Wir bekommen nach wie vor dasselbe Essen: Karotten oder Kohlrabi mit Kartoffeln; ich kann schon gar nicht mehr essen, es widersteht mir direkt! – ... Brig. hat schon einige Bezugscheine bekommen für Wäsche und Schuhe, aber es ist hier absolut nichts zu haben. Sie hat keine Schuhe, trägt meine schwarzen Sonntagspumps, die natürlich für ihre Füße gar nicht passen, nun hat sie arg geschwollene Füße und Beine. Paul wird ja auch nichts bekommen, wenn er auch Bezugscheine hat! – ich bin immer erstaunt, wie weit hier die Natur schon fortgeschritten ist. Es blühen schon viele Obstbäume (Kirschen und Birnen). Nach dem Stadtteil West zu, wohin ich immer zum Fleischer gehe, sind alte Obstgärten, daran kann man sich erfreuen. Auch ein Gemüsegarten ist da, in dem schon so viel aufgegangen ist.... Wie man sich so an allem freuen könnte, wenn nicht immer das schwere Geschehen einen bedrückte! Man erfährt jetzt wenig. Aber daß der Kampf sich in Berlin selbst abspielen wird, hätte ich nach all den großen Reden nicht gedacht. ich sehe jetzt sehr schwarz und kann es doch nicht fassen, daß Gott es wirklich zuläßt, daß unser geliebtes Vaterland ausgelöscht werden soll. Es steckte doch so viel Gutes und Edles in unserem Volk! – Daß eine Anzahl Pfarrer in Kbg.[156] geblieben sind, hat Paul

---

[156] I.e. Königsberg.

Dir wohl geschrieben. . . . Es soll reges kirchliches Leben in Kbg. gewesen sein u. große Abendmahlsfeiern in den Kellern. Was mag nun aus allen geworden sein? . . . Gott behüte Dich mein Töchterchen u. gebe Dir mehr Kraft u. endlich etwas Besserung. Vater, Brig. und Martin lassen sehr grüßen. Es grüßt Dich besonders herzlich Deine Dich liebende Mutter".

Und sie fügt ihrem Brief noch ein Postskriptum an: „Onkel Otto hat sich nicht wieder gemeldet, ob keine Post durchgeht? Hörtest Du schon, daß mit dem torpedierten Schiff Steuben folgende Pfarrer ertrunken sind: Quitschau, Börsch, Paul Ankermann, Lic. Leege, Dr. Salopiata, Werner und Kons[istorial]Rat Sulimma". Die waren Großvaters und Vaters ehemalige Amtsbrüder. Die hatte man gekannt. Nun waren sie alle miteinander umgekommen, ob Deutsche Christen, ob Bekenntnispfarrer. Alle ohne Unterschied.

Es ist erstaunlich, daß Großmutter die aktuellen politischen Geschehnisse in Kühlungsborn mit keinem Wort erwähnt und von allem so entrückt scheint. In Tante Brigittes schwesterlichem Brief klingen diese Ängste viel deutlicher an. Sie gehörte zu den jüngeren Frauen, die nun besonders gefährdet waren.

„Kühlungsborn, 29. IV. 45.

Liebe Elisabeth! Die knappe halbe Stunde bis zum Abendbrotmachen – es ist 16.40 – will ich ausnutzen, um zu Mutters Brief noch ein paar Zeilen dazuzulegen. Wir denken so viel an Dich! Dieser schöne Frühling draußen, und Du siehst nichts davon! Du bist Tag und Nacht mit Deinen Gedanken allein, bist so elend u. hast – wie es scheint – nicht einmal so gutes Essen, wie es nach dem letzten Brief aussah. Und draußen tobt mit Macht der Krieg, Du bist weitab von allen Lieben, und man sieht keine Möglichkeit, daß Du wenigstens mit denen hier zusammenkommst. Wer weiß, was uns alles noch bevorsteht! Aber man darf ja nie verzagen, darf die Hoffnung nicht aufgeben – muß sich in Geduld fassen und warten, immer warten! Worauf? Das weiß Gott allein. Möge er uns beistehen. . . . Die Eltern tun mir leid. Mutter ist aber fröhlich, Vater ruhig. Nur Martin macht mir große Sorge. Wenn das Essen knapper wird, habe ich richtige Angst. Nein, das darf man nicht! Bisher ist es uns immer noch einigermaßen gegangen; gut geht's ja niemand. Wir denken, wie Du ja auch, an die Geschwister u. alle Verwandten u. Bekannten, an unsere Soldaten und Freunde. Außerhalb Mecklenburgs errreicht man ja niemand. – Es ist Zeit, ich muß aufhören. Ich wollte Dir das Herz nicht schwermachen. Wir halten aus, mit Gottes Hilfe. Abends singen wir oben dreistimmig! Daß es mal so etwas gab wie Musizieren! Singen, Chor, Geige, Klavier, Orgel!! Verzage nicht und denke daran, daß wir alle mit Dir sind. Gott schenke Dir Kraft und Besserung Deiner Gesundheit! In Liebe grüßt Dich Deine Schwester Brigitte."

Auf einem kleinen Zettel fügte sie am nächsten Tag noch einige Bemerkungen an und auch dies: „Gestern abend besuchten mich Frau Dr. K. und ihre Schwester. . . .Die Damen fragten, ob wir weiterfahren, sie hätten Angst vor den Russen. Wir haben sie beruhigt, so bleiben sie auch."

Ob es gut war, die Damen zu beruhigen? – Am übernächsten Tag, es war der 2. Mai, wurde Kühlungsborn an die Russen übergeben. Das hat Vater in seinem

Kalender unterstrichen. Aber er hat nicht erläutert, warum es um 12 Uhr war und warum dies kampflos geschah. Hitler hatte ja immer die Verteidigung bis zum letzten Blutstropfen gefordert. Lag es daran, daß Hitler schon tot war? Vater und die anderen wußten noch nichts davon. Zeitungen gab es nicht mehr. Ein Radio besaßen sie nicht. Und wer eins besaß, dem fehlte der Strom. Erst unter dem 4. Mai findet sich in Vaters Kalender die Eintragung, „Hitler soll gestorben sein und Dönitz als Nachfolger bestimmt haben".[157] Nach der Erinnerung meiner Brüder war das Seebad zur „Lazarettstadt" erklärt worden. In Kühlungsborn wird heute noch erzählt, ein mutiger Bürger sei den Russen entgegen gegangen und habe die kampflose Übergabe vereinbart.[158]

Mit sofortiger Wirkung wurde eine merkwürdige Regelung in Kraft gesetzt. Die Geschäfte durften nur von 8 Uhr bis 11 Uhr 30 und von 14 Uhr bis 17

---

[157] Diese testamentarische Verfügung Hitlers betraf lediglich das Amt des Reichspräsidenten, das nach dem Tode Hindenburgs im August 1934 per verfassungsänderndem Gesetz mit dem des Reichskanzlers verbunden worden war; Hitler hatte seither als „Führer und Reichskanzler" amtiert und in den letzten Jahren nurmehr den „Führer"-Titel benutzt; zum Nachfolger im Amt des Reichskanzlers hatte Hitler seinen Reichspropagandaminister Joseph Goebbels bestimmt, der freilich am 1. Mai 1945 ebenfalls Selbstmord beging; Dönitz ernannte daraufhin den bisherigen Reichsfinanzminister Lutz Graf Schwerin von Krosigk (1887–1977) zum „Chef der geschäftsführenden Reichsregierung", die formal über die bedingungslose Kapitulation vom 8./9. Mai hinaus amtierte; von den Briten im besetzten Schleswig-Holstein geduldet und seit dem 11. Mai mit einer alliierten Kontrollkommission versehen, wurde sie schließlich auf sowjetischen und amerikanischen Druck hin am 23. Mai abgesetzt und verhaftet; vgl. Gruchmann, Totaler Krieg, a. a. O., 226–229; ausführlicher: Reimer Hansen, „Die Kapitulation und die Regierung Dönitz", in: Die Kapitulation von 1945 und der Neubeginn in Deutschland, hgg. v. Winfried Becker, Köln / Wien 1987, 31–43; Marlies G. Steinert, Die 23 Tage der Regierung Dönitz, Düsseldorf / Wien 1967.

[158] Noch am 12. April 1945 hatten der Chef des Oberkommandos der Wehrmacht, Generalfeldmarschall Wilhelm Keitel, der Reichsführer SS Himmler sowie der Leiter der NSDAP-Parteikanzlei und Hitler-Vertraute Martin Bormann einen gemeinsamen Befehl zur Verteidigung der deutschen Städte ausgegeben, wonach alle Städte grundsätzlich „bis zum äußersten verteidigt und gehalten werden" müßten, „ohne jede Rücksicht auf Versprechungen oder Drohungen" der feindlichen Seite; Zuwiderhandeln wurde mit dem Tode bedroht; vgl. Dokumente der deutschen Politik und Geschichte von 1848 bis zur Gegenwart, hgg. von Klaus Hohlfeld, Bd. 5: Die Zeit der nationalsozialistischen Diktatur 1933–1945. Deutschland im Zweiten Weltkrieg 1939–1945, Berlin / München o. J., 524; gleichwohl waren Vorstösse von Bürgern zur Rettung ihrer Städte durch Kapitulation nicht ungewöhnlich; teilweise handelte es sich dabei um Personen aus dem Umfeld des politischen Widerstandes, wie etwa der 1934 als Professor entlassene, der Arbeiterbewegung nahestehende Dresdner Eugeniker Rainer Fetscher (1895–1945), teilweise waren es bürgerliche Honoratioren und lokale Repräsentanten des NS-Regimes, wie etwa der seit 1942 amtierende Greifswalder Universitätsrektor Professor Carl Engel (1895–1947); während Fetscher beim Versuch der Kontaktaufnahme mit der Roten Armee zur kampflosen Übergabe Dresdens im Mai 1945 von einer SS-Patrouille erschossen wurde, kam der NS-belastete Engel – noch Mai 1945 verhaftet – 1947 in einem sowjetischen Internierungslager zu Tode.

Uhr 30 geöffnet sein. Die Übergabe des Seebads Kühlungsborn erfolgte offenbar, ohne daß die sowjetischen Truppen den Ort tatsächlich sofort besetzten. Sie kamen erst am folgenden Tag.

Vater erledigte am Vormittag noch einige Einkäufe. Am frühen Nachmittag, bei erster Frühlingswärme, rückten die fremden Soldaten ein. Sie verteilten sich über den Ort, plünderten die Geschäfte, stürmten in die Privathäuser und Wohnungen, riefen ihr bekanntes „Uri, Uri" und nahmen den Menschen unter Gewaltandrohung, manchmal auch mit Gewalt ihre Uhren weg. Uhren waren früher oft wertvolle Erinnerungsstücke. Viele Leute trugen sie ein Leben lang. Auf die Flucht hatten manche auch die Uhren ihrer verstorbenen Verwandten mitgenommen.

Die Soldaten hatten es eilig. Sie ließen die Frauen noch unbehelligt. Doch immer wieder kamen neue Trupps. Die beiden verwandten Familien im Haus Seeblick rückten enger zusammen in dem Gefühl, so könnten sie sich gegenseitig besser schützen. Allerdings mußte sich Tante Brigitte immer wieder verstecken. Schrecken verbreitete die Nachricht, die Russen wollten zur Nacht im Haus bleiben. Das traf zum Glück dann doch nicht zu.

Die Kinder standen, wenn wieder neue Trupps kamen, auf der Straße und schauten dem Treiben zu. Wolfgang ärgerte sich darüber, daß alle alten Nazis sich plötzlich duckten, sich russenfreundlich gaben und überall die Hakenkreuze beseitigten. Er trug als Gürtelersatz ein Koppel der Hitlerjugend. Auf dem Koppelschloß befand sich ein Hakenkreuz. Bar jeden politischen Gedankens stolzierte er so, den Bauch vorgestreckt, demonstrativ über die Straße. Aber kein Russe interessierte sich dafür. Nur Georg verging fast vor Angst. Doch in den nächsten Tagen versenkte Wolfgang das Koppelschloß stillschweigend in einem Straßengully.

Am 4. Mai blieb der Milchwagen aus. Ein russischer Soldat kam und verbreitete Angst. Wieder einen Tag später, inzwischen war es kalt und regnerisch geworden, kam der Soldat wieder. Die Situation wurde bedrohlich. Aber noch konnte das Schlimmste abgewendet werden. Dann, spät abends, brachen mehrere russische Soldaten ins Haus ein. Vater fügte der Notiz über dieses Ereignis an: „Brigitte!". Kein zusätzliches Wort, nur dies. Es gab Dinge, die man nicht aussprach. So bleibt in Vaters Notizen unklar, was geschah.

Doch gibt Tante Brigittes Bericht nähere Erläuterungen: „Am 3. Mai war der Schreckenstag. Ehe es uns bewußt wurde, daß die Russen da sind, waren schon einzelne oben bei den Eltern. Einer griff auf den Tisch nach Mutters Uhr, einer sah Vaters Uhrkette und zog sofort die Uhr aus der Aktentasche. Das hat Vater natürlich furchtbar aufgeregt. Anschließend kamen viele Tage, in denen die Russen dauernd oben waren, ein Mädel auf unserem Flur vergewaltigten, mich dreimal am Arm gepackt hatten. Einer – die waren alle furchtbar betrunken – erwischte mich oben auf dem Boden, hielt mich fest, Pistole vor, wollte mich irgendwo in ein Zimmer schieben. Vater machte die Tür auf, stand im Nachthemd, wollte mir helfen. Der Russe schob mich ins Zimmer, und wollte mich auf Mutters Bett werfen. Der arme Vater!! Ich erwischte aber einen Augenblick, in dem Vater auf ihn heftig einredete und lief mit meinen steifen Beinen die Treppe runter. Es gelang mir zu entwischen. Aber Vater hat sich ganz furchtbar aufgeregt. Dann die Nacht, als sie die verschlossene Bodentür einschlugen und in allen Zimmern nach „der jungen Frau" fragten. Ich im unverschließbaren Zimmer! Als sie hinten auf dem Flur waren, kam Mutter reingestürzt und holte mich. Da habe ich stundenlang bei ihr unter der Bettdecke gelegen. Was muß Vater sich geängstigt haben! Irgendwelche Aufregungen mit den Russen gab es täglich". – Soweit ihr Bericht.

Auch Vater hielt die Ereignisse dieser Tage schriftlich fest. Er tat dies in einem Brief an Mutter, an die er von Zeit zu Zeit schrieb, obgleich er wußte, daß er seine Briefe erst einmal in die Schublade legen mußte; denn die Post hatte ja ihre Tätigkeit eingestellt. Hier sein Bericht:

„Am 29. 4. hörten wir hier von der Besetzung Neustrelitz' durch die Russen. Zugleich kam [in Kühlungsborn] Räumungsansage für Frauen und Kinder. Die nächsten Tage brachten ein wildes Flüchten in den Westen, das aber bald aufhörte, weil die Straßen verstopft waren. Über See fuhren am 1. 5. wohl ganze Rudel von Schiffen von Rostock aus an uns vorbei. Am 2. 5. erfolgte dann die formelle Übergabe des Orts an die Russen, die rein äußerlich durch Heraushängen von weißen Fahnen und Tragen weißer Armbinden gekennzeichnet war. Die militärische Besetzung kam am 3. 5. So sind wir nun etwa 1 1/2 [Wochen] unter russischer Herrschaft und werden es wohl auch bleiben, denn ich glaube kaum, daß da noch ein Wechsel vor sich gehen soll. ... Die Frage ist nur, was wird aus den Ostflüchtlingen? Werden wir wieder in unsere ostpreußische Heimat zurückkehren, wie es mit denen aus Stettin, Stralsund u.s.f. schon zum Teil geschehen ist?[159] ... Die Frauen haben ja bei feindlichen Besetzungen einen besonders schweren Stand. Auch in unserem Haus gab es in den ersten Tagen allerlei Beunruhigung, zumal eine Feldtruppe in dem benachbarten Kaiserhof untergebracht war. Vater „schenkte" einem Russen, der ihn zu diesem Zweck besuchte, seine goldene Uhr, Mutter einem anderen ihre Armbanduhr und ich, der ich gerade bei den Eltern saß, meine alte Schüleruhr. Ringe und anderer Schmuck sind bisher nicht abgefordert. So leben wir ziemlich zeitlos, da ja große Stand- oder Wanduhren auch nicht vorhanden sind. Die Bauern

---

[159] Unmittelbar nach Kriegsende im Mai 1945 setzten Rückwanderungsbewegungen der Flüchtlinge und Ostevakuierten in die nähergelegenen Heimatgebiete (insbesondere Pommern und Schlesien) ein, so daß diese Menschen durch die im Juni 1945 einsetzende polnische Vertreibungspolitik ein zweites Mal expatriiert wurden; selbst während dieser Phase scheint „eine gewisse, nicht näher bestimmte Zahl" dieser gezielt noch vor der Potsdamer Konferenz vertriebenen etwa 1,5 Millionen Deutschen erneut zurückgekehrt zu sein oder hatte „die hinter die Oder-Neiße-Linie geleiteten Marschkolonnen [bereits] unterwegs verlassen"; der Wille zum Verbleib oder zur Rückkehr in die Heimat blieb sehr stark; vgl. hierzu neuerdings aus polnischer Sicht Hieronim Szczegola, „Die Aussiedlung der Deutschen aus Polen vor der Potsdamer Konferenz (Juni-Juli 1945)", in: Transodra. Deutsch-Polnisches Informationsbulletin, H. 10/11, April 1995, hgg. von der Deutsch-Polnischen Gesellschaft Brandenburg e. V., 55–61, insb. 58.

haben es wegen der amtlichen und nichtamtlichen Requisitionen[160] nicht leicht. So kommen sie auch nur spärlich zur Stadt mit ihren Erzeugnissen, was sich besonders in puncto Milch und Butter unangenehm bemerkbar macht. Trotzdem wollen wir diese Zeit mit ihren Erschwernissen hinnehmen ohne Murren. Es hat wenigstens eines aufgehört, das Blutvergießen des Krieges. Und wenn unsere Gegner sich nicht ganz von Rachegefühlen leiten lassen, sondern ein Einsehen mit unserem mißgeleiteten Volk haben, dann könnte aus allem Schweren doch noch ein Friede werden, der das Blutvergießen für Jahre oder Jahrzehnte aus der Welt schafft. Freilich, wir Ostdeutschen werden wohl wieder am schwersten zu tragen haben; es bleibt sich ziemlich gleich, ob unser Ostpreußen samt Westpreußen und den Nachbarteilen zu Polen oder Rußland kommt. Dem Reich geht es verloren. Das ist sicher. Und es ist nur die Frage, was aus den Bewohnern wird, ob sie überhaupt, wie nach dem 1. Weltkrieg, die Möglichkeit haben, für den zukünftigen Besitzerstaat ihrer Heimat zu optieren[161] ... So wird diese Tragödie des II. Weltkriegs auch unser persönliches Leben bestimmen."

---

[160] Requisitionen sind – in bestimmten Grenzen völkerrechtlich zulässige – Forderungen von Sach- und Dienstleistungen durch die Besatzungsmacht eines im Kriegsverlauf besetzten Gebietes, also z. B. Abgaben an Naturalien und Vieh durch die dortigen Bauern; was die Landwirtschaft der SBZ anging, so war ihre Leistungskraft durch die zerstörerischen Kämpfe der letzten Kriegsmonate, die Flucht vieler Gutsbesitzer und das Chaos der frühen Bodenreform erheblich geschwächt worden; der Viehbestand in der SBZ 1946 war gegenüber dem Vorkriegsstand von 1935/38 bei Pferden um 20 %, bei Kühen um 30 % und bei Schweinen sogar um 66 % gesunken, wobei die zentralen Agrarregionen Mecklenburg-Vorpommern und Brandenburg am schlimmsten betroffen waren; vgl. Arnd Bauerkämper, „Problemdruck und Ressourcenverbrauch. Wirtschaftliche Auswirkungen der Bodenreform in der SBZ/DDR 1945–1952", in: Wirtschaftliche Folgelasten des Krieges in der SBZ/DDR, hgg. v. Christoph Buchheim, Baden-Baden 1995, 295–322, insb. 302; zu dieser Situation dürften auch die quasi „amtlichen" Requisitionen der sowjetischen Besatzungsarmee seit 1945 beigetragen haben; hinzu traten gerade in der frühen Nachkriegszeit spontane Beutezüge der Sieger: „Der individuelle Terror und die Plünderungen waren von der sowjetischen Propaganda zunächst gutgeheißen worden und erreichten in den letzten Kriegsmonaten bis zum Sommer 1945 ihren Höhepunkt. [...] Der SMAD fiel es unmittelbar nach ihrer Bildung [Juni 1945] schwer, den Plünderungen Einhalt zu gebieten. Viele Soldaten nahmen persönliche Rache oder wollten sich bereichern. Falls es überhaupt dazu kam, hat die Bestrafung einzelner Plünderer nur wenig bewirkt." Vgl. Rainer Karlsch, Allein bezahlt? Die Reparationsleistungen der SBZ/DDR 1945–53, Berlin 1993, 55f.

[161] „Option" im völkerrechtlichen Sinne meint das individuelle Wahlrecht der Staatsangehörigkeit für Einwohner eines bestimmten Gebietes im Falle seiner Abtretung an einen anderen Staat; die Einwohner hatten dann die Wahl zwischen Beibehaltung der alten Staatsangehörigkeit, verbunden mit dem Zwang zur Abwanderung, und der Annahme der neuen Staatsbürgerschaft bei gleichzeitigem Bleiberecht; im konkreten Falle der deutsch-polnischen Beziehungen nach 1918 wurde dem deutschen Bevölkerungsteil der 1919 an Polen abgetretenen bisherigen deutschen Ostprovinzen (Posen / Westpreußen, Teile Oberschlesiens) ein solches Optionsrecht (inklusive Minderheitenschutzvertrag) eingeräumt; trotzdem kam es aufgrund Diskriminierungen

Vier Jahre später, als Vater für seine Behörde eine kurze pfarramtliche Schilderung der Räumung seiner ostpreußischen Gemeinde verfassen mußte, ging er nochmals kurz auch auf die Vorgänge in Kühlungsborn ein und schrieb: „Es ereigneten sich dort die allgemein bekannten Drangsalierungen, Beraubungen, Vergewaltigungen, die Ausmergelung der Bevölkerung durch unzulängliche Ernährung, ihre Unterdrückung durch jegliches Abschneiden irgendwelcher Nachrichten. Zeitungen und Rundfunk hatten für lange Zeit aufgehört. Der Bahnverkehr war durch Demontage der Bahnanlagen[162] fast lahmgelegt. Andererseits ist zu sagen, daß in jenen Wochen die Russen nichts gegen die Kirchen unternahmen, es ist mir auch nicht bekannt, daß kirchliche, d. h. gottesdienstliche Einrichtungen wie Altar und Kanzel zerstört wurden, während sich andererseits der Übermut an den Grabmälern im Doberaner Dom ausgelassen hatte."

In der Tat, schon am dritten Tage nach dem Einmarsch der sowjetischen Soldaten fand in Kühlungsborn ein ganz normaler Gottesdienst statt. Schwierigkeiten bereiteten nicht die Russen, sondern nur der Organist, der nicht kam.

---

zu deutschen Massenabwanderungen (bis 1929 über 700000); vgl. Hoensch, a. a. O., 255; das NS-Regime, das 1939 Polen überfiel, weitgehend besetzte und im Oktober 1939 nicht allein die 1919 verlorenen deutschen Ostgebiete, sondern „darüber hinaus ein fast ebenso umfangreiches Gebiet, das vor 1914 nicht zu Preußen gehört hatte", annektierte, brach bekanntlich mit diesen Prinzipien des Minderheitenschutzes und der Option radikal; stattdessen plante man ein – aufgrund des Krieges nur begrenzt umgesetztes – brutales „System der Entpolonisierung in den eingegliederten Ostgebieten", aufgrunddessen Hunderttausende Polen in das „Generalgouvernement" zwangsdeportiert wurden; in den solcherart ethnisch „gesäuberten" Gebieten (insb. Warthegau) wurden hunderttausende volksdeutsche Umsiedler aus Osteuropa angesiedelt; hinzu kam eine Wiederbelebung der „alten Politik der sprachlich-kulturellen Assimilierung und Germanisierung" über „nominelle Zwangseindeutschung" weiterer hunderttausender Polen und Kaschuben; vgl. Martin Broszat, Zweihundert Jahre deutsche Polenpolitik, Frankfurt/M. 1972, insb. 226 f. und 283–289; ab 1945 kehrten sich die Methoden dieser NS-Politik – massenhafte Vertreibung der ursprünglichen Bevölkerung und Zwangsassimilation verbleibender Reste sowie gleichzeitige Ansiedlung von (Zwangs-)Umsiedlern eigener Nationalität – gegen die deutsche Bevölkerung jener östlichen Gebiete des Reiches, die nun an Polen fielen.

[162] Die Demontage des Eisenbahnschienennetzes in der sowjetischen Besatzungszone führte zu einer nachhaltigen und – da allseits sichtbaren – auch höchst einprägsamen Schwächung der ökonomischen Infrastruktur: „Das fehlende zweite Gleis wurde geradezu zum Symbol für die Demontage in der SBZ" überhaupt. Bis März 1947 wurden in der sowjetischen Zone 11 800 Kilometer Schienen demontiert, wodurch das Schienennetz dieses Gebietes gegenüber dem Stand von 1938 um 48 % reduziert wurde; hierdurch kam es unter anderem zum „Totalverlust einer ganzen Reihe von Nebenstrecken"; so schrumpfte in Mecklenburg das Netz der Klein- und Nebenstrecken in diesem Zeitraum von 842 auf 299 Kilometer; in ähnlicher Weise wurde die Elektrifizierung des Schienennetzes weitgehend beseitigt, „auch der Güterwagenpark und der Lokomotivenbestand wurden stark dezimiert"; als Folge dieser und ähnlicher Maßnahmen im Verkehrswesen der SBZ waren die dortigen Transportleistungen 1946 auf cirka 25 % des Jahres 1936 gesunken und hatten selbst 1950 nur knapp die Hälfte dieses Vorkriegsstandes wieder erreicht; vgl. Karlsch, a. a. O., 81 f.

Vater und die Brüder erhielten danach ein reichliches Mittagessen bei fremden Menschen. Nachmittags spielten sie Halma. Vater wußte sehr wohl, wie wichtig es war, sich gerade in solchen Ausnahmesituationen mit den Kindern zu beschäftigen, sie abzulenken. Abends erschien dann wieder der russische Soldat und verursachte mit sicher leutselig gemeintem Gestikulieren nichts als Beklemmung.

Alle waren erleichtert, als es am nächsten Tag hieß, die Russen verließen ihre Quartiere am Bülowweg. Doch abends kam der Soldat wieder und benahm sich, wie Vater in seinen Notizen altmodisch andeutet, „unmanierlich". Man wartete vergeblich. Die Russen zogen nicht ab. Sie sorgten weiter für Überraschungen. Am 9. Mai veranstalteten sie ihre Siegesfeier mit vielen roten Fahnen und zündeten ein Haus in der Nachbarschaft an.

Das Überleben war beschwerlich geworden. Zum Einkaufen, das so oft vergeblich war, und zum Herbeischaffen von Brennmaterial brauchten Vater und die Brüder die längste Zeit des Tages. Im näheren Umkreis des Ortes durften sie sich frei bewegen. Aber überall standen Posten, die Ausweise verlangten, mißtrauisch waren und Schwierigkeiten machten. Kinder stießen bei ihnen auf größeres Verständnis. Wolfgang schleppte kleinere Bäume heran, die er gemeinsam mit Vater zersägte. Aber irgendwie waren sie doch auch in der Lage abzuschalten. Vater las in diesen Tagen „Das Fräulein von Scudéri" von E. T. A. Hoffmann.[163] Auch die Leihbibliothek hatte also den Krieg überstanden.

Und dann Wolfgangs Geburtstag am 14. Mai. Der ereignete sich nicht mehr so erbärmlich auf der Flucht wie Georgs Geburtstag am 1. März. Doch fehlte nun Mutter. Früh morgens um halb Sechs verließ Wolfgang das Haus, wanderte zu einem Ackerbürger irgendwo am Ortsrand und kaufte Spargel. Dann folgte die Geburtstagsbescherung. Auf dem Tisch, der mit einer brennenden Kerze und einem Blumenstrauß aus Narzissen und Goldlack geschmückt war, lagen eine Kunstmappe, ein Durchschreibebüchlein, etwas Briefpapier, ein Bleistift, ein kleines Würfelspiel und ein Heft über Hebbel. Großvater, der auf seinem Krankenbett immer auch die Sorge hatte, das Geld könne nicht mehr reichen, gab seinem Enkel fünf Mark. das war damals viel Geld. Großmutter schenkte ein Glas Würfelzucker, Tante Brigitte fünf Hefte. Zum Nachmittagskaffee kamen Großvater und Tante Brigitte. Abends gab es eine Suppe mit Fleisch und Spargel und einen kleinen Nachtisch mit Kirschen. Alle Entbehrungen und auch das Hungern nahm man an normalen Tagen in Kauf. Das ergibt sich hinreichend aus vielen Kalendereintragungen. Geburtstage aber wurden gefeiert.

---

[163] Ernst Theodor Amadeus Hoffmann (1776–1822), gebürtiger Königsberger, als Schriftsteller, Komponist, Dirigent und Maler vielseitig begabter spätromantischer Künstler.

Zarathustra im Lazarett:
Interniert in Aarhus

Zurück nach Dänemark ins Ortslazarett. Nach und nach begannen wir hier unseren neuen Status zu spüren. Wir besaßen zwar noch unsere dänischen Kronen. Doch konnten wir dafür nun nichts mehr kaufen. Das traf nicht nur uns Deutsche. Viele dänische Einzelhändler und Hilfskräfte hatten sich bisher ganz gut an das Geld ihrer Besatzungsmacht gewöhnt und wären gern bereit gewesen, die alten Kontakte weiter zu pflegen. Als bisherige Kollaborateure[164] standen sie jetzt aber unter der besonderen Aufsicht der Öffentlichkeit und fürchteten sich. Auch uns verging schnell die Lust, gegen das ausdrückliche dänische Verbot die von Waren überquellenden Läden zu betreten. Als ich am Tage nach unserem Zoobesuch gemeinsam mit Fritz durch Aarhus bummelte, begegneten wir aufgebrachten Frauen, die uns beschimpften. Wir merkten, wie unbeliebt wir hier waren. Dann wurde uns der Ausgang verboten. Nur irgendwo im hinteren Bereich unseres Lagers konnte man durch die Maschen des stabilen Zaunes mit größter Vorsicht zu weit überhöhten Preisen vereinzelt noch kleine Einkäufe tätigen. Aber auch das hörte bald auf.

Aarhus feierte die Befreiung des Landes vom deutschen Joch mit einem Feuerwerk. Während wir froh waren, Lärm und Feuer des Krieges hinter uns gebracht zu haben, wurden beide hier von einem friedlichen Volk unter großem Jubel pyrotechnisch imitiert.

Ich war nun schon einen Monat lang hier. Der Charakter des Lazaretts hatte sich deutlich geändert, seit die meisten von uns leidlich ausgeheilt waren. Nur bei zweien wollte der Prozeß der Genesung keine Fortschritte machen. Einer mit inneren Verletzungen hatte immer wieder Fieberanfälle, bei einem anderen schloß sich die eiternde Wunde nicht. Beide mußten von uns mitversorgt werden.

---

[164] Kollaboration meint die freiwillige Zusammenarbeit von Angehörigen einer militärisch besetzten Nation mit ihrer Besatzungsmacht; als politischer Kampfbegriff während des 2. Weltkrieges entstanden, wertet „Kollaboration" das damit bezeichnete Verhalten implizit als moralisch verwerflich, da landesverräterisch und gegen die Interessen der eigenen Nation gerichtet; als personifizierter Typus eines „Kollaborateurs", dessen Name regelrecht zum Schimpfnamen wurde, galt der norwegische Faschist Vidkun Quisling (1887–1945), der ab 1940 mit den deutschen Besatzern seines Landes kooperierte und sich diesen zwischen 1942 und 1945 als Chef einer „nationalen Regierung" zur Verfügung stellte, weswegen er nach Kriegsende hingerichtet wurde; Terpitz' Hinweis auf „kleine Leute" – Händler oder Angestellte – verweist in diesem Zusammenhang auf wichtige alltägliche, weit weniger spektakuläre Dimensionen von Kollaboration.

Die Entleerung und Reinigung von Enten und Schiebern war eine der Aufgaben, bei der die Gesünderen den Schwächeren halfen. Ich war zu Hause keineswegs verwöhnt worden. Dennoch kostete es mich anfangs große Überwindung, die dampfenden Exkremente eines Kameraden durch die Flure in die Latrine zu tragen. Doch dauerte es nicht lange, da ging es dem einen deutlich besser. Der mit den inneren Verletzungen wurde in das Kriegslazarett verlegt. Die Verwandlung des Krankenzimmers in den Aufenthaltsraum eines Internierungslagers war vollendet. Die äußere Veränderung hatte eine innere zur Folge. Gähnende Langeweile breitete sich aus. Themen der Sorge, einschließlich fast aller Zeitprobleme wurden nun verdrängt und nahezu tabuisiert. Ausgedehnte, von Phantasien beherrschte Sexualberichte mit autobiographischer Note und zotige Witze füllten die Abende. Nur einer wehrte sich ab und zu dagegen, ein verschlossener älterer Mensch, ein Brummkopf. Man achtete nicht auf ihn und ging ihm aus dem Wege. Immer öfter kam zwischen Zimmerbewohnern Streit auf. Es bildeten sich dauerhafte Feindschaften. Als sie noch alle als Verwundete dagelegen hatten, waren Meinungsverschiedenheiten meist geduldig hingenommen worden, jetzt gaben sie Anlaß zu heftigem Widerspruch. Beleidigungen gehörten zur Tagesordnung. Einer wurde leicht jähzornig und drohte mit Gewalt. Wiederholt mußten Kameraden beschwichtigend eingreifen. Ich wurde nicht mehr besonders beachtet und deshalb in Ruhe gelassen. Das war sicher gut.

Einmal allerdings kam ich auf einen kindischen Einfall und gab damit Anlaß zu einem heftigen Disput. Auf Anordnung der Lazarettverwaltung sollte der breite Splittergraben geschlossen werden. Um dabei gleich zwei Probleme zu lösen, war angeordnet worden, die zerschossenen und durchbluteten Uniformteile und Wäschestücke, die immer noch in den Spinden herumlagen, in den Graben zu werfen. Wie üblich in solchen Gemeinschaften, war es allgemeine Auffassung, daß ich als Jüngster mich der Sache annehmen sollte, was ich um des lieben Friedens willen akzeptierte. Ich suchte zwei noch einigermaßen intakte Teile heraus, eine Jacke und eine Hose, nähte beide mit groben Stichen in der Mitte zusammen und stopfte in diesen unförmigen Sack die anderen Kleidungsstücken hinein. So entstand eine plumpe, mannsgroße Puppe.

„Was willst du damit?", wurde ich gefragt. – „In den Graben legen, die dänischen Wachleute holen und hören, was die sagen." Einige warnten: „Das gibt Ärger". Andere meinten: „Laßt ihn doch".

Ein paar jedenfalls halfen, während die Warner maulten, eifrig mit, einen Kopf zu gestalten und Schuhe zu befestigen. Gemeinsam senkten wir in der Abendsonne den neuen Kameraden bäuchlings in den erdigen Graben und achteten darauf, daß sein nicht vorhandenes Gesicht dem Boden zugewandt blieb. Als die dänischen Wachleute, denen dies zugetragen wurde, in der Dämmerung erschienen, berieten sie kurz, sahen sich den Kleiderkerl näher an, schüttelten den Kopf und verschwanden. Der Schülerstreich war mißlungen.

Manches wurde jetzt besser. Die Lazarettverwaltung hatte in der Küche für Ordnung gesorgt und aus dem Kreise der Verwundeten einen neuen Koch gewonnen. Endlich gab es reichlich und gut zu essen. Niemand schien die dänischen Leckerbissen zu missen. Die Lagerleitung versuchte, so gut es ging, für Abwechslung zu sorgen. Im großen zeltartigen Kantinensaal zeigte man alle paar Tage einen Film. Es waren ganz überwiegend jene anspruchslosen Streifen, die in den letzten Jahren zur Ablenkung des kriegsmüden Volkes produziert worden waren, unkriegerisch, unpolitisch, oberflächlich. Hier leiteten sie vorübergehend Aggressionen ab.

Ein Bett war freigeworden. Ich zog um. Das Bett ist in solchen Gemeinschaften auch tagsüber der einzige Ort, den einem niemand streitig machen darf, der eigene, knapp zwei Quadratmeter große Lebensraum. Ich lebte also nicht mehr unten, in meiner dunklen Höhle an der Fensterwand, sondern nun oben, nahe der Tür. Hier reichte das Tageslicht einigermaßen aus, und ich konnte lesen. Am Tage, wenn die meisten außerhalb der Baracke herumsaßen oder bei den Flüchtligsunterkünften mit den Frauen schäkerten, war es hier ruhig. Viel hatte die winzige Bücherei des Lazaretts nicht zu bieten. Manches war mittlerweile durch die Zeitereignisse überholt. Ich fand aber in Notausgaben Hans Dominiks futuristische Romane und verschlang Band für Band.

Eines Tages, als ich mich gerade wieder in einer exotischen Welt befand, kam der Rechnungsführer, redete ein wenig herum und fragte mich dann unvermittelt, ob ich nicht Lust hätte, ihm ein wenig bei seiner Arbeit zu helfen. Erst hatte ich Bedenken; denn meine Rechenkünste waren nur mäßig. Ich sagte ihm das. Er lachte, nein, das sei kein Problem, es gehe vor allem darum, daß ein Ansprechpartner da sei, wenn er im Lazarett zu tun habe. So willigte ich ein.

Sophus, so hieß er, war Kaufmann. Er kam eigentlich aus Flensburg, hatte seinen Beruf aber in Berlin ausgeübt. Ein etablierter Kaufmann als Rechnungsführer, das war eine unsinnige, wenn auch militärtypische, Übersetzung. Im zivilen Bereich hatte er Leitungsaufgaben. Hier lag seine Verantwortung allenfalls auf dem Niveau eines Buchhalters. Für Sophus war das allerdings kein Grund zur Klage. Im Gegenteil: Wer wie er auf einem solchen Posten in einem dänischen Lazarett unentbehrlich war, während andere irgendwo zwischen Nordkap und Nordafrika dahinstarben, konnte eigentlich nur Tag für Tag sein Glück besingen. Sophus sah das wohl auch so. Doch war er viel zu vorsichtig, den Tag zu früh zu loben. Er nahm das Leben philosophisch. Sein Philosoph hieß Nietzsche.[165] Und es war in den nächsten Wochen sein besonderes

---

[165] Der Philosoph Friedrich Nietzsche (1844–1900) und seine – etwa in seinem Werke „Also sprach Zarathustra" (1883/91) greifbare – Verkündigung des „Übermenschen" wurde vom NS-Regime in tendenziöser Auslegung als ein geistiger Wegbereiter des Nationalsozialismus in Anspruch genommen und deshalb nach 1945 sowohl von etlichen bürgerlichen als auch von marxistischen Kritikern ebenfalls in diese Traditionslinie gestellt; vgl. exemplarisch: Georg Lukács, Von Nietzsche bis Hitler. Der Irrationalismus in der deutschen Politik, Frankfurt/M. / Hamburg 1966; hierzu auch: Giorgio

Bemühen, mir diesen Nietzsche, der, wie er ironisch feststellte, als Pfarrerssohn eigentlich mein Kollege war, möglichst nahezubringen. Sophus' Büro befand sich gleich am Eingang der Baracke. Eigentlich war es ein langer Schlauch von kaum mehr als zwei Metern Breite, dafür aber von dreifacher Länge. Sophus hatte den hinteren, ziemlich dunklen Raumteil geschickt als Schlafzimmer abgetrennt; zwei Schränke und dazwischen eine Wolldecke als Vorhang, das reichte. Im vorderen Teil stand vor dem Fenster ein einfacher Schreibtisch, daneben ein Stuhl und an der gegenüberliegenden Wand ein Aktenregal, ein kleines Tischchen, ein Ofen und nochmals zwei Stühle. Welch ein Wohlstand! Hier hatte man alles, was man brauchte, hier war man allein. Wenn Sophus im Lager zu tun hatte, dann gehörte dieses Alleinsein mir. Stundenlang las ich, schrieb, träumte. Wenn er zurückkam, mußte er manchmal noch dies und das erledigen, und ich ging. Meist aber hatte er viel Zeit. Dann kramte er seinen Zarathustra hervor, und Nietzsche war Dritter im Bunde. Nietzsche im Volkston.

Ich hatte schon manches über Nietzsche gehört, doch nahezu nichts von ihm gelesen. Daß ich ihn nicht mochte, war deshalb eigentlich unbegründet. Aber mit sechzehn kann man sich solche Inkonsequenzen noch leisten. Ich wußte immerhin, was mich an ihm ärgerte: Er war Nihilist und hatte den Übermenschen verkündet. War er nicht auch Rosenbergs[166] geistiger Vater? Hitler jedenfalls hatte ihn vereinnahmt, die Nazis ihn für ihre antichristliche Propaganda benutzt. Sophus war kein Nationalsozialist, das versicherte er glaubhaft. Er fühlte sich auch nicht als Philosoph. Philosophische Theorien interessierten ihn wenig. Für ihn war dieser Zarathustra eine Offenbarung, er verstand Nietzsches Lehre als philosophische Religion.

„Wie du abends deine Bibel liest", unterstellte er, „lese ich vor dem Einschlafen meinen Zarathustra."

„Meine Bibel liegt irgendwo in Königsberg herum, vielleicht noch in meinem Tornister."

Sophus verstand mein Bedauern. Nach seiner festen Überzeugung war es gut, wenn man die Bücher seines Glaubens mit sich trug.

Was ihn, den guten Sophus, so sehr an seinen Nietzsche fesselte, wurde mir niemals recht klar. Er war so freundlich und fürsorglich, war überhaupt kein männlicher Mann. Über seinem Bett hing, schön gerahmt, das Bild seiner lie-

---

Penzo, „Zur Frage der ‚Entnazifizierung' Friedrich Nietzsches", in: Vierteljahrshefte für Zeitgeschichte 34.1986, 105–116.

[166] Alfred Rosenberg (1893–1946), gebürtiger Baltendeutscher, stieß frühzeitig zur NSDAP und galt als deren „Chefideologe" (sein ideologisches Hauptwerk war der vielzitierte, stark anti-christliche „Mythus des 20. Jahrhunderts"); er agierte nach 1933 auch als Außenpolitiker (Leiter des Außenpolitischen Amtes der NSDAP) und fungierte ab 1941 als Reichsminister für die besetzten Ostgebiete; insbesondere aufgrund der damit gegebenen hochrangigen Mitverantwortung für die osteuropäische NS-Besatzungspolitik wurde er 1946 im Nürnberger Hauptkriegsverbrecherprozeß zum Tode verurteilt und hingerichtet.

ben Frau, umgeben von mehreren lieblichen Töchtern. War es das, was seine Vita der des Philosophen so ähnlich machte, daß sein Leben zu Hause nur von Frauen bestimmt war? Seine Theorien, die er mir in dessen Namen verkündete, barsten jedenfalls vor Männlichkeit.

Er las und dozierte. Ich fand vieles komisch und protestierte. Es ging um Krieg und Männlichkeit und um das Weib als Spielzeug zur Erholung des Kriegers. Dabei hatte Sophus trotz seines Soldatenkostüms so wenig Kriegerisches an sich. „Über das Weib soll man mit Männern reden", „Gehorchen muß das Weib", zitierte er möglichst kernig. Da fragte ich mich, ob er es wohl wagen würde, dies auch bei sich zu Hause vorzutragen. Sollte ich ihm erzählen, daß mir durch meine Eltern als Leitbild viel überzeugenderes partnerschaftliches Zusammenleben vermittelt worden war? Er hätte mir meine Unerfahrenheit vorgehalten.

Natürlich hatten die meisten im Lager ihre Probleme mit der Sexualität. Aber während die Ungehobelten sich in Zoten abreagierten oder sich in den Zimmern ungeniert und laut in deckenverhängten Betten mit lüsternen Flüchtlingsfrauen vergnügten, bemühte er sich um eine ästhetisch-ethische Lösung, die dem Mann – natürlich nur ihm – hinreichenden Spielraum gab, ihm allerdings auch Seitensprünge durchgehen ließ. Er bedauerte es außerordentlich, daß ich noch so jung war, noch so unerfahren.

Immer wieder versicherte er mir, um wieviel erhebender die Zarathustralehre sei als das Christentum und ganz sicher auch praktischer in vielen Lebensfragen, denn sie komme den Bedürfnissen der Menschen, besonders des Mannes, entgegen. Er las mir die Stellen vor, in denen der große Meister den guten, jedoch unfertigen Jesus beurteilt, schaute mich lauernd an und wartete auf meinen Protest. Ich aber grinste lieber. Manches war mir wirklich zu kompliziert. Was sollte ich, der ich jung und geistig völlig ungeübt war, auch anderes machen? Sophus, Nietzsche und Zarathustra, alle drei vereint gegen mich, das war zuviel, das war gemein. Meist aber waren die Diskussionen kurzweilig und ich trainierte endlich wieder mein Hirn.

Der Gegenpol dieses Ersatzpropheten Nietzsche-Zarathustra war bei uns im Lager weit schlechter repräsentiert. Am 27. Mai gab es im Kantinensaal einen Gottesdienst. Der war erstaunlich gut besucht. Unter den Flüchtlingen und Soldaten, die diesen Krieg überlebt hatten, die einerseits so etwas wie Dankbarkeit empfanden, die sich aber mit Zukunftsängsten und der Sorge um nahe Angehörige herumschlugen, gab es viele, die wieder Anschluß an die christliche Botschaft und Kontakte zu Mitchristen suchten.

Der Auftritt des Herrn Theologen bereitete großes Erstaunen. Es erschien eine maßgeschneiderte Offiziersuniform – wenngleich ohne Epauletten – mit leuchtend-violetten Kragenspiegeln, darin eine drahtige, nicht mehr ganz junge Gestalt. Vor deren Brust baumelte an buntem Band ein Kruzifix, das Pektorale. Der Mann machte Eindruck. Seine Rede handelte von Deutschlands Niederlage nach heroischem Kampf, von den gefallenen Helden, auch von unserem deutschen Gott. Wir sangen aus dem kleinen Feldgesangbuch, das auch ich besaß, christliche Vaterlandslieder. Er war unzweifelhaft Deutscher Christ.[167] Ich kannte den Typus. Nach meinen Aufzeichnungen gab es vier Wochen später nochmals einen Gottesdienst, diesmal mit einem anderen Prediger. Der ist mir noch nicht einmal mehr in Erinnerung.

Der Kantinensaal gewann immer größere Bedeutung. Eine Gruppe von Laienkünstlern tat sich zusammen und bereitete einen Kabarett-Abend vor. Auch einige aus unserem Zimmer waren unentwegt damit beschäftigt, Texte auswendig zu lernen, miteinander zu flüstern, Proben zu absolvieren. Alles hatte seinen besonderen Reiz auch noch dadurch, daß einige der biederen Flüchtlingsmädchen als Revueschönheiten entdeckt und zum Mitmachen gewonnen werden konnten. Eine gewisse Spannung war nicht zu verleugnen. Überdies waren die selbsternannten Künstler nun unsere neue Oberschicht, von der wir anderen uns als unwissende graue Masse unterschieden.

Erst einmal aber standen andere Aktivitäten im Vordergrund, die den Blick wieder auf die Realitäten lenkten: Seit einiger Zeit kursierten im Lazarett Suchdienstadressen. Alle, die im damaligen Ostdeutschland zu Hause waren, und die nicht wußten, ob ihre aus den Heimatorten geflohenen oder vertriebenen Angehörigen noch lebten und wie sie zu finden waren, schrieben nun an des Rote Kreuz in Kopenhagen und an den Suchdienst nach Flensburg. Niemand kann sagen, ob diese Briefe je angekommen sind. Damals befanden sich die Suchdienste gerade im Aufbau.[168] Viele Jahrzehnte lang haben sie geholfen, Familien zusammenzuführen. Auch eine dänische Suchdienstkommission ging durchs Lager.

Am 10. Juni befand ich mich in einem Zwiespalt zwischen feierlicher und gedrückter Stimmung. Es war der 55. Geburtstag meines Vaters, und ich wußte nicht, wohin ich meine Gedanken wenden sollte. Ob er überhaupt noch lebte? Gut, daß ich mein Alleinsein in Sophus' Zimmer hatte. Das half. Da wurde stürmisch geklopft. Ich wurde gesucht. Befehl. Ich solle sofort zu Schwagmeyer kommen. Als ich dort erschien, war der Raum bereits voll. Schwagmeyer hielt

---

[167] Die „Deutschen Christen" bemühten sich innerhalb der protestantischen Kirchen um eine theologische und (kirchen-)politische „Harmonisierung" mit dem NS-Regime; vgl. Kurt Meier, Die Deutschen Christen. Das Bild einer Bewegung im Kirchenkampf des Dritten Reiches, Göttingen 31967; ders., Kreuz und Hakenkreuz. Die evangelische Kirche im Dritten Reich, Frankfurt/M. 1992; Klaus Scholder, Die Kirchen und das Dritte Reich, 2 Bde., Frankfurt/M. e. a. 1977-1985.

[168] Noch 1945 begannen Hilfsorganisationen wie das „Deutsche Rote Kreuz" in Westdeutschland sowie die 1945/46 entstandene „Volkssolidarität" in der SBZ mit der Organisation solcher Suchdienste zur Familienzusammenführung; zusätzlich organisierten in der SBZ auch die zivilen deutschen Verwaltungen – so etwa bereits im August 1945 die brandenburgische Provinzialverwaltung, 1946 dann auch zonenweit die für das Vertriebenenproblem zuständige „Zentralverwaltung für deutsche Umsiedler" (ZVU) Suchdienste; der „Zentrale Suchdienst für vermißte Deutsche" bei der ZVU, der nach deren Auflösung Mitte 1948 in die Deutsche Verwaltung des Innern der SBZ eingegliedert wurde, diente daneben von Beginn an stets auch der polizeilichen Suche nach NS-Aktivisten unter den Vertriebenen.

eine kurze, unpathetische Rede und verlieh jedem das Verwundetenabzeichen, den meisten in schwarz, wenigen, die schon öfter verwundet waren, in Silber. Dazu gab es eine schlichte, schreibmaschinengetippte Urkunde, die sich amtsdeutsch „Besitzzeugnis" nannte. Um allen Schwierigkeiten aus dem Wege zu gehen, war die Urkunde auf den 30. April rückdatiert worden. Und da das hakenkreuzgezierte Siegel des Ortslazaretts vermutlich schon vernichtet war, hatte man sich mit dem Siegel des Kriegslazaretts beholfen. Das dort inzwischen durch eiligen Abrieb erblaßte nationalsozialistische Emblem samt Adler war nun für diesen vorübergehenden Zweck auf weicher Unterlage durch kräftigen Druck notdürftig wiedererstanden.

Auch unser „Ehrenzeichen" hatte den Makel. Schwagmeyer wies uns ausdrücklich darauf hin: „Mit dem Hakenkreuz darf das Verwundetenabzeichen nicht getragen werden." Das war verständlich, aber ärgerlich. Endlich hatten wir den sichtbaren Nachweis, daß wir Frontsoldaten waren, und nun das! Aber wir wußten uns zu helfen. Im Lager gab es einen Schuster. Der lieh uns Dreifuß und Hammer. Jeder, dem das so wichtig war wie mir, schlug sein Hakenkreuz platt und überstrich die unansehnliche Stelle mit teeriger schwarzer Farbe. – Als ich zurückging, standen vor unserer Baracke die Kameraden in der warmen Junisonne und schwatzten. Da kam völlig unerwartet ein Offizier vorbei. „Ich habe Grußpflicht", durchfuhr es mich, „aufpassen, nicht den Hitlergruß!". Schnell winkelte ich, wie ich es bei den anderen gesehen hatte, den Arm zum traditionell militärischen Gruß und tippte mit der flachen Hand an den unbedeckten Kopf. Die Kameraden feixten. „Mußte noch lernen, Kleener", sagte einer nachsichtig, „wenn du keene Mütze uffhast, machste das nich, wirfste einfach den Kopp zur Seite und starrste den Oberen an." Ich ärgerte mich. Immer noch war ich Anfänger.

Drei Tage später gab es einen Kameradschaftsabend. Bei gemeinsamem Essen, lustlos mitgesungenen Soldatenliedern und faden Reden breitete sich Langeweile aus. Viele verdrückten sich, ehe alkoholische Stimmung aufkam.

Irgendwann in diesen Tagen gab es unangenehmen Besuch: Engländer, Dänen, Dolmetscher und jemand von der Lazarettverwaltung, der Weisungen entgegennehmen mußte. Ausweise wurden verlangt. Man suchte nach Angehörigen der Sondereinheiten Waffen-SS und Großdeutschland. Jeder zeigte sein Soldbuch. Einer aus unserem Zimmer, der erst relativ spät, als nahezu Ausgeheilter, zu uns gestoßen war, wurde sehr lange und sehr gründlich befragt, bis ihm schließlich befohlen wurde, seine Sachen zu packen und sich bereitzuhalten. Er gehörte zu den jüngeren, war aber einer jener intelligenten Leute, die in einem grauen Haufen stupider Soldaten sofort auffallen. Er wußte über alles Bescheid, war aber keineswegs geneigt, mit jedermann zu reden. Durch seine betont nachlässige Art, durch eine Attitüde der Überlegenheit, errang er stets die gewünschte Beachtung. Nun stand er wieder im Mittelpunkt. Seine Gesichtsfarbe änderte sich nur leicht, und seine Stimme war kaum merklich belegt, als er uns nach diesem unangenehmen Besuch mit eingeübter Nonchalance versicherte, alles sei nur halb so schlimm. Am wichtigsten schien ihm in dieser Situation seine Leica. Nur Menschen dieses beeindruckenden Typs besitzen selbst in Zeiten, in denen sich Katastrophen abspielen, noch irgendetwas, das sie aus der Masse heraushebt, zum Beispiel eine solche Spitzenkamera. Er übergab sie einem Bettnachbarn, der ihm sehr gewogen war, trug ihm auf, sie treulich nach Deutschland mitzunehmen und tauschte mit ihm die Adresse.

In unserer tristen Barackenstadt, dieser baumlosen Mischung aus Noch-Lazarett und Flüchtlingslager, durch das er unübersehbar mit seiner Kamera gestreift war, gab es kaum nennenswerte Bildmotive. So sind schließlich auch die nicht so geschätzten Kameraden auf den Röntgenschmalfilm gekommen, den eine schnell von ihm eroberte Laborschwester verschafft und seines Charmes wegen auch entwickelt hatte. Diese Umstände haben dazu geführt, daß mein kurzes Soldatsein photographisch dokumentiert wurde.

Noch einmal zwei Wochen, dann kam der große Tag unserer Künstlertruppe. Sie hatte eine riesige Bühne aufgebaut und sogar Vorhänge installiert. Unendlich viel bunter Flitterkram schuf eine verzauberte Welt. Der Saal war zum Bersten voll. Soldaten, Frauen, Kinder und alte Leute. Die dörflichen Schönheiten erschienen, nur dürftig mit etwas Buntheit bekleidet, als Südseemädchen. Ein Soldat nutzte seine unverkennbare Hauptfeldwebelstimme als Conférencier. Einige seiner Kollegen hatten sich mit entliehenen Büstenhaltern und Miedern geschmückt und spielten Transvestiten. Das Publikum johlte. Und als all die Witze und Zoten nun laut erzählt wurden, die sonst nur für Männer bestimmt waren, da schrien viele Frauen in hysterischer Begeisterung. Nur einige Alte verließen den Saal. Die kleinen Kinder lachten mit, weil alle lachten, und die etwas älteren fragten ihre wiehernden Mütter: „Was hat der gesagt?" Es war, wie die Veranstalter resümierten, ein erfolgreicher Abend.

Am Tage danach mußten wir uns abmarschbereit machen. Und wieder zwei Tage später verließen wir auf Lastwagen das Lager.

Irgendwo, auf einem Verschiebebahnhof, verlud man uns in einen Güterzug. Dänen führten die Aufsicht. Sie gaben sich selbstbewußt. Das Klima war frostig. Die oftmals unterbrochene Fahrt ging über Skanderborg und Kolding. Am 1. Juli erreichten wir am frühen Morgen die Gegend von Hadersleben und damit den Teil Schleswigs, der bis zum Ende des ersten Weltkriegs zu Deutschland gehört hatte.[169] Dies bewegte mich damals sehr. Irgendwo in der

---

[169] Das unteilbare Doppel-Herzogtum Schleswig-Holstein war seit dem Mittelalter mit dem dänischen Königreich in Personalunion verbunden; im Zuge des modernen Nationalismus versuchte der dänische Staat im 19. Jahrhundert wiederholt, das nördliche Schleswig (mit seiner starken dänischen Minderheit) unter Bruch der traditionellen Rechtsbestimmungen von Holstein zu trennen und vollständig mit Dänemark zu vereinigen; hieran entzündeten sich 1848–1850 sowie 1864 zwei deutsch-dänische Kriege, deren zweiter mit dem Verzicht Dänemarks auf Schleswig-Holstein endete, das wiederum nach dem innerdeutschen Krieg zwischen Österreich und Preußen 1866/67 preußische Provinz und als solche Teil des 1871 gegründeten Deutschen Reiches wurde; nach der Niederlage Deutschlands im Ersten Weltkrieg wurde im Versailler Friedensvertrag für den nördlichen Teil Schleswig-Holsteins eine Volksabstimmung über

Nähe der Stadt hielt der Zug auf einem Abstellgeleis. Die Lok verabschiedete sich mit einem kurzen Pfiff. Wir durften aussteigen. Dann war von unseren Bewachern nichts mehr zu sehen. Wir hätten fliehen können, empfanden das aber als völlig sinnlos. Es war ein sehr warmer und sonniger Tag. Wir waren nicht unfroh darüber. Die trockene Wärme dieses Sommers hatten wir schon in Aarhus als angenehm empfunden. In Deutschland rettete sie Hunderttausenden obdachloser Menschen das Leben.

In unseren Güterwaggons breitete sich stickige Hitze aus. Es gab nur wenig altes Stroh. Manche versuchten jetzt, während der Zug hielt, auf den harten Brettern ein wenig vom verlorenen Nachtschlaf nachzuholen. Die meisten hielten sich draußen auf. Da gab es am Vormittag neben Büschen noch etwas Schatten. Aber an Schlaf war, weil dort sehr viele lagerten, nicht zu denken. In der Nähe stand auf einem anderen Abstellgleis ein leerer D-Zug. Einige von uns hatten festgestellt, daß ein paar Türen nicht verriegelt waren. Die ziemlich alten Wagen hatten gepolsterte Bänke. Es hieß, dort könne man bequem schlafen. Nach und nach pilgerte der größte Teil der Soldaten dorthin. Ich wollte eigentlich dableiben. Ich fürchtete, unser Güterzug könne plötzlich abgeholt werden. Doch als mich gerade die Mittagsmüdigkeit übermannte, überredete mich ein mir unbekannter Kamerad, mit dem ich ins Gepräch gekommen war, und ich ging mit ihm dorthin. Der Personenzug war längst gut gefüllt. Selbst in der Holzklasse lagen oder saßen sie, oft rauchend, herum. Wir fanden noch Platz auf einem Teppich zwischen zwei von Schläfern eingenommenen Polsterbänken. Doch mein Aufenthalt war nur kurz. Kaum hatte ich mich entspannt auf die Seite gelegt, merkte ich, wie eine Hand, erst scheinbar zufällig, dann immer deutlicher begann, meinen Körper abzutasten. Nach einigen Sekunden dämmerte mir: Der Kamerad war schwul. Irritiert erhob ich mich, verließ das Abteil und stieg aus.

Erst am nächsten Morgen kam unvermittelt eine Lok, koppelte sich an unseren Zug, nahm Fahrt nach Süden auf und brachte uns ganze dreißig Kilometer weit nach Rothenkrug. Hier begegneten wir zum erstenmal uniformierten dänischen Soldaten. Vermutlich gehörten sie zu den Widerstandskämpfern gegen die deutsche Besatzungsmacht. Sie waren mit Maschinenpistolen bewaffnet, mit ähnlichen Handfeuerwaffen, mit denen in Deutschland die Waffen-SS ausgestattet war, und ließen uns ihren Haß spüren. Im Eiltempo mußten wir den Waggon verlassen. Dann wurde er durchsucht. Irgend etwas fanden sie, etwas

---

den Verbleib bei Deutschland bzw. den Anschluß an das (im Krieg selbst neutrale) Dänemark festgelegt; diese Abstimmung fand 1920 statt und führte zur Abtretung der nördlichen Abstimmungszone an Dänemark; auch das „Dritte Reich" tastete – trotz deutscher Besetzung Dänemarks ab 1940 – diese Grenze nicht an; 1937 wurde die preußische Provinz Schleswig-Holstein um die Gebiete der bislang eigenständigen Hansestadt Lübeck und der oldenburgischen Exklave Eutin erweitert und in diesen Grenzen im Zuge der Auflösung Preußens 1946/47 als eigenes Land bzw. (1949) Bundesland der Bundesrepublik Deutschland konstituiert; die dänische Minderheit in Schleswig-Holstein besitzt bis heute besondere Rechte.

Gefährliches oder Verdächtiges. Wir mußten uns mit dem Rücken zum Waggon aufstellen. Sie standen im Halbkreis um uns herum, die Maschinenpistolen im Anschlag, und kamen sich vor wie ein Erschießungskommando. Sie befragten uns auf dänisch. Wir verstanden nicht, was sie wollten. Das machte sie wütend. Die Situation wurde gefährlich. Da kam einer ihrer Vorgesetzten, redete mit ihnen. Offenbar hatte sich das Problem geklärt. Wir konnten unser Gepäck nehmen und in einen der bereitstehenden Autobusse klettern. Als wir dann schließlich zum Abschluß meines elfwöchigen Dänemark-Aufenthalts bei malerischem Wetter an der Apenrader Bucht entlangfuhren, fühlte ich mich wie in einer Touristengruppe.

Zwanzig Kilometer weiter, an der Grenze, war es mit der Touristik allerdings schon wieder zu Ende. Stundenlang standen wir in einer langen Reihe in der immer heftiger stechenden Sonne, das meist nur sehr kleine Gepäck vor unseren Füßen. Einer nach dem anderen wurde durchsucht. Die Kommission bestand aus Dänen und Engländern. Die Dänen hatten uns den Besitz dänischen Geldes verboten. Der Besitz deutschen Geldes war auf einen kleinen Betrag begrenzt. Ich hatte es besonders schlau angestellt, wie ich dachte, und 90 RM[170] in Wehrmachts-Verrechnungsscheine umgetauscht. Die durfte man mitnehmen. Sie erwiesen sich späterhin als völlig wertlos. Nach vielen Jahren gab ich sie fort. 50 RM hatte ich mit großer Mühe in meinen Füllfederhalter hineingedreht. Die blieben unentdeckt und wurden bald neben dem Entlassungsgeld der Grundstock meiner zivilen Laufbahn. Auch Kameras und sonstige Wertsachen gingen in den Besitz Dänemarks über. Alles Dinge, die ich nicht besaß.

Am Nachmittag wurden wir gruppenweise fortgeschafft. In einem der kleinen, für den Transport von Strafgefangenen konstruierten Fahrzeuge, die schon damals ihrer Farbe wegen gemeinhin „Grüne Minna" hießen, gelangte ich zum erstenmal in den westlichen Teil des kaputten Vaterlands. Nahezu alles, was von Deutschland nach dem Kriege übrig blieb, hatte ich bis dahin noch niemals gesehen – mit Ausnahme von Frankfurt an der Oder bei einer schlichten Hotelnacht auf der Rückreise mit den Eltern aus dem malerischen Vorkriegs-Schlesien.

Gleich hinter der Grenze, in einem Wald nahe bei Flensburg, ließ man uns aussteigen. Der Wald war licht. Auf hügeligem Boden standen zwischen Bäumen verstreut zahlose Rundzelte. Dazwischen wimmelte es von Soldaten. Deutsche in Massen. Aber auch Briten und Kanadier. Die hatten, wie es ihnen zukam, ihre Quartiere in festen Baracken. Sie waren unsere Bewacher und Verwalter. Merkwürdigerweise habe ich kaum etwas in Erinnerung, was sie mir in dieser Funktion eingeprägt hätte. Vor meinem inneren Auge sehe ich uns tagelang in wechselnden Grüppchen um den einen oder anderen dieser exotischen Sieger herumstehen und radebrechend feilschen. Die wenigen

---

[170] RM war die Abkürzung für „Reichsmark", die zwischen 1924 und 1948 gültige deutsche Währung.

Wertgegenstände, die den Weg über die Grenze gefunden hatten, Uhren, Füllfederhalter, Ringe, wurden hier für ziemlich wertlose Lucky Strikes, Camels oder Pall Malls verhökert. Was sich russische Soldaten mit Gewalt nahmen, ließen sich die gepflegten Soldiers für billige und ziemlich unnütze Zigaretten freiwillig aushändigen. Auch ohne Raub machten viele von ihnen hier die beeindruckendsten Gewinne ihres Lebens.

Man registrierte uns mit Hilfe deutscher Dolmetscher. Diese sprachkundigen Menschen fühlten sich nach so kurzer Zeit der Zusammenarbeit mit der Besatzungsmacht bereits als deren Teil und schauten überlegen auf uns sprachlose Menschen herab. Sonst passierte nichts. Fünf Tage blieben wir hier. Vier weitere Tage verbrachten wir im Dorf Drage, nördlich der Eider.

Die Briten erwiesen sich als pragmatische Sieger. In der Erkenntnis, daß ihre Kapazitäten niemals ausreichen würden, die riesige Masse Kriegsgefangener selber zu beaufsichtigen und zu betreuen, steckten sie diese in ein viele Quadratkilometer großes, von Wasser umgebenes Dreieck und überließen sie sich selbst. Dieses Dreieck war im Westen durch die Nordsee, im Norden durch die verschlungen dahinfließende Eider und im Südosten durch den Nord-Ostsee- Kanal begrenzt, der damals noch den Namen Kaiser-Wilhelm-Kanal trug. Am Rande der Kreisstadt Heide, also ziemlich in der Mitte, befand sich das Entlassungslager. Noch einmal wurde so etwas wie eine deutsche militärische Organisation aufgebaut. Deutsche Offiziere und Unteroffiziere erhielten neue Aufgaben und die alten Pistolen, die ausreichten, unbotmäßige Gefangene in Schach zu halten, nicht aber, einen Krieg gegen England zu führen. Merkwürdig groß war die Angst vor uns Deutschen. Und dabei hatten doch fast alle von uns vom Krieg längst die Nase voll. Alles Gefährliche mußten wir abliefern. Selbst mein großes Taschenmesser, das ich gut versteckte, war verboten.

Der Bauernhof, auf dem ich mit dreien meiner Aarhuser Zimmergenossen untergebracht wurde, gehört zur Siedlung Heuwisch. Die liegt einige Kilometer nördlich von Wesselburen. Auf dem Hof wimmelte es von Soldaten. Eine ganze Kompanie war hier untergebracht. Im Wohnhaus, einem schlichten zweistöckigen Bau, hatte die Bauernfamilie die schönsten Zimmer Offizieren und Feldwebeln zur Verfügung stellen müssen. Sie selbst wohnte eng zusammengedrängt und zurückgezogen im Hinterhaus. Uns, die Mannschaften, hatte man im langen Wirtschaftsgebäude untergebracht. Darin befanden sich, durch zwei breite Tennen getrennt, drei Stallungen. Deren flache Decken waren jeweils Lagerraum für Heu oder Stroh und besaßen deshalb zu den Tennen hin einfache Holzgeländer. Über allem erstreckte sich das riesige Dach.

Meine Gruppe lagerte auf der Plattform über der mittleren Stallung. Hier wählte ich meinen Liegeplatz auf einem unförmigen Berg von Stroh, wo niemand hatte schlafen wollen. So blieb ein großer Abstand zu den anderen, ich war nicht gezwungen, fortwährend ihre Gespräche anzuhören und konnte träumen. Aus Zweigen schnitzte ich mit meinem verbotenen Messer kleine Schachfiguren, von denen ich die eine Hälfte mit Tinte blau färbte. Nach und nach fanden sich einige Mitspieler. In langen Partien vertrieben wir uns bei großer Hitze die Zeit.

Am 15. Juli, einem Sonntag, erhielten wir die Gelegenheit, in dem benachbarten Neuenkirchen den Gottesdienst zu besuchen. Von unserem Hof brach eine erstaunlich große Gruppe auf und ging auf sonnigen Feldwegen dorthin. Die Kirche war von Soldaten überfüllt. Einheimische sah man kaum. Der Pfarrer war Westpreuße. Er hielt eine schlichte, aber bewegende Predigt. Ich sprach ihn nach dem Gottesdienst an. Während wir uns unterhielten, versuchte er immer wieder, sich meinen Namen einzuprägen, der ihm dauernd entfiel. Am Nachmittag machte ich den Weg noch einmal. Es gab ein Orgelkonzert mit Werken von Buxtehude, Händel und Bach.[171] Darunter viele Stücke, bei denen ich in Nordenburg so oft die Bälgen getreten hatte, daß ich nun die Themen hätte mitsingen können, wie Bachs Passacaglia c-moll. Es war für mich ein richtiger Festtag. Und es war Mutters Todestag. Doch das erfuhr ich erst viel später.

Wir besuchten alle Veranstaltungen, die angeboten wurden, und nutzten auch sonst alle begrenzten Freiheiten. Zweimal wanderten wir Ehemaligen aus dem Ortslazarett gemeinsam nach Wesselburen. Einmal gab es dort ein von Soldaten veranstaltetes Varieté. Aber die etwa 15 Kilometer wurden mir beidemal lang. Wir bekamen nur wenig zu essen. Die übermäßigen Speckschichten, die ich mir durch den täglichen Haferbrei in Aarhus angefuttert hatte, waren längst aufgezehrt. Den Kameraden ging es nicht anders. Die meisten wurden jetzt wieder schlank und verengten mit Nadel und Faden die Nähte am Bund ihrer Hosen.

In dieser Zeit sprach mich einer an, der vielleicht jetzt schon für den Winter vorsorgen wollte. Er war an einer praktischen Unterjacke interessiert, die ich bei der Neueinkleidung in Aarhus ergattert hatte. Dafür bot er mir eine Kilodose Schmalzfleisch. Ich ging auf das Geschäft ein, versteckte die Dose tief unter mir im Stroh und bewilligte mir nun täglich eine kleine Portion. Den Deckel mußte ich zum Schutz gegen Mäuse stets sorgfältig zurückbiegen. Zu meinem Bedauern fehlte mir aber immer noch das Brot. Da kam mir der Zufall zu Hilfe. Eine unserer Tennen wurde zum Theaterraum für eine Varieté-Veranstaltung hergerichtet. Die Akteure sollten von oben herab auf die Bühne kommen. Deshalb wurde nahe bei meiner Lagerstatt eine Leiter befestigt. In den Nächten vor dem großen Ereignis huschten immer wieder Schattengestalten an mir vorbei und die Leiter hinunter. Jemand setzte mich flüsternd in Kenntnis. Zwei Kisten, die als Requisiten für die Aufführung benötigt wurden, stammten aus dem Verpflegungs-Magazin und waren voller Knäckebrot. Mancher steckte mir als Schweigegeld ein kleines Päckchen zu, und ich stopfte es zu der Schmalzdose ins Stroh. Mir war die Sache jedenfalls spannender als

---

[171] Dietrich Buxtehude (1637–1707) war der musikalische Lehrer von Johann Sebastian Bach (1685–1750), neben Georg Friedrich Händel (1685–1759) der bedeutendste deutsche Barockkomponist.

das selbstgemachte Landser-Varieté. Ich hatte überhaupt kein schlechtes Gewissen und fand es ebenso wie die nächtlichen Knäckebrotdiebe empörend, daß man uns hungern ließ, während das Magazin, wie man jetzt munkelte, für die Verpflegung der Offiziere voller guter Sachen war.

Wir erfuhren in dieser Zeit Näheres über die Aufteilung Deutschlands. Durch Berichte wurde unsere Befürchtung bestätigt, daß die Bevölkerung Ostdeutschlands, soweit sie nicht schon geflohen war, jetzt ihrer Habe beraubt, über Oder und Görlitzer Neiße hinweg, in den Westen vertrieben wurde, wenn man sie nicht nach Sibirien verschleppte. Wir erfuhren auch, daß man den Rest Deutschlands in drei oder vier Zonen eingeteilt hatte.[172] Vor den Russen, die offenbar keine 130 Kilometer entfernt nahe bei Lübeck standen, hatten alle die größte Furcht. Die Amerikaner wurden bewundert, galten aber als unberechenbare große Kinder, die mit ihrem technischen Spielzeug angaben. Am unauffälligsten verhielten sich offenbar die pragmatischen Engländer. Von den Franzosen wußte man zuwenig, noch nicht einmal, ob sie eine eigene Zone hatten; man kannte aber ihren Nationalstolz und fürchtete Rache. Jetzt begann sich unter den gefangenen deutschen Soldaten zum erstenmal etwas abzuzeichnen, was wir bisher nicht kannten: der Unterschied zwischen Österreichern und Deutschen, zwischen den jetzt landlosen Ostdeut-

---

[172] Am 5. Juni 1945 teilten die vier alliierten Siegermächte (USA, Sowjetunion, Großbritannien und Frankreich) offiziell mit, daß sie die oberste Regierungsgewalt in Deutschland übernommen und zu diesem Zwecke einen aus den vier militärischen Oberbefehlshabern in Deutschland bestehenden Alliierten Kontrollrat sowie vier Besatzungszonen (sowie vier Besatzungssektoren in Groß-Berlin) gebildet hätten; vgl. Dokumente der deutschen Politik und Geschichte von 1848 bis zur Gegenwart, hgg. von Klaus Hohlfeld, Bd. 6: Deutschland nach dem Zusammenbruch 1945, Berlin / München o. J., 2–10; zwischen dem 17. Juli und dem 2. August 1945 fand die „Potsdamer Konferenz" der Staats- und Regierungschefs der drei führenden alliierten Siegermächte (USA, Sowjetunion, Großbritannien) statt; in deren „Potsdamer Beschlüssen" wurde neben Grundsätzen der Besatzungsverwaltung auch die Abtretung des nördlichen Teiles Ostpreußens mit Königsberg an die Sowjetunion sowie die Überführung des restlichen deutschen Gebiets östlich der Oder und Neiße (in den Grenzen von 1937) sowie der Freien Stadt Danzig in polnische Verwaltung vereinbart, was faktisch einer Annexion durch Polen gleichkam, zumal diese Regelung mit der Anerkennung der zwangsweisen „Umsiedlung" der noch in diesen Gebieten verbliebenen deutschen Bevölkerung – allerdings in „ordnungsgemäßer und humaner Weise" – durch die drei Siegermächte verbunden war; die Vertreibung der deutschen Bevölkerung, teilweise bereits durch die Flucht vor der Roten Armee bewirkt, wurde schon vor der Konferenz durch massives Vorgehen der polnischen und tschechoslowakischen Regierungen eigenmächtig durchgeführt und durch den Potsdamer Beschluß der Siegermächte allmählich in die letzte Phase einer halbwegs geordneten Zwangsumsiedlung überführt, die mehrere Jahre andauerte; vgl. zur Problematik der Potsdamer Beschlüsse: Josef Foschepoth, „Potsdam und danach: Die Westmächte, Adenauer und die Vertriebenen", in: Die Vertreibung der Deutschen aus dem Osten. Ursachen, Ereignisse, Folgen, hgg. v. Wolfgang Benz, Frankfurt/M. 1985, 70–90; Klaus-Dietmar Henke, „Der Weg nach Potsdam – die Alliierten und die Vertreibung", in: ebd., 49–69; Hans Georg Lehmann, Der Oder-Neiße-Konflikt, München 1979.

schen und den anderen Deutschen, die zu verschiedenen Herrschaftsbereichen, den einzelnen Zonen, gehörten.

Ziel unseres Aufenthaltes in diesem großen Internierungsbezirk war die Entlassung. Was sollte man mit den Ostdeutschen machen? Sie mußten logischerweise vorläufig in Lagern bleiben, bis sich irgendeine Lösung gefunden hatte. Ein hartnäckiges, aber niemals bestätigtes Gerücht lautete, sie kämen erst einmal alle in französische Zwangsarbeit. Dem wollten wir natürlich entgehen. Die Bielefelder Verwandten hatten, als sie in Nordenburg wohnten, so viel von ihrem Zuhause erzählt, daß in meinem Kopf Bruchstücke zweier Bielefelder Adressen haften geblieben waren. Ich kramte sie nun aus meiner Erinnerung hervor, entschied mich nach bestem Wissen für die sicherste Version und gab die als meine Heimatadresse aus. Als Regierungsbezirk ließ ich „Arnsberg" eintragen. So hatte mich ein westfälischer Kamerad, der sich auszukennen schien, glaubhaft informiert.

Immer wieder gab es irritierende Umschichtungen. Eines Tages wurden die drei letzten meiner Aarhuser Zimmergenossen zu einer anderen Kompanie verlegt: Fritz, der Westpreuße, mit dem ich den Aarhuser Zoo besucht hatte, und zwei Sachsen. Bald darauf wurden bei uns die Soldaten des Bezirks Arnsberg zum Abtransport ins Entlassungslager aufgerufen. Ich war nicht dabei. Bielefeld gehörte, wie ich jetzt erfuhr, gar nicht zu Arnsberg, sondern zu Minden. Es bestand die Gefahr, daß die Entlassung der Mindener schon bearbeitet wurde und ich zwischen zwei Stühle geriet. Doch nun erhielt ich unerwartet den Lohn für eine ärgerliche Burschentätigkeit. Ein Oberwachtmeister, dem ich auf seinen Befehl hin murrend das Zimmer geputzt hatte, immer voller Mißtrauen, ob er das überhaupt verlangen könne, führte nun ausgiebige Gespräche über das Feldtelefon, bis mein Fall geklärt war. Am 30. Juli kam ich mit den zu Minden gehörenden Soldaten ins Entlassungslager nahe bei Heide.

Dort wurden wir in hallenartigen Großzelten untergebracht. Stroh gab es kaum. Wir mußten auf trockner Erde liegen. Das Entlassungsverfahren war sehr bürokratisch. Auf die Personalkontrolle folgte eine Gepäckkontrolle, ein Entlausungsverfahren, dann eine akribische Zählung an der ersten Durchgangsschleuse, die einen Umzug in einen anderen Teil des Lagers bedingte, dann wurden weitere Prozeduren vorgenommen, an deren Ende die zweite Durchgangsschleuse stand.

Faszinierend war jedenfalls die Entlausung. Kein angenehm umständliches Verfahren gab es hier, mit reinigender Dusche und einem Heißluftofen für die Kleidung. Der britische Kammerjäger setzte vielmehr gegen die kleinen Tierchen eine Art großkalibriger Spielzeugpistole ein. Wir öffneten gehorsam die obersten Hemdenknöpfe. Er steckte die Pistole hinein und drückte ab. Wir öffneten die Hose. Er drückte nochmals ab. Jedesmal schoß er ein Gemisch aus Luft und giftigem Staub hinein. So wurden die Läuse getötet. Ob man mit diesem Verfahren auch den Kammerjäger vergiftete, dessen Arbeitsbereich in wenigen Stunden ganz gelb von all dem Giftstaub war, habe ich nie erfahren.

Drei Tage verbrachten wir zwischen Schleuse I und II. Das war viel zu lang für all die Entlassungsprozeduren. Unter Bewachung wurden wir auf Lastwagen verladen und zu einem alten Schießstand gebracht. Dessen meterdicke Wände bestanden aus gemauerten Ziegeln. Die mußten wir mit Kreuzhacken so behutsam abtragen, daß sie wiederverwendet werden konnten. Es war sehr heiß, und ich habe nicht in Erinnerung, daß wir uns mit der Arbeit übernommen hätten.

Wir waren nicht nur lustlos. Wir hatten auch Hunger. Die tägliche Wassersuppe, meist nur mit einigen Kartoffelstücken, etwas Kohl oder Steckrüben angereichert, sättigte nicht. Im übrigen gab es nur wenige Scheiben Brot am Tag und etwas Margarine. Die meisten Zivilisten in Deutschland bekamen ja auch nicht mehr. Wir wurden zum Essensempfang in Zehnergruppen eingeteilt. Niemand kannte die anderen. Jede Gruppe erhielt zum Abend ein halbes Kommißbrot. Für jeden also gerade eine Scheibe. Alle hockten um den herum, der austeilen mußte, und beobachteten mißtrauisch dessen Bewegungen. Einige waren unzufrieden und schimpften. Am zweiten Abend bestimmte die Mehrheit, ich solle austeilen. Ich hatte aber keine Lust; denn ich wollte nicht die Zielscheibe ihrer Aggressionen sein. Doch sie bestanden darauf mit der üblichen kommißlogischen Begründung, ich sei der Jüngste. Da kam ich auf einen Einfall. Als ich durch leichtes Anschneiden die Scheibenbreite markierte, ließ ich ein Stück etwas kleiner ausfallen. Es gab Proteste. Ich erklärte, diese Scheibe sei für mich. Da hatte ich Ruhe.

Mich trieb ganz sicher keine höhere Ethik. Vermutlich kopierte ich auch nicht die in einer kinderreichen Pastorenfamilie praktizierte Pädagogik. Ich glaube, mich ritt ganz einfach die Lust, die Nörgler mattzusetzen. Die war mir ein paar Gramm Brot wert.

Nach eingehender ärztlicher Untersuchung kam der letzte Akt. Das „Certificate of Discharge" – in kleinerer Schrift auf deutsch: der Entlassungsschein – wurde von einem Engländer in großen Buchstaben ausgefüllt, unterschrieben und mir ausgehändigt. Ich, der sechzehnjährige kinderlose Schüler mit dem besonderen Kennzeichen „NARBE GESÄSS RE" und der Heimatanschrift Bielefeld, wurde demzufolge mit der ärztlichen Bestätigung, marschfähig, ungezieferfrei und ohne ansteckende Krankheiten zu sein, am 3. August 1945 aus der „Army" entlassen. Bestätigt hat dies für seinen Major ein gewisser Captain P.J. Tautz. Merkwürdigerweise schweigt das Papier diskret darüber, wo und von welcher Macht die Entlassung vorgenommen wurde. Es verschweigt auch, daß ein Inhaber dieser Entlassungsurkunde damit keineswegs entlassen war.

Der Weg durch die zweite Schleuse war mit einem theatralischen Szenarium verbunden. Es geschah kurz vor Mitternacht. Unter strenger Bewachung wurden wir zum Bahnhof gebracht. Einzeln rief man uns auf. Im gleißenden Licht mehrerer Scheinwerfer mußten wir Mann für Mann den Bahnsteig überqueren. Es war mir, als mein Name aufgerufen worden war, ein merkwürdiges Gefühl, ganz allein in das unerträgliche Licht hineinzugehen, nichts zu sehen, nicht zu wissen, was um mich herum geschieht, und erst nach einigen mutigen

Schritten die Konturen eines Zuges zu erkennen. Als ich danach durch das Fenster des Zuges zurückschaute, ging alles, was eben noch gewesen war, im Licht unter.

Wir brauchten viele Stunden, um von Heide über Hamburg und Hannover nach Wunstorf, unserer nächsten Station, zu gelangen. Im Dämmerlicht des anbrechenden Morgens sahen wir überall die schrecklichen Zerstörungen, die dieser unsinnige Krieg hinterlassen hatte. In Wunstorf sperrten sie uns wie Vieh in eine große Weide, deren Zaun besonders gesichert war. Auch die benachbarten Weiden waren voller Gefangener. In jeder Weide befand sich ein grob zusammengehauener Tisch, auf dem die Verpflegung ausgeteilt werden konnte, sowie ein Graben mit einem Donnerbalken. Sonst nichts, keine Zelte, kein Stroh. Gleichsam zur Warnung, trotz des Entlassungsscheins gefügig zu bleiben, hatten die Engländer am Hauptwege einen hohen Käfig errichtet. Dort saßen – wie es hieß, ohne Wasser und Brot – in der glühenden Julihitze die armen Kreaturen, die unbotmäßig gewesen waren oder die ihre Entlassung nicht hatten abwarten können.

Auf dieser Weide blieben wir nur einen Tag und eine Nacht. Zum Schlafen legten wir uns auf das Gras. Früh, als der Tag graute und die Feuchtigkeit des Taus uns frieren ließ, erhob sich einer nach dem anderen. Am Ende standen wir alle dicht gedrängt wie eine Herde, um uns aneinander zu wärmen.

Wir wurden auf britische Militärlastwagen verladen. Dann begann die erste Autobahnfahrt meines Lebens, eine Fahrt mit Hindernissen. Fast alle Brücken waren bombardiert oder gesprengt. Nur selten hatte man schwankende Notbrücken errichtet. Meist ging es auf provisorischen Kieswegen abwärts in irgendein Tal, manchmal durch Dörfer, und danach wieder auf die Autobahn zurück. Die Zivilisten, denen wir zuwinkten, waren abweisend. Sie hatten genug mit sich selbst zu tun. Das änderte sich erst, nachdem wir die Porta Westfalica passiert hatten. Die Bewohner standen an den Straßenkreuzungen, wo sich unsere Fahrt verlangsamen mußte, und erwarteten ihre Heimkehrer mit frischen Pellkartoffeln, mit geputzten Möhren und manchmal auch ein wenig Obst. Hier mischte sich Heimatverbundenheit mit dem christlichen Geist der Minden-Ravensberger Erweckungsbewegung, die übrigens im 19. Jahrhundert eine der Wurzeln der Bodelschwingh'schen Anstalten in Bethel war und noch heute an vielen Orten zu spüren ist.[173]

Wir fuhren an der Ausfahrt Bielefeld vorbei, was viele beunruhigte. Später bogen wir nach Nordwesten ab, durchquerten Brackwede, damals das größte Dorf Deutschlands, und Steinhagen, wo der Steinhäger[174] herkommt, und er-

---

[173] Vgl. hierzu Gustav Adolf Benrath, „Erweckung / Erweckungsbewegungen I", in: Theologische Realenzyklopädie, a. a. O., Bd. 10, Berlin / New York 1982, 205–220, insb. 214.
[174] Der „Steinhäger" ist ein überregional bekannter, nach seinem westfälischen Ursprungsort Steinhagen benannter wasserklarer, aus Wacholderbeeren hergestellter Branntwein.

reichten unser letztes Lager beim Dorf Künsebeck. Hier wurden wir einfach abgestellt, niemand kümmerte sich um uns, es war nichts zu erledigen. Wir hörten nur, am nächsten Tag seien wir frei. Für die Nacht standen Zelte bereit. Aber es ging das Gerücht, alles sei voller Wanzen. Wer keine Wanzen haben wollte, und zu denen gehörte auch ich, schlief sicherheitshalber im Freien. Am nächsten Morgen waren wir immer noch nicht frei. Ganz in der Nähe lag eine kleine deutsche Fabrik, in der Kriegsgerät hergestellt worden war. Dort mußten wir einige Stunden lang unter der laxen Aufsicht eines britischen Sergeanten aufräumen. Zum Schluß belohnte er uns mit je einer mit heißem Tee gefüllten Konservendose. Echten Tee mit Zucker und Milch, so etwas hatte ich noch nie getrunken. Es war in der Tat ein edles Getränk zum Abschied. Dann waren wir frei.

Flüchtlinge in der SBZ:
Vaters Pfarrstelle, Mutters Tod

Nach und nach begann sich die Bevölkerung in Mecklenburg an die Soldaten der sowjetischen Armee zu gewöhnen, auch an deren Unberechenbarkeit. Übrigens sprach man fast immer nur von „Russen", obwohl es sich sehr oft auch um Angehörige ganz anderer Völker handelte, die dem Großreich im Osten zugehörten. Allerdings machte man eine Ausnahme, die Mongolen. Zwar hatte kaum jemand je einen Mongolen kennengelernt. Spätestens seit dem 1. Weltkrieg aber galten sie als besonders grausam und wild. Als eines Tages durch Kühlungsborn das Gerücht ging, die Russen sollten durch Mongolen abgelöst werden, verbreitete sich große Aufregung.[175] Sie kamen aber nicht. Ein anderes Mal wurden Russinnen angekündigt. Es hieß, sie sollten als Küchenmädchen arbeiten und in der „Pension Seeblick" einquartiert werden. Sie blieben ebenfalls aus.

Auch die Besatzungsmacht begann sich einzurichten[176] und kümmerte sich als neue Obrigkeit um das künftig zu beherrschende Volk. Sie regierte mit Anschlagbrettern, auf denen die Befehle und sonstigen Verlautbarungen bekanntgegeben wurden; denn es gab weder Zeitungen noch elektrischen Strom, der die Bevölkerung hätte in die Lage versetzen können, Rundfunk zu hören – was sie ja auch gar nicht sollte. Vater notierte am 16. Mai:
„Kommissar: 1. Befehl: Abholung der Rundfunkgeräte und Waffen.
          2. Befehl: Meldung beim Kommissar".

Aus dieser letzten Anordnung wird nicht ganz deutlich, wer sich zu melden hatte. Vermutlich waren es die Männer im arbeitsfähigen Alter. Vater war betroffen und ging am nächsten Tag zum Kommissariat, wo er sich in eine Arbeitsliste einzutragen hatte.

Wieder einen Tag später kam ein Russe zu ihnen. Solche Besuche gab es immer wieder. Sie kamen einfach, interessierten sich für alles, versuchten, sich radebrechend zu unterhalten und fühlten sich in allen Räumen wie zu Hause. Er

---

[175] Dieses Russenbild könnte mit der kurzfristigen Okkupationserfahrung in Verbindung zu bringen sein, die Teile Ostpreußens im August 1914 machten; Naimark, a.a.O., 110f., verweist hinsichtlich der deutschen „Russenangst" von 1945 auf die kaum zu überschätzende Wirkung der NS-Propaganda und ihrer „bolschewistisch"-"asiatischen" Stereotypen; insgesamt erscheint dieses mentalitätsgeschichtliche Problem kollektiver wechselseitiger Wahrnehmungen jedoch noch nicht hinreichend differenziert aufgearbeitet.

[176] Vgl. zur sowjetischen Besatzungsverwaltung in der SBZ insbesondere Jan Foitzik, Einleitung, a.a.O., sowie ders., „Sowjetische Militäradministration in Deutschland (SMAD)", in: SBZ-Handbuch. Staatliche Verwaltungen, Parteien, gesellschaftliche Organisationen und ihre Führungskräfte in der Sowjetischen Besatzungszone 1945-1949, hgg. v. M. Broszat und H. Weber, München 1990, 7–69.

nahm Vaters Armbanduhr mit. Tags darauf erhielt das Nachbarhaus, der „Kaiserhof", erneut Einquartierung, 30 Mann. Eine ganze Wachmannschaft. Die brauchten Platz, räumten um, stellten alles auf den Kopf und ein Klavier in den Hof. Da stand es nun, dem Wetter ausgesetzt.

Tante Brigitte, Vollblutmusikerin, der die Musik das Lebenselixier war, konnte ein Klavier nicht einfach so stehen sehen. Gut, sie hatte ernste Musik studiert, spielte aber, wenn es darauf ankam, auch auf dem Schifferklavier, spielte bekannte Schnulzen, Schlager, Filmmusik, Operettenmelodien. Sie hatte eine Menge davon im Kopf, benötigte dafür keine Noten, konnte, was ihr entfallen war, irgendwie freischöpferisch ersetzen, konnte schließlich auch die Tonarten beliebig variieren. Sobald die Russen ihre Freizeit hatten, wurde nach ihr gerufen, und sie setzte sich an das alte Klavier. Dann hockten oder standen alle um sie herum, sie spielte ein Stück nach dem andern, ließ sich Vorschläge machen. Oft wurden Wunschkonzerte daraus. Einer, der besonders musikalisch war, sang die Melodien. Sie spielte bis an die Grenzen ihrer Kräfte. Aber die Rechnung ging auf. Es wuchs auf ganz schmaler Basis so etwas wie ein Vertrauensverhältnis heran. Als bald danach das Klavier in einen Nebenkorridor des „Kaiserhofs" verbracht worden war, gingen dort die Wunschkonzerte auch bei schlechtem Wetter weiter.

Und es gab Suppe. Suppe für die ganze Großfamilie. Am 26. Mai findet sich in Vaters Kalender zum erstenmal die Eintragung „abends Suppe von den Russen". Am nächsten Tag ebenso. Am übernächsten Tag heißt es nur noch „Russensuppe". Auch in der folgenden Woche gaben die einquartierten Russen etwas von ihrer Suppe ab. Viel hatten sie ja selber nicht. In diesen Wochen war die Versorgung der Bevölkerung so schlecht, daß die täglichen Aufwendungen an Zeit und Kraft zuallererst der Ernährung galten. Mehr und mehr Geschäfte schlossen jetzt, weil es sowieso keine Waren mehr gab. Die meisten Einkäufe waren mit langem Warten verbunden. Mehrfach ging Vater, manchmal auch Wolfgang, früh gegen halb Sechs los, um sich beim Bäcker anzustellen. Wenn sie ankamen, waren sie nicht die ersten. Manchmal wechselten sich Wolfgang und Vater ab. Oft war alles Warten vergeblich, vor allem beim Fleischer. Einmal, Ende Mai, erhielt Vater dort für seine Großfamilie 150 g Wurst und 150 g Hammelfleisch, eine Woche davor 1 Pfund Pferdefleisch.

Am 28. Mai verzeichnete Vater einen weiteren öffentlichen Anschlag des Kommissars. Es war der 5. Befehl. Danach hatten sich alle am Ort wohnhaften Personen bis zum 1. Juni zu melden. Ferner waren alle im Privatbesitz befindlichen Bücher abzugeben. Dieser Anschlag bereitete Unruhe. Sollten denn wirklich alle privaten Bücher, die gute Literatur, die Nachschlagewerke, alles abgeliefert werden? Ein Volk ohne Bücher? – Man kann den Tag, in den diese Nachricht platzte, noch gut rekonstruieren. Morgens hatte Vater sich bald nach vier Uhr erhoben. Die vermutlich einzige Uhr, die er noch besaß, eine unzuverlässige alte Taschenuhr, war stehengeblieben. Eine Stunde darauf weckte er seine Söhne, ging mit ihnen zum Bäcker. Auf dem Wege lasen sie den Anschlag. Bei der Mühle erhielten sie kein Mehl. Mittags gab es für jeden von ihnen einen dreiviertel Teller Kartoffelsuppe. Man fand eine Näherin, die bereit war, kleine Ausbesserungsarbeiten zu machen. Sie schafften Kiefernäste zum Heizen heran. Abends gab es die „Russensuppe". Und danach plauderte man noch ein Stündchen mit einem Königsberger, dem Küster der Kirche im Löbenicht.

Das Gebot, alle Bücher abzuliefern, wurde am nächsten Tag eingehend auch unter den Pfarrern diskutiert. Viele Gemeindeglieder hatten gefragt, ob denn nun wirklich den Menschen auch ihre Bibeln und Gesangbücher genommen werden sollten? Am Nachmittag wurde die Modifizierung des Gebots bekannt. Bibeln, Gesangbücher, Lexika und Bilderbücher waren jetzt frei. Im übrigen blieb das Ablieferungsgebot bestehen. Die Bücher sollten mit Wagen abgeholt werden. Dann gab es nochmals eine Korrektur. Nur Nazibücher waren betroffen. – Irgendwann später entdeckten meine Brüder beim Herumstreunen einen Raum, in den man die konfiszierten Nazibücher verbracht hatte. Sie sahen mit neugierigem Interesse durch, was ihnen bis dahin völlig gleichgültig gewesen war. Wolfgang fand den Bericht des Kapitäns Ahrens über „Die letzte Fahrt der Bremen",[177] nahm das Buch mit und las es.

Als Vater am nächsten Tag auf dem Wege nach Bollhagen mit den Brüdern am Strand entlang ging, wurde er von einem russischen Kommando gestellt und zum Arbeitseinsatz verpflichtet. Nach etlichem Hin und Her durfte er dann aber doch wieder gehen. In dieser Zeit trug er bei sich ein wichtiges Dokument, ein doppelseitiges Schreiben des Kirchengemeinderats. Darin wird ihm bescheinigt, daß er, gegenwärtig im Ostseebad Kühlungsborn, mit der Flüchtlingsseelsorge beauftragt ist, und es wird in schönem Lutherdeutsch gebeten, ihn „ungehindert seines Amtes walten zu lassen". Auf der Rückseite findet sich der Text nochmals in russischer Sprache in kyrillischen Buchstaben. Dolmetscher in den Sprachen Russisch und Deutsch hatten damals Hochkonjunktur. Am nächsten Tag nützte ihm auch dieses Dokument nichts. Da holten ihn die Russen aus der Küche zur Arbeit. Er mußte den Hof reinigen; denn die Russen erwarteten ihren „Kapitän", den Vertreter des Kommandanten, der, wie es hieß, bei einer Fahrt mit dem Mororrad verunglückt sei. An diesem Tag, dem 31. Mai, erschien übrigens in Kühlungsborn zum erstenmal wieder eine Zeitung, und zwar unter dem Titel „Deutsche Zeitung".[178]

---

[177] Propaganda-Buch während des Zweiten Weltkrieges, das hohe Auflagen erzielte.
[178] Bereits eine Woche nach Kriegsende erschien am 15. Mai 1945 in Berlin die „Tägliche Rundschau" als erste deutschsprachige Zeitung der sowjetischen Besatzungszone; sie war das Organ der Roten Armee bzw. alsbald der Sowjetischen Militäradministration in Deutschland (SMAD); am 20. Mai trat die im Auftrag des sowjetischen Stadtkommandanten herausgegebene „Berliner Zeitung" hinzu, die seit dem 20. Juni als Organ des Berliner Magistrats – also der örtlichen Kommunalverwaltung – herausgegeben wurde; im Juni und Juli folgten zentrale Presseorgane der vier in der SBZ zugelassenen Parteien, deren keineswegs zufälligen Anfang am 13. Juni die „Deutsche Volkszeitung" als Zentralorgan der KPD machte; vgl. SBZ von 1945 bis 1954. Die Sowjetische Besatzungszone Deutschlands in den Jahren 1945-1954, hgg. v. Bundesministeri-

Inzwischen gab es auch wieder eine deutsche Stadtverwaltung. Der überließen jetzt die Russen die ihren Wünschen entsprechenden Anordnungen.[179] Am 1. Juni wurde verfügt, daß alle Jugendlichen von 12 bis 17 Jahren arbeitspflichtig und am 2. Juni zum Arbeitseinsatz anzumelden sind. Davon war auch Wolfgang betroffen. Am nächsten Tag fand er sich pflichtgemäß am Hotel „Nordischer Hof" ein und wurde registriert.

Immer wieder gab es auch erfreuliche Ereignisse: Hier und da Verständnis für die meist als lästig empfundenen Flüchtlinge, ein freundliches Wort, einen kleinen Blumenstrauß aus dem eigenen Garten für die Fremden. Einmal schenkte ein schlichter Mann, der in der Nähe wohnte, Vater eines seiner Nachthemden. Er fügte einen rührenden Brief bei, der noch erhalten ist:

„Kühlungsborn, 3. Juni 1945

Sehr geehrter Herr Pastor!

Durch Frl. Liebmann erfuhr ich, daß Sie um Wäsche benötigt seien. Gestatten Sie mir Ihnen ein Nachthemd abtreten zu dürfen, es würde mich freuen, so etwas zu Ihrer Not beizutragen, diese zu bessern, macht mir große Freude.

Mit herzlichen Grüßen

Karl Voß"

Ein gutes Leinennachthemd, wie Männer es damals trugen, war ein Wertstück. Und Herr Voß war sicher nicht reich. Mein Vater kannte wie alle Pfarrer das Gebot der Nächstenliebe und des Teilens. Er hatte sich dabei immer auf

---

um für gesamtdeutsche Fragen, Bonn / Berlin 1961, 8–14; angesichts dieser Entwicklung ist es wahrscheinlich, daß auch die im Text erwähnte „Deutsche Zeitung" zunächst durch die Initiative einer untergeordneten sowjetischen Stelle in Mecklenburg ins Leben gerufen wurde, um später vielleicht als Organ der neu eingesetzten deutschen Kommunalverwaltung weiterzuexistieren.

[179] Sämtliche deutschen Verwaltungen in der sowjetischen Besatzungszone waren 1945 „rechtlich [...] nur Hilfsorgane der SMAD"; ihre Funktion beschränkte sich folglich „zunächst auf die Sicherstellung des Vollzugs der Befehle der militärischen Kommandanten durch die deutsche Bevölkerung und auf [eigene administrative] Hilfeleistungen für den Kommandanten." Der Tagesbefehl Nr. 5 des Oberbefehlshabers der 1. Belorussischen Front vom 23. April 1945 hatte die „ganze Verwaltungsgewalt" in den sowjetisch besetzten Gebieten dem sowjetischen „Militärkommando" in Form der „Stadt- und Kreiskommandanten" übertragen; diese hatten umgehend deutsche Bürgermeister bzw. Ortsälteste zu ernennen, die für die „genaue Durchführung aller Befehle und Anordnungen seitens der Bevölkerung persönlich verantwortlich" gemacht wurden; vgl. Foitzik, Einleitung, a.a.O., 35; auf Landesebene konstituierte Ende Juni 1945 die sowjetische Besatzungsmacht auch eine neue deutsche Landesverwaltung für Mecklenburg und Vorpommern; vgl. Fait, a.a.O.; hinzu traten ab Juli 1945 sogenannte deutsche „Zentralverwaltungen" für bestimmte Aufgabenbereiche, so etwa im September 1945 auch die für Flüchtlinge, Vertriebene und Kriegsheimkehrer zuständige „Zentralverwaltung für deutsche Umsiedler"; vgl. dazu Michael Schwartz, „Zwischen Zusammenbruch und Stalinisierung. Zur Ortsbestimmung der Zentralverwaltung für deutsche Umsiedler (ZVU) im politisch-administrativen System der SBZ", in: Von der SBZ zur DDR. Studien zum Herrschaftssystem in der Sowjetischen Besatzungszone Deutschlands und in der Deutschen Demokratischen Republik, hgg. v. Hartmut Mehringer, München 1995, 43–96.

der Seite derer gesehen, die zum Geben aufgerufen sind. Nun mußte er lernen, demütig anzunehmen. Das war am Anfang schwerer als zu geben. Erstaunlicherweise wurde Vaters Tätigkeit als kirchlicher Betreuer der Flüchtlinge nicht nennenswert behindert. Am 27. Mai, das war ein Sonntag, kamen zu einer ersten Flüchtlingsversammlung etwa hundert Personen, deren Namen von ihm registriert wurden. Vater erhielt immer wieder auch Einzelbesuche. Trösten und Beraten, das waren seine wichtigsten Funktionen. Geldmittel standen ihm für diese Tätigkeit genausowenig zur Verfügung wie Kleidung und Lebensmittel, die er hätte an Notleidende geben können.

Am 8. Juni wurde überraschend im amtlichen Aushang eine neue Verordnung bekanntgegeben. Vermutlich stammte sie diesmal von der Militärregierung. Danach hatten alle Ostflüchtlinge das Seebad Kühlungsborn spätestens am 12. Juni zu räumen. Wieder entstanden Aufregung und Unruhe. Es wurde kein Ziel genannt. Es gab auch keine Aufnahmelager. Sie, die in diesen sieben Wochen seit ihrer Ankunft begonnen hatten, ein wenig Fuß zu fassen, wurden einfach auf die Straße geworfen. Ganz besonders schlimm war das für die Alten und Kranken. Zum Glück bestand die Möglichkeit, mit ärztlichen Attesten die Ausweisung wenigstens hinauszuschieben. Die Großeltern und ihre beiden kranken erwachsenen Kinder blieben deshalb vorerst verschont.

Vater dagegen, der sich ausgerechnet in diesen Tagen eine störende leichte Lebensmittelvergiftung zugezogen hatte, mußte sich auf die Abreise vorbereiten. Er suchte Rat und Hilfe bei den Ortspfarrern. Einer lieh ihm seinen Handwagen, gab ihm aber angesichts der Sprunghaftigkeit der neuen Obrigkeit den Rat, nicht vorzeitig aufzubrechen. Plötzlich kursierte das Gerücht, in den nächsten drei Tagen werde jeweils morgens ein Sonderzug der Kleinbahn nach Bad Doberan eingesetzt. Es blieb ein Gerücht.

In aller Eile und nicht gerade in gehobener Stimmung feierte Vater am nächsten Tag seinen 55. Geburtstag. Meine Brüder sangen ihm als Morgenständchen den Choral „Wach auf mein Herz und singe ...". Sie hatten aus dem Waschbecken einen Geburtstagstisch gemacht, Mutters Bild darauf gestellt und eine Kerze. Die Geschenke kamen alle von einer benachbarten Familie, deren Name sich heute nur noch ungefähr als Jansinger entziffern läßt: Brot, Zucker, Grieß, Mehl, Fleisch und Schmalz. Welch eine Fülle! Nach dem Gottesdienst am Nachmittag fand ein letztes Treffen der Flüchtlinge statt. Erst am frühen Abend kamen die Großeltern, Tante Brigitte und Onkel Martin als Gratulanten. Sie brachten eine halbvolle Flasche Rotwein, ein paar Rasierklingen und ein Taschentuch. Der Geburtstag war gleichzeitig Abschied. Da wurden die letzten Vorräte herausgeholt, und es wurde geschlemmt. Erst gab es Fischsuppe und Sauerbraten, danach noch Bohnenkaffee mit Torte. Und es ist anzunehmen, daß auch der Rotwein nicht für die Reise bestimmt war, sondern zur Feier geleert wurde.

Nach letzten Reisevorbereitungen und kurzem Abschiednehmen machten sich Vater und die Brüder am folgenden Tag um die Mittagszeit auf den Weg über Heiligendamm nach Bad Doberan. Fünf Stunden später hatten sie mit dem Handwagen und allem Gepäck die Stadt erreicht. Dort meldeten sie sich mit dem von einem der Kühlungsborner Pfarrer ausgestellten Empfehlungsschreiben beim Superintendenten. Es ging Vater darum, eine vakante Gemeinde irgendwo in der Nähe zu finden. Er trug seine Bitte vor. Und tatsächlich zeichnete sich schnell eine gute Lösung ab. Tags darauf wurde Vater die vorläufige Betreuung der Gemeinde Bentwisch bei Rostock übertragen.[180] Das beruhigte ihn und erfüllte ihn mit neuer Hoffnung. Ihren Aufbruch nach Bentwisch aber zögerten sie hinaus. Vater hatte Lust, den berühmten Doberaner Dom zu besichtigen.[181] Sein Gastgeber, der pensionierte Pfarrer Jacobi, führte sie, zeigte ihnen die vom Kriege verschonte Pracht, allerdings auch die kürzlich zerhauenen Grabmäler. Um die Mittagszeit machten sie sich mit dem Handwagen auf den Weg nach Rostock. Unterwegs trafen sie einen Eisenbahner, der schwer an seinem Gepäck trug. Er lud es mit auf den Handwagen, und sie wechselten sich beim Ziehen ab. Danach ging es schneller voran. In Rostock kamen sie in der sehr zerstörten Altstadt, nahe der Petrikirche, bei Oberschmiedemeister Drefers unter, dem Vater des Kühlungsborner Pfarrers. Der hatte sie freundlich empfohlen.

Hier mußte Vater sich und seine Kinder polizeilich anmelden, hatte aber Schwierigkeiten, sogleich die erforderlichen Lebensmittelkarten zu erhalten. Andererseits bekam er die amtliche Erlaubnis des Landkreises Rostock, „zwecks Rückholung seiner Frau eine Reise nach Neustrelitz (Strelitz) und zurück zu unternehmen". Nun endlich durfte er also versuchen, Mutter wiederzufinden. Dann wanderte er nach Kessin, einem Rostocker Vorort, um in dieser postlosen Zeit einem Sohn des Propstes von Kühlungsborn ein Lebenszeichen und Grüße des Vaters zu überbringen. Den traf er nicht an. Doch am nächsten Morgen erschien der in meines Vaters Quartier, um Näheres zu erfahren und seinerseits Grüße nach Bentwisch hin zu bestellen. So war es damals. Das Leben hatte in dieser Zeit der Armut einen unvorstellbar langsamen Pulsschlag. Die Tage waren angefüllt mit Schlangestehen, Warten, langen Wegen und immer auch mit Gesprächen. Die Gewichte auf der Werteskala hatten

---

[180] In Mecklenburg rührte der sich in der vakanten Bentwischer Pfarrstelle ausdrückende Pfarrermangel keineswegs nur von Kriegseinwirkungen her, sondern ging bereits in den 30er Jahren auf einen chronischen Nachwuchsmangel zurück, der durch die gezielte Verdrängung von zur „Bekennenden Kirche" zählenden Pfarrern durch die deutschchristliche Kirchenleitung noch verschärft wurde; ab 1935 versuchte Mecklenburg daher als erste deutsche Landeskirche in einer bezeichnenden Mischung aus Pragmatismus, deutschchristlicher Personalpolitik und gegen die akademische Theologenausbildung gerichtetem Anti-Intellektualismus, „befähigt erscheinenden Nicht-Theologen den Weg ins ordentliche Pfarramt zu eröffnen", was reichsweite Kontroversen auslöste; vgl. hierzu Michael Häusler, „Dienst an Kirche und Volk". Die Deutsche Diakonenschaft zwischen beruflicher Emanzipation und kirchlicher Formierung (1913–1947), Stuttgart e. a. 1995, 305 f.
[181] In Doberan befand sich im Mittelalter das bedeutendste mecklenburgische Zisterzienserkloster, dessen Klosterkirche – erbaut 1294–1369 – zu den bedeutenden Zeugnissen der norddeutschen Backsteingotik zählt.

sich verschoben. Das Ausrichten von Grüßen und das Vermitteln von Lebenszeichen hielt man einfach für wichtig. Man hatte Zeit füreinander, unendlich viel Zeit. Und meist kam es nicht darauf an, ob man Pflichten auf später verschob. Kam etwas dazwischen, dann fügte man sich. In Rostock wohnte auch eine ehemalige Bentwischer Gemeindehelferin. Von der ließ sich Vater in einem langen Gespräch über seine neue Gemeinde berichten.

Er hatte sich dreierlei vorgenommen. Das Wochenende stand bevor, und er wollte am Sonntag seiner neuen Gemeinde einen Gottesdienst halten. Dann galt es, möglichst schnell eine Unterkunft zu finden, in der man wirklich wohnen konnte. Und schließlich hatte er die Absicht, Mutter zu suchen und sie in eine gute Lungenheilanstalt, vielleicht sogar nach Hause zu bringen.

Es hatte sich für Vater als hinderlich erwiesen, daß er keinen eigenen Handwagen besaß und daß man solche Wagen nicht als Handgepäck in der Reichsbahn transportieren durfte. Er überlegte sich und zeichnete eine sinnreiche Konstruktion, Herr Drefers übernahm die Ausführung. Es entstand ein flacher offener Kasten, an dessen Unterseite ein gleichgroßes Brett mit einer starren und einer lenkbaren Achse sowie einer Deichsel angebracht war. Dieses vierrädrige Fahrgestell konnte man mit wenigen Griffen lösen und so im Kasten verstauen, daß das Brett diesen verschloß. Der Handwagen war dann ein hölzerner Koffer.

Bentwisch liegt so nahe bei Rostock, daß sie fürs erste bei Familie Drefers wohnen bleiben konnten. Am Freitag schaute Vater sich Bentwisch an, am Sonnabend bereitete er in Ruhe seine Predigt vor, die er am Sonntag hielt. Am Montag ließ er seinen Passierschein ins Russische übersetzen.

Die Wohnung im Bentwischer Pfarrhaus befand sich in einem schlechten Zustand und war nicht möbliert. Das erste ließ sich nicht ändern. Aber Vater erhielt einen unverblümten Hinweis, wo sich Möbel in ausreichender Zahl befanden. Der ehemalige nationalsozialistische Kreisbauernführer[182] war geflohen oder saß irgendwo im Gefängnis. Jedenfalls hatte man dessen Mobiliar beschlagnahmt. Das befand sich nun auf seinem Hof im nahegelegenen Harmstorf. Wie sich aus einem Briefwechsel zwischen dem im Schreiben ungeübten Gemeindeältesten von Harmstorf und dem kommissarischen Leiter des Landkreises Rostock ergibt, durfte Vater aus dem Bestand so viele Möbel leihweise entnehmen, wie er benötigte. Er hatte ein Verzeichnis der entnommenen Stücke anzulegen.[183] Trotz allem blieb die Wohnung primitiv. Als Ma-

---

[182] Der Kreisbauernführer war der auf Landkreisebene oberste Vertreter der 1933 gegründeten ständestaatlichen Agrarorganisation „Reichsnährstand"; da das Korps der Kreisbauernführer – meist Angehörige des Großbauerntums – in der Regel aus NSDAP-Mitgliedern bestand, die häufig auch höhere Parteifunktionen (z. B. NS-Kreisamtsleiter für Agrarpolitik) innehatten, kann durchaus von „nationalsozialistischen Kreisbauernführern" die Rede sein, obgleich das Amt selbst keine Parteifunktion war.

[183] Das Eigentum geflohener oder verhafteter Funktionäre des „Dritten Reiches" wurde frühzeitig beschlagnahmt, in treuhänderische Obhut des Staates oder der Gemeinden

tratzen dienten Kartoffelsäcke, gefüllt mit altem Stroh, in denen die Flöhe hausten. Noch einmal hielt Vater einen Gottesdienst in seiner neuen Gemeinde. Dann endlich, am 26. Juni machte er sich mit seinen Söhnen auf die Wanderschaft, um nach Mutter zu suchen. Das Ziel war Domjüch bei Altstrelitz. Von hier aus hatte sie sich zum letztenmal gemeldet.
Um die Mittagszeit gingen sie zu Fuß nach Schwaan; bis dorthin waren die Eisenbahnschienen zerstört. Unterkunft fanden sie am Markt bei einem Bäckermeister. Am nächsten Morgen nahm sie ein Zug von Schwaan nach Güstrow mit. Dort bestiegen sie nach langem Warten einen sowjetischen Militärzug, der in Richtung Neubrandenburg fuhr. Sie setzten sich ins Bremserhäuschen. Es war eng, aber sie waren geschützt. Doch der Zug legte schon vor Neubrandenburg, in Mölln, zur Nacht einen langen Halt ein. Auf den Bahnanlagen neben dem Zug machten die Reisenden Lagerfeuer, an denen sie sich wärmten. Gegen Mitternacht kamen herumstreunende Polen und überfielen sie.[184] Vater raubten sie zwei Wolldecken, die unzuverlässige letzte Taschenuhr und ein Stück Fleisch.

überführt und – wie auch im vorliegenden Fall – zugunsten bedürftiger Bevölkerungsgruppen (z. B. Vertriebene) genutzt; die – zunächst vorläufige und auf lokaler Ebene erfolgte – Beschlagnahme des Eigentums von NS-Aktivisten und Kriegsverbrechern wurde noch im Sommer 1945 durch Verfügungen der Landes- und Provinzialverwaltungen vereinheitlicht und nachträglich im Befehl Nr. 124 des Obersten Chefs der SMAD vom 30. Oktober 1945 „über die Beschlagnahme und die Übernahme einiger Eigentumskategorien" zonenweit legalisiert; dieser Befehl Marschall Schukows ordnete an, „den Raub und anderen Mißbrauch des Eigentums, das früher dem Hitlerstaat, den Militärbehörden, den [...] verbotenen und aufgelösten Gesellschaften, Klubs und Vereinigungen gehört hat, zu verhindern" und stattdessen „dieses Eigentum am rationellsten für die Bedürfnisse der örtlichen Bevölkerung und der Besatzungstruppen auszunutzen"; unter diese Bestimmungen fiel auch das „den Amtsleitern der Nationalsozialistischen Partei, deren führenden Mitgliedern und einflußreichen Anhängern" gehörige Eigentum, das von den örtlichen Selbstverwaltungen zu erfassen und sicherzustellen war; vgl. Um ein antifaschistisch-demokratisches Deutschland. Dokumente aus den Jahren 1945-1949, hgg. von den Ministerien für Auswärtige Angelegenheiten der DDR und der UdSSR, Berlin 1968, 189 ff.

[184] Überfälle polnischer Banden auf dem Boden der SBZ waren 1945/46 keine Seltenheit; so wurde Ende September 1945 auf einer Konferenz zwischen SMAD, Zentralverwaltung für deutsche Umsiedler und den Verwaltungen der Länder und Provinzen vom Vertreter der Landesverwaltung Mecklenburg-Vorpommern heftig moniert, daß „polnische Banditen" bis in den Raum Rostock hinein ihr Unwesen trieben und nicht zuletzt die dort befindlichen Vertriebenen ausraubten; im Transportknotenpunkt Scheune erfolgten demnach regelmäßige Ausplünderungen, nachdem die dorthin gelangten „Umsiedler" zuvor bereits an der Grenze zwischen Polen und der SBZ ausgeraubt worden seien; auf die dringende Bitte der Landesverwaltung, den Transporten möglichst immer sowjetische Schutzmannschaften beizugeben, um solche Vorkommnisse zu verhindern, reagierte die SMAD mit dem dilatorischen Hinweis, die Sicherung der Transporte vor Banditen sei Aufgabe der deutschen Regionalverwaltungen; vgl. Bundesarchiv Potsdam, DO 1-10 Nr. 29, Bl. 83-116, insb. Bl. 89 und 114.

Am nächsten Morgen machten sie sich zu Fuß auf den Weg. Bei fremden Leuten konnten sie Rast machen, trafen auch ein paar ostpreußische Flüchtlinge und gingen frisch gestärkt, wenngleich bei Regen, über Wulkenzin nach Penzlin. Diese kleine, von Verkehrsströmen unberührte Stadt liegt hübsch oberhalb eines kleinen Sees mitten in der Mecklenburgischen Seenplatte.

Im Pfarrhaus wurden sie mit besonderer Herzlichkeit empfangen und mit Kleidungsstücken beschenkt. Dr. Hendrick, der dortige Pastor, hatte nach Vaters späteren Erzählungen eine außergewöhnliche Vita. Als zunächst katholischer Pfarrer hatte er theologischer Konflikte wegen sein Amt und danach auch seine Kirche verlassen, hatte Medizin studiert und war Arzt geworden. Aber dieser Beruf hatte ihn nicht erfüllt. So war er schließlich evangelischer Pfarrer geworden. Als nun ganz am Ende des Krieges im kleinen Penzliner Krankenhaus Ärzte fehlten, da wurde er nebenher wieder Arzt. Schließlich hatte er sich auch noch überreden lassen, das Amt des Bürgermeisters zu übernehmen. Mit ihm, der sich hinreichend auskannte, konnte Vater nun die Frage besprechen, welche Heilstätte geeignet war und für Mutter in Betracht kam. Sie blieben über Nacht.

Der Regen wollte nicht aufhören, und die sich plötzlich abzeichnende Aussicht, in einem Auto mitgenommen zu werden, zerschlug sich bald wieder. So machten sie sich trotz der Nässe auf den Weg. Mit ihnen marschierte eine junge Frau aus Strelitz, die nach einer Verwundung im Penzliner Krankenhaus gelegen hatte und nun ausgeheilt war. Nachdem sie über die Hälfte der Strecke hinter sich hatten, kamen sie an eine Absperrung und mußten einen Umweg über das Gut Adamsdorf machen. Dort erfuhr Vater, daß das Krankenhaus in Domjüch inzwischen russisches Lazarett geworden und die Kranken ins Neustrelitzer Carolinenstift verlegt worden waren.

Der Besitzer von Adamsdorf und seine Frau luden sie ein, bewirteten sie mit Kaffee, Sirup und Brot. Die Frau war Jüdin. Sie berichteten beide über die Verfolgungen in der hinter ihnen liegenden Nazizeit, über die Isolierung und den Haß ihrer Mitmenschen, dem sie ausgesetzt waren. Für Vater war es die erste Begegnung dieser Art nach dem Krieg. Nachdem sie Adamsdorf verlassen hatten, verpaßten sie eine Abbiegung, gingen nach Westen, statt nach Süden und kamen zu ihrem Verdruß bei Kratzeburg an. Nun wanderten sie südöstlich, zeitweise an der Bahntrasse entlang. Bautrupps waren in dieser Zeit damit beschäftigt, die Hauptstrecke von Rostock nach Berlin abzubauen und die Schienen nach Russland zu bringen. Das war für Vater, den Eisenbahnersohn, ein unsinniger und ärgerlicher Vorgang. Als sie am späten Abend Neustrelitz erreichten, hatten sie nach seiner Schätzung an die dreißig Kilometer hinter sich. Die Familie der jungen Frau, die mit ihnen gewandert war, bot ihnen Quartier für die Nacht.

Am nächsten Vormittag – es war Freitag, der 29. Juni – fanden sie Mutter im Carolinenstift. Die Wiedersehensfreude war groß. Aber Mutter war in einem traurigen Zustand. Sie war durchgelegen. Der Pneu war eingegangen. Keiner kümmerte sich darum. Nach wie vor hatte sie die eigenartige Durchfallerkrankung, die vielleicht nichts anderes als eine Folge des Hungers war und der die Ärzte mit Achselzucken begegneten. Sie wog nur noch 80 Pfund. Ausgerechnet für den Nachmittag dieses Tages war ein Umzug vorgesehen. In einer Baracke, die in Kürze zur Hälfte mit Fleckthyphuskranken belegt werden sollte, brachte man sie unter. Die Verhältnisse dort waren deprimierend. Vater wurde deutlich, daß er sie hier herausbringen mußte, wenn sie überleben sollte.

Überall fand er freundliche Menschen und offene Türen; Schwierigkeiten machte nur die Bürokratie. Jede Kleinigkeit war von Genehmigungen abhängig. Sie lernten Pfarrer Michaelis kennen. Der hatte unter den Nazis irgendwo im Gefängnis gesessen und war jetzt gerade dabei, einer schreibmaschinenkundigen Dame seinen Erlebnisbericht zu diktieren. Er gab ihnen Quartier, lud sie zum Essen ein und machte sie mit anderen Menschen bekannt, von denen sie dann ebenfalls ab und zu eingeladen wurden und die weiterhelfen konnten.

Am Wochenende verbrachten sie möglichst viel Zeit bei Mutter im Krankenzimmer. Vater hatte den Plan, sie nach Rostock in die Universitätsklinik zu bringen. Ein Krankenwagen stand für den Transport nicht zur Verfügung. Allenfalls konnte man an einen kleinen Lastkraftwagen denken. Eine solche Fahrt bedurfte der Genehmigung durch den Kommandanten.

Sein rühriger Quartiergeber brachte Vater am Montag in die Luisenstraße zur Kommandantur. Der Kommandant war anwesend. Als Sprachrohr fungierte sein erster Dolmetscher Begge. Der bestellte Vater auf den Abend und am Abend auf den nächsten Morgen. Dann lehnte er die Fahrt nach Rostock ab.

Auch die Ärzte gaben sich obrigkeitlich. Vielleicht wehrten sie in ihrer Überarbeitung auch nur alles ab, was sie aufhalten konnte. Am Montag war Vater am Krankenzimmer abgewiesen worden, weil die Arztvisite erwartet wurde, am Dienstag hörte er, es sei Quarantäne eingerichtet worden, Besuche bei Mutter seien fortan nicht mehr möglich. Er mußte dringend seine Pläne mit einem zuständigen Arzt besprechen. Vergeblich wartete er. Sie hatten für ihn keine Zeit. Erst am Mittwoch gelang es ihm, vor dem Krankenhaus die russische Ärztin Ruda abzufangen. Die zeigte immerhin Verständnis für diesen Fall und erklärte sich bereit, Mutter nach Schwaan oder Waren zu überweisen, falls dort Platz sein sollte. Offenbar aber lag die letzte Kompetenz bei einem deutschen Arzt.

Vater pendelte die ganze Woche lang zwischen dem Krankenhaus, den Behörden und verschiedenen Familien hin und her. Er wollte mit Mutter sprechen. Das gelang ihm nur zufällig noch am Mittwoch Nachmittag, als sie in eine andere Baracke getragen wurde. Da konnten sie miteinander unterwegs ganz wenige Worte wechseln. Den zuständigen Arzt Dr. Meißner, auf den er am Donnerstag wieder den ganzen Vormittag gewartet hatte, traf er eher durch Zufall am Nachmittag. Der versprach, eine Überweisung nach Waren auszuschreiben. Die Bemühungen, einen großen Handwagen auszuleihen, in dem man auf weicher Unterlage die Kranke transportieren könnte, zerschlugen sich. Doch versprach eine Frau aus dem Kreise der vielen freundlichen Helfer, einen Behinderten-Rollstuhl zu besorgen. Vater fürchtete, daß es über seine Kräfte gehen könnte, einen Wagen oder Rollstuhl über eine derart lange Strecke zu ziehen oder zu schieben, und beantragte beim Magistrat einen Passierschein für einen Helfer oder eine Schwester des Roten Kreuzes als Ziehhilfe. Auch das wurde abgelehnt.

Zwischendurch erhielten sie freundliche Einladungen, hier und da einen Korb mit Beeren. Auch eine Wolldecke wurde ihnen geschenkt. Vaters Eintragungen in diesen Tagen verzeichnen eine verwirrende Fülle von Namen, die sich hier gar nicht alle wiedergeben lassen.

Er hatte Mutter seit Mittwoch offenbar nicht mehr sprechen, ihr aber doch wohl die wichtigsten Informationen in das Krankenzimmer geben können. Inzwischen war es Samstag geworden, der 7. Juli. Um die Mittagszeit machte sich Vater gemeinsam mit Wolfgang auf den Weg nach Waren, um zu erkunden, ob man dort bereit war, Mutter aufzunehmen. Waren liegt, wenn man die Straße über Penzlin geht, etwa vierzig Kilometer von Neustrelitz entfernt. Hin- und Rückweg wollte er in vier Tagen schaffen. Die Schuhe hatte er in diesen Tagen noch repariert. Erleichtert war er auf das freundliche Angebot von Familie Michaelis eingegangen, Georg in der Zwischenzeit zu beherbergen und zu betreuen.

Im Pfarrhaus Hendrick, in Penzlin, blieben sie zur Nacht. Mittagessen erhielten sie bei einer Familie im Dorf Marihn, eine Stärkung zur Kaffezeit bei einem Bauern in Klein Plasten. Dort gab man ihnen die Adresse des in der Gegend als hilfbereit bekannten Malers Oldack in Waren. Bei dem kamen sie erst zwei Stunden vor Mitternacht an und wurden dennoch nicht abgewiesen. Nachts drang eine russische Offizierspatrouille ins Haus, ließ sich die Ausweise zeigen, durchsuchte alles, nahm Wertsachen mit und vergriff sich an den Frauen. Die Männer konnten nicht helfen.

Am nächsten Tag erfuhren sie, daß die Heilstätte Waren geschlossen war. Die Gebäude befanden sich noch in den Händen des russischen Militärs. Der ganze lange Marsch nach Waren war also umsonst und die Enttäuschung jetzt groß. In einem Krankenhaus gab man ihnen etwas zu essen. Dann machten sie sich auf den Rückweg, der diesmal etwas leichter war, weil sie zwischendurch einige Kilometer von einem Flüchtlingswagen, dann von einem Lastauto mitgenommen wurden. Wieder blieben sie über Nacht in Penzlin. Dr. Hendrick bot ihnen an, Mutter erst einmal hierhin zu bringen. Bevor sie den Ort am Morgen verließen, erörterte Vater dies noch im einzelnen mit dem zuständigen Arzt Dr. Rollwage. Die 17 Kilometer von Penzlin nach Neustrelitz waren für sie nun kein Problem mehr. Am Nachmittag besuchten sie Mutter im Krankenhaus. Durch eine Klappe im Fenster konnten sie von außen mit ihr reden. Vater besprach mit ihr alles und veranlaßte die Vorbereitungen für die Abreise der Kranken. Der zuständige Arzt gab ihnen zwar eine zweisprachige Überweisung „nach Waren oder Penzlin", jedoch keinen ärztlichen Schlußbericht.

Dann kam der Mittwoch, der 11. Juli. Vater und die Brüder brachten den Rollstuhl und ihr Gepäck zum Krankenhaus. Der Rollstuhl war alt, unförmig und schwer. Sie kippten dessen Lehne zurück und bereiteten mit den vorhandenen Decken ein möglichst bequemes Lager. Darauf betteten sie die Kranke. Dann machten sie sich auf den Weg, wobei zumeist Wolfgang zog und Vater schob. Mutter war anfangs verhältnismäßig frisch und vor allem glücklich, aus ihrem tristen Krankenzimmer befreit zu sein. Sie freute sich an der Natur, besonders an den Feldblumen, die ihr ihre Kinder brachten. Die Landschaft zwischen Strelitz und Penzlin erinnerte sie mit den Seen und den sanften Hügeln an Masuren. Etwa auf halbem Wege zwischen Neustrelitz und Penzlin liegt das Dorf Pakatel. Dort waren sie zur Mittagszeit im Pfarrhaus bei Familie Lange zu Gast und saßen nach vielen Monaten noch einmal miteinander an einem Tisch. Der letzte Wegabschnitt machte Mutter zunehmend Mühe. Es gab auch Schwierigkeiten mit dem Gefährt; denn während sie von einer Militärkolonne überholt wurden und abgelenkt waren, hatte sich die Kordel, mit der sie die Betten verschnürt hatten, um eines der Räder gewickelt, und sie hatten Mühe, alles wieder zu entwirren. Ein Gewitter zog auf. Aber sie kamen gerade noch vor Beginn des Regens in Penzlin an.

Mutter, die durch die Fahrt nun doch über die Maßen angestrengt war, wurde vom Pflegepersonal sofort die Treppe hinauf in ihr Dachzimmer getragen. Das bereitete ihr erhebliche Schmerzen. Sie schrie. Die anderen waren betroffen, zumal niemand ihr helfen konnte. Zur Nacht waren sie wieder Gäste bei Familie Hendrick. Morgens, beim Abschiednehmen, wollte Georg bei Mutter bleiben. Das wurde kurz überlegt, doch war es nicht zulässig. Sie besaßen keine Aufenthaltsgenehmigung für Penzlin.

Den Rückweg nahmen sie über Gut Lapitz, wo sie bei einem Melker ein Mittagessen erhielten. Vom Bahnhof Mölln fuhr kein Zug mehr nach Güstrow. Der ihnen schon bekannte Bahnhofsvorsteher Nonnenprediger lud sie zur Nacht ein. Dann aber kam am späten Abend doch noch ein Güterzug, mit dem sie bis Güstrow mitfahren konnten. Die Nacht verbrachten sie in der Bahnhofshalle vor dem Fahrkartenschalter, weil sie hofften, am nächsten Morgen noch Fahrkarten nach Rostock zu erhalten; denn in diesen Tagen fuhren auf einigen Strecken schon wieder Personenzüge und der Andrang war groß. Fahrkarten erhielten sie nicht, drängten sich aber doch in den überfüllten Zug. Mittags erreichten sie Rostock, wo Vater sich bei seinen Amtsbrüdern zurückmeldete und wo sie zur Nacht blieben. Am nächsten Tag, dem Sonnabend, trafen sie am Ende ihrer fast dreiwöchigen Reise in Bentwisch ein.

Schnell machten sie zwei ihrer Zimmer notdürftig bewohnbar. Dann setzte sich Vater, während seine von der Reise müden Söhne schliefen, an die Vorbereitung der Sonntagspredigt. Sein Predigttext aus Markus 8 war die Speisung der Viertausend und sein Thema Gottes wundersame Hilfe. In dieser Nacht, am 15. Juli gegen vier Uhr früh, starb Mutter in Penzlin. Am 17. Juli wurde sie dort still beigesetzt. Vater erfuhr es erst drei Wochen danach. Es waren drei Wochen voller Bangen und Hoffen. An einen so schnellen Tod aber dachte niemand.

In dieser Zeit begann nach und nach die von der Militärregierung reaktivierte Post, den Briefverkehr wieder in Gang zu setzen. Erst funktionierte er nur im unmittelbaren örtlichen Umkreis, dann von und nach ausgewählten Orten, die durch Anschlag bekanntgegeben wurden. Erst später konnte man in der ganzen Provinz Mecklenburg sowie von und nach Berlin Briefe versenden. Übrigens wurden Karten und Briefe anfangs nur zur Beförderung angenommen, ohne daß man wußte, wann diese Sendungen auf den Weg gebracht werden würden. Es war ein mühsamer Neubeginn der Normalität. Vater hatte kurz vor seiner Reise nach Neustrelitz einen langen Brief an die in Kühlungsborn Gebliebenen verfaßt. Als er nach knapp drei Wochen wieder in Bentwisch eintraf, lag die Antwort da. Tante Brigitte hatte am 29. Juni bei letztem Tageslicht zu schreiben begonnen und, nachdem Großmutter am Tage darauf eine Seite hinzugefügt hatte, ihrem Brief noch eine plastische Darstellung ihres Alltags angefügt. Alle Briefe sind voller Anteilnahme, wiederholen und kommentieren vieles von dem, was ich hier schon berichtet habe. Immer wieder bricht Dank durch, daß es so viele Menschen gibt, die einem in der Not helfen, obwohl sie selber oft nicht viel haben. Man merkt auch, wie eng die Notgemeinschaft der Flucht die beiden Familien zusammengefügt hatte.

Hier will ich nur die Passagen aus dem letzten Teil jenes Briefes berücksichtigen, der das Leben der Flüchtlinge im Kühlungsborner Haus Seeblick beschreibt:

„Kühlungsborn, 1. Juli 1945

Lieber Paul, lieber Wolfgang, lieber Georg!

Heute will ich mein Schreiben von vorgestern fortsetzen u. hoffentlich zuende führen können. Draußen tobt ein Gewitter, so habe ich wenigstens nicht die moralische Verpflichtung rauszugehen. Die Post soll ja sehr lange unterwegs sein, z. B. ein Brief an Frau Th. von Rostock her 10 oder 14 Tage... So wird dieser wohl veraltet sein, ehe er zu Euch gelangt.

Es gießt unheimlich!! Die Eltern rücken sicher wieder alle Möbel an eine andere Stelle – dann regnet's aber woanders durch! Martin sollte neulich im Bett ertrinken! Aber er lebt ja noch. . . .

Du fragst nach unserer Verpflegung. Mit dem Abzug der Flüchtlinge hat das schon zu tun insofern, als das Anstehen jetzt ziemlich wegfällt. Aber viel mehr zu kaufen gibt's doch nicht. 2 x 50 g Butter in der Woche, jetzt wieder 25 g. Brot haben viele 3 Wochen lang nicht gehabt. Wir – dank Mutters Sparsamkeit – haben nur 7 Tage lang keines gegessen. Gerade als wir die letzten Nährmittel zur Morgensuppe verbraucht hatten, konnten wir auch wieder Brot essen. Ab jetzt soll es wieder weniger – wohl nur die Hälfte – geben. Evtl. mehr Kartoffeln. . . .

Die Milch, wie immer sauer – zeitweise nur alle zwei Tage. Von dem angekündigten Kaffee, Zucker, der Marmelade u. a. ist nichts zu hören. Noch sind wir satt geworden. Seit genau einer Woche holen wir Mittag aus der Volksküche, die für uns im B. V. G. Heim neben der Apotheke ist. Es bleibt, gut in eine Decke gehüllt, so heiß, daß wir es gleich hier essen können. Ich koche jeden Tag Kartoffeln dazu. . . . Es erscheint teuer: 40 Pfennig pro Tag. 1,60 kostet ein Mittag im allgemeinen ja bei uns nicht; aber jetzt das frische Gemüse – schwer zu haben und sehr teuer und wenig. ...

Für uns ist es schlimm mit dem Holz. Fuhrhalter Harnack (West), ... sagte, daß das Wäldchen am Wittenbecker Weg zu Bollhagen gehört u. von den Russen beschlagnahmt ist. Auf dem Amt sagte man Mutter, daß vorläufig mit Holz nichts zu machen ist. Nun habe ich zwei Säcke organisiert und einen davon mit einem Teil Kohlen vollgefüllt, ehe sie [offenbar von den Russen] alle weggenommen sind. Inzwischen hatten sie in Garage 17 zwei Pferde eingestellt, die Mutter hinausbefördert hat – d. h. nicht wörtlich zu nehmen. Aber sie hat sich an Russen herangemacht und es erwirkt, daß die Pferde rauskamen. Jetzt heize ich den Herd mit einer Spezialmischung von Kohle, Holz, Tannenästen, Borke, Erde und – Pferdeäppeln. Brennt sehr gut! Als Zusatz nehme ich noch Lumpen von den badenden Russen, mit einem Stock vom Küchenfußboden aufgehoben.

Dabei muß ich etwas erzählen, das wohl bisher der Höhepunkt in diesem wundervollen Haus war! Als ich am vorigen Sonntag in die Küche wollte, um Mittag zu machen, stand am offenen Fenster [vermutlich war es das Fenster, durch das man in die im Keller gelegene Küche gelangte] ein nackter Russe! Die Hand als Feigenblatt. Ich durfte etwas später doch rein. Die badeten nebenbei. Was meinst Du, in welcher Situation ich mich befand? Ich am Herd sitzend, hinter und neben mir 12–15 ständig wechselnde Russen, zum Fenster rein und raus, und 1–2 zogen sich aus und tanzten splitternackt in die Waschküche, kamen wieder und zogen sich an – aber einer nach dem anderen! Was blieb mir übrig, als in das Feuer zu starren und meine Kartoffeln zu warten! Das geht jetzt jeden Sonnabend-Sonntag so. Schön, nicht? Und der Dreck, wenn sie raus sind. Mich interessiert ja mehr das liegengebliebene Holz, Kohlen, Säcke und so. Von den Russen könnte man genug sagen. Es ist immer was los. Z.B. daß ich neulich am Waldrand lag, wie es mir Dr. v.G. gesagt hat, und es plötzlich dicht zu meinen Füßen raschelte u. ein Russe dalag und mich strahlend ansah. Dieser gräßliche Mongolentyp ... Ich wurde ihn mit List und Tücke los. Hier oben bei uns ist ja jeden Abend Hochbetrieb. Gestern waren 2 Russen und 2 Frauen ziemlich angeheitert, alberten bei offener Tür, dazwischen redete das Kind, ein Kerl sang u.s.w.. Ich hinter einem Schrank war ja weit ab. Aber Frau Th. ist in ihr vorderes Zimmer umgezogen, weil sie sonst nicht mehr schlafen konnte. Tolle Zustände.

Übrigens wurde Martin neulich zur Arbeit in die Ziegelei, weit hinter der Kirche, bestellt. Morgens 8^{00} mußte er da sein. Mutter brachte ihn hin. Abends 1/2 7^{00} kam er quietschvergnügt an. Sie haben Flugzeugplatten polieren und zum Versand nach Rostock einpacken müssen. Es sind nette Leute dagewesen, u.a. ein Sprecher vom Reichssender Königsberg!! M. war ganz zufrieden, obwohl er einmal pudelnaß nach Hause kam. Sie haben dort reichlich u. gut zu essen gehabt. Nach 3 Tagen wurde er leider entlassen. Aber jetzt müssen sich alle bis 65 (Frauen bis 55) zur Arbeit melden, morgen. Ich natürlich auch. Mal sehn. ...

Übrigens bedanken wir uns noch sehr bei Dir für den Schuster! Er hat uns sämtliche Schuhe ganz schnell repariert, u. m. hat sich sehr gut mit ihm vertragen u. ging jeden Abend hin. Dann, mit dem 2. Schub [der aus Kühlungsborn ausgewiesenen Flüchtlinge] ist er weggekommen. ...
Mit unserem Aufenthalt hier ist das sehr unsicher. Vorläufig bis Mitte Juli (nicht auf den Termin eingehen, bitte, den Vater nicht weiß!). Alle Ärzte sind angewiesen, nur für Bettlägerige und Operationsbedürftige Atteste auszustellen. Aber die Flüchtlinge kommen ja alle zurück. Was wird das werden??!
Vater bekommt seine Traubenzuckerspritzen nicht mehr, weil die Vene kaum noch zu treffen ist, statt dessen aber Tropfen (Strophantin?). Er ist furchtbar elend, geht manchmal überhaupt nicht runter. Mutter ist immer schrecklich müde. Aber sie hält durch.
Frau M. bot uns die beiden Zimmer 51/52 an, da die Litauer fort sind. Ein furchtbarer Dreck. Sonst ja sehr günstig, eines mit Ofen, eines mit Erker (Morgen- u. Abendsonne). Wir haben sie genommen, damit Vater die Treppen erspart bleiben. Wer wird uns nun helfen? Möbel müssen wir mitnehmen. Nur zwei Betten und zwei Schränke sind da. Und wir hoffen doch immer noch auf eine Wohnung! Abwarten, immer abwarten!
Herzliche Grüße. Schwägerin und Tante Brigitte"
Vater erwiderte den Brief bald nach seiner Rückkehr und gab einen eingehenden Bericht über seine Reise. Aus dem Antwortbrief seiner Schwägerin wird deutlich, wie sehr sie jetzt alle hofften und bangten, daß ihre Elisabeth in Penzlin möglichst bald stabilisiert werden möge und dann nach Waren oder nach Schwaan in eine Heilstätte gebracht werden könnte.

Sobald Ende Juli der Postverkehr in ganz Mecklenburg zugelassen war,[185] schrieb Vater, und es schrieben auch die Kühlungsborner lange Briefe nach Penzlin an die vermeintlich Kranke. Es waren Briefe an eine Tote. Selbst Großvater, der eigentlich im Sterben lag, der kaum mehr sprach und monatelang kein Wort mehr geschrieben hatte, raffte sich auf, um seiner geliebten Tochter, die er für lebend hielt, ein tröstendes Wort zu sagen. Sein Brief stammt vom 26. Juli. Nur ihn will ich hier zitieren:

„Meine liebe Elisabeth! Du kannst Dir denken, daß auch ich an Deinem Ergehen den innigsten Anteil nehme. Die Nachricht, die wir erhielten, ist wenig erfreulich. Gott helfe Dir, alle Not u. Angst zu überstehen! ‚Gott legt uns eine Last auf', sagt die Schrift, ‚aber er hilft uns auch!' In herzlicher Liebe grüßt Dich Dein Vater H. F." – Dieser Gruß an seine tote Tochter ist vermutlich Großvaters letztes Schreiben überhaupt.

---

[185] Am 27. Juli 1945 waren durch Befehl Nr. 17 der Sowjetischen Militäradministration in Deutschland (SMAD) die ersten deutschen „Zentralverwaltungen" für den Bereich der sowjetischen Besatzungszone (SBZ) gebildet worden, darunter auch die „Zentralverwaltung für das Post- und Fernmeldewesen", welche die zentrale Weisungskompetenz gegenüber den Oberpostdirektionen und dem nachgeordneten Postdienst erhielt; Juli/August 1945 wurde daher das Postwesen als damals wesentliche gesellschaftliche Kommunikationsform auf zonaler Ebene wieder in Gang gesetzt.

Vater schrieb Mutter mehrfach. Er gab Bericht von seiner Rückreise, vom langsamen Einleben in seine etwas kirchenentwöhnte Gemeinde, vor allem aber von seinen Überlegungen, sie doch möglichst bald nach Waren oder vielleicht, besser noch, nach Schwaan zu bringen. Er entwickelte seine Pläne, möglichst bald im August zu ihr nach Penzlin zu fahren. Es beunruhigte ihn, daß von dort keine Nachricht kam.

Irgendwann am ersten Wochenende des August erhielt Vater einen Brief aus Penzlin mit der Todesnachricht. Dr. Hendrick schrieb, man habe Mutter nicht mehr helfen können. Ein Herzversagen sei am 15.Juli frühmorgens eingetreten. Seine Familie und einige andere Menschen aus der Gemeinde hätten an ihrer Beerdigung teilgenommen. Sie hätten ihr Rosen ins Grab gestreut. Für Vater und meine Brüder war das ein schlimmer Schlag. Zu frisch war noch die Erinnerung an den Abschied in Penzlin. In die kleine, triste Wohnung im Bentwischer Pfarrhaus kehrte Trauer ein. Und immer wieder kam die bohrende Frage, warum sie nicht hatten helfen können.

In einem hatte sich Dr. Hendrick, der unsere Familie ja nur ganz flüchtig kannte, geirrt. Im Stil der Zeit hatte er Mutter eine „heroische Frauenseele" genannt. Das war sie nicht, hätte es auch nie sein mögen. In unserem Elternhaus ging es, auch durch ihren Einfluß, zum Glück ziemlich unpathetisch zu – jedenfalls gemessen an dem, was in jener Zeit noch vielfach üblich war.

Vom Kriegsveteran zum Schüler:
Ein „heimatloser Heimkehrer" in Bielefeld

Dies alles geschah also in den Tagen, in denen ich aus dem Militär entlassen wurde. Ein halbes Jahr und dreizehn Stunden – so hatte ich es genau ausgerechnet – war ich Soldat gewesen, „einschließlich Bahnfahrt", wie man in solchen Fällen spottend sagte, aber auch einschließlich Schiffahrt, Ausbildung, Lazarett und Gefangenschaft. Ich hatte eine Menge an Lebenserfahrungen dazugewonnen, das meiste davon aber keineswegs verarbeitet. Genaugenommen war ich nichts anderes als ein sechzehnjähriger Junge, der sich schrecklich erwachsen vorkam. Ich hatte die ganze Zeit mit dem Status eines Erwachsenen unter Erwachsenen gelebt und hatte dennoch das Wichtigste nicht gelernt: selbständig zu werden. Dazu ist das Mannschaftsleben beim Militär ziemlich ungeeignet. Auch die Erwachsenen um mich herum hatten schließlich gehorchen müssen wie die Kinder. Sie hatten angezogen, was man ihnen gab, gegessen, was man ihnen vorsetzte und nach Anweisung geschlafen. Was uns allen die Obrigkeit nicht abgenommen hatte, waren die Angst, die Schmerzen, das Sterben. Wohl nur aus diesem Grund sah manches Kind, das aus dem Krieg kam, erwachsener aus, als es in Wirklichkeit war.

Als ich am 6. August auch die allerletzte Station meiner Entlassung hinter mich gebracht und mich bei meinem britischen Bewacher für den vorzüglichen Tee bedankt hatte, beeilte ich mich, nach Bielefeld zu kommen. Erst hielt ich einen Lastwagen an, dann nahm ich die Straßenbahn. Trotz strahlenden Sonnenscheins und meiner eigentlich optimistischen Stimmung war mir durchaus klar, daß mich hier niemand erwartete. Ich war nirgendwo zu Hause, wußte nichts von meinen Eltern, besaß kaum Geld, hatte keine Lebensmittelkarten. Langsam wurde mir auch wieder bewußt, daß ich mir die Stapenhorststraße und die Hausnummer 47 nur aus Resten meiner Erinnerung irgendwie zusammengereimt hatte. Außerdem war Tante Magdalena ausgebombt, Onkel Heinz Soldat. Glücklicherweise gab es, wie ich unterwegs hörte, hier wirklich eine Straße, die diesen Namen führte. Aber ich wußte nicht, ob ich in einigen Minuten vor einer Ruine stehen würde.

Die erste Überraschung kam, als ich an der angegebenen Stelle aus der Straßenbahn gestiegen war. Die Straßennamen fehlten. Ein Bielefelder, den ich fragte, erklärte mir, man habe die Schilder vor dem Einmarsch der Amerikaner abgeschraubt, damit die sich verirren. Ein wahrlich kluger militärtaktischer Einfall! Noch mehr solcher Ideen, und man hätte den Krieg gewonnen!

Die Stapenhorststraße war im wesentlichen unzerstört. An der Hausnummer 47 fand ich den Namen der Verwandten nicht. Außerdem war das Haus rot und nicht weiß, wie ich mir das nach Fotos, an die ich mich schwach erinnerte, vorgestellt hatte. So wanderte ich weiter, von Hausnummer zu Hausnummer, mal auf der rechten, mal auf der linken Straßenseite, ging in die Vorgärten und las an den Türen sorgfältig alle Klingelschilder. Da die Straßenbezeichnungen fehlten, verließ ich Bielefeld unmerklich, war schon fast in Wellensiek, und als ich das viel zu spät erfragte, ging ich wieder zurück und inspizierte nochmals gründlicher vornehmlich die weißen Häuser, die ich mir nun einmal in den Kopf gesetzt hatte. In der Gegend der Rudolf-Oetker-Halle[186] fragte mich eine junge Frau flüsternd zum Fenster hinaus nach meinem Begehr, fragte auch, ob ich denn nicht Hunger hätte, führte mich immer noch flüsternd und zu leisen Schritten auffordernd über eine Hintertreppe in ihre Wohnküche, wo sie mich bewirtete. Der Grund für ihr auffälliges Verhalten? Natürlich die Nachbarn und die bürgerliche Moral. Sie wartete täglich ungeduldig auf die Rückkehr ihres Mannes aus dem Kriege, hoffte inständig, daß freundliche Menschen ihm beiständen, ihm etwas zu essen gäben, und wollte deshalb anderen Soldaten ebenso helfen. Aber die Mitbewohner im Hause unterzogen sie strenger Kontrolle. Sie mußte es heimlich tun, selbst wenn der Veteran ein Kindergesicht hatte.

Erst am späteren Nachmittag, als ich beschlossen hatte, mich beim Einwohnermeldeamt zu erkundigen, kam, wieder in Altstadtnähe, an einer kleinen Straßenkreuzung die Lösung. Eine ältere Frau jener Art, wie sie als deftige Klatschbasen allerorts, meist in unbedeutenden Seitenstraßen vor irgendeinem Laden, vielleicht in lautem Gespräch mit einer Nachbarin, zu finden sind, unterbrach ihren Redeschwall, wandte sich mir zu und sagte mit so unangenehmer Lautstärke, daß andere sich umdrehten: „Ach nein! So ein junger Soldat, noch ein richtiges Kind!" Ich fand es empörend, daß jemand es wagte, so über mich zu sprechen, und war drauf und dran, meinem Ärger freien Lauf zu lassen. Aber ein Instinkt sagte mir, daß solche penetranten Menschen meist die halbe Stadt kennen. Ich fragte. Und siehe da, sie wußte. Es war genau die Nummer 47. Und das ziegelrote Haus war, wie ich bald feststellte, an der Rückseite weiß.

Die erste Überraschung: Hier wohnten die Eltern von Onkel Heinz. Er selber hatte, wie ich jetzt hörte, den Krieg gesund überstanden, lebte in Senne II – eine Ortsbezeichnung, die mir eigenartig vorkam![187] – in einem Behelfsheim.

---

[186] Die nach einem Mitglied der großindustriellen Stifterfamilie benannte Konzerthalle der Stadt Bielefeld.

[187] Die beiden in der Senner Heide südlich von Bielefeld gelegenen Dörfer Senne und Heepen-Senne wurden im Januar 1813 – damals dem napoleonischen Satellitenstaat „Königreich Westphalen" zugehörig – in einem für das (nach-)revolutionäre Frankreich typischen rationalistischen Verwaltungsakt zur besseren Unterscheidung in „Senne I" und „Senne II" umbenannt; diese Veränderung wurde auch nach dem nur wenige Monate später erfolgten Sturz der französischen Herrschaft und der Rückkehr zu Preußen langfristig beibehalten; der größere Ort Senne II wurde erst 1965 in „Sennestadt" umbenannt.

Tante Magdalena lag ihrer Tuberkulose wegen in einem Krankenhaus, und zwar ganz in der Nähe, in Eckardtsheim. Es gehörte zur Anstalt Bethel. Erst einmal nahm ich die freundliche Einladung der alten Leute an und blieb zur Nacht.

Die Behelfsheimsiedlung lag östlich der Autobahn, mitten in einer heideartigen Landschaft. Heute befindet sich dort Sennestadt. Damals gab es nur eine Ansammlung weitgestreuter winziger Steinbaracken. Die meisten hatten drei Zimmer, ein großes und ein kleines unten, sowie ein zeltartiges unter dem Dach. Während ich nach der richtigen Hausnummer suchte, entdeckte ich plötzlich meine fünfjährige Cousine Heidrun. Die machte erstaunte Augen und rief: „Onkel Werner". Die spontane Verwechslung mit ihrem Berliner Onkel fanden wir lustig. Dann kamen auch die anderen, Onkel Heinz, der elfjährige Peter und die zweijährige Viola. Es gab eine herzliche Begrüßung. Ich war so froh, endlich Menschen gefunden zu haben, zu denen ich gehörte, daß ich mir keine allzu großen Gedanken darüber machte, ob ich willkommen war, ob ich vielleicht störte. Ich hielt es in meinem Glück für ganz selbstverständlich, daß sich in dieser Zeit jeder einfach freuen muß, wenn ein Verlorener plötzlich erscheint und da ist. Erst viel später habe ich mir überlegt, wie viele im restlichen Deutschland wohnende Menschen wohl im Verlauf des Jahres 1945 irgendwann einen Schrecken bekommen haben mögen, wenn Verwandte oder Freunde aus dem verlorenen Osten plötzlich in verschlissener Kleidung und mit ihrer dürftigen Habe mittellos vor der Tür standen und um Dauerquartier baten.

Onkel Heinz nahm mich gleichwohl freundlich auf. Weit mehr Schwierigkeiten machte es, die amtliche Anerkennung als Bewohner des Landkreises Bielefeld zu erlangen. Die größte Hürde war das Arbeitsamt. Ich mußte eine Arbeit nachweisen. Die gab es nicht. Nach meiner Vorstellung hatte dieser unselige Krieg alle bürgerlichen Zukunftsvorstellungen so zerstört, daß man realistisch sein mußte. Ich wollte deshalb Feinmechaniker werden und gab dies als Berufsziel an. Das war sicher löblich. Aber das Arbeitsamt konnte mir keine Lehrstelle nachweisen. Und selbst, wenn man mir eine solche angeboten hätte, wäre ich nicht in der Lage gewesen, sie anzunehmen; denn ich hatte weder eine dauerhafte Unterkunft noch Geld. Lehrlingsvergütungen waren damals noch nicht üblich. Da kam die Sachbearbeiterin auf den naheliegenden Gedanken, mich als Schüler einzustufen. Schüler waren der arbeitenden Bevölkerung automatisch gleichgestellt. So erhielt ich den wichtigen Stempel. – Dies geschah übrigens in einem nüchternen, großen Zimmer, das später, als ich im Betheler Schülerheim wohnte, jahrelang mein Schlafsaal war. – Jetzt erst konnte ich mich polizeilich anmelden und hatte Anspruch auf Lebensmittelkarten.

Das Wichtigste aber war: Renate hatte sich gemeldet. Ich erfuhr ihre Adresse und schrieb ihr sogleich eine Postkarte; denn Briefe waren in der britischen Zone noch nicht zugelassen. Renate antwortete sehr bald und war voller Freude über die Gewißheit, daß nun wenigstens einer aus der engeren Familie den

Krieg überlebt hat. Sie hatte schon Kontakte mit Anne, auch mit Rosemarie, deren Mutter und deren Schwester Inge, auch mit vielen Nordenburgern. So traf ich noch im August mehrfach Inge, die nun in Bethel Schwesternschülerin war, dann auch deren Mutter und schließlich Anne. All diese vertrauten Gesichter! Erst kamen sie mir vor wie eine große Familie. In den späteren Jahren, als wir unsere eigenen Wege gingen, wurden die Kontakte seltener. Wenn man aber voneinander hörte oder sich traf, konnte man immer gleich wieder bei den alten Zeiten anknüpfen.

Flüchtlinge in der britischen Zone: Die Schwester in Lunden

Renate schrieb wenig darüber, was sie seit dem Ende der Flucht in Lunden erlebt hatte. Angesichts der Probleme des Alltags maß sie ihrem Erleben offenbar kein allzu großes Gewicht bei. Hier ist ihre Geschichte.

Seit ihrer Flucht nach Stolp und dann über Danzig und die Ostsee nach Schleswig-Holstein lebte Renate nun seit Mitte März mit Frau Wohlgemuth in der kleinen Ortschaft Lunden. Sie teilte in der ersten Zeit ihr Zimmer nur mit der kleinen Uschi. Das Mittagessen holten sie aus der Volksküche, wo auch Renate zeitweilig aushalf. Sie waren nicht völlig allein in dieser fremden Umgebung. Die Wohlgemuth'schen Verwandten, die aus Stolp mitgekommen waren, wohnten ebenfalls am Ort, wenn auch in einer anderen Straße. Die vielen Wochen bis zum Ende des Krieges verliefen in Schleswig-Holstein noch verhältnismäßig friedlich. Das sonnig-warme Frühlingswetter verstärkte diesen freundlichen Eindruck. Aber immer mehr Flüchtlinge strömten über die Ostsee und über Norddeutschland in diese kleine Provinz.[188] Die Einwohner mußten zusammenrücken und abgeben. Das fiel manchem schwer.[189] Nahezu täglich gab es Fliegeralarm, manchmal mehrfach. Britische und amerikanische Bomber, die längst den deutschen Luftraum beherrschten, überflogen das westliche Schleswig-Holstein, um ihre tödliche Fracht über Kiel, Berlin oder den Städten Norddeutschlands abzuladen.

Lange hatte Renate keine Nachricht von den Eltern, den Brüdern und all den anderen erhalten. Da kamen Ende März über Kontaktadressen in Strausberg/Oder und in Theißen/Thüringen gleich zwei Postkarten bei ihr an, die beide von Mutter in Swinemünde geschrieben worden waren, allerdings noch vor der Zerstörung der Stadt. Sie wußte also, welche Strapazen die anderen auf der Flucht durchlitten und mit welchen Krankheiten sie nun zu kämpfen hatten, erfuhr aber nichts über deren derzeitigen Aufenthalt.

Am 5. Mai traf nachts überraschend der ursprünglich in Königsberg verbliebene Teil der Familie Wohlgemuth in Lunden ein. Sie hatten Königsberg gerade noch rechtzeitig vor Beginn der Schlußkämpfe verlassen können.[190] Fünf

---

[188] Die damalige preußische Provinz Schleswig-Holstein gehörte – ähnlich wie ihr östliches Nachbarland Mecklenburg mitsamt Vorpommern zu den frühen Hauptaufnahmegebieten der ostdeutschen Flüchtlinge und Vertriebenen; noch 1949/50 waren Mecklenburg(-Vorpommern) und Schleswig-Holstein die deutschen Regionen mit dem höchsten Vertriebenenanteil, nämlich knapp 44 % bzw. 40 %.
[189] Die alltäglichen Verteilungskonflikte zwischen Alteingesessenen und Vertriebenen um knappe Ressourcen – insbesondere Wohnraum, Lebensmittel und z.T. auch Arbeitsplätze – gehörten in allen Zonen des besetzten Deutschland zu den langfristigen gesellschaftlichen Problemen.
[190] Die „Festung" Königsberg kapitulierte am 9. April 1945.

Wochen hatte ihre aufregende Flucht gedauert. Auf der ersten Etappe hatten sie auf dem Boden ihres kleinen Schiffes stundenlang mit den Beinen im eisigen Wasser stehen müssen. Die Freude über die geglückte Flucht wurde noch dadurch verstärkt, daß auch der siebzehnjährige Sohn kürzlich ein Lebenszeichen gegeben hatte. Sie lebten nun zu siebt in einem Zimmer. Dann mußte Herr Wohlgemuth für längere Zeit ins Krankenhaus. Erst lag er in Heide, später kam er nach Flensburg. Seine Frau und zwei der Töchter begleiteten ihn, auch, um dort die Krankenkosten zu verdienen. Renate sorgte derweil für die älteste, behinderte Tochter und für Uschi. Sie hofften auf eine größere Wohnung. Aber niemand konnte sich jetzt darum kümmern. Als der Kranke ausgeheilt und mit seiner Frau aus Flensburg zurückgekommen war, hatte sich ihre Hoffnung zerschlagen. Sie lebten wieder auf engstem Raum.

Mit dem Einmarsch der Engländer am 7. Mai war der Krieg zu Ende. Schleswig-Holstein gehörte fortan zur britischen Zone. Die galt, verglichen mit der amerikanischen und der französischen Zone, von der sowjetischen ganz zu schweigen, auch im Denken der Zivilbevölkerung als die liberalste. Verhältnismäßig bald wurde wieder Post befördert, wenn für eine Weile auch nur offene Postkarten zugelassen waren. Renate meldete sich auch bei den anderen in der Familie vereinbarten Kontaktadressen, soweit sie in der britischen Zone lagen, konnte aber nichts über den Aufenthalt der Eltern erfahren.

Aber sie erhielt ein anderes Lebenszeichen. Der freundliche, etwas zerstreute Pfarrer, der mich am 15. Juli beim Gottesdienstbesuch in Neuenkirchen immer wieder nach meinem Namen gefragt hatte, sah Renate kurz darauf bei einem örtlichen Treffen ostpreußischer Pfarrfamilien. Als er nun den Namen wieder hörte, den er sich so mühsam hatte einprägen wollen, stutzte er und erzählte Renate von seiner Begegnung. Die Nachricht wühlte sie auf. Das mußte ihr Bruder sein. Eine Verwechslung erschien ihr unmöglich. Nach einigen Tagen konnte sie sich ein Fahrrad leihen und fuhr in die Gegend von Wesselburen, um nach mir zu suchen. Für eine Siebzehnjährige war es ein Spießrutenlaufen. Alle Bauerngehöfte, alle Ortschaften waren gestopft voller Soldaten. Wo sie auch hinkam, fragte sie nach mir. Niemand konnte ihr Auskunft geben.

Nur mit dieser kleinen Hoffnung, sonst aber fernab von ihrer Familie und ohne daß jemand ihr schreiben konnte, beging Renate in diesen Tagen in Lunden ihren 18. Geburtstag. Für sie war es kaum ein Feiertag. Doch ohne daß sie es ahnte, dachten Vater und auch die Kühlungsborner an sie voller Anteilnahme in jenen seltsamen Briefen an die längst Verstorbene in Penzlin. Zwei Tage später, am 30. Juli, als ich mich bereits im Entlassungslager Heide befand, war auch sie in Heide. Nur wußten wir nichts voneinander.

Seit sie Mitte August Nachricht von mir bekommen hatte und wußte, daß ich in der Nähe von Bielefeld war, schrieb sie mir täglich. Da in der britischen Zone Briefe immer noch nicht befördert wurden, schrieb sie manchmal am Tage mehrere Fortsetzungs-Postkarten, die sie jeweils ordentlich numeriert hatte. Dann endlich, seit dem 1. September, durfte man Briefe und damit längere Texte schreiben.

Renate, die jetzt in Lunden die Tätigkeiten im Haushalt übernommen hatte, litt unter den beengten Verhältnissen. Sie sehnte sich fort und stellte sich vor, sie könne statt dessen in der Bielefelder Gegend ihre Patentante sowie deren Kinder betreuen und dabei in der Nähe ihres Bruders sein. Aber diese Gedanken erwiesen sich als unrealistisch. In Lunden riet man ihr dringend ab. Und in Bielefeld hörte sie, daß es mit Sicherheit keine Zuzugsgenehmigung geben werde. Es war schwer geworden, den Ort zu wechseln. Wer keine Kraft hatte oder zu unerfahren war, sich loszureißen, blieb, wo er war.

Von der Senne ins Schülerheim:
Neuanfang in Bethel

Tante Magdalenas Entlassung aus dem Krankenhaus stand bevor. Ende August eröffnete mir Onkel Heinz, daß für mich bald kein Platz mehr in diesem winzigen Behelfsheim sein werde. Das war durchaus verständlich. Ich aber war wie vor den Kopf geschlagen. Mir wurde erst jetzt bewußt, daß ich vier schöne Wochen lang, anstellig im pflegeleichten Männerhaushalt helfend, in den Tag hinein geträumt hatte. Die Erkenntnis, daß ich mein Leben selbst in die Hand zu nehmen hatte, war erst einmal bitter. Doch ließen mich die Verwandten nicht einfach fallen. Über die Verwaltung des Krankenhauses hatten sie erfahren, daß man auf dem Betheler Heimathof bei Augustdorf Leute für die Kartoffelernte brauchte. Sie hatten mich vormerken lassen, und ich marschierte Anfang September die zehn oder zwölf Kilometer dorthin.

Bethel hatte den Heimathof, einen Gutshof, vor Jahrzehnten auf dem nicht sehr fruchtbaren und daher billigen Sandboden als Zufluchtsstätte für Obdachlose angelegt, die dort ein Unterkommen finden und gegen ein kleines Taschengeld auf dem Gut arbeiten konnten. „Landstreicher" nannte man damals die Obdachlosen; in Bethel hießen sie „Tippelbrüder".[191] Jetzt gab es dort zwei völlig andere Sorten von Menschen: einmal eine Gruppe entlassener Soldaten, zum anderen etwa zwanzig oder dreißig Schüler meines Alters. Hausordnung, Unterbringung und Bezahlung blieben unverändert die der alten Zeiten. Ich wollte zur Soldatengruppe; mit Erwachsenen kam ich besser zurecht, sie waren meist toleranter. Der massige Hausvater redete brummig auf mich ein, zu den Schülern zu gehen. Da gab ich nach.

Sie kamen überwiegend von der Betheler Aufbauschule. Einige hatten ähnlich prägende Kriegserlebnisse hinter sich wie ich. Sie pflegten einen für diese Altersgruppe erstaunlich sachlichen, freundlichen Umgangston. Ich verspürte deshalb weder die üblichen Abwehrmechanismen einer Gruppe gegen den Neuankömmling, noch allzu große Vorbehalte der Einheimischen gegen den Heimatlosen aus dem als unterentwickelt verrufenen Osten. Ob bei der Kartoffelernte oder in der Freizeit, wir wurden schnell miteinander vertraut. Da fragten sie mich eines Tages, ob ich, der ich doch nirgendwo zu Hause und elternlos sei, nicht zu ihnen in die Aufbauschule wolle. Einige kamen aus dem der Schule angeschlossenen Schülerheim und meinten, dort werde man mich sicher aufnehmen. Ich fand den Gedanken unrealistisch und war sehr skep-

---

[191] Zur Entwicklung der „Wandererfürsorge" und der diesbezüglichen Rolle der Betheler Anstalten nunmehr ausführlich Ewald Frie, Wohlfahrtsstaat und Provinz. Fürsorgepolitik des Provinzialverbandes Westfalen und des Landes Sachsen 1880–1930, Paderborn 1993.

tisch, besaß ich doch weder Geld noch Schulzeugnisse. Der aufsichtsführende Studienrat aber fand den Gedanken gut, redete mir nachdrücklich zu und empfahl mir, mich mit dem Direktor der Schule in Verbindung zu setzen. Der kenne wahrscheinlich auch Möglichkeiten der Finanzierung.

So nahm ich eines Tages beim Hausvater Urlaub und machte mich auf den Weg zur nächsten Bahnstation, Hövelriege. Die lag anderthalb Stunden Fußwegs entfernt. Wie es damals üblich war, hatte ich alles bei mir, was ich besaß. Man wußte nie, was auf einen zukam. Der Weg, den man mir beschrieben hatte, führte durch unberührte Heide und Wald, schließlich über ein weites Areal, das entweder ein militärischer Übungsplatz oder ein Kampfplatz der letzten Kriegswochen gewesen war. Alles war beängstigend menschenleer. Überall sah ich Granattrichter. Alles lag voller verbrauchter und neuer Kartuschen, Zünder und Gewehrmunition. Eine gediegene, schwarze Kiste, die zur Aufbewahrung von Zündern bestimmt war, erschien mir brauchbar, ich nahm sie mit. Ich hatte bei der Neueinkleidung in Aarhus keinen Tornister erhalten, dafür zwei beigefarbene Gasmaskentaschen in den Dimensionen handlicher Kinderrucksäcke. Deren Gurte hatte ich so miteinander verbunden, daß sie gut auf den Schultern lagen, während ich eine der Taschen auf dem Rücken trug, die andere auf der Brust. An der hinteren hatte ich meine zusammengerollte Wolldecke befestigt. An die vordere hängte ich nun die Kiste wie einen Bauchladen. Ich muß recht sonderbar ausgesehen haben. Aber damals sahen viele Menschen sonderbar aus. Als vor mir ein großes britisches Camp auftauchte, wußte ich, daß ich auf dem richtigen Wege war, machte aber, wie man es mir geraten hatte, daherum einen großen Bogen.

Dr. Georg Müller war seit der Gründung der Aufbauschule in den zwanziger Jahren deren Leiter. Das war damals ganz ungewöhnlich. In aller Regel hatten die Nazis die mit ihnen nicht kooperierenden alten Schulleiter hinausgeworfen und nach und nach durch ihre Anhänger ersetzt. 1945 mußten fast alle Direktoren ihren Platz räumen. In Bethel gingen die Uhren ein wenig anders, und Müller hatte es verstanden, die Anpassung an das braune System in Grenzen zu halten. Er war aus der Jugendbewegung hervorgegangen und überdies ein Freund und Jünger Rosenstock-Huessys.[192]

Er war freundlich, gleichzeitig aber auffallend distanziert und wortkarg. Nachdem er meine Geschichte gehört hatte, sagte er kurz und knapp, sich durch ständiges Räuspern unterbrechend: „Du kannst kommen; du wirst im Schülerheim wohnen". Zeugnisse interessierten ihn nicht. Er gab mir die Adresse eines Theologieprofessors, den die Nationalsozialisten kurz vor dem Kriege aus Ostpreußen hinausgeworfen hatten und der jetzt die geflüchteten Pfarrfamilien der entvölkerten Provinz sammelte, um sie zusammenzuführen

---

[192] Eugen Rosenstock-Huessy (1888–1973), Jurist und Philosoph, spielte eine zentrale Rolle in der bündischen Jugend, Mitbegründer der Arbeitslager für Arbeiter, Bauern und Studenten 1926, 1923–33 Juraprofessor in Breslau, 1933 als Exilierter Gastprofessor in Harvard, 1935 Professor für Sozialphilosophie am Dartmouth College.

und, wenn nötig, zu unterstützen. Das war Hans Iwand.[193] Als ich den vermutlich ersten offiziellen Brief meines Lebens, den Bittbrief an ihn, verfaßte, war ich unsicher und mochte doch niemanden fragen. Es dauerte nicht lange, da antwortete handschriftlich-herzlich Frau Iwand, die das kleine private Hilfswerk ihres Mannes mitbetreute, sie antwortete positiv. So zog ich Anfang Oktober mit den anderen ins Schülerheim. Der Schulunterricht sollte, so hoffte man, in den ersten Novembertagen beginnen.

Ich hatte mich, ehrlich gestanden, nie so recht darum gekümmert, wer hier so großzügig für mich zahlte. Erst später ging mir die Sache auf. Iwand hatte gar nicht genug Geld, um allen zu helfen. So war er offenbar an die Leitung der Westfälischen Kirche mit der Bitte herangetreten, dem Schülerheim Vorschüsse zu zahlen. Sein Wort hatte dort Gewicht. Man half. Später wurde dann alles irgendwie mit Vater verrechnet. Der war ja froh, daß ich dort untergekommen war.

Das Schülerheim befand sich damals in einem alten, verwinkelten Gebäudekomplex ganz in der Nähe der Schule. Müller, auch Leiter des Schülerheims, hatte dort eine Art Schülerselbstverwaltung mit von ihm ernannten Obleuten errichtet, die sich letztlich an militärischen Vorbildern orientierte. Den Gegenpol bildete die schlichte, gütige Hausmutter Didwischus, die als Witwe und Mutter eines längst erwachsenen Sohnes ihre ganze Liebe und Fürsorge ihren bald wieder siebzig Zöglingen zuwandte. Sie sorgte in ihrem strengen Gerechtigkeitssinn auch dafür, daß Spenden und Zuwendungen unter die ganz Armen so verteilt wurden, daß jedem von ihnen immer wieder mal etwas zufloß.

In den ersten Wochen, als noch nicht wieder alle „Schülerheimer" eingetroffen waren, wohnten vereinzelt Gäste im Hause, die in Bethel zu tun hatten. Einer, den ich nicht näher kannte, sprach mich eines Abends an, sagte er sei auch Königsberger, er habe von mir gehört, sicher werde ich Taschengeld brauchen, und gab mir einen Briefumschlag. Darin waren 50 Mark. Es war der spätere Heidelberger Neutestamentler Günter Bornkamm.[194] Ich hätte mich freuen sollen. Gewiß, ich war auch dankbar und konnte das Geld gut gebrauchen, zumal ich mir in dieser Zeit dringend Hefte, Schreibzeug und andere Schulutensilien kaufen mußte. Aber es war immer dasselbe. Jede so persönlich über-

---

[193] Hans Joachim Iwand (1899–1960), evangelischer Theologe, 1934 Professor für Neues Testament am Herder-Institut in Riga, 1935 Entzug der venia legendi und 1936 Reichsredeverbot; schließlich wegen seiner Tätigkeit als Leiter eines illegalen Predigerseminars der ostpreußischen Bekennenden Kirche aus Ostpreußen ausgewiesen, nach ähnlichen Aktivitäten in Dortmund kurzfristig inhaftiert, seither Pfarrer in Dortmund; ab Oktober 1945 Professor für systematische Theologie in Göttingen, später in Bonn, daneben Vorsitzender des ostpreußischen Bruderrates und des – auch heute noch existierenden – Hilfskomitees evangelischer Deutscher aus Ostpreußen.
[194] Günther Bornkamm (1905–1990), evangelischer Theologe, Neutestamentler, 1934 Habilitation an der Universität Königsberg, 1947–49 Professor in Göttingen, 1949–71 in Heidelberg; bedeutende Beiträge zur Jesus-Forschung und zur paulinischen Theologie.

reichte milde Gabe machte mir meinen Zustand der Hilfsbedürftigkeit wieder voll bewußt. Ich war ein Kind ohne Eltern, arm, in fremder Umgebung und hatte, weil ich jung war, keine ausreichende Lebenserfahrung. Ich war wie ein Jungvogel, der auf dem Ast sitzt und immer noch Beistand braucht. Für einen, der ein halbes Jahr lang die Illusion der Gleichwertigkeit mit Erwachsenen gehabt hatte, war der Absturz hart.

Das gleiche wiederholte sich, wenn ich, was allerdings selten vorkam, irgendwo eingeladen war. Je mehr sich alle meiner Armut wegen um mich bemühten, desto mehr bedrückte mich das. Das spürte ich auch, als ich eines Tages zu Anne und ihrer Familie ins Ruhrgebiet nach Castrop fuhr. Alle waren zuvorkommend und liebenswürdig und schenkten mir viel. Aber niemand konnte ahnen, wie deprimierend es für einen Flüchtling allein schon sein kann, eine heile Familie in einer unzerstörten Wohnung zu erleben. In dieser Zeit war ich am liebsten unter meinen Klassenkameraden im Schülerheim.

Eines Tages wurde ich gerufen. Besuch sei für mich da, im Elyseum. Das Zimmer mit diesem altmodischen Namen, wie er damals für Bethel typisch war, diente als Tagesraum der Hausmutter. Dort konnte man auch Gäste empfangen. Onkel Heinz war gekommem. Ein Brief aus Mecklenburg hatte seine Familie erreicht. Den hatte jemand über die Grenze gebracht. Darin stand die Nachricht von Mutters und Großvaters Tod. Mutters Tod traf mich wie ein Schlag. Die Angst, es könnte der eine oder andere aus der Familie, es könnten vielleicht sogar alle ums Leben gekommen sein, bewegte mich seit langem. Solche Gedanken und Befürchtungen hatten jetzt viele Menschen in Deutschland. Die Realität war endgültig und schlimm.

Im Schülerheim gab es keinen Platz für meine Trauer. In unserem Zimmer wohnten wir damals mindestens zu sechst. Ich meldete mich ab, wanderte auf den baumbestandenen Zionsberg und setzte mich auf eine der Bänke vor dem Eingang der Kirche. Da war um diese Zeit niemand. Nur der Organist übte seine Choräle für den morgigen Sonntag. Hier konnte ich mich meinem Kummer hingeben.

Mutters Tod war so gravierend, daß der Tod des Großvaters, den wir älteren Kinder sehr geliebt und auch bewundert hatten, zuerst fast ganz in den Hintergrund trat. Wenn es in unserer näheren Verwandtschaft je so etwas wie ein allgemein anerkanntes Oberhaupt gegeben hat, dann war er es. Er neigte nicht dazu, seine Enkelkinder mit Lebensweisheiten und frommen Ermahnungen mundtot zu machen, sondern war eher jemand, der vorlebte, daß auch ältere Menschen noch hören und lernen können. Jetzt also war er gestorben.

Trauer in Kühlungsborn: Großvaters Tod

Als Anfang August in Kühlungsborn die Nachricht von Mutters Tod eintraf, lag Großvater längst selber im Sterben. Aber er brauchte noch Zeit. Trotz der erbarmungswürdigen Armut hielt er am lutherisch geprägten Lebensstil einer christlichen Familie fest. Dazu gehörten die Morgenandacht mit Schriftlesung und Chorälen, dann die Tischgebete und schließlich zum Ende des Tages das Abendlied. Es war selbstverständlich, daß der Hausvater, zumal ein Theologe, die Bibelstellen zum Tage las und möglichst noch einige auslegende Worte anfügte. Großvater hielt das noch erstaunlich lange durch. Alle Choräle sangen sie mehrstimmig, ohne Noten in freier Improvisation, die von Vers zu Vers wechselte. Das war nie anders gewesen. Und weil es ihnen über ihre Tristesse hinweghalf und ihre Not vergessen ließ, sangen sie oft ein Lied nach dem andern.

Aber es mußten natürlich nicht immer nur geistliche Lieder sein. Eine kleine Episode, die sich einige Wochen davor ereignete, als sie noch in ihrem Dachstübchen wohnten, hat Tante Brigitte geschildert: „An einem Abend, als wir von der schönen Beleuchtung auf der See, die die Eltern leider von ihrem Zimmer aus nicht sehen konnten, sprachen, fing Mutter an zu singen: ‚Das Meer erglä-hänzte weit hinaus'. Da sang ich eine Unterstimme dazu, und zu unserer großen Überraschung stimmte Vater in unseren Gesang ein, und wir sangen das Lied frei nach Schubert![195] Mit allem grauslichen Tremolo-Meeresbrausen, mit allem Schmalz der Trauer um das unglückliche Weib, das ihn hat ‚vergiftet mit ihren Trä-hä- hähähähänen'! Wir haben dann – ich sehe noch Mutter vor mir – schallend gelacht, als uns die Situation zum Bewußtsein kam. Schubert mit ‚Klavierbegleitung' in der Armeleutedachkammer!"

Das war nun alles vorbei. Seit der Nachricht von Mutters Tod verlor Großvater mehr und mehr seine Widerstandskräfte. Das Leben wurde ihm zur Qual. Morgendliches Waschen und Rasieren, das Essen, die Verdauung, alles machte unsägliche Mühe. Er sprach nur noch wenig, konnte aber zwischendurch immer noch lesen. Fliegen und Flöhe quälten ihn. Tagsüber und manchmal auch nachts beschallten die Russen das ganze Areal um das Haus mit plärrender Radiomusik, meist war es blöde Unterhaltungsmusik, auch „Niggersongs", wie man damals verächtlich sagte. Während Großvater solche Musik früher so unerträglich fand, daß er hochging, hörte er jetzt vollständig darüber hinweg und nahm noch nicht einmal wahr, wenn ausnahmsweise Choräle gespielt wurden oder eine Bach-Suite.

In den letzten Wochen wurde er von ständiger Angst geplagt. Er sorgte sich, wenn die anderen im Wald waren, um Holz oder Beeren zu sammeln. Wenn er draußen Stimmen hörte, ängstigte er sich, daß die Schergen kämen. Als sie ei-

---

[195] Franz Schubert (1797–1828), bedeutender deutscher klassischer Komponist.

nen Antrag auf Bezugscheine für Kleidung gestellt hatten und die Angestelten des Wirtschaftsamts erschienen, um die Kleiderschränke zu kontrollieren, fürchtete er, sie könnten volle Schränke vorfinden und sie zur Rechenschaft ziehen. Er fürchtete, daß die Pässe ungültig seien. Er meinte, Feuer sei ausgebrochen. Die Erlebnisse der letzten Lebenszeit, Traum und Wirklichkeit gingen ineinander über. Andererseits war er dann wieder geduldig und glücklich wie ein Kind und dankbar für alle Handreichungen. Er wußte, daß er sterben werde, und meinte, das Zimmer, in dem er mit Großmutter lebte, sei doch ein schönes Stübchen für eine alte Dame.

Am Abend des 12. September sagte er: „Ich habe Angst vor der Nacht". Er war sehr unruhig, stieg mit letzter Kraft aus seinem Bett und gab an, er wolle verreisen. Erst als die anderen ihm versicherten, er sei schon auf der Reise, wurde er ruhiger und ließ sich wieder hinlegen. Später fragte er: „Sind wir schon da?" Als sie ihm auch dies versicherten, legte er sich zur Seite, schlief auch ruhig ein. Er starb, ohne noch einmal aufzuwachen, wenige Stunden nach Mitternacht.

Als Großmutter, die nachts lange wachgelegen hatte, früh morgens feststellte, daß er gestorben war, holte sie Tante Brigitte. Die beiden Frauen wuschen ihn und zogen ihm ein frisches Nachthemd an. Wider Erwarten konnten sie einen Sarg kaufen. Sie nahmen, weil sie nicht mehr viel Geld hatten, den billigsten. Zwei Tage später sorgte Tante Brigitte dafür, daß Großvaters Bett aus dem Zimmer geräumt wurde. Eine Möbelkontrolle[196] war zu erwarten, und sie wollten nicht auffallen. Zur Beerdigung, am 17. September, mußten sie sehr weit zu Fuß gehen. Das fiel ihnen schwer. Außer ihnen waren fünfzehn Menschen aus dem Kreis neu gewonnener Freunde gekomen, eine erstaunlich große Schar. Onkel Martin trug Großvaters weißes Hemd, seinen schwarzen Schlips und seine Schuhe. In dieser Zeit der Not und des Sterbens, die Menschen in eigenartiger Weise zu Schicksalsgemeinschaften verband, spielten gemeinsame Erinnerungen, gemeinsame wichtig gewordene Texte und Lieder eine große Rolle. So hatten sie sich für die Beerdigung, statt der üblichen Trauerlieder, Großvaters Lieblingschoräle gewünscht. Aber es bewegte sie dann doch, als Pastor Drefers von sich aus und ohne zu wissen, was er anrührte, den Text des Liedes der Hedwig von Redern zitierte, das Großvater vor Jahrzehnten vertont hatte: „Weiß ich den Weg auch nicht, Du weißt ihn wohl".

---

[196] Bei dieser „Möbelkontrolle" dürfte es sich um eine amtliche Begehung zur Feststellung des vorhandenen Mobiliars und zur eventuellen anderweitigen Verwendung überzähliger, nicht benötigter Möbelstücke gehandelt haben; was die rechtliche Grundlage anging, konnten sich lokale und regionale Behörden dabei im wesentlichen auf das sogenannte „Reichsleistungsgesetz" von 1939 berufen, wobei jedoch gerade im Lande Mecklenburg – trotz seines prozentual größten Flüchtlingsanteils in ganz Deutschland – weder 1945 noch in den Folgejahren verbindliche Verfügungen durch die Landesverwaltung erlassen wurden, so daß die vom Verfasser erwähnte Kontrolle vermutlich eine lokale Maßnahme – veranlaßt durch die sowjetische Kommandantur oder die Gemeindeverwaltung – dargestellt haben dürfte.

Trennung in der SBZ: Einige gehen nach Westen

Die psychische Verfassung, in der sich Vater nach Mutters Tod befand, läßt sich nur erahnen. Was war er? Ein Flüchtling in einem kriegszerstörten, kaputten Land. Ein Witwer, dem die Hälfte seiner jungen Kinder durch die Kriegswirren abhanden gekommen war. Ein abgemagerter, verarmter Pfarrer, der bei unzuträglichen Arbeitsverhältnissen seinen Dienst tat, den man aber faktisch in den Status eines Berufsanfängers, zum „Prediger" herabgestuft hatte. Die zwei Zimmer, in denen er mit seinen jüngsten Kindern lebte, befanden sich in einem menschenunwürdigen Zustand. Er erhielt kein Gehalt, sondern nur schmal bemessene Kredite. Im Gegensatz zu den ehemals preußischen Kirchenprovinzen – von Ostpreußen bis zum Rheinland – gehörte Mecklenburg nicht zur damaligen Kirche der Altpreußischen Union. Der mecklenburgische Oberkirchenrat war also auch gar nicht sein eigentlicher Dienstherr.[197] Langsam muß es ihm deutlich geworden sein, daß er hier zwar arbeiten, nicht jedoch schon bald mit einer Verbesserung der Verhältnisse rechnen konnte.

Daß er in dieser Zeit unvermittelt aufhörte, tägliche Notizen in seinen Kalender zu schreiben, muß nicht an aufkommender Resignation liegen. Ursache kann auch die Verpflichtung sein, die kirchenamtliche Agende zu führen. Manche Eintragung wäre doppelt gewesen. Seit Anfang August schrieb er nach langer Pause auch wieder alle Einnahmen und Ausgaben in sein Kontobuch.

Auf die längst geplante Fahrt nach Penzlin begab er sich mit seinen Kindern Mitte August. Wieder waren sie dort im Pfarrhaus freundlich aufgenommene

---

[197] Die seit dem 16. Jahrhundert bestehende evangelisch-lutherische Landeskirche Mecklenburgs besaß bis 1918 zwar meist zwei „Summepiskopen" (oberste Bischöfe) – seit 1701/1815 die beiden regierenden (Groß-)Herzöge von Mecklenburg-Schwerin und Mecklenburg-Strelitz –, behielt dessenungeachtet jedoch mit dem Konsistorium eine einheitliche landeskirchliche Verwaltung; nach dem Sturz der Monarchie wurde die Landeskirche – analog zur vollständigen politischen Trennung beider Länder 1918/19 – ebenfalls in zwei selbständige Landeskirchen unter gewählten Bischöfen aufgeteilt, die unter NS-Herrschaft – wiederum wie die politisch-administrative Einheit Mecklenburg – bereits 1933 zwangsweise vereinigt wurden; während des „Dritten Reiches" gab es heftige Konflikte zwischen den in der Kirchenleitung dominierenden „Deutschen Christen" und der „Bekennenden Kirche"; vgl. Gert Haendler, „Mecklenburg", in: Theologische Realenzyklopädie, a.a.O., Bd. 22, Berlin / New York 1992, 310–318, insb. 314 ff.; nach Kriegsende im Mai 1945 blieb die deutschchristliche Kirchenleitung zunächst im Amt, der NS-belastete Landesbischof Walther Schultz zeigte sich erst nach seiner Verhaftung durch die vorübergehend präsente britische Besatzungsmacht Ende Juni 1945 bereit, dem Landesbruderrat der „Bekennenden Kirche" die provisorische Leitung der Landeskirche zu übergeben; vgl. Horst Dähn, „Kirchen und Religionsgemeinschaften", in: SBZ-Handbuch. Staatliche Verwaltungen, Parteien, gesellschaftliche Organisationen und ihre Führungskräfte in der Sowjetischen Besatzungszone 1945–1949, hgg. v. M. Broszat und H. Weber, München 1990, 815–851, insb. 820f.

Gäste. Sie ließen sich die Grabstelle zeigen und legten einen Blumenstrauß auf Mutters Grab. Es war ein sehr einfacher, stiller Abschied. Viel war dann auch nicht zu regeln. – Die Eintragungen im Kontobuch vermitteln dem späten Betrachter allerdings eine eigenartige Perspektive: An den „Leichenfonds" und die Kirchenkasse mußte Vater nicht übermäßig viel entrichten. Sonst hatte er in Penzlin nichts zu bezahlen. Man hat Mutter vermutlich ohne Sarg bestattet. Berücksichtigt man andererseits noch die Todesanzeige, mit der Vater die „Neue Zeit" beauftragte, dann reichte der von Mutter hinterlassene Geldbetrag von 76 Mark und 19 Pfennigen für ihre Beerdigungskosten nahezu aus.

Mit der Fahrt nach Penzlin hatten sie einen kurzen Umweg über Berlin verbunden. Vater war daran gelegen, wieder Anschluß an seine zuständige Kirche zu finden. Es ist zu vermuten, daß er nach einer Verwendbarkeit in der Nähe von Berlin gefragt hat. Und er hatte wieder um Geld betteln müssen, damit er überhaupt in der Lage war, die Fahrt zu bezahlen und auch die Bestattungskosten, deren geringe Höhe er ja nicht ahnen konnte.

Am 20. August besprach er seine beruflichen Probleme und den Wunsch, sich von Bentwisch zu lösen, mit seinem Doberaner Superintendenten. Der konnte nur auf seine Kirchenleitung verweisen, gab ihm aber zweihundert Mark als Kredit. Das war nicht viel. Seine beiden Jungen nahm Vater zu solchen Fahrten immer mit. Wo sollte er sie auch lassen? Diesmal nutzte er die kurze Reise zu einem Abstecher nach Kühlungsborn, wo sie Großvater zum letzten Mal sahen.

Aus den kurzen Kalendernotizen tritt dann immer deutlicher hervor, worum Vaters Gedanken kreisten. Er wollte seine beiden „großen" Kinder suchen und die Restfamilie zusammenführen. Für Renates Aufenthalt irgendwo in Schleswig-Holstein gab es Anhaltspunkte. Mich wähnte er eher unter den Toten, günstigstenfalls irgendwo in Sibirien. Da aber nach und nach die Arbeit der Suchdienste effektiver wurde, hoffte er, daß eines Tages vielleicht auch die Gefangenen in der Sowjetunion vom Roten Kreuz erfaßt und angeschrieben werden könnten. Jedenfalls war es jetzt möglich, Suchanzeigen aufzugeben. Das tat er.

Dabei ging der beschwerliche Alltag weiter. Er und seine Jungen hatten etliche Plagen: Wadenkrämpfe, Blasenkatarrh, Eiterbeulen, Pickel, immer wieder Darmerkrankungen und Erkältungen. Das Immunsystem war einfach zu sehr geschwächt. Aber so ging es ja vielen Menschen damals in Deutschland. Ungeziefer, das früher allenfalls in Armeleutevierteln zu finden war, ärgerte sie, vor allem Flöhe. Einmal vermutete Vater bei seinen Kindern Krätze. Immer wieder mußten sie Ärzte aufsuchen. Einige praktizierten wieder. Glücklicherweise war die Ernährung jetzt im Sommer besser. Vor allem bekam man frisches Obst und Gemüse. Es gab sogar Einmachzucker. Und sie machten auch ein. Erstaunlicherweise hatte übrigens Vater eine Haushaltshilfe engagiert. Er hatte damals noch die überkommene Vorstellung, daß es auch einem verarmten Herrn nicht ansteht, selber die Küchenarbeiten zu machen. Damit begann er erst viele Jahre später. Fräulein Bliemeister akzeptierte die ärmlichen Verhältnisse und übernahm den Haushalt. Selbst Gäste konnte er wieder bewirten.

Bereits am 30. Juli hatte Vater den Oberkirchenrat in Schwerin darüber informiert, daß er Bentwisch wieder verlassen wolle. Am 1. September erhielt er die ziemlich herablassende Antwort vom 24. August, verfaßt von einem höheren Kirchenbeamten, der es in erstaunlicher Weise fertigbrachte, im kurzen ersten Absatz die Eingangsbestätigung zugleich mit einem Rüffel und einer frommen Kondolation zu verbinden. Jedenfalls erfuhr Vater, daß ihm gegenwärtig in Mecklenburg keine andere Möglichkeit geboten werden konnte. Er blieb dabei, Bentwisch Ende September zu verlassen. Dort hatte sich ein neuer Pfarrer bereits angekündigt.

So entschlüsselt sich auch die Eintragung vom 8. September: „Zum Landrat wegen Brettern, Möbeln, Lampen". Die requirierten Möbel des Kreisbauernführers mußten wieder zurückgebracht, die Lampen von einem Fachmann abgeschraubt werden. Die Bretter, keineswegs neue, brauchte Vater dringend, um sich eine große Kiste für sein Umzugsgut zu bauen. Nichts ging damals ohne Behörde.

Am 12. September fuhr er mit seinen Söhnen nach Schwerin, besichtigte mit ihnen den Dom,[198] fand sich zur abschließenden Besprechung beim Oberkirchenrat ein und erhielt nun doch noch ein Angebot. Aber es schien ihm sinnvoll, erst mit seiner Behörde in Berlin zu sprechen. Er wollte sich dort auch mit kompetenten Leuten der Suchdienste in Verbindung setzen und Möglichkeiten für eine Reise nach Schleswig-Holstein erkunden, um mit Renate in Kontakt zu kommen. Die sowjetische Besatzungszone war nach Westen hin abgesperrt.[199] Man durfte sie nur mit einer Sondergenehmigung verlassen. Die war nicht leicht zu erhalten.

In Berlin fanden sie Unterkunft im Diakonissenhaus Bethanien, am Mariannenplatz. Das war sehr hilfreich. Hier konnten die Kinder bleiben, während Vater Verhandlungen führte, die sich über mehrere Tage hinzogen. Zwischendurch gingen sie ins Kino und machten am Sonntag einen langen Ausflug zum Wannsee. Als Vater das Angebot erhielt, eine der Pfarrstellen in Luckenwalde zu übernehmen, beschloß er, sofort mit Wolfgang dorthin zu fahren. Georg konnte in Bethanien bleiben. Aber es gingen keine Züge. So nutzte Vater die Zeit, nahm Kontakt zu einem Suchdienst-Spezialisten auf und ging danach zum Büro Grüber. Propst Grüber[200] hatte in der Nazizeit mit dem von ihm auf-

---

[198] Der zwischen 1270 und 1415 erbaute hochgotische Schweriner Dom war die Kathedrale des mittelalterlichen Fürstbistums Schwerin, das 1648 an Mecklenburg-Schwerin gefallen war.

[199] Erst im November 1945 einigten sich die vier alliierten Besatzungsmächte im Gefolge der Potsdamer Beschlüsse auf einen konkreten „Plan zur Umsiedlung", der die quotierte Verteilung der künftig eintreffenden Vertriebenen auf alle vier Besatzungszonen Deutschlands regeln sollte und ab 1946 umgesetzt wurde; bis dahin war die SBZ das Hauptaufnahmegebiet für alle aus Ostdeutschland kommenden Flüchtlinge und Vertriebenen, denen die legale Weiterreise in die übrigen Besatzungszonen verwehrt blieb.

[200] Heinrich Grüber (1891–1975), evangelischer Theologe, leitete ab 1937 die Hilfsstelle für „jüdische" Angehörige der evangelischen Kirche („Büro Grüber"), 1940–43 KZ-

gebauten „Büro" rassisch Verfolgten geholfen, und deshalb jahrelang im Konzentrationslager gesessen. Er nutzte jetzt seine guten Kontakte – auch zu ehemaligen Mitgefangenen, um wiederum möglichst unbürokratisch Menschen zu helfen. Grübers Sekretärin notierte Vaters Anliegen.

Nach Luckenwalde fuhr Vater am 21. September mit leichtem Gepäck. Ihm war während des Mittagessens in Lichterfelde-Ost der Rucksack gestohlen worden. Noch am selben Abend hatte er eine Vielzahl von Besprechungen, die am nächsten Tag fortgesetzt wurden: mit dem Superintendenten, den Ortspfarrern, den Kirchenältesten. Er fand gute Kontakte. Unklar blieb allerdings, wo er auf Dauer wohnen sollte. Zwei Tage später war er wieder in Berlin.

Berlin war damals eine riesige Ruinenwüste. Viele Menschen hausten notdürftig in übriggebliebenen Kellern. Es herrschte eine unbeschreibliche Not. Meine Brüder sahen in dieser Zeit, wie man sich daran machte, eine Unzahl von Leichen aus den U-Bahn-Tunneln herauszuholen. Viele Menschen hatten bei Kriegsende dort Schutz gesucht. Dann waren die Wasserfluten über sie hereingebrochen. Jetzt lagen ihre Körper da, mit Kalk bestreut. – Wolfgang fand sich in dieser kaputten Stadt erstaunlich schnell zurecht. Er fuhr am nächsten Morgen in Vaters Auftrag von Kreuzberg aus, wo ihr Quartier lag, zum Lehrter Bahnhof und löste Fahrkarten nach Neustrelitz. Derweil nahm Vater, auf den an diesem Tage ein umfangreiches Programm wartete, Georg nach Dahlem mit, ließ aber dem unordentlichen Flüchtlingskind, damit es vorzeigbar war, erst einmal die Haare schneiden.

Nur noch mit einiger Phantasie kann man sich heute vorstellen, welcher Art Vaters Gespräche damals waren. Zunächst berichtete er dem Berliner Konsistorium über seine Fahrt nach Luckenwalde. Vermutlich wurde danach die Übernahme der dortigen Pfarrstelle vereinbart. Am 10. Oktober hatte er seinen Dienst anzutreten. Dann ging es um die Gehaltsregelung. Natürlich konnte er wiederum nicht mit den sonst üblichen Bezügen rechnen, jedenfalls aber mit regelmäßigen. Der rechtliche Status der Flüchtlingspfarrer war damals ungeklärt. Sie befanden sich in einem sogenannten Beschäftigungsverhältnis. Die Kirchenleitungen konnten anfangs noch gar nicht übersehen, wieviele Ostpfarrer unterzubringen waren und wie sie das alles finanzieren sollten. Jedenfalls ließen sie niemanden hängen, halfen auch mit Vorschüssen oder Beihilfen.[201]

Noch im Evangelischen Konsistorium schrieb Vater einen Brief an Renate, deren Adresse er ja gar nicht wußte. Es ist anzunehmen, daß gerade ein kirchlicher Kurier nach Hamburg oder Schleswig-Holstein fuhr und dessen im Westen lebende Gesprächspartner bei der Suche der Adresse weiterhelfen konn-

---

Haft; nach 1945 Propst in Ost-Berlin, 1949–58 Bevollmächtigter der EKD bei der Regierung der DDR.

[201] Vgl. ausführlicher zur kirchlichen Flüchtlingsfürsorge und -seelsorge: Hartmut Rudolph, „Flucht / Flüchtlingsfürsorge", in: Theologische Realenzyklopädie, a.a.O., Bd. 11, Berlin / New York 1983, 224–240, insb. 232 ff.; ders., Evangelische Kirche und Vertriebene 1945–1972, 2 Bde., Göttingen 1983.

ten. Danach hatte er wieder Kontakte mit anderen kirchlichen Einrichtungen, auch einem Waisenhaus. Wurden Fäden gesponnen, die ihm und meinen Brüdern die erhoffte Reise in den Westen ermöglichen sollten? Jedenfalls wollte Vater, selbst wenn er zurückbleiben mußte, seinen beiden jüngsten Kindern den für den Winter zu erwartenden Hunger ersparen.

Bis zum 10. Oktober war nur wenig Zeit. Vater mußte noch letzte Amtsgeschäfte in Bentwisch wahrnehmen, dort den kleinen Umzug vorbereiten, mußte sich bei den Kollegen verabschieden und bei der dortigen Behörde abmelden, wollte möglichst auch noch nach Kühlungsborn. Georg sollte in Berlin bleiben. Nach den zurückliegenden Erfahrungen erschien ihm der Neunjährige für die anstrengenden und gefährlichen Reisen, die vor ihnen lagen, einfach noch zu jung.

Am 26. September brachen sie nach Neustrelitz auf, fuhren von dort gegen Mittag in einem Güterzug nach Neubrandenburg; erst abends kamen sie an. Nach Wolfgangs plastischer Erinnerung wurden die Reisenden in der völlig zertrümmerten Stadt von fremdländisch sprechenden Horden, vermutlich ehemaligen Zwangsarbeitern, durch die von Ruinen umstandenen dunklen Straßen getrieben. Überall kamen Gestalten aus ihren Löchern, um ihnen ihre Sachen zu entreißen. Einen Teil der Nacht verbrachten sie im nächsten Zug, mit dem sie weit nach Mitternacht noch Malchin erreichten. Dort saßen sie stundenlang im überfüllten, rauchgeschwängerten Wartesaal und stiegen am Morgen in einen Tankzug, der sie nach Güstrow mitnahm. Danach ging kein Zug mehr. So bummelten sie den ganzen Tag durch die Stadt, fanden für die Nacht ein Quartier im Pfarrhaus, reisten früh morgens ab und erreichten Rostock am späten Vormittag. In Bentwisch kamen sie nach einem Fußmarsch um die Mittagszeit an. Fast zweieinhalb Tage hatte die Fahrt gedauert.

In Bentwisch fehlte der Hausschlüssel. Fräulein Bliemeister hatte ihn der Polizei aushändigen müssen, damit unten im Pfarrhaus, nun auch in Vaters Wohnbereich, Flüchtlinge untergebracht werden konnten. Seine beiden Zimmer hatte man respektiert.

Die nächsten Tage waren für Vater mit zahlreichen Amtshandlungen angefüllt. Dazu gehörten auch Besuche bei den Bauern der Umgebung, die er um Erntegaben zum Erntedankfest bat. Die Bauern konnten eigentlich auf ein gutes Halbjahr zurückblicken, mit einem harmonischen Wechsel von Sonne und Regen. Aber viele Felder waren im Frühjahr nicht bestellt worden, etliche durch die mörderischen Kämpfe zerstört. Einen Teil der Ernte hatten sich die hungernden Menschen, die in dieser Zeit überall durch das Land zogen, vorzeitig genommen. Trotz allem gaben die Bauern reichlich, so daß der Altar geschmückt und danach Arme beschenkt werden konnten.

Nach dem Erntedankfest machte sich Vater an den Bau der Umzugskiste. Er war kein geübter Handwerker, und wir Brüder betrachteten seine manuellen Fertigkeiten auch später oft mit Skepsis. Als er zum Ende kam, reichte das Holz nicht. Er mußte das verbliebene Loch mit Pappe schließen. Trotzdem hat die labile Kiste den Transport überstanden. Als Vater und ich sie drei Jahre später in Luckenwalde auspackten, wimmelte es darin von Ungeziefer, und durch das mit Pappe geschlossene Loch hatten Langfinger gegriffen und einige Gegenstände gestohlen. Das meiste aber hatte die Jahre wohlbehalten überstanden. Übrigens waren die Kosten für das Expreßgut auffallend hoch. In Vaters Kontobuch findet man den Betrag: 56,80 Reichsmark. Das ist etwa der vierte Teil dessen, was er im August zum Leben gebraucht hatte.

In seinen vier letzten Amtstagen in Bentwisch hat Vater drei Beerdigungen gehalten. Es gab immer noch viele Menschen, die jetzt an den Folgen des Krieges starben.

Als er mit Wolfgang am 4. Oktober in Kühlungsborn eintraf, war es gut, vor allem Großmutter ein wenig zu trösten; die hatte Großvaters Tod noch längst nicht verwunden. Zwei Tage danach war ihr 69. Geburtstag. Aber Vater wußte nicht, wie lange die Rückfahrt dauern würde. Sie mußten jedenfalls vorher fort.

Es war ihr endgültiger Abschied von Onkel Martin. Am 30. Januar 1946 ist er dreiundvierzigjährig gestorben, er ist letztlich verhungert. Als von Geburt an Behindertem und schlechtem Kostverwerter hatte ihm die dürftige Ernährung nicht ausgereicht, obwohl die anderen ihm immer noch etwas abgaben. Wie meine Brüder noch wissen, wurde berichtet, daß ihr Onkel eines Tages in unbändigem Hunger ein ganzes Brot verschlang. Er war in der Familie das letzte Opfer des Krieges.

Wolfgang sah auch Großmutter nicht wieder. Sie zog in ihren letzten Jahren gemeinsam mit Tante Brigitte zu Tante Maria ins thüringische Neuenhof. Hier, hart an der Zonengrenze, wo später das Sperrgebiet lag und die Bewohner dann keinen Westbesuch empfangen durften, hatte Onkel Ernst eine Pfarrstelle übernommen. Als Kinderlose waren sie dem Ruf ihres früheren Superintendenten in die sowjetische Zone gefolgt. Vater ist noch einmal dorthin zu ihnen gefahren, bevor der Grenzstreifen für Besucher verboten war.

Nur Tante Brigitte habe ich danach noch gesehen. Das muß 1953, ein Jahr vor ihrem Tode, gewesen sein. Sie war 41 Jahre alt und längst vom langsamen Sterben gezeichnet. Sie kämpfte damals mit letzter Kraft um ihr Leben, war mit Hilfe des Roten Kreuzes nach Bethel gereist, in der Hoffnung, dort könne man ihr helfen. Aber gegen Multiple Sklerose gab es kein Mittel. Sie lag in ihren letzten Monaten in Eisenstadt in einem Pflegeheim, wo sie einsam verstarb. Niemand hat über ihren Tod Protokoll geführt, so wie sie das bei ihres Vaters Tod getan hatte.

Vater und Wolfgang reisten am 5. Oktober ab. Diesesmal dauerte die Fahrt nur zwei Tage. Sie fuhren in unvorstellbar überfüllten Zügen, einmal auch mit einem Güterzug. Die Reise ging über Bad Doberan, wo Vater eine kurze dienstliche Besprechung hatte, über Wismar und Ludwigslust nach Berlin. Im Diakonissenhaus Bethanien, wo Georg nun schon ungeduldig auf sie wartete, kamen sie wieder unter. Die Kalendernotiz zum 8. Oktober heißt: „Ruhetag! Schlafen bis gegen Mittag". Danach suchte Vater mit seinem Jüngsten einer Blasenentzündung wegen eine Ärztin auf, wartete dort aber vergeblich. Erst am nächsten Tag wurde Georg untersucht. Während Vater mit ihm im Wartezimmer saß, fuhr Wolfgang wiederum zum Lehrter Bahnhof, erkundigte sich vergeblich nach dem in Rostock aufgegebenen Reisegepäck und löste Fahrkarten nach Luckenwalde. Die S-Bahn, die sich schon wieder mit erstaunlicher Regelmäßigkeit durch die graue Trümmerstadt bewegte, war jetzt seine große Lust. Er fuhr Umwege, machte Entdeckungfahrten. Und da die Sperren an den Bahnhöfen nicht besetzt waren und die Schaffner ausblieben, genoß er den Reiz des Schwarzfahrens.

An diesem Tag schrieb Vater, nachdem er das Büro Grüber aufgesucht hatte, in seinen Kalender zum erstenmal das Wort „Seminar". Offenbar war das eine saloppe Bezeichnung für dieses Büro. Denn in Bethanien, wo Grüber sein Hilfswerk hatte, soll es ein altes Ziegelgebäude mit diesem Namen gegeben haben. Vater hatte sich jedenfalls mit meinen Brüdern dorthin begeben und Anträge auf Passierscheine für seine Kinder, vermutlich aber vorsorglich auch für sich selbst gestellt. Am Tage seines Dienstantritts, das war der 10. Oktober, fuhr er mit Wolfgang nach dem Mittagessen nach Luckenwalde und ließ Georg wieder in Bethanien zurück.

In Luckenwalde absolvierte Vater in den nächsten Tagen noch einmal ein großes Programm. Sie mußten ins Rathaus, zur polizeilichen Anmeldung, zum Wirtschaftsamt und zum Arbeitsamt. Danach mußte er nochmals zum Wirtschaftsamt, um für Kohle und Holz zu sorgen; denn es war inzwischen schon recht kalt. Dann stellte er fest, daß zahlreiche Fensterscheiben der Kirche zerstört waren und die Zimmerdecke im Pfarrhaus brüchig. Das besprach er mit dem Bauamt. Beim Wirtschaftsamt beantragte er die Instandsetzung der Heizungen in Kirche und Pfarrhaus. Zwischendurch besuchte er Pfarrer und Kirchenälteste und nahm Kontakt mit dem Küster auf. Zu Mittag aßen sie nun täglich im Vereinshaus. Am 14. Oktober hielt er in Luckenwalde seinen ersten Sonntagsgottesdienst, dann den Kindergottesdienst, und machte zwei Hausbesuche. Danach schrieb er zahlreiche amtliche und private Briefe, darunter auch etliche Dankesbriefe an Menschen, die ihm geholfen hatten. Am Montag suchte er einen Kohlenhändler, dann einen Schlosser auf und stellte sich dem Rektor der Arndtschule[202] als neuer Religionslehrer vor. Dann engagierte er Fräulein Wenk als Hausgehilfin. Am Nachmittag hatte er offenbar Sprechstunden. An diesem Tag wurden drei Beerdigungen vereinbart und sieben Katechumenen angenommen. Am nächsten Tag schon erteilte er Schulunterricht und nahm nachmittags mehrere Konfirmanden an.

Dann kam etwas dazwischen. Hatte er eine dringende Aufforderung erhalten, nach Berlin zu fahren? Er vereinbarte plötzlich Vertretungsregelungen für die nächsten Tage und kaufte für sich und Wolfgang Fahrkarten. Am Mittwoch, um die Mittagszeit, waren sie in Berlin. Aber es war wohl noch zu früh. So ging Vater mit seinen beiden Kindern am Spätnachmittag zu einer Auffüh-

---

[202] Benannt nach dem auf Rügen geborenen deutschen Publizisten Ernst Moritz Arndt (1769–1860).

rung des Hebbeltheaters,[203] in der Nähe des Halleschen Tors. Es gab Macbeth.[204] Die frühe Uhrzeit hing vermutlich damit zusammen, daß man es den Besuchern ermöglichen wollte, nach Ende der Vorstellung noch nach Hause zu fahren.[205]

Vaters Eintragungen für den nächsten Tag sind offenbar während einer Fahrt geschrieben und nur schwer lesbar. Jedenfalls erkundigte sich Wolfgang am Lehrter Bahnhof wiederum nach dem Reisegepäck. Vater hatte gleichzeitig wegen der geplanten Kinderverschickung im Stadthaus zu tun. Er durfte seine Kinder dafür anmelden, doch bleibt unklar, ob er zu diesem Zeitpunkt schon als kirchliche Begleitperson vorgesehen war. Mit dem Konsistorium mußte er für diesen Fall das Ruhen, vielleicht auch die Beendigung der Amtsgeschäfte in Luckenwalde vereinbaren. Man erbat von ihm einen schriftlichen Bericht für die Akten. Die Buchhandlung des Burkhardhauses nahm theologische Bücher, die er vor kurzem gekauft hatte, wieder zurück.

Der nächste Tag war der 19. Oktober. Vater schrieb früh morgens im Bett den Entwurf des erbetenen Berichts. Um 9 Uhr schon sprach er im „Seminar" mit Propst Grüber, den er jetzt erst kennenlernte, über die geplante Kinderverschickung in den Westen. Ganz sicher berührte er auch die Frage, ob er nach Ende der Aktion verpflichtet sei, nach Berlin zurückzukommen. Nochmals hatte er im Stadthaus zu tun. Dann packte er in Bethanien seine Sachen, ließ sich von Wolfgang zum Bahnhof begleiten und fuhr wieder nach Luckenwalde.

Er muß sich in einer merkwürdigen Spannung befunden haben. Während er sich in Berlin eben darauf eingestellt hatte, nächstens vielleicht die Mitverantwortung für eine Kinderverschickung in den Westen zu übernehmen, richtete er sich in Luckenwalde sogleich wieder auf sein Verbleiben ein, sortierte Bücher, räumte seine Zimmer nach seinen Bedürfnissen um und stürzte sich in die Gemeindearbeit. Sie begann mit einem Konfirmationsgottesdienst. Fast alle Kinder des Jahrgangs ließen sich konfirmieren. Die Kirchen waren zum Platzen voll. In Frühjahr hatte man in Luckenwalde wegen der Kriegswirren die Konfirmation ausfallen lassen. Jetzt wurde sie nachgeholt. Die christliche Unterrichtung junger Menschen nahm man damals sehr ernst. Daran hatte auch der Nationalsozialismus nicht viel ändern können. Vater holte die durch den Krieg ausgefallenen Stunden nach. Er hatte zwei Gruppen je zweimal in der Woche zu unterrichten. Im übrigen mußte er an den Winter denken. Er bestellte einen Zentner Kartoffeln und zwei Zentner Grudekoks.

---

[203] Benannt nach dem deutschen Schriftsteller und Dramatiker Friedrich Hebbel (1813–1863).
[204] Spätes Drama des englischen Renaissance-Dichters William Shakespeare (1564–1616) um den mittelalterlichen schottischen König Macbeth (reg. 1040–57), der durch Mord auf den Thron gelangte und seinerseits vom Sohn seines Vorgängers besiegt und getötet wurde.
[205] Bis November 1945 galten von den sowjetischen Kommandanten verhängte nächtliche Ausgangssperren für die deutsche Bevölkerung.

Ungeduldig wartete er in diesen Tagen auf eine Nachricht aus Berlin. Am 23. Oktober schrieb er dorthin an seine Kinder den folgenden Brief:
„Liebe Kinder, eigentlich erwartete ich Wolfgang heute abend mit einer Nachricht über Euern Transport. Denn wenn es wirklich auch für Euch gelten sollte, am Donnerstag bereits mitzukommen, dann wäre ja hohe Zeit gewesen, es zu wissen. ... Was mich betrifft, so bin ich erstaunlich ruhig und nehme alles, so oder so, aus Gottes Hand hin, wenngleich mir der Gedanke, Euch auf längere Zeit zu vermissen, doch schwer ist. Ich habe im Gegenteil die Frage unserer hiesigen Unterkunft beim Superintendenten erneut gestellt und leider auch da keine befriedigende Auskunft bekommen. Es heißt also nun warten und hin und wieder das Wohnungsamt aufsuchen. Heute beantragte ich für uns drei beim Wirtschaftsamt je einen Anzug, für mich außerdem einen Hut. Wer weiß, was sie davon bewilligen werden. Das Expreßgut ist auch bis jetzt nicht gekommen, das ist schlimm. ... Gestern begann ich mit dem Konfirmandenunterricht, heute mit den Vorkonfirmanden. Außerdem habe ich einen „Einzelgänger", einen Oberschüler derselben Klasse und desselben Jahrgangs wie Werner, der kurze Zeit Soldat war und nun wieder zu Hause ist und die Schule besucht. Wenn das doch auch bei Werner bald möglich wäre. Ich mußte so an ihn denken, Euern armen großen Bruder, wie tut er mir leid! Wenn man nur wüßte, wo er ist, ob noch in Gefangenschaft oder schon irgendwo auf unseren Straßen und Bahnen ratlos herumirrend, oder gar tot. Ja, wer weiß es. ... Heute lag ein großer Transport von Flüchtlingen auf dem Bahnhof. Gegen Abend wurden sie mit Fuhrwerken abgeholt. Es war nicht ganz ersichtlich, ob sie von oder nach Jugoslawien fuhren. ... Es kann sich aber auch um Volksdeutsche handeln. ... Armes Volk, hin- und hergetrieben! Die eine feste Wohnung haben, wissen gar nicht, wie gut sie es haben ... Nun grüßt die Schwestern und Pfarrfamilien schön und seid selbst herzlich gegrüßt von Euerm sehr an Euch denkenden Vater. – Morgen wird Werner 17 Jahre alt!"

Was Vater hier gleichsam als eine Momentaufnahme beschreibt, war völlig richtig: Die Flüchtlingsströme in Mitteleuropa hörten auch nach dem Kriege nicht auf, und unzählige Menschen irrten umher, um irgendwo ihre Angehörigen zu finden. Gleichzeitig kamen immer neue Schübe über die Oder. Familien, die im Osten den Schrecken des russischen Einmarsches hinter sich gebracht hatten, wurden jetzt von Polen mit Gewalt aus ihren Häusern vertrieben und fanden westlich der neuen Grenze ein zerstörtes, schon von Flüchtlingen überquellendes Land vor.[206] Die meisten waren verzweifelt. Viele begin-

---

[206] Einem Bericht des Berliner Magistrats zufolge begann Ende Juni 1945 in den polnisch verwalteten Gebieten Ostdeutschlands diese Vertreibungswelle; am 20. August 1945 schätzte der Magistrat die Zahl der bis dahin „Ausgewiesenen" auf ca. 8 Millionen Menschen. „Die Ausweisung erfolgte unorganisiert und plötzlich ohne jede Fühlungnahme mit irgendeiner deutschen Stelle. Und so begeben sich die Menschen zu Fuß auf den Treck mit Handkarren und Wägelchen. Ein großer Teil von ihnen ist bis auf den heutigen Tag noch nicht zur Ruhe gekommen, da die überfluteten Gemeinden bestrebt waren, die Trecks immer weiter abzuschieben." Überall auf den Land-

gen Selbstmord. Auch hier versuchte Propst Grüber zu helfen. Und das war ihm vermutlich noch dringender als die Verschickung der Kinder.

Am 25. Oktober kam Wolfgang als Kurier aus Berlin. Es war soweit. Die Reise mit den Berliner Kindern in den Westen sollte losgehen. Wolfgang hat die damalige Zustände im Reiseverkehr und besonders auch diese Fahrt nach Luckenwalde noch gut in Erinnerung. Die Züge waren immer überfüllt. Man konnte froh sein, wenn man mitkam. Die Menschen saßen und standen nicht nur innerhalb der Züge; sie befanden sich auch auf den Perrons, Trittbrettern, Puffern und Dächern. Deutsche und Russen durcheinander und miteinander. Fahrkarten wurden weder von Schaffnern kontrolliert, die gar nicht durchkamen, noch an den Bahnhöfen. Die Durchgänge an den damals noch allgemein üblichen Sperren waren unbesetzt. So fuhren die meisten längst schwarz. Wolfgang, der in diesen Tagen auf dem Berliner S-Bahnring das Schwarzfahren als Freizeitbeschäftigung geübt hatte, verzichtete auch bei seiner Reise nach Luckenwalde auf den Kauf einer Fahrkarte. Er hatte einen Sitzplatz auf einem Puffer ergattert. Mitten auf der Strecke gab es ein Unglück. Bei einem unerwarteten Bremsvorgang wurde ein Russe vom Dach des Waggons geschleudert und starb. Als sie in Luckenwalde ankamen, war der Durchgang an der Sperre besetzt. Zahlreiche Bahnbeamte waren angerückt, um endlich der Schwarzfahrerei ein Ende zu setzen. Es war vertrackt. Wolfgang tat unbeteiligt, hielt die Sperre im Auge, wartete einen günstigen Moment ab. Dann, nachdem sich der Menschenstrom verlaufen hatte, nahm er Anlauf, rannte, so schnell er konnte, durch den Ausgang und immer weiter, bis die ihm nachrufenden und nachlaufenden Beamten die Verfolgung aufgaben.

An diesem Nachmittag begannen sie in Eile, ihre Sachen zu packen. Vater hatte noch eine Unterrichtsstunde zu halten, mußte Vertretungsregelungen für die nächsten Tage organisieren und die Folgen seiner plötzlichen Abreise mit dem Superintendenten besprechen. Eine Reihe weiterer Unterredungen schloß sich an. Tags darauf meldete er sich polizeilich ab. Was sie nicht mitnehmen oder am Bahnhof aufgeben konnten, ließen sie zurück. Dann war Vaters Gastspiel in Luckenwalde beendet.

Als er, begleitet von Wolfgang, am späten Abend des 26. Oktober in Bethanien ankam, waren seine Füße und sein Mund geschwollen. Die Schwellung im Mund hielt noch einige Tage an. Ursache war das „Brot ohne Aufstrich", wie die Ärztin sich ausdrückte, die er in den nächsten Tagen Georgs wegen aufsuchte. Das gleiche also, wie Monate zuvor bei Mutters geschwollener Zunge. Die Ärzte kannten sich mit diesen Hungerödemen inzwischen ganz gut aus.

Glücklicherweise waren die drei Tage bis zur Abfahrt nicht mehr ganz so hektisch. Vater hatte noch eine abschließende Besprechung mit seiner Kir-

---

straßen seien die Alten und Kranken „hängengeblieben", oft ohne jegliche Unterkunft. „Tausende von Kindern wurden von ihren Eltern getrennt." Je länger dieser Prozeß andauere, um so größer würde die Seuchengefahr. Vgl. hierzu Bundesarchiv Potsdam, DO 1-10 Nr. 28, Bl. 1-6.

chenleitung, und es gab einen kleinen Abschied in Bethanien, wo die Schwestern vor allem Georg inzwischen in ihre Herzen geschlossen hatten. Sie servierten Mehlklöße mit Zucker und zerlassener Butter, danach noch echten Tee. Sie gaben dem Gericht den Namen „Reisepaß".

„Storchaktion" hatte man die Kinderverschickung genannt. Berliner Kinder, vornehmlich Waisenkinder, sollten im ländlichen Nordwesten Deutschlands durch den Winter gebracht werden. Vermutlich waren noch weitere Transporte geplant. Die Begleitpersonen fuhren offenbar wieder zurück. Bis auf Vater.

Die Reise in den Westen sollte am 30. Oktober beginnen. Am Vorabend fanden sich die Reisebegleiter im Spandauer Johannisstift ein. Vater brachte seine Söhne mit. Sie übernachteten in der Heinrich-Schütz-Halle auf einem Strohlager. Am nächsten Tag wurden alle mit den Kindern in Busse verladen. Die Fahrt ging über die Avus aus Berlin heraus über die Zonengrenze nach Helmstedt, das schon in der britischen Zone lag. Dort mußten sie die Uhren zwei Stunden zurückstellen. Hier erst galt die mitteleuropäische Zeit. Die Bezeichnung „Grenze" schrieb Vater damals noch in Anführungsstrichen. Niemand ahnte, daß dies für ein knappes halbes Jahrhundert eine der am schärfsten bewachten Grenzen Europas sein sollte.[207]

In einer ehemaligen Fabrik hatte man ein Strohlager aufgeschüttet. Mit Decken aus britischen Beständen deckten sie sich zu. Doch zuvor wurden sie unter freiem Himmel entlaust, wobei der grobe Sanitäter die Pistole mit dem Giftpulver so durch Wolfgangs einzigen Pullover steckte, daß der zerriß. Am nächsten Morgen verlud man sie in ausrangierte Lazarettzugwagen. So luxuriös waren sie bei allen ihren Reisen noch nie gefahren. Vierundzwanzig Stunden brauchten sie bis Oldenburg, das damals stark zerstört war. Sie stiegen nicht aus, sondern fuhren weiter zur kleinen Kreisstadt Norden. Es war schon dunkel, als sie ankamen. Wieder übernachteten sie in einem Lager. Am nächsten Morgen wurden sie registriert und mußten sich ärztlicher Kontrolle unterziehen, so als seien sie Ausländer aus einem fernen Kontinent. Dann wurden sie über das ostfriesische Land verteilt. Vater und meine Brüder brachte man im Lastwagen über Leer, Weener und Stapelmoor in das kleine Dorf Diele. Weiter hätte man sie kaum bringen können; denn hier im moorigen Land hinter der Ems, wo die meisten Menschen damals sehr arm waren, lie-

---

[207] Im Mai 1952 verordnete die DDR-Regierung für die Westgrenze zur Bundesrepublik ein „besonderes Grenzregime": In der bezeichnenderweise sogenannten „Aktion Ungeziefer" wurden als unzuverlässig eingestufte Bewohner der Grenzgebiete ins Innere der DDR zwangsumgesiedelt, die Grenzlinie selbst sollte durch die Einrichtung eines 10 Meter breiten „Kontrollstreifens", eines 500 Meter tiefen „Schutzstreifens" und schließlich einer 5 Kilometer tiefen „Sperrzone" undurchlässig gemacht werden, zu deren Betreten Sondererlaubnis unabdingbar wurde; dieses „Grenzregime" war bekanntlich immer noch nicht effektiv genug und wurde ab 1961 durch Mauerbau und Schießbefehl massiv verschärft; vgl. hierzu Inge Bennewitz / Rainer Potratz, Zwangsaussiedlungen an der innerdeutschen Grenze. Analysen und Dokumente, Berlin 1994, insb. 27f.

gen die Niederlande so nah, daß man ohne große Mühe zu Fuß hinübergehen kann.

Der Bürgermeister war krank. Ein Kirchenältester bewirtete sie, gab ihnen ein Bett, das sie nachts miteinander teilten, und machte Vater am nächsten Morgen mit dem Ortspfarrer bekannt. Der fragte Vater sogleich, ob er nicht Lust habe, eine Nebenstelle seiner Gemeinde, das kleine Kirchspiel Vellage, zu betreuen. Vater ließ es sich zeigen und war einverstanden. Dicht neben der Ems, dort, wo man vom Deich aus auf der anderen, der östlichen Seite schon die katholischen Türme von Papenburg sieht, hatte man für sie bei zwei liebenswürdigen alten Damen, den Schwestern Loesing, die da in ihrem bequemen Haus in bescheidenem Wohlstand lebten, eine Unterkunft gefunden. In einer vornehmen geschlossenen Kutsche fuhr man den schon etwas abgerissen aussehenden Herrn Pfarrer samt seinen Söhnen zu den Gastgeberinnen. Hier, westlich der Ems, ist man streng reformiert. Im Gottesdienst ist die Liturgie kurz, die Predigt lang, und die im Inneren weißen Kirchen verzichten auf alles Bildwerk. Vater durfte fast alle Amtshandlungen vornehmen. Die Sakramente aber, Taufe und Abendmahl, waren seinem Amtsbruder Petersen vorbehalten. So sehr hielt man dort noch an den Konfessionsschranken zwischen den evangelischen Bekenntnissen fest.[208]

Gleich nach ihrer Ankunft im Emsland schrieb Vater Briefe an Tante Magdalena in Bielefeld, an Tante Maria, die, wie er erfahren hatte, jetzt im Oldenburger Land lebte, und an Familie Doormann in Göttingen. Und es dauerte nur zehn Tage, da erhielt er ein Telegramm von Ludwig Doormann und die Gewißheit, daß Renate und ich am Leben waren.

---

[208] Die konfessionelle Zersplitterung dieser Region ging auch in Ostfriesland auf die Trennlinien der frühneuzeitlichen Territorialgeschichte zurück; während die bis 1803 zu geistlichen Territorien gehörigen Teile des Emslandes (z. B. Papenburg) katholisch blieben, schloß sich die benachbarte Reichsgrafschaft (ab 1656 Fürstentum) Ostfriesland im 16. Jahrhundert der Reformation an, wobei eine zusätzliche Spaltung zwischen evangelisch-lutherischer und reformierter Konfession hinzukam; diese die vormodernen Territorialgrenzen bzw. die monarchisch-ständischen Konflikte jener Zeit widerspiegelnden Konfessionsgrenzen blieben auch nach der politisch-administrativen Zusammenfassung der Region in größeren staatlichen Einheiten (1815 Hannover, 1866 Preußen, 1946/47 Niedersachsen) langfristig bestimmend; erst der massenhafte Zustrom ostdeutscher Vertriebener scheint – wie auch andernorts – nachhaltig zur konfessionellen Durchmischung geführt zu haben.

Neuanfang im Emsland:
Die Familie findet sich wieder

Nachdem Renate von Mutters und Großvaters Tod erfahren hatte, schob sie ihren Plan, zu mir nach Bethel zu reisen, nicht mehr länger auf. Pünktlich zu meinem Geburtstag traf sie ein. Aber es gab wenig zu feiern. Uns beschäftigte die Frage nach Vaters Verbleiben und nach einem Leben der Familie ohne Mutter. Schon Vater, der in seinen bisherigen fünfundzwanzig Dienstjahren sicher mehreren Tausend Toten das letzte Geleit gegeben und zahllose Hinterbliebene getröstet hatte, müssen die Umstände dieses Trauerfalls ohne Trauerfeier bedrückend vorgekommen sein. Als wir älteren Kinder die Nachricht hörten, lag alles noch viel länger zurück. Auch Renate und mir erschien es dennoch wichtig, unsere Trauer irgendwie an äußeren Formen festzumachen. Wir waren jung und taten, was man tut. Renate hatte eines ihrer Kleider schwarz gefärbt. Ich trug eine schwarze Armbinde. Auch eine Todesanzeige mit schwarzem Rand hatten wir drucken lassen. Da uns niemand beraten hatte, standen als Trauernde darauf nur wir beide. Kein Wort zur Ungewißheit über den Aufenthalt der anderen.

Vierzehn Tage war Renate bei mir. Die Schule hatte immer noch nicht begonnen. Wir hatten Zeit, sahen uns Bielefeld und Bethel an, machten Besuche bei Hüttemanns in der Senne und bei Rosemaries Mutter und ihrer Schwester Inge im Schloß Kupferhammer. Dieses Schloß war eigentlich ein riesiges Wohnhaus, das einem Fabrikanten gehörte. Es stammte aus unserem Jahrhundert. Als im Krieg oder gleich danach die Beschlagnahme drohte, hatte es, wenn ich mich recht erinnere, der Eigentümer an die Evangelische Kirche in Westfalen vermietet, die hier ihr Predigerseminar untergebracht hatte. Hier war Rosemaries Mutter Hausdame geworden. Sie lebte vornehm in großen Räumen mit kostbaren Möbeln. Zum erstenmal tat sich aus meiner Optik ein Abstand zwischen Flüchtlingen auf, die den Anschluß gefunden hatten, und solchen, die immer noch in dürftigsten Verhältnissen lebten. Aber die Optik täuschte. Auch sie waren immer noch arm. Und wenige Tage später, als Renate schon abgereist war, erfuhr ich von Inge die verläßliche Nachricht aus Königsberg, daß ihr Vater gestorben sei. Immer wieder sickerten Berichte durch über das große Sterben, das dort nach dem Einmarsch der sowjetischen Truppen begonnen hatte und noch jahrelang anhielt.[209] Gerhards Vater war, wie wir bald

---

[209] Vgl. hierzu Wieck, a.a.O., sowie Hans Graf von Lehndorff, Ostpreußisches Tagebuch. Aufzeichnungen eines Arztes aus den Jahren 1945–1947, München 1961; Hugo Linck, Königsberg 1945–1948, Oldenburg o.J.; Wilhelm Starlinger, Grenzen der Sowjetmacht im Spiegel einer West-Ost-Begegnung hinter Palisaden von 1945–1954, Würzburg 1955; über die damaligen Vorkommnisse in Königsberg/Kaliningrad gaben auch Erinnerungsberichte kommunistischer Augenzeugen Auskunft, die sich in den Akten des SED-Zentralsekretariatsmitglieds Paul Merker befanden; so berichtete

etwa Hermann M. gegenüber Behörden der britischen Zone im Mai 1946: „Ich selbst war bis zum meinem Erleben in Königsberg Kommunist [...]. [Mit der sowjetischen Besetzung der Stadt] wurde [ich] [...] Bezirksvorsteher für den Stadtteil Ponarth. Nach einer Zählung der Einwohner durch die russische Kommandantur befanden sich am 1.5.45 90 000 Einwohner in der Stadt, deren Bevölkerungszahl sich um den 15.5.45 auf etwa 100 000 erhöhte, nachdem eine Anzahl Soldaten im vorgeschrittenen Lebensalter entlassen war. Sogleich nach der Einnahme der Stadt wurden die Angehörigen der Partei und solche Personen, die möglicherweise dem Nationalsozialismus nahestanden, in besonderen Lagern [...] untergebracht. [...] Ende Juni 45 wurde von Labiau der Hungertyphus, dort allgemein die Pest genannt, nach Königsberg eingeschleppt. Diese Krankheit erforderte seit dieser Zeit täglich rund 300, seit dem rapiden Abnehmen der Bevölkerungszahl jetzt ungefähr 200 Opfer. [...] Seit dem Sommer vorigen Jahres herrschte in Königsberg unter der deutschen Zivilbevölkerung schwerste Hungersnot, zu deren Linderung von russischer Seite nichts getan wird. [...] Infolge des großen Sterbens in Königsberg beträgt die Einwohnerzahl, die bis zum Herbst auf 50 000 gefallen war, jetzt nur noch 32 000. Von der Richtigkeit dieser Zahlen habe ich mich überzeugen können, da ich als Bürgermeister die Brotkarten ausgeben mußte. Am 6. Juni und 7. November, dem Tag der roten Armee, erhielten die russischen Soldaten das Recht zur volkommenen Willkür, die Männer wurden geprügelt, die meisten Frauen vergewaltigt, so auch meine 71 Jahre alte Mutter, die zu Weihnachten starb." – In einem weiteren, direkt an die SED-Führung gerichteten Bericht eines kommunistischen Königsberger „Umsiedlers" hieß es im Dezember 1947: „Ich war 1945 aus eigenem Entschluß und im Einvernehmen mit anderen Genossen mit meiner Familie in K[önigsberg]. geblieben. Neben anderen Gründen war für mich die Absicht massgebend, nach der Übernahme der Stadt durch die Rote Armee am Aufbau der Stadt und einer deutschen sozialistischen Republik innerhalb der SU. [i.e. Sowjetunion], die wir erwarteten, an Ort und Stelle mitzuwirken. [...] Auf die sich nach der Übernahme der Stadt abspielenden Ereignisse möchte ich nicht eingehen (ich selber habe von meiner 5köpfigen Familie 3 Personen verloren), weil ich sie einmal als bekannt voraussetze und ich andererseits auf solche Tatsachen hinweisen will, die vielleicht noch aktuell sind und revidiert werden könnten. [...] Als besonders hart befunden wurde die tage- und wochenlange Durchschleusung auch von Tausenden von Frauen und Kindern während und nach der Kapitulation durch 25 km und weiter gelegene Stellen, zumal in der Jahreszeit, und die damit verbundene oft endgültige Trennung von Familien. Die Verluste waren überaus hoch. Hinzu kamen die harten Methoden der Vernehmung, besonders der Männer. Selbst alte Kommunisten [...] sind hart geschlagen worden. [...]. Sehr vermisst wurden zentrale oder betriebliche Vertretungen der Deutschen, die zu privaten oder arbeitsrechtlichen Angelegenheiten hätten in Anspruch genommen werden können. Ebenso bestand kein wirksamer und rechtzeitiger Wohnungsschutz, so dass die meisten nicht nur ihre ursprünglichen Wohnungen mit dem grössten Teil ihres beweglichen Eigentums verloren, sondern später ihre mühsam hergerichteten Unterkünfte 5–10mal kurzfristig räumen mussten, was auch den Verlust weiterer Inventars bedeutete, und oft erst Ruhe fanden in Ruinen, die niemand mehr beanspruchte. [...] [...] Ausserordentlich schwierig war die Lebensmittelversorgungslage der arbeitsunfähigen Deutschen. Sie erhielten nur teilweise kurze Zeit im Jahre 1945 einige Lebensmittel. Erst im September 47 etwa begann ihre offizielle Versorgung, soweit sie arbeitende Angehörige besassen. Geldunterstützungen gab es für sie garnicht [sic!]. Unzureichend war auch die Fürsorge für kranke Arbeiter nach ihrer Entlassung aus dem Krankenhaus, die, noch nicht wieder arbeitsfähig, darum oft ganz zusammenbrachen. Die Zahl der Hungertode und Freitode war sehr hoch." – Vgl. hierzu Bundesarchiv Berlin, Stiftung Parteien und Massenorganisationen der ehemaligen DDR (SAPMO), DY 30/IV 2/2.022/118, Bl. 2 und 68–72.

hörten, noch davor, bei den Schlußkämpfen, umgekommen. So hatten fast alle Familien ihre Toten.

Am 15. November erhielt ich unerwartet ein Telegramm meines Vaters mit der Einladung, ihn im Emsland zu besuchen. Ich eilte in die Senne, um dort von meinem Glück zu berichten. Aber die Verwandten kannten schon die Neuigkeit, hatten gerade Vaters Brief erhalten. Am 16. November kaufte ich mir eine Fahrkarte und machte mich auf die Reise, fuhr in überfüllten Zügen, übernachtete in Osnabrück in einem vollen, nur von wenigen müden Birnen erleuchteten und von Machorka verqualmten Raum eines Hochbunkers, in dem ich noch einen Sitzplatz fand, erreichte am Nachmittag des nächsten Tages Papenburg, wanderte zu Fuß zur Ems, ließ mich von der Pünte übersetzen und fand nach längerer Wegstrecke tatsächlich im aufsteigenden Abendnebel neben dem Deich das Haus.

Die Freude war groß, aber verhalten, unsere Trauer noch zu neu. Drei Tage später erschien auch Renate. Sie hatte in Lunden alle Zelte abgebrochen und beschlossen, bei Vater zu bleiben. Nun wurde es eng. Wir besaßen ein heizbares Wohnzimmer und ein nicht zu heizendes Schlafzimmer. Draußen stand der Novembernebel, und nachts dampfte bei Frost die Ems. Das Schlafzimmer war feucht und eisig, die Oberbetten klamm und schwer. So füllten wir Nacht für Nacht heißes Wasser in metallene Wärmflaschen und leere Kruken und wärmten notdürftig die Betten, bevor wir hineinstiegen. Tagsüber saßen wir um den torfgeheizten Ofen und tranken gelegentlich Tee mit Kandis und Sahne, wie die Ostfriesen es tun. Es gab hier noch kein elektrisches Licht. Mit dem Petroleum mußten alle sparen, und es wurde früh dunkel. Da sangen wir stundenlang Lieder und lernten Kanons aus Renates unerschöpflichem Fundus. So vergingen die langen Abende schneller. Ab und zu kam es auch vor, daß Vater, im Halbdunkel auf dem Sofa liegend, den um ihn herumsitzenden Kindern Geschichten aus einer fernen, anderen Welt erzählte, aus Ilias und Odyssee.

Ich selber habe das nicht mehr erlebt. In Bethel hatte Ende November die Schule begonnen, ich mußte deshalb bald wieder fort. Zunächst hatten wir den Unterricht nur an zwei Wochentagen. Zwar gehörten zur Schule eigentlich genug Lehrer. Einige von ihnen aber waren einfache Mitglieder der NSDAP oder anderer politischer Organisationen gewesen, galten deshalb als vorbelastet und waren noch nicht entnazifiziert. Erst nach und nach wurden neue Lehrer, zumeist Flüchtlinge, eingestellt.

Zu Weihnachten fuhr ich wieder nach Ostfriesland. Dort bereiteten wir Geschwister notdürftig das Fest vor. Wir besaßen ja nicht viel und wußten ohnehin, daß es ein trauriges Fest werden würde. Und unsere Hoffnung, zumindest ein geschmückter Christbaum könnte uns mit seinem Glanz ein wenig an das verlorene Zuhause erinnern, erschien unrealistisch. Die Gegend war fast ohne Wälder. Man konnte keine Bäume kaufen. Schließlich gab es aber mit unserer Hilfe doch noch ein kleines Weihnachtswunder. Als wir drei ältesten Kinder kurz vor dem Fest auf dem Rückweg von Papenburg, wo wir eingekauft hatten, an den moorigen Feldern vorbei zur Ems wanderten, entdeckten wir auf einer der hohen Windschutzhecken, deren letztes Laub jetzt trocken war, ein kleines grünes Dreieck. Eine lange, dürre Fichte, die darin wuchs, hatte sich oben neugierig breit gemacht. Das konnte nur eine deutliche Aufforderung sein. Während Renate hin- und hergerissen darüber nachdachte, ob man zum christlichen Weihnachtsfest ein Bäumchen klauen dürfe, hing ich in der schwankenden Hecke und säbelte mit meinem Taschenmesser die Spitze der Fichte ab, dieweil Wolfgang mich festhielt. Unser Bäumchen war knapp einen halben Meter lang, hübsch gewachsen und brachte, geschmückt mit selbstgegossenen Kerzen, wirklich ein wenig Trost. Vater hatte vom Holzschuhmacher für jeden von uns ein kleines rohes Kästchen bauen lassen, so groß wie eine Zigarrenkiste. Das waren die Weihnachtsgeschenke des armen Flüchtlingspfarrers an seine Kinder. Alle zusammen hatten, wie ein neugieriger Blick in sein Kontobuch zeigt, ganze fünf Mark gekostet. Das mußte genug sein, denn er wußte ja nicht, wann er wieder Geld bekäme. Erst später kaufte er seinen Kindern grobe Holzschuhe, mit denen sie bald so gut über Schnee und Schlamm laufen konnten wie die Ostfriesen.

Verursacherin einer besonderen Weihnachtsüberraschung aber war Mutter. Renate wollte in diesen Tagen feststellen, ob deren Handtasche wohl noch verwendbar sei. Sie entfernte deshalb das zerschlissene Seidenfutter. Das nahm Vater zur Hand, weil doch nichts Brauchbares fortgeworfen werden sollte. Da fühlte er etwas Hartes: Mutters Ringe. Die hatte sie vor dem Einmarsch der Russen dort eingenäht.

Das Haus der Schwestern Loesing stand abseits jeder Ortschaft völlig allein. Da wir fremd waren, hatten wir kaum Kontakte. Doch einmal wurden wir in den Festtagen von den beiden fürsorglichen Damen eingeladen, ein andermal von anderen freundlichen Leuten im Dorf. Wir aßen gut, tranken den starken friesischen Tee mit Klüntjes und Sahne, danach noch Korn, und wurden warm. Sonst waren wir auf unser geheiztes Zimmer angewiesen, wo wir an unserer zerschlissenen Kleidung nähten und stopften und wo wir miteinander sangen, spielten und von den vergangenen Zeiten sprachen. Andere Abwechslungen gab es nicht. Da traf es sich gut, daß wir eine fromme Familie waren. In den zehn Tagen vom 4. Advent bis zum Neujahrstag wanderten wir siebenmal miteinander über verschneite Wege zur Kirche und irritierten die stille, dörfliche Gemeinde durch dort ungewohnt lauten Gesang.

Literaturverzeichnis

Bauerkämper, Arnd: Problemdruck und Ressourcenverbrauch. Wirtschaftliche Auswirkungen der Bodenreform in der SBZ/DDR 1945–1952, in: Wirtschaftliche Folgelasten, a.a.O., 295–322.

Bennewitz, Inge/*Potratz*, Rainer: Zwangsaussiedlungen an der innerdeutschen Grenze. Analysen und Dokumente, Berlin 1994.

Benrath, Gustav Adolf: Erweckung/Erweckungsbewegung I, in: Theologische Realenzyklopädie, Bd. 10, Berlin/New York 1982, 205–220.

Boberach, Heinz: Stimmungsumschwung in der deutschen Bevölkerung, in: Von Stalingrad zur Währungsreform, a.a.O., 61–66, 278–279.

Broszat, Martin: Zweihundert Jahre deutsche Polenpolitik, Frankfurt/M. 1972.

Brustat-Naval, Fritz: Unternehmen Rettung. Letztes Schiff nach Westen, Herford 1970.

Dähn, Horst: Kirchen und Religionsgemeinschaften, in: SBZ-Handbuch, a.a.O., 815–851.

Dallin, Alexander: Deutsche Herrschaft in Rußland 1941–1945. Eine Studie über Besatzungspolitik, Düsseldorf 1958, ND 1981.

Christentum und politische Verantwortung. Kirchen im Nachkriegsdeutschland, hgg. v. Jochen-Christoph Kaiser und Anselm Doering-Manteuffel, Stuttgart e.a. 1990.

Dokumente zur deutschen Politik und Geschichte von 1848 bis zur Gegenwart, hgg. v. Klaus Hohlfeld, Bd. 4 und 5: Die Zeit der nationalsozialistischen Diktatur 1933–1945. Berlin/München o.J.

Dollinger, Hans u.a. (Hg.): Weltpolitik – Europagedanke – Regionalismus. FS Gollwitzer, Münster 1982.

Doormann, Ludwig: Ein Leben für die Kirchenmusik, hgg. v. Roderich Schmidt, Göttingen 1988.

Europäischer Widerstand im Vergleich. Die Internationalen Konferenzen Amsterdam, hgg. v. Ger van Roon, Berlin 1985, 16–37.

Fait, Barbara: Mecklenburg(-Vorpommern), in: SBZ-Handbuch, a.a.O., 103–125.

Federmann, Heinrich: Der Krieg und die deutsche Volksseele, in: Volksschriften zum großen Krieg Nr. 48/49, Berlin 1915.

Fischer, Alexander: Die Bewegung „Freies Deutschland", in: Schmaecke/Steinbach (Hg.), a.a.O., 954–973.

Foitzik, Jan: Sowjetische Militäradministration in Deutschland, in: SBZ-Handbuch, a.a.O., 7–69.

Ders.: Einleitung: Die Sowjetische Militäradministration in Deutschland, in: Inventar der Befehle des Obersten Chefs der Sowjetischen Militäradministration in Deutschland (SMAD) 1945–1949 – Offene Serie, im Auftrag des Instituts für Zeitgeschichte zusammengestellt und bearbeitet von dems., München e.a., 7–57.

Förster, Jürgen (Hg.): Stalingrad. Ereignis – Wirkung – Symbol, München/Zürich 1992.

Foschepoth, Josef: Potsdam und danach: Die Westmächte, Adenauer und die Vertriebenen, in: Die Vertreibung der Deutschen aus dem Osten, a.a.O., 70–90.

Frie, Ewald: Wohlfahrtsstaat und Provinz. Fürsorgepolitik des Provinzialverbandes Westfalen und des Landes Sachsen 1880–1930, Paderborn 1993.

Gamm, Hans-Jochen: Der Flüsterwitz im Dritten Reich. Mündliche Dokumente zur Lage der Deutschen während des Nationalsozialismus, München 1993.

Gellately, Robert: Die Gestapo und die deutsche Gesellschaft. Die Durchsetzung der Rassenpolitik, Paderborn e.a. ²1994.

Gries, Rainer: Die Rationen-Gesellschaft. Versorgungskampf und Vergleichsmentalität: Leipzig, München und Köln nach dem Krieg, Münster 1991.

Gruchmann, Lothar: NS-Besatzungspolitik und Résistance in Europa, in: Ploetz, a.a.O., 209–218.

Ders.: Totaler Krieg. Vom Blitzkrieg zur bedingungslosen Kapitulation, München 1991.
Haendler, Gert: Mecklenburg, in: Theologische Realenzyklopädie, Bd. 22, Berlin/New York 1992, 310–318.
Häusler, Michael: Dienst an Kirche und Volk. Die Deutsche Diakonenschaft zwischen beruflicher Emanzipation und kirchlicher Formierung (1913–1947), Stuttgart e. a. 1995.
Hansen, Reimer: Die Kapitulation und die Regierung Dönitz, in: Die Kapitulation, a. a. O., 31–43.
Hehn, Jürgen von: Die Entstehung der Staaten Lettland und Estland, der Bolschewismus und die Großmächte, in: Forschung zur osteuropäischen Geschichte 4.1956, 103–218.
Henke, Klaus-Dietmar: Der Weg nach Potsdam – die Alliierten und die Vertreibung, in: Die Vertreibung der Deutschen aus dem Osten, a. a. O., 49–69.
Ders.: Die amerikanische Besetzung Deutschlands, München ²1996.
Herbert, Ulrich: Die deutsche Besatzungspolitik in Dänemark im 2. Weltkrieg und die Rettung der dänischen Juden, in: Tel Aviver Jahrbuch für deutsche Geschichte 23.1994, 93–114.
Hillgruber, Andreas: Die „Endlösung" und das deutsche Ostimperium als Kernstück des rassenideologischen Programms des Nationalsozialismus, in: Vierteljahrshefte für Zeitgeschichte 20.1972, 133–153.
Ders.: Der Zweite Weltkrieg. Kriegsziele und Strategie der großen Mächte, Stuttgart ²1983.
Ders.: Zweierlei Untergang. Die Zerschlagung des Deutschen Reiches und das Ende des europäischen Judentums, Berlin 1986.
Hoensch, Jörg K.: Geschichte Polens, Stuttgart ²1990.
Hübler, Ursula: Meine Vertreibung aus Prag. Erinnerungen an den Prager Aufstand 1945 und seine Folgen, hgg. v. Juliane Wetzel, München 1991.
Hüttenberger, Peter: Die Gauleiter. Studie zum Wandel des Machtgefüges in der NSDAP, Stuttgart 1969.
Jahnke, Karl Heinz: Hitlers letztes Aufgebot. Deutsche Jugend im sechsten Kriegsjahr 1944/45, Essen 1993.
Ders./Buddrus, Michael: Deutsche Jugend 1933–1945. Eine Dokumentation, Hamburg 1989.
Jena, Kai von: Polnische Ostpolitik nach dem Ersten Weltkrieg. Das Problem der Beziehungen zu Sowjetrußland nach dem Rigaer Frieden von 1921, Stuttgart 1980.
Jürgens, Birgit: Zur Geschichte des BDM (Bund Deutscher Mädel) von 1923 bis 1939, Frankfurt/M. e. a. 1994.
Kaiser, Jochen-Christoph: Das Frauenwerk der Evangelischen Kirche. Zum Problem des Verbandsprotestantismus im Dritten Reich, in: Dollinger (Hg.), Weltpolitik a. a. O., 483–508.
Ders.: Frauen in der Kirche. Evangelische Frauenverbände im Spannungsfeld von Kirche und Gesellschaft, 1890–1945. Quellen und Materialien, hgg. v. Annette Kuhn, Düsseldorf 1985.
Kantzenbach, Friedrich Wilhelm/*Mehlhausen,* Joachim: „Neuluthertum", in: Theologische Realenzyklopädie, Bd. 24, Berlin/New York 1994, 327–341.
Karlsch, Rainer: Allein bezahlt? Die Reparationsleistungen der SBZ/DDR 1945–53, Berlin 1993.
Die Kapitulation von 1945 und der Neubeginn in Deutschland, hgg. v. Winfried Becker, Köln/Wien 1987.
Kershaw, Ian: Der Hitler-Mythos. Volksmeinung und Propaganda im Dritten Reich, Stuttgart 1980.
Kinz, Gabriele: Der Bund Deutscher Mädel. Ein Beitrag zur außerschulischen Mädchenerziehung im Nationalsozialismus, Frankfurt/M. e. a. 1990.
Klemperer, Victor: Ich will Zeugnis ablegen bis zum Letzten. Tagebücher 1933–1945, 2 Bde., hgg. v. Walter Nowojski unter Mitarbeit von Hadwig Klemperer, Berlin ⁴1995.

Kleßmann, Christoph: Die doppelte Staatsgründung. Deutsche Geschichte 1945-1955, Göttingen 1989.
Klinksiek, Dorothee: Die Frau im NS-Staat, Stuttgart 1982.
Klönne, Arno: Jugend im Dritten Reich. Die Hitler-Jugend und ihre Gegner. Dokumente und Analysen, München ²1990.
Kopelew, Lew: Aufbewahren für alle Zeit!, München ¹⁰1987.
Koschorke, Manfred (Hg.): Geschichte der Bekennenden Kirche in Ostpreußen 1933- 1945. Allein das Wort hat's getan, Göttingen 1976.
Koziello-Poklewski, Bohdan: Des recherches sur la structure territoriale du NSDAP en Prusse Orientale dans les années 1921-1933, in: Polish Western Affairs 26.1985, 241- 251.
Der Krieg des kleinen Mannes. Eine Militärgeschichte von unten, hgg. v. Wolfram Wette, München/Zürich ²1995.
Lasch, Otto: So fiel Königsberg, München o.J.
Lass, Edgar Günther: Die Flucht. Ostpreußen 1944/45, Bad Nauheim 1964.
Lehmann, Hans Georg: Der Oder-Neiße-Konflikt, München 1979.
Lehndorff, Hans Graf von: Ostpreußisches Tagebuch. Aufzeichnungen eines Arztes aus den Jahren 1945-47, München 1961.
Ders.: Die Insterburger Jahre. Mein Weg zur Bekennenden Kirche, München 1992.
Linck, Hugo: Der Kirchenkampf in Ostpreußen 1933-1945, München 1968.
Ders.: Königsberg 1945-1948, Oldenburg o.J.
Loth, Wilfried: Die Résistance und die Pläne zu europäischer Einigung, in: Plans de temps de guerre pour l'Europe d'après-guerre. Actes du colloque de Bruxelles 12- 14 mai 1993, hgg. v. Michel Dumoulin, Bruxelles e.a. 1995, 47-57.
Lukács, Georg: Von Nietzsche bis Hitler. Der Irrationalismus in der deutschen Politik, Frankfurt/M./Hamburg 1966.
Madajczyk, Czeslaw: Die Herrschaftssysteme in den Okkupationsgebieten der Achsenmächte (1938-1945). Ein Vergleich, in: Europäischer Widerstand im Vergleich, a.a.O., 16-37.
Mangulis, Visvaldis: Latvia in the wars of the 20th century, Princeton, N.J. 1983.
Maser, Peter (Hg.): Der Kirchenkampf im deutschen Osten und in den deutschsprachigen Kirchen Osteuropas, Göttingen 1992.
Matern, Norbert: Ostpreußen als die Bomben fielen, Düsseldorf 1985.
Mehlhausen, Joachim: Landeskirche, in: Theologische Realenzyklopädie, hgg. v. Gerhard Müller, Bd.20, Berlin/New York 1990, 427-434.
Mehringer, Hartmut (Hg.): Von der SBZ zur DDR. Studien zum Herrschaftssystem in der Sowjetischen Besatzungszone Deutschlands und in der Deutschen Demokratischen Republik, München 1995.
Ders.: Die Deutschen Christen. Das Bild einer Bewegung im Kirchenkampf des Dritten Reiches, Göttingen ³1967.
Meier, Kurt: Der evangelische Kirchenkampf, 3 Bde., Göttingen 1984.
Ders.: Kreuz und Hakenkreuz. Die evangelische Kirche im Dritten Reich, Frankfurt/M. 1992.
Meissner, Boris: Die Sowjetunion und Deutschland von Jalta bis zur Wiedervereinigung. Ausgewählte Beiträge, Köln 1995.
Ders.: Die deutschen Ostgebiete auf den Kriegs- und Nachkriegskonferenzen der Alliierten, in: ders, a.a.O., 72-96.
Meissner, Gustav: Dänemark unterm Hakenkreuz. Die Nord-Invasion und die Besetzung Dänemarks 1940-1945, Berlin/Frankfurt/M. 1990.
Meldungen aus dem Reich. Die geheimen Lageberichte des Sicherheitsdienstes der SS 1938-1945, 17 Bde., hgg. v. Heinz Boberach, Herrsching 1984.
Merker, Paul: Die nächsten Schritte zur Lösung des Umsiedlerproblems, Berlin 1947.
Mielke, Henning: Die Auflösung der Länder in der SBZ/DDR. Von der deutschen Selbstverwaltung zum sozialistisch-zentralistischen Modell 1945-1952, Stuttgart 1995.

Möller, Horst: Widerstand in der politischen Kultur der Bundesrepublik Deutschland und der DDR, in: Der 20. Juli 1944, a. a. O., 13–32.
Mühleisen, Horst: Das Testament Hindenburgs vom 11. Mai 1934, in: Vierteljahrshefte für Zeitgeschichte 3.1996, 355–371.
Naimark, Norman M.: The Russians in Germany. A History of the Soviet Zone of Occupation, 1945–1949, Cambridge/Mass./London 1995.
Nicolaisen, Hans-Dietrich: Die Flakhelfer. Luftwaffen- und Marinehelfer im Zweiten Weltkrieg, Berlin/Frankfurt/M./Wien 1981.
Nieden, Susanne zur: Alltag im Ausnahmezustand: Frauentagebücher im zerstörten Deutschland 1943 bis 1945, Berlin 1993.
Die Niederlage 1945. Aus dem Kriegstagebuch des Oberkommandos der Wehrmacht, hgg. v. Percy Ernst Schramm, München 1962.
Noorhis, B. L.: World War II. Denmark, in: Dictionary of Scandinavian History, edited by B. L. Nordstrom, Westport/Conn./London 1986, 649–654.
Ottweiler, Ottwilm: Die Volksschule im Nationalsozialismus, Weinheim 1979.
Paul, Gerhard/*Mallmann*, Klaus-Michael (Hg.): Die Gestapo – Mythos und Realität, Darmstadt 1995.
Pauwels, Jacques R.: Women, Nazis, and Universities. Females University Students in the Third Reich, Westport/Conn. 1984.
Penzo, Giorgio: Zur Frage der „Entnazifizierung" Friedrich Nietzsches, in: Vierteljahrshefte für Zeitgeschichte 34.1986, 105–116.
Petrick, Fritz: Das deutsche Okkupationsregime in Dänemark 1940 bis 1945, in: Zeitschrift für Geschichtswissenschaft 39.1991, 755–774.
Philippi, Paul: Diakonie I, in: Theologische Realenzyklopädie, Bd. 8, Berlin/New York 1981, 621–644.
Ploetz: Das Dritte Reich. Ursprünge, Ergebnisse, Wirkungen, hgg. v. Martin Broszat und Norbert Frei, Freiburg/Würzburg 1983.
Pohl, Dieter: Großraumplanung und NS-Völkermord, in: Historisches Jahrbuch 114,1.1994, 175–182.
Rauch, Georg von: Geschichte der baltischen Staaten, München 1977.
Riedel, Heinrich: Kampf um die Jugend. Evangelische Jugendarbeit 1933–1945, München 1976.
Reifferscheid, Gerhard: Die NSDAP in Ostpreußen. Besonderheiten ihrer Ausbreitung und Tätigkeit, in: Zeitschrift für die Geschichte und Altertumskunde Emslands 39.1978, 61–85.
Rudolph, Hartmut: Flucht/Flüchtlingsfürsorge, in: Theologische Realenzyklopädie, Bd. 11, Berlin/New York 1983, 224–240.
Rudolph, Hartmut: Evangelische Kirche und Vertriebene 1945–1972, 2 Bde., Göttingen 1983.
Ruhbach, Gerhard/*Bodelschwingh*, Friedrich von: Vater und Sohn, in: Theologische Realenzyklopädie, Bd. 6, Berlin/New York 1980, 744–747.
SBZ-Handbuch. Staatliche Verwaltungen, Parteien, gesellschaftliche Organisationen und ihre Führungskräfte in der Sowjetischen Besatzungszone 1945–1949, hgg. v. Martin Broszat und Hermann Weber, München 1990.
SBZ von 1945 bis 1954. Die Sowjetische Besatzungszone Deutschlands in den Jahren 1945–1954, hgg. v. Bundesministerium für gesamtdeutsche Fragen, Bonn/Berlin 1961.
Scheurig, Bodo: Verräter oder Patrioten? Das Nationalkomitee „Freies Deutschland" und der Bund Deutscher Offiziere in der Sowjetunion 1943–1945. Berlin/Frankfurt/M. 1993.
Schlögl, Rudolf: Die „Volksgemeinschaft" zwischen Anpassung und Widerstand. Zur Soziographie der Delinquenz vor den Sondergerichten Dortmund und Bielefeld 1933–1945, in: Schlögl/Thamer (Hg.): Zwischen Loyalität und Resistenz, a. a. O., 126–157.

Ders./Thamer, Hans-Ulrich (Hg.): Zwischen Loyalität und Resistenz. Soziale Konflikte und politische Repression während der NS-Herrschaft in Westfalen. Münster 1996.
Schmädecke, Jürgen/*Steinbach*, Peter (Hg.): Der Widerstand gegen den Nationalsozialismus. Die deutsche Gesellschaft und der Widerstand gegen Hitler, München ²1986.
Schön, Heinz: Ostsee 1945. Menschen, Schiffe, Schicksale, Stuttgart 1983.
Scholder, Klaus: Die Kirchen und das Dritte Reich, 2 Bde., Frankfurt/M. e.a. 1977–1985.
Scholtz, Harald: Erziehung und Unterricht unterm Hakenkreuz, Göttingen 1985.
Schwartz, Michael: Zwischen Zusammenbruch und Stalinisierung. Zur Ortsbestimmung der Zentralverwaltung für deutsche Umsiedler (ZVU) im politisch-administrativen System der SBZ, in: Mehringer (Hg.): Von der SBZ zur DDR, a.a.O., S.43–96.
Seidler, Franz W.: Deutscher Volkssturm. Das letzte Aufgebot 1944/45, München 1989.
Seifert, Ruth: Krieg und Vergewaltigung. Ansätze zu einer Analyse, München 1993.
Smith, Arthur L.: Die „vermißte Million". Zum Schicksal deutscher Kriegsgefangener nach dem Zweiten Weltkrieg, München 1993.
Stalingrad. Mythos und Wirklichkeit einer Schlacht, hgg. v. Wolfram Wette und Gerd R. Ueberschär, Frankfurt/M. 1992.
Starlinger, Wilhelm: Grenzen der Sowjetmacht im Spiegel einer West-Ost-Begegnung hinter Palisaden von 1945–1954, Würzburg 1955.
Steinert, Marlies G.: Die 23 Tage der Regierung Dönitz, Düsseldorf/Wien 1967.
Ders.: Stalingrad und die deutsche Gesellschaft, in: Förster (Hg.): Stalingrad, a.a.O., 171–185.
Streit, Christian: Keine Kameraden. Die Wehrmacht und die sowjetischen Kriegsgefangenen 1941–1945, Bonn ³1991.
Szczegola, Hieronim: Die Aussiedlung der Deutschen aus Polen vor der Potsdamer Konferenz (Juni–Juli 1945), in: Transodra. Deutsch-Polnisches Informationsbulletin, H.10/11, April 1995, hgg. v. der Deutsch-Polnischen Gesellschaft Brandenburg e.V., 55–61.
Die Tagebücher von Joseph Goebbels. Im Auftrag des Instituts für Zeitgeschichte und mit Unterstützung des Staatlichen Archivdienstes Rußlands hgg. v. Elke Fröhlich, Teil II: Diktate 1941–1945, München/New Providence/London/Paris 1993 ff.
Tilitzki, Christian: Alltag in Ostpreußen. Die geheimen Lageberichte der Königsberger Justiz 1940–1945, Leer 1991.
Um ein antifaschistisch-demokratisches Deutschland. Dokumente aus den Jahren 1945–1949, hgg. v. den Ministerien für Auswärtige Angelegenheiten der DDR und der UdSSR, Berlin 1968.
Die Vertreibung der Deutschen aus dem Osten. Ursachen, Ereignisse, Folgen, hgg. v. Wolfgang Benz, Frankfurt/M. 1985.
Die Vertreibung der deutschen Bevölkerung aus den Gebieten östlich der Oder-Neiße, hgg. v. ehemaligen Bundesministerium für Vertriebene, Flüchtlinge und Kriegsgeschädigte, Bd. 1, Augsburg 1993.
Vickers, Jeanne: Women and war, London 1993.
Von Stalingrad zur Währungsreform. Zur Sozialgeschichte des Umbruchs in Deutschland, hgg. v. Martin Broszat/Klaus-Dietmar Henke/Hans Woller, München ³1990.
Vorländer, Herwart: NS-Volkswohlfahrt und Winterhilfswerk des deutschen Volkes, in: Vierteljahrshefte für Zeitgeschichte 34.1986, 341–380.
Was wir in der Russennot 1914 erlebten. Siebzehn Berichte ostpreußischer Pfarrer, hgg. v. Nietzki, Königsberg 1915.
Weyrather, Irmgard: Muttertag und Mutterkreuz. Der Kult um die „deutsche Mutter" im Nationalsozialismus, Frankfurt/M. 1993.
Wieck, Michael: Zeugnis vom Untergang Königsbergs. Ein „Geltungsjude" berichtet, Heidelberg ³1989.
Wieden, Helge bei der: Kurzer Abriß der mecklenburgischen Verfassungsgeschichte. Sechshundert Jahre mecklenburgische Verfassungen, Schwerin 1994.

Wirtschaftliche Folgelasten des Krieges in der SBZ/DDR, hgg. v. Christoph Buchheim, Baden-Baden 1995.

Zolling, Peter: Zwischen Integration und Segregation. Sozialpolitk im „Dritten Reich" am Beispiel der „Nationalsozialistischen Volkswohlfahrt" in Hamburg, Frankfurt/M. 1986.

Der 20. Juli 1944 – Widerstand und Grundgesetz, hgg. v. der Konrad-Adenauer-Stiftung, St. Augustin 1994.

Personenregister

(ohne die Angehörigen der im Mittelpunkt stehenden Großfamilie Terpitz)

Ahrens, Kapitän 176
Albrecht, Herzog von Preußen 33
Ankermann, Paul 150
Arndt, Ernst Moritz 209
Axmann, Arthur 44

Bach, Johann Sebastian 37, 54, 168, 201
Beck, Jozef 145
Begge, Dolmetscher 183
Berger, Gottlob 48
Best, Werner 115, 125
Birk, Arzt 148
Bliemeister, Haushaltsgehilfin 204, 207
Bodelschwingh, Friedrich von 131
Bonhoeffer, Dietrich 19
Bormann, Martin 151
Bornkamm, Günter 199
Börsch, Pfarrer 150
Buxtehude, Dietrich 168

Churchill, Winston 113, 145

Didwischus, Hausmutter 199
Dönitz, Karl 123, 125f., 151
Doormann, Ludwig 37, 54, 214
Drefers, Oberschmiedemeister 179f.
Drefers, Pfarrer 202

Engel, Carl 151

Fetscher, Rainer 151
Finger, Unteroffizier 101
Flach, Karl-Hermann 44
Friedrich Wilhelm III., König von Preußen 65, 69
Friedrich, Caspar David 114

Gerhardt, Paul 56
Goebbels, Joseph 18, 25f., 42f., 45f., 49, 67, 69, 71, 87, 125, 129, 141, 151
Göring, Hermann 25, 117, 124f.
Gottschalk, Pfarrer 53, 55
Greiser, Arthur 46
Großherr, stellv. Gauleiter 46
Grüber, Heinrich 205f., 212
Gustloff, Wilhelm 45

Haack, Pfarrer 80
Händel, Georg Friedrich 168
Harnack, Fuhrhalter 187
Harris, Arthur 34
Hebbel, Friedrich 156, 210
Hendrick, Pfarrer 182, 184, 189
Heyking, Alfred von 38
Hildebrandt, Friedrich 128f.
Hillgruber, Andreas 19
Himmler, Heinrich 38, 47f., 99, 124f., 151
Hindenburg, Paul von 27, 95, 151
Hitler, Adolf 19, 29, 41, 47, 49, 56, 67, 69, 95, 113, 123–126, 140f., 144ff., 151
Hoffmann, E.T.A. 156

Iwand, Hans 199

Jacobi, Pfarrer 179
Jäger, Oberfeldwebel 99

Kalinin, Michail 29
Kaminski, Pfarrer 42, 50, 55, 57, 134
Kant, Immanuel 34
Kantelberg, Nachbar 65
Kaulbars, Hausmeister 68
Keitel, Wilhelm 151
Klemperer, Victor 19, 48, 61, 87
Klot, Marion von 55
Koch, Erich 35, 45f., 51f., 67, 102, 104
Kopelev, Lev 52

Lagarde, Paul de 27
Lasch, Otto 66f.
Leege, Pfarrer 150
Lehndorff, Hans Graf von 28
Leonidas 26
Lewinsky, Dresdner Jude 87
Liebmann, Kühlungsborner Nachbarin 177
Lindemann, Georg 125
Luise, Königin von Preußen 69
Luther, Martin 27

Macbeth von Schottland 210
Meißner, Arzt 183
Merker, Paul 14, 215
Michaelis, Pfarrer 183
Model, Walter 71

Montgomery, Bernard 125
Müller, Schlossermeister 52
Müller, Georg 198

Napoleon I., Kaiser der Franzosen 48, 82
Nietzsche, Friedrich 159 ff.
Nonnenprediger, Bahnhofsvorsteher 185

Oetker, Rudolf 191
Oldack, Maler 184
Ottokar II., König von Böhmen 29

Paulus, Friedrich 26, 67, 96
Pilsudski, Jozef 144 f.
Pupper, Küster 42

Quisling, Vidkun 157
Quitschau, Pfarrer 150

Redern, Hedwig von 55, 202
Reinhold, Pfarrer 134, 141
Remich, Ltd. Ingenieur 83
Rendulic, Lothar 71
Rollwage, Arzt 184
Rosenberg, Alfred 160
Rosenstock-Huessy, Eugen 198
Rust, Hans 80

Salopiata, Pfarrer 150
Scheer, Reinhard 59
Schindowski, Waschfrau 68
Schirach, Baldur von 44
Schlageter, Albert Leo 35, 102
Schmadtke, Ernst 142
Schmadtke, Otto 141
Schörner, Ferdinand 71
Schröder, Schulrat 56
Schroeter, Pfarrer 68, 80

Schubert, Franz 201
Schukov, Georgi 181
Schultz, Walther 203
Schwagmeyer, Oberstabsarzt 19, 122 f., 162 f.
Schwerin von Krosigk, Lutz Graf 151
Seydlitz-Kurzbach, Walter von 96
Shakespeare, William 210
Slotty, Pfarrer 93
Slotty, Superintendent 92
Sophus, Rechnungsführer 159 ff.
Stalin, Jossif 19, 96, 113, 144 ff.
Stauffenberg, Claus Graf Scherk von 41, 56
Stessun, Organistin 37, 68
Stüler, Friedrich August 46
Sulimma, Konsistorialrat 150

Tautz, P. J. 171
Thimm, Propst 136

Voß, Karl 177

Wagner, Minna, geb. Planer 26
Wagner, Richard 26
Weinert, Erich 96
Wenk, Haushaltsgehilfin 209
Werner, Pfarrer 150
Wicki, Bernhard 23
Wieck, Michael 10, 14, 18 f., 66 f.
Windheim, General von 65
Wohlgemuth, Pfarrer 31, 35, 47, 80, 91, 195
Wohlgemuth, Pfarrfrau 35, 47, 90 ff., 99, 194 f.

Zygmunt I., König von Polen 33
Zygmunt II. August, König von Polen 33

Die verwandschaftlichen Beziehungen
aus der Perspektive des Verfassers

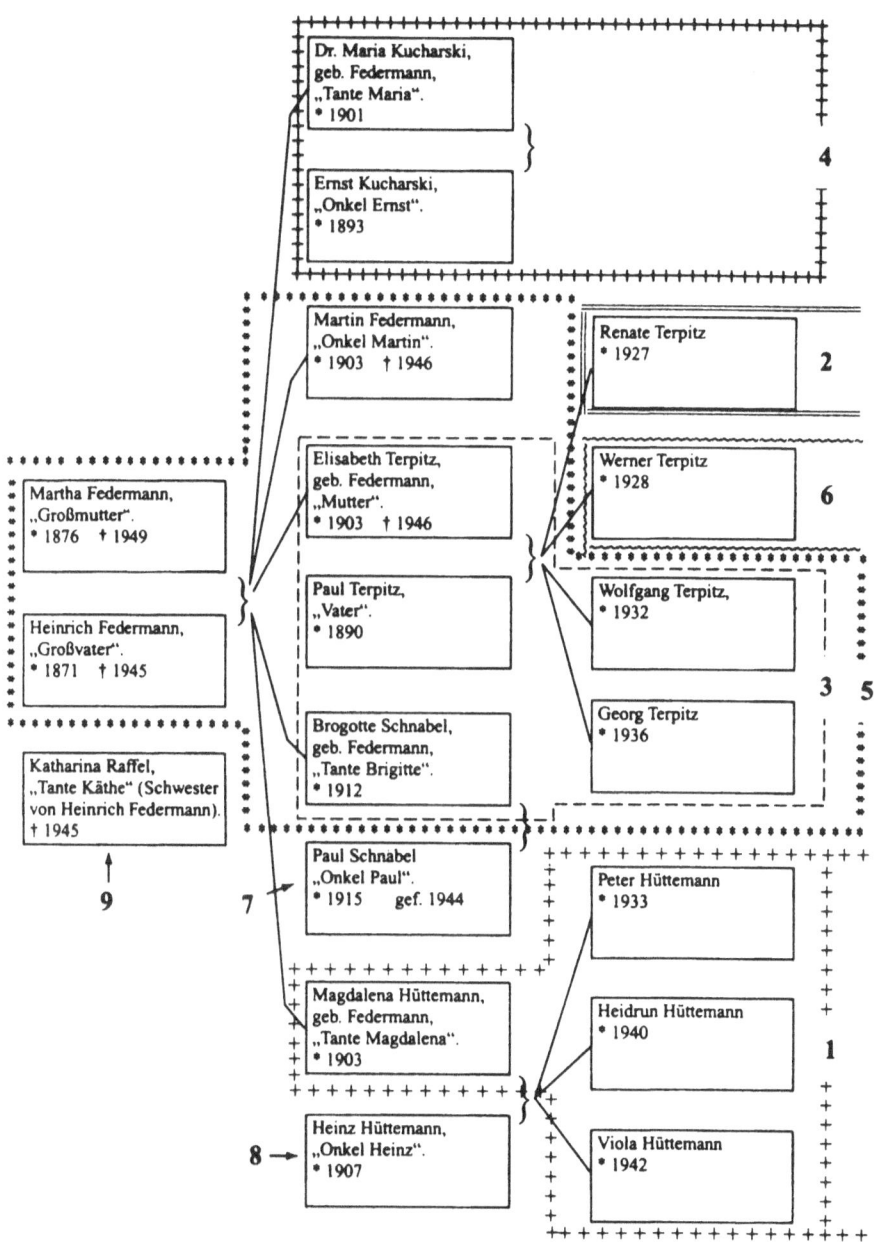

1 bis 6 Fluchtwege auf der vorderen Umschlaginnenseite
7 Soldat. Gefallen im Sommer 1944
8 Soldat. Entlassen aus der Kriegsgefangenschaft im Frühsommer 1945
9 Verzichtete auf Flucht. Starb in Königsberg im Dezember 1945

www.ingramcontent.com/pod-product-compliance
Lightning Source LLC
Chambersburg PA
CBHW050903300426
44111CB00010B/1356